Theo-Cinema

테오-시네마

〈영화관에 간 신학자, 영화신학 2.0〉

신학과

영화의

만남

KB191494

Theo-Cinema

테오-시네마

〈영화관에 간 신학자, 영화신학 2.0〉

신학과

영화의

만남

최병학
지음

인간사랑

신학이 영화와 만난다면…

비트겐슈타인에 따르면 우리는 병 속에 갇혀 정신없이 윙윙거리는 파리와 같다고 한다. 따라서 우리가 왜 이러한 병 속에 갇혀 있는지를 주의 깊게 살펴봐야 한다. 그러한 살핌이 신학의 시작은 아닐까? 신학은 신(神)에 관한 학(學)이다. 신에 강조점을 둔다면 맹목적인 '복종의지'만이 우리 것이고, 학에 관점을 둔다면 무한한 '새로움'이 우리의 것이 된다. 만약 언어의 병 속, 그 함정에만 빠지지 않는다면.

"사실상 철학을 쓰려면 한 편의 시를 쓰듯이 해야만 한다."[1]라는 비트겐슈타인의 말은 우리의 언어 사용 속에 잠재된 이해와 느낌의 지평들을 재발견해야 함을 역설한다. 그 느낌은 니체의 디오니소스적인 열정과 우리 몸의 소리이다. "우리가 살아가는 동안 죽음에 둘러싸여 있다면, 우리의 건강한 지성은 광기로 둘러싸여 있다"[2], "정말로 나는 펜으로 생각한다. 왜냐하면 내 손이 무엇을 쓰는지 내 머리가 전혀 모르는 일이 흔히 벌어지기 때문이다."[3]

니체는 이상주의자이며, 복고주의자이다. 고전학자인 그가 고대 그리스에서 역사상 모든 시대를 측정할 수 있는 기준이 되는 황금기를 그리스로 보았다. "그리스인들은 흥미롭고 또 각별히 중요한데, 그들 중에는 위대한 사람들이 많았기 때문이다. 이들은 어디 흠을 잡거나 부족한 부분을 찾을 수 없을 정도로 완벽했으며, 돌로 깎은 듯이 반듯했다. 그들은 관습에 얽매이지 않았다."[4] 이들은 소크라테스나 플라톤이나 아리스토텔레스 같은 후기 아테네 철학자들처럼 절대적인 도덕과 영혼 불멸, 초월적 실재, 인간의 이성이 지닌 힘을 믿지 않았다. 대신 탈레스나 헤라클레이토스, 엠페도클레스 같은 기원전 6세기 초의 사상가들은 귀족적이고 자유로웠으며 창조적이고 정열적이었다. 아테네 철학은 서구 문명을 나약하게 만들었고, 중국에는 훨씬 더 큰 재난인 기독교를 초래하게 만들었다. 그리고 근대인들은 '디오니소스적' 자질을 희생하면서까지 '아폴론적' 성격을 과도하게 중요시하였다.

> "나는 기독교를 엄청난 저주, 심대하고 가장 내밀한 도착, 그리고 어떠한 수단도 그토록 악의에 차 있고 그토록 음흉하며 그토록 비밀스럽고 그토록 사소하다고 할 수 없는 엄청난 복수의 본능이라 부른다. 나는 그것을 인류의 '영원한 오점'이라 부른다."[5]

이 책은 니체의 '영원한 오점'(5점)에서 '의미 있는 백점'(100점?)으로 가기 위한 기독교 신학의 작은 몸부림이다. 이 책을 통해 영화와 대화하며 또한 시대와 대화하며 성서가, 나아가 기독교 신학이 우리 곁에 우리와 더불어, 함께 숨 쉬고 있음을 느낀다면, 더할 나위 없는 기쁨이 될 것이다.

이 책은 앞 부분(1부 영화관에 간 현대 신학자)에서는 서양 신학자 및 서양 영화를, 신앙으로 읽는 영화 부분에서는 기독교 신앙으로 읽어낸 영화들을 첨가하였다(2부 신앙으로 읽는 영화). 대부분 한국 영화를 대상으로 삼았다. 이것은 토착화 신학을 이루고자 하는 저자의 뜻도 담겨 있기도 하지만, 영화관으로 간 현대 신학자에 한국인 신학자들을 차후에 다루기 위한 일종의 반성이라고 할 수 있다. 그리고 신학 관련 저자의 논문들을 배치하였는데(3부 신학 2.0), 신학의 새로운 2.0을 보여줄 것이다. 이 책은 학회지에 실렸던 논문들로 이루어져 있는데, 저자의 신학적 고민의 흔적들을 살펴볼 수 있을 것이다.

인간사랑 출판사의 『테오-아르스』(2016)와 이제 한 짝을 이루게 되어 감회가 새롭다. 다시금 테오 시리즈를 출판해주신 여국동 사장님과 이국재 부장님께 감사드린다. 사랑하는 가족들과 남부산용호교회 성도들, 경성대 사회과학연구소에도 감사드린다.

2017년 7월 4차 산업혁명과 인공지능이 곧 인문학의 기회, 및 신학의 기회임을 감사하며…

차례

1부 영화관에 간 현대 신학자

01.

크리스마스 이브, 달의 마력: 쉴라이에르마허와 영화 〈동감〉

1. 달의 마력

"떡 하나 주면 안 잡아먹지!"라며 마침내는 어머니를 잡아먹고 두 남매를 쫓아온 호랑이, 하늘에서 밧줄이 내려 두 남매는 하늘로 올라가 해와 달이 되었다는 우리의 고전을 언급함으로 현대신학의 거장 쉴라이에르마허를 이야기하고자 한다. 해와 달의 은유인 이성(이해, 머리)과 감성(느낌, 신앙, 마음)은 쉴라이에르마허의 신학을 이해하는데 있어 중요한 메타포이기 때문이다. 사실 영화 〈동감〉도 달과 해의 이상야릇한 만남인 '개기월식'으로 생긴 인연이니까!

프리드리히 야코비(Friedrich Jacobi)에게 보낸 편지에서 쉴라이에르마허는 신앙과 이성, 머리와 마음 사이의 관계를 묘사하기 위해 분극(分極)이라는 이미지를 사용하고 있다.

"이해와 느낌(경건의 도구)은 내게 있어서는 둘 다 분명한 것이지만, 이 둘은 서로 만나면서 건전지와 같은 모양을 이룬다. 영혼의 가장 깊은 생명은 이해(understanding)에 대한 느낌(feeling) 속에, 또한 느낌에 대한 이해 속에서 산출되는 위와 같은 유전기적 행위 속에 있다. 그러나 이런 행위가 일어나는 시간 중에도 이 양극은 언제나 서로 떨어져 있다."[1]

그러므로 자신의 철학과 교의학을 다음과 같이 말한다.

"이 둘을 서로 대립시키기 위해 쓴 것은 아니다…. 그러나 바로 이런 이유 때문에 그것은 완벽한 것이 될 수 없다. 내가 생각할 수 있는 것은 이 둘은 언제나 서로를 조화시키려 하고 있고 서로를 가까이 끌어당기려 하고 있다는 점이다."[2]

해와 달, 만날 수 없지만, 해를 통한 달빛의 존재, 달빛의 마력을 통한 감성에의 일깨움, 물론 그것은 해 뜬 낮의 이성적 논리가 잠든 후의 일이겠지만, 아무튼 이 둘은 가까이 끌어당기려 하나, 서로 떨어져 있으며 이러한 분극이 이성과 감성의 부조화 속의 조화를 말하고 있는 듯하다. 자 그렇다면 이성과 감성의 문제를 시작으로 영화 〈동감〉과 쉴라이에르마허의 신학, 그 달의 마력으로 들어가 보도록 하자. 참, 부언해둘 것이 있는데, 우리 고

테오-시네마

전 설화 속에서 해와 달은 남매였다는 사실이다.

2. 소통불가와 소통가능-비오는 날 먼지나게 기다렸다.

영화는 1979년대를 비추어 준다. 77학번인 여주인공 소은(김하늘 분)은 갓 복학한 선배 동희(박용우 분)를 짝사랑한다. 동희를 훔쳐보다 들켜 달아난 곳이 아마추어 무선통신 동아리방, 엉겁결에 무선통신 동아리의 멤버라고 자신을 소개한 소은은 그곳에서 뜻하지 않게 고물 무선기 하나를 얻게 된다.

개기월식이 일어나던 어느 날 밤, 무선기에서 흘러나온 낯선 목소리는 자신을 지인(유지태 분)이라고 소개한다. 동희 때문에 무선기를 배우려는 소은은 같은 학교 학생이라는 인의 말에 다음날 만나기로 약속한다. 그러나 둘의 만남은 성사되지 못한다. 같은 공간이지만 시간의 차이로 의사소통이 불가능하게 된 것이다. 인은 99학번으로 2000년이라는 같은 공간, 다른 시간 속에 살고 있는 것이다.

이제 달의 마력은 두 사람의 신비한 만남을 만들어 나간다. 처음에 둘은 상대가 장난을 친다고 생각한다. 하지만 소은에게서 진정함을 느낀 인은 자신이 소은의 미래에 살고 있다고 느끼고 1979년 10월의 자료를 찾아보며 당시 일어날 일들을 예언해 자신의 존재를 믿게끔 만든다. 소은이 지인의 존재를 믿게 되자, 서로의 존재에 대한 믿음으로부터 이 둘은 '소박한 호기심'으로 대화를 시작하자고 한다.

그러나 이러한 소박한 호기심은 그들의 운명을 결정해 버린다. 신앙은 소박한 호기심으로부터 시작하지만, 삶을 바꾸어 버린다는 의미일까? 아무튼 짝사랑의 고백과 우정에 대해서, 서로가 알고 있는 세상에 대해, 그리고 여전히 같은 모습으로 열심히 사랑하며 살고 있는 사람들에 대한 이야기들을 주고 받는다. 그렇게 서로 다른 시간 속에서 각자의 사랑과 우정을 이야기하며 같은 마음, 동감을 갖게 된다. 그러나 그들 앞에는 쓸쓸한 인연의 엇갈리는 운명이 가로놓여 있다. 인의 어머니는 소은의 친한 친구 선미(김민주 분)이며, 아버지는 소은이 짝사랑하던 지동희였던 것이다. 만약 소은이 동희를 사랑한다면 인은 존재하지 못할 것이며, 그러기에 소은은 자신의 사랑을 포기하게 된다. 의사소통이 또 다른 의사소통의 길을 막아버리는 것이다.

영화에는 소통불가와 소통가능을 극명하게 대비하며 보여주는데, 먼저 차후 무너질 성수대교의 건립으로 상징되는 박정희식 돌진적 근대화의 소통불가와 소은이 자신의 아버지와의 의사소통불가가 있다.

평온한 대학 교정에 최류탄이 날리고, 전경들의 군화가 이리저리 학생들을 쫓아 따라 다닌다. 그러나 "참 아름다워라 주님의 세계는"라는 찬송가가 흘러나온다. 소통불가한 세상에 역설적으로 아름다운 세계를 언급한 이 장면들은 소통불가의 극치다. 일방적 근대화를 강요당한 70년대를 살았던 주인공의 대화의 상대는 그래서 같은 공간이지만, 다른 시간인 2000년대로 넘어간 것일까? 그렇다면 달의 마력은 오늘밤 휘영청 뜬 저 달에게서도 발견할 수 있지 않을까?

반면 소통가능을 언급하는 장면들도 있다. 소은이 동희를 처음 만나 편지가 고맙다는 말에 무심코 무선 동아리방에 있던 무선기를 가져오게 되는데, 의사소통의 메타포가 '편지'에서 '무선기'로 전환한 것이다. 무선기를 수리했던 학생의 말에 의하면 '고장 나고, 옛날 것이며 부품도 없는' 그 무선기가 의사소통을 가능하게 하는 것이다. 수위아저씨의 말대로 "그 기계는 말만 하면 되는 것 아니야? 소리를 듣고 말하는", 그렇다. 고장이 났지만 소통에 있어서 중요한 것은 말하고 듣는 것이 아닌가? 그 매개체가 중요한 것은 아니다. 따라서 "비오는 날 먼지나게 기다렸다구요?"라고 만남이 성사되지 못해 짜증을 내뱉는 인의 말은 '비오는 날도 먼지나게 기다릴 수 있는' 그런 감정의 상태가 되는 것이다.

　　해의 세상에서는 불가능한 것이 달의 세상에서는 가능하다는 말이다. 즉 감정이입은 신앙을 합리성의 결여로 무시하는 이들에게 '비오는 날에 먼지나게 기다렸다'가 가능하게 된다는 것이다. 그리고 영화는 관객의 감정을 영화에 몰두하게 하기 위하여 근접 촬영을 자주 시도한다. 특히나 눈과 얼굴을 보여줌으로, 눈은 마음의 창이며, 얼굴은 기의가 드러나는 비언어적 기표이니까! 또한 마지막 장면, 2000년대에 돌아와 영문과 교수가 된 소은과 인의 만남에 있어서도 살짝 웃는 웃음하나로 감정이입을 시키고 있다. 그렇다. 웃음 하나면 모든 것이 설명되는데, 더 이상 무슨 말이 필요하리오!

　　현대 신학의 아버지요, 현대 해석학의 선구자인 쉴라이에르마허는 리챠드 니버에 따르면 '19세기는 쉴라이에르마허의 시대'[3]이다. 프랑스 혁명과 칸트에서 시작되어 제1차 세계대전과 트뢸취를 거쳐 하르낙에 이르는 19세기에는 인간의 굉장한 몸부림이 있었다. 역기 기독교 신학의 경우에 있어서도 종교 공동체와 개인적 신앙의 참된 근원을 찾기 위해서 개혁 시대의 명석하고 견실한 사상을 다시금 확립해야 되겠다는 몸부림이 새겨난 시대였다.

　　이 당시는 과거로부터 전수받은 체계가 퇴화되는 징조를 간파해야 했으며 계몽정신의 심오한 사상과, 유럽과 미국 내에서 일고 있는 정치, 사회 및 지성세계의 소요 속에 맥박치고 있는 사상을 창조적으로 이용할 수 있는 능력이 필요했다.

　　니버에 따르면 이 당시를 대표하는 중요한 사상은 '역사, 이성, 개인, 과학, 종교'[4]인데, 이들 모두는 인간학적, 합리적, 이성적인 틀의 내용 그 이상도 그 이하도 아니었다. 따라서 쉴라이에르마허가 해결하려고 씨름했던 문제들은 신학적으로 정리해보면, '피조물인 인간의 본질은 무엇일까?' '하나님과 세계라는 두 가지 사실에 의해 그 존재가 규정되는 인간의 본질은?' 등과 같은 것들이었다. 그래서 그는 종교적 자기의식(Self-consciousness)과 이해(Understanding)라는 두 개의 극은 서로를 파괴시키지 않고 인간의 삶전 영역에 활기를 불어넣을 것이라는 자신의 확신을 뒷받침할 수 있는 해답을 찾으려고 애를 썼다.[5]

> "인간 존재의 이런 두 개의 초점이 서로 분리되어 있고 별도로 생
> 각할 수 있다는 가정은 현실 세계를 자연적 세계와 초자연적 세계로
> 구분한 구정통주의 만큼 그의 생각과 거리가 멀었다. 구 정통주의는
> 이 두 세계가 만나는 경우는 지극히 드물고 오직 창조주의 불가해한
> 의지에 따라 기적적으로만 존재의 구조가 합한다고 보았다. 이상과
> 같은 구분시키는 사상을 전제로 하면 기독교의 지성적 생활은 합리
> 주의 대 성서주의 및 자연주의 대 초자연주의 등으로 대립되는 절망
> 적인 왕복 싸움으로 떨어지고 만다."[6]

따라서 쉴라이에르마허는 운명, 절대의존 및 선택이라는 생각이 발생하게 되는 인간 본성 안에 있는 그 무엇을 – 한 마디로 요약하면 종교적 동일성(identity)을 찾으려 했다. 그리고 자아와 세상이라는 양극 속에서 인간의 의식이 어떻게 성숙하고 형성되어 가는지를 설명하려고 했다. 그는 자연과 초자연이라는 이분법을 배격하는 대신 교부들이나 성서가 주장하는 인간과 세계라는 스콜라 시대 이전의 개념을 받아들였다. 이 개념에 의하면 자연의 작용이나 은총의 작용 및 자연적 덕과 신학적 덕을 분명히 구별해서 구분지우는 것은 불가능하다. 그리고 인간은 아직 완전한 인간으로 생각할 수 없고, 오직 자신의 '본질(nature)'을 소유하게 될 때, 비로소 신의 경륜

속에 들어 있는 자신의 시작과 운명을 완전히 이해하고 그것을 자기의 것으로 삼을 수 있다.[7]

　　신과의 의사소통을 이성이 잠식한 자리에 감성의 또 다른 자리로 당시 합리주의적 이성적인 사람들에게 자신의 신앙을 설명하고자 했던 것이다.

3. 우리는 다른 시간 속에서 같은 사랑을 꿈꾼다: 해석학의 시작

　　박정희 독재와 나폴레옹의 점령시대는 다르나, 동일한 인간 삶의 방식. 지하철이 다니고, 휴대폰, 인터넷이 가능하나, 그렇지 않던 옛날과 동일한 사랑의 감정, 여기에 아무리 이성적 합리주의가 침범하더라도 '절대의존의 감정'이 어찌 이것을 넘지 못하랴! 영화의 표현처럼 "하찮은 돌담이 어떻게 사랑을 막을 수 있으랴?"(『로미오와 줄리엣』을 인용한 종희의 말)를 깨닫게 된다. 그리고 그 깨달음은 시공을 넘어 과거와 현재를 연결해 주는 것임을 보게 된다.

　　영화는 70년대 말과 2000년대의 차이를 잘 드러내주고 있다. 머리색의 획일성이 다양한 칼라로 바뀌었으며 남자가 여자에게 데이트를 신청하던 것이 이젠 여자가 남자를 당당히 '자신의 것'임을 선언하게 된다. 70년대의 사고로는 김일성의 죽음과 금강산 관광은 실로 놀라운 일이다. 99년 종말론이 유행하면서 소은의 말대로 인은 "예언대로라며 멸망한 지구에서 뭐하는" 것이다. 통행금지와 교복입던 시절의 일방적 이데올로기 주입이 잘 드러난 말이라고 할 수 있다. 즉, 종말을 상정함으로 그 역사에 대한 불의를 먼 피안으로 돌리는 이러한 획일적 인식에는 삶의 다양성이 묻어나지 않는다.

　　그러나 미래는 어떤가? 소은이 상상하던 수많은 일들이 현실로 이뤄지고 있으나, 그 세상은 살만한 곳, 열심히 사랑하면 이뤄지는 곳은 아니었다.

그래서 영화 음악 '슬픈 향기'는 향기조차도 슬픔을 띄고 있다.

> 나를 보는 슬픈 너의 눈빛 항상 나의 두 눈을 바라봐
> 작은 너의 속삭임도 이젠 아름다운 시간들도
> 추억 속으로
> 우리 이대로 영원히 헤어져야 하나
> 너와 나는 왜 이룰 수 없는지
> 난 알 수 없지만 이해할게 그것이 너를 위한거야
> 내가 곁에 없어도 보다 널 사랑해줄 그녀가 있으니 —슬픈 향기

우리의 삶은 해석을 통해 동시로 존재하게 된다. 그것은 감정이입이다. 본관 시계탑에서의 설레는 마음으로 서로를 기다리는 기다림, 미래에 대한 충격으로, 혹은 과거의 기원에 대한 충격으로 소은과 인은 돌담에 손을 대고 걷는다. 영화편집의 묘미가 바로 이런 것이 아닐까? 글로도 그 어떤 인간의 언어로도 표현하기 힘든 이러한 감정이입을 영화는 하나의 장면으로 잘 표현하고 있는 것이다.

또한 동희가 소은에게, 소은이 동희에게 손으로 상대의 얼굴을 가리는 것은 이제 '얼굴보기'로 소통되는 시각의 끝을 이야기하며 시각이 아니라 —즉, 시각중심주의인 이성중심주의가 아니라— 마음으로 소통되는 것을, 혹은 그 소통의 불가를 말하고 있지는 않을까? 목하 감성시대가 실로 해석학의 도움으로 개막되는 것이다.

해석학(Hermeneutics)이라는 말 그 자체는 근대에 들어와서 처음으로 등장하였다. 그 말은 단하우어(J. C. Dannhauer)의 『성서해석학』[8]이라는 저서명에서 유래하며, 쉴라이어르마허 이후 해석학이라는 말이 현대적 의미에 있어서 일반적 의미로 쓰이게 되었다.

테오—시네마

그 어원은 '해석하다'(to interpret)로 번역되는 그리스어 동사 '헤르메네웨인'(hermeneuein)과 해석(interpretation)으로 번역되는 명사 '헤르메네이아'(hermeneia)이다.[9] 이는 그리스로마 신화의 날개달린 사자 신 헤르메스(Hermes)까지 올라가는데, 그리스인들은 인간의 이해능력이 의미를 파악하고 이를 다른 사람들에게 전달하기 위해 사용하는 도구인 언어가 헤르메스의 덕택이라고 믿었다. 즉 헤르메스가 인간의 이해능력을 초월해 있는 것을 인간의 지성이 파악할 수 있도록 전환시켜 주는 기능을 한다는 것이다.[10]

이러한 해석학에 있어서 쉴라이에르마허는 '현대해석학의 아버지'[11] 혹은 현대 '철학적 해석학의 창시자'로 불리는 데, 이것은 그가 딜타이, 불트만, 하이데거와 가다머로 이어지는 현대 해석학의 중요한 전통의 토대를 제시했기 때문이다. 그는 온갖 종류의 본문해석에 사용할 수 있는 이해의 기술로서의 보편해석학 확립을 그의 과제로 삼았다. 즉 공통적인 인간성 또는 연속성이 저자와 해석자 사이에 존재하기 때문에 보편해석학이 가능하다고 주장한 것이다. 따라서 저자와 해석자의 공통적인 인간성이 보편해석학의 근본전제가 된다.[12] 팔머는 다음과 같이 말한다.

"쉴라이에르마허에게 있어서 기술로서의 이해는 텍스트 저자의 원래의 정신적(심리적) 과정을 다시 체험(추체험)하는 것이다. 이는 창작 과정의 역전이다. 왜냐하면 추체험은 이미 고정되고 완결된 표현에서 시작하여 원래 그 표현에서 생겨났던 정신적 삶에로 거슬러 올라가는 것이기 때문이다. 화자 혹은 저자는 하나의 문장을 구성한다. 그러면 청자는 문장의 구조와 사상을 파악한다. 그래서 해석은 두 개의 상호 작용하는 계기로 이루어지게 된다. 하나는 문법적 계기이고, 다른 하나는 심리적 계기(이는 원저자의 정신적 삶에 의해 포괄되는 모든 것을 뜻하는 넓은 의미에서 이다)이다. 이러한 재구성이 이루어질 수 있는 바탕이 되는 원리는 그것이 문법적이건 아니면 심리적이건 간에 해석학적 순환(hermeneutical circle)의 원리이다."[13]

쉴라이에르마허는 주어진 텍스트(text) 해석의 원리 문제를 넘어서 상호 교류하는 이해의 근거를 먼저 구했다. 즉 인간의 유의식(類意識)을 문제 삼았던 것이다. 그는 이 유의식이 개별자들을 연결시킨다고 보았다. 그렇기 때문에 인간적인 것 일반을 문제 삼는다. 그리고 이 인간적인 것 일반이 공통적인 유개념(類概念)으로서 니버가 지적하고 있듯이 쉴라이에르마허의 해석학적 기초가 된다.[14]

"쉴라이에르마허에 의하면 이해는 단어만이 아니라 몸짓, 억양, 그 태도의 표현들이라 할 수 있고 이것은 공통적인 유의식에 의해서만 가능하다고 한다. 우리들 자신의 공통감정으로부터, 말하자면 낱말의 뜻과 타자의 몸짓을 파악하게 된다고 한다. 그러므로 직감이라든가 타자와의 공감(공통감정)이 모든 이해의 근거라 할 수 있다. 일반자가 특수자보다 앞서 있는 입장이다. 이때 일반자는 나도 아니며 너도 아닌 공통감정 또는 유의식이 되며 이것이 그의 해석학에 있어서 중요한 자리를 차지한다. 그리하여 역사성의 물음은 보편으로 사라져 버린다는 결론이 나온다."[15]

쉴라이에르마허는 해석에 있어서 문법적인 해석과 심리적인 해석을 주창한다. 텍스트의 저자와 해석자 사이에 연속성이 존재한다는 신념에 기초하여, 이해란 해석자가 자기 자신을 저자의 마음속에 놓음으로써 저자와 함께 느끼고 체험하는 것으로 생각한다.[16] 앞서도 언급하였지만, 영화의 장면 가운데 본관 시계탑에서의 설레는 마음으로 서로를 기다리는 기다림, 미

테오-시네마

래에 대한 충격으로, 혹은 과거의 기원에 대한 충격으로 소은과 인이 돌담에 손을 대고 걷는 장면, 또한 그 감정을 이해하려 현지(하지원)도 손을 돌담에 대는 장면 등이 바로 그러하다.

아무튼 이러한 공통감정에 기초한 심리학적 해석학을 딜타이가 이어받는데, 딜타이에게 있어서 이해는 '심리학적으로 다시 구성함'(Psychoolgisches Nachbilden)이 된다. 심리학적으로 다시 구성함은 하나의 작품 성립의 창조적 과정을 쫓아서 구성하는 것으로, 이때 작가와의 관계를 확실히 하기 위하여 딜타이는 표현(Ausdruck)이라는 개념을 사용한다.[17] 즉 딜타이는 텍스트를 작가의 의도와 생각의 표현으로만 보지 않고 모든 일어남(사건) 일반을 행위하는 인간의 표현으로 보고 있는 것이다.

그렇다면 딜타이[18]에게 있어서도 쉴라이에르마허와 같이 이미 있는 것(사실)과 해석자의 '현재의 존재'와의 관계는 별로 문제시되지 않는다. 오히려 삶의 동일성이 문제되고 있을 뿐이다. 현재의 해석자와 과거에 있었던 인간 사이에 공통성과 표현으로 연결되는 경험 가능성의 동일성이 조용히 아무런 문제도 없이 두 사람의 철학에는 이미 깔려 있는 것이다. 즉 현재와 해석된 과거성은 미리 공통적으로 연결되어 있는 셈이다. 여기서는 엄밀한 의미에서 현재는 없는 것이다.[19]

딜타이의 이러한 인간 존재의 심리학적 구조에 의해서가 아니라 실존적 구조로부터 인간의 행위와 체험의 가능성을 이해하려는 사람이 불트만이다. 이것이 불트만의 '이해'라고 할 수 있는데, 그러나 이 실존적 구조는 불트만에게 있어서 '묻는 자'로 구성되어 있다. 묻는 자로서 그 텍스트와 관계를 갖는 실존적 구성이 불트만에게 있어서 중요한 과제가 되고 있고 이것이 언제나 먼저 전제되어야 한다.[20]

따라서 신은 인간적 존재의 '질의성 안에서'(자기의 이해 안에서) '물음으로 알려진 자'가 된다. 그렇기 때문에 성서 안에서 표현된 인간존재의 이해에 대한 물음이 바로 신약 성서적 텍스트 주석의 선이해(先理解)가 되는 것이다.

> "불트만에 있어서 신은 인간존재에 있어서 그 질의성으로 마주하는 존재다. 이와 같이 그는 인간존재의 질의성을 강조하면서 전승된 텍스트를 묻는 전제로 질의성을 내세우고 있다. 그리고 이와 같은 인간존재가 가지는 자기이해의 가능성(질의성)을 강조하고 있는 점에서 불트만의 성서적 이해의 특징이 있다고 하겠거니와 생의 영역으로서의 역사에 대한 관심은 나의 질의와 응답의 영역을 벗어나지 못하는 것이 되어 버린다."[21]

결국 텍스트는 질의 없이는 대답으로 이해될 수 없는 것이 되고 그 질의가 말하자면 유일한 이해의 전제가 되고 만다. 따라서 역사적으로 형성된 모든 것들이 일반적인 심리학적 유형론에 사로 잡혀 딜타이의 경우 '표현-체험'[22]의 도식처럼 불트만의 경우 현재라는 전체성의 '질의-응답'이라는 연속적 약속으로 끝나고 만다. 그러나 삶의 그 전체성은 질의와 응답만이 아니다. 그것만으로는 다 담을 수 없는 것들이 있지 않은가? 따라서 가다머는 불트만을 지적하여 불트만의 기독교 선교는 기껏해야 하나의 개인적 경험으로 끝나 버리고 있다고 그의 저서 『진리와 방법』에서 비판한다.[23]

가다머는 사실적(史實的, historisch) 차이를 문제 삼는다. 거리의 문제가 이해과정에서 결정적 역할을 한다. 그러므로 가다머는 사실과 거리 문제를 해석으로 융해한다. 그는 텍스트와 해설자 사이의 역사적 차이를 해석학적 사유로 수용한다. 그리하여 그 당시의 것과 오늘의 것을 이해하면서 서로 연관을 하나로 하는 방식을 가다머는 지평융합(地坪融合, Fusion of horizons)이라는 개념어로 설명한다.

테오-시네마

인간의 삶이란 딜타이가 적절하게 묘사한 것처럼 특유하고 고유한 가치와 의미를 체험하는 창조적 삶의 과정이요, 체험한 것을 표현하는 행위이며, 표현된 것을 이해하는 과정이다. 삶의 내면적 질을 체험하고, 그 감동과 영향을 표현하고, 표현된 작품을 이해하고 해석하는 연속동작으로서의 인간의 삶을 우리는 '해석학적 삶'이라고 부르는데, 인간은 해석학적 존재이며, 그러기에 인간은 역사적 존재요, 문화적 존재이다. 이러한 해석학적 존재로서 인간은 의식을 하던 지 안하던지 일정한 '이해의 지평'을 갖고서 살아간다. 해석학적 이해의 과정을 통해서 인간은 끊임없이 삶의 이해지평이 확대 심화되는 경험을 추구해 가는데, 이러한 해석학적 현실을 일컬어 삶 체험의 '지평융합'이라고 가다머는 은유적으로 말했다.[24]

우리의 현실은 쉴라이에르마허처럼 심미적인 일반성의 비교와 공통성이라는 가능성의 세계가 아니며, 불트만처럼 물음으로 꼭 응답이 있는 그 본래성과 비본래성의 교환만이 아니다. 우리의 이 현재는 전체성 일반을 확신하는 것이며 따라서 가다머의 이러한 전승된 상황과 해석자의 현재가 현실로 융합되는 지평융합의 전체성을 이해의 요점으로 삼는 해석학은 그럼으로 해석할 그 당시와 오늘의 관계가 해석에서 중요한 자리를 차지하게 되고 이 둘의 차이는 해석학적인 다리놓음(지평융합)으로 보존된다.

이러한 해석학의 역사로 영화 〈동감〉을 살펴보는 것도 재미있는 방법이다. 따라서 '우리는 다른 시간 속에서 같은 사랑을 꿈꾼다'는 말은 쉴라이에르마허로부터 딜타이 불트만, 가다머로 이어지는 해석학의 핵심을 잘 말해주고 있다.

영화에 보면 현지(하지원 분)와 인이 '우린 같은 곳을 본다'라는 제목의 사진을 찍는다. 공간이 달라도 같은 곳을 바라볼 수 있으며, 인과 소은처럼 시간이 달라도 사랑을 통한, 아니 배려를 통한 감정의 지평융합이 이루어지는 것이다. 이러한 인식론적 해석학(쉴라이에르마허, 딜타이)과 존재론적 해석학(불트만, 가다머)의 모두를 통틀어 말할 수 있는 단어가 있다면 그것은 바로 '동감'(同感)이다.

"인연이란 말은 시작할 때 하는 말이 아니라, 모든 게 끝날 때 하는 말이예요."라는 인의 말은 아무리 영화에서 들려준 배경음악 'On summer night'처럼 인과 소은의 이상한 만남이 한여름 밤의 꿈으로 끝날지라도 우리네 삶에 있어서 해석학적 순환은 역사가 존재하는 한 계속될 것임을 말해줄 것이다. 그리고 그 역사의 끝에서 인연이라는 말을 인처럼 조심스럽게 내뱉을 수 있는 것이다.

4. 인생은 굴곡이 많으니 언제나 그렇듯 박수칠 때 떠나자

이제 본격적으로 쉴라이에르마허의 사상을 그의 『종교론』[25]과 『크리스마스 이브』[26]만을 국한하여 살펴보도록 하자. 『종교론』은 종교인을 상대로 한 것이 아니라, 종교를 멸시하는 교양인을 상대로 한 것이며 학술서라기보다는 오히려 낭만주의 시대정신을 담고 있는 문학작품이라고 할 수 있다. 쉴라이에르마허는 당시의 교양 있는 사람들의 생활이 종교와 유리되어 있다고 보고,

"인류와 조국, 예술과 학문이 그들의 마음을 완전히 사로잡고 있기 때문에, 영원하고 거룩한 존재를 등한시하며 그것에 대한 아무런 감정도 가지고 있지 않다. 그들은 이 세상에서의 삶을 아주 부유

하고 다양하게 영위하고 있으므로, 영원한 것을 필요로 하지 않는다."[27]

고 말한다. 『종교론』의 집필 동기를 자신이 신적으로 지배되고 있는, 내적이며 저항하기 어려운 필연성에 의해 말하도록 강요되었기 때문이라고 고백한다.

   "내가 말하고 있는 것은 어떤 합리적인 결심이나 희망, 혹은 두려움에 기인된 것이거나, 어떤 목적에 의한 것, 또는 자발적이거나 우연한 이유에서도 아니다. 그것은 내 본성의 저항할 수 없는 필연이며, 신적인 소명이다. 그것이 이 우주에 있어서 나의 위치를 결정하며, 나 자신을 존재하게 한다"[28]

   쉴라이에르마허는 계몽주의의 종교관 비판을 자신의 출발점으로 삼았다. 칸트와 같이 종교를 도덕으로 환원하거나 헤겔과 같이 종교를 형이상학에 종속시키는 입장을 부정하고 비판하였으며, 종교가 직관과 감정임을 주장하려 하였다. 따라서 다음과 같이 말한다.

   "종교는 종교 자신의 재산을 소유하기 위해 형이상학이나 도덕에 속하는 것에 대한 모든 요구를 단념하고, 종교에 떠맡겨진 모든 것을 그들에게 반환해야 한다."[29]

   종교는 "인간이 자신의 한계성과 모든 우연성 그리고 모든 현존재가 무한한 것으로 조용히 소멸되는 것을 의식하는 것으로부터 시작된다."[30] 따라서 종교의 본질은

"사유도 행위도 아닌 직관과 감정이다. 종교는 우주를 직관하는 것이다. 종교는 우주 자신의 표현과 행위 안에서 경건하게 우주를 귀 기울여 듣는 것이다. 아이와 같은 수동적인 태도로 우주의 직접적인 감화영향으로부터 감동을 받는 것이다."[31]

즉 쉴라이에르마허는 종교가 형이상학과 도덕의 영역에서 완전히 이탈하는 것에 의해서만 종교 자체의 영역과 특성을 주장할 수 있다고 말하는 것이다. 그리고 종교적인 감정은 영원한 것과 불가시적인 것에 대한 경외, 겸손, 감사, 기쁨, 확신 그리고 신뢰 등으로 나타난다. 따라서 감정의 강도가 종교의 정도를 결정한다고 말한다.

"우주가 그 자신을 인간의 직관 속에 나타내는 특별한 방식이 개별 종교의 특성을 구성하듯, 이 감정의 강도가 종교의 정도를 결정한다. 감각이 건전하면 건전할수록 더욱 강렬하고 결정적으로 모든 인상(印象)을 파악하게 되는 것이다. 무한한 것을 파악하려는 갈망이 동경적(憧憬的)이면 동경적일수록, 혹은 그 행동이 제지하기 어려우면 어려울수록, 심정자체는 어디에서나 다양하게 그리고 끊임없이 무한자로부터 감동을 받게 되며, 더욱 쉽게 이 인상은 심정을 관통하고 일체의 다른 것에 비하여 우위를 차지하게 된다. 종교의 영역은 이러한 방면으로 확장된다."[32]

그러나 쉴라이에르마허는 일반적인 감정과 종교적인 감정을 명확하게 구별하지 않는 단점이 있다. 그는 다음과 같이 말하는데,

테오-시네마

"이 모든 감정이 종교다. 우주와 자아가 양극점이 되고, 그 사이에서 심정이 동요하게 되는 모든 감정이 종교다. 사람들은 이 감정을 어떤 도덕적인 것이라 하여 도덕 안에 그것을 위한 장소를 제공하려 한다. 도덕은 이러한 감정을 요구하지도 허용하지도 않는다. 도덕은 사랑이나 애호가 아니라 활동이다. 도덕이나 그 밖에 어떠한 것에서 비슷한 감정이 발견된다면, 그것은 찬탈당한 것이다. 그 감정을 종교에게 돌려주라. 그 보물은 종교에만 속하여 있다."[33]

이처럼 감정을 종교가 서 있는 토대라고 생각하여 인간의 감정적인 본성을 종교의 전부인 것같이 강조한 결과, 종교적인 감정과 감성적인 감정을 명백히 구획 지을 수 없게 되었다. 목창균은 쉴라이에르마허의 신학이 도덕화되고 이성화되었던 계몽주의 시대의 종교에 반기를 들고, 직관과 감정을 종교의 본질로 주장하여, 종교의 독립적인 위치와 고유의 가치를 확보한 것을 종교철학사적인 공헌으로 평가하나 몇 가지 문제점을 상정한다.

"첫째, 그가 인간의 감정과 직관을 종교의 본질로 규정한 것은, 칸트나 헤겔이 행위와 사유를 인간정신의 종교적인 기능으로 간주한 것과 마찬가지로 일방적인 것이다. 왜냐하면 종교란 인간의 어떤 특수한 정신기능에 국한되어진 것이 아니라, 오히려 전인적인 것이기 때문이다.
둘째, 쉴라이에르마허는 『종교론』에서 모든 감정은 종교적이라고 주장함으로써 종교적인 감정과 감각적인 감정을 명확하게 구별하지 않았다. 또한 개별적인 직관과 감정을 강조함으로써 종교를 주관적인 기분의 문제로 만들었다는 비판을 가능하게 하였다.

셋째, 쉴라이에르마허에게는 우주에 대한 직관이 하나의 계시이다. 그러나 '자기의식'이라고 할 수 있는 우주의 직관과 신의 계시는 구별되어야 한다. 전통적인 성서종교에서의 계시는 신이 그 자신을 의식적으로 인간에게 나타내는 것이다. 따라서 이러한 개념의 배후에는 능동적으로 지식을 전달하는 인격적인 신의 존재가 있다. 그러나 쉴라이에르마허는 이러한 계시를 독자적으로 재해석함으로, 인간 중심적인 종교관을 형성하게 되었다."[34]

『크리스마스 이브』는 쉴라이에르마허의 유일한 대중적인 문학작품으로 크리스마스에 대한 다양한 신학적 해석을 제시하고 있다.[35] 이 책의 주제는 크리스마스의 의미와 기쁨이다. 우리가 크리스마스에 무엇을 축하해야 하는가를 다루고 있는데, 쉴라이에르마허는 크리스마스를 '환희의 최고의 축제'로 생각했다. 하나님이 자신의 사랑을 예수 그리스도의 탄생으로 나타냈기 때문이다.[36]

이 책은 『종교론』(1799)의 종교철학으로부터 『신학연구 입문』(1811)과 『신앙론』(1821-22)의 조직신학에 이르는 쉴라이에르마허의 학적 활동의 두 측면 중간에 위치해 있으며 그리스도의 '성육신'에 대한 철학적인 이론과 기독교적인 교리 양면을 포함하고 있기에 매우 중요하다.

책은 3부로 구성되어 있으며 무대는 크리스마스 이브를 축하하기 위해 가족들과 친구들이 함께 모인 독일 중류 가정이다. 등장인물은 집주인 에두아르트와 에어네스티네 부부, 그들의 딸로 재치 있고 음악성 있는 십대 소녀 소피, 에른스트와 그의 약혼녀 프리데리케, 아그네스 부인과 그의 아들 안톤, 처녀 카롤리네, 변호사 레온하르트 그리고 대화가 끝나갈 무렵 늦게 도착했던 요제프 등이다.

1부는 서막부분이고, 2부는 중심부분으로 세 여인들의 크리스마스 이야기로 이루어져 있다. 프리데리케, 아그네스 및 카롤리네가 남자들의 요청을 받고 크리스마스 이브에 겪었던 자신들의 경험을 교대로 이야기함으로써 여인들이 느끼는 크리스마스의 의미를 제시한다. 세 이야기 모두가 크리스마스 축제의 핵심 문제, 즉, 마리아의 품속에 있는 신적인 아이와 관련이 된 것으로 어머니와 아이가 이야기의 주체가 된다. 크리스마스 축제가 어머니와 아이의 관계에 대해 종교적인 의미를 부여한다는 점이 강조되고 있다. 또한 왜 어머니의 사랑이 여성의 존재의 근거인가, 왜 모든 어머니는 성모 마리아이며 영원한 신적인 아이를 가지는가, 왜 여성은 마리아처럼 자신의 아이에게서 신적인 계시를 느끼는 가 등과 같은 문제들이 세 여인의 이야기를 통해 해명된다.

제 3부는 2부와 대조를 이루는데, 남성들이 생각하는 크리스마스의 의미를 세 남자들의 교리적인 진술을 통해 제시하고 있다. 밤이 깊어지고 마지막 손님 요제프의 도착이 지연되자, 프리데리케가 대화의 주제를 크리스마스의 의미로 하자고 제의한다.[37]

이에 따라서 세 남자 레온하르트[38], 에른스트[39], 에두아르트[40]가 크리스마스의 의미와 크리스마스 축하에 대한 견해를 차례로 말한다. 이들의 비판적이며, 사색적인 대화는 4복음서의 확실성, 역사적인 예수, 성육신, 기독교의 본질, 그리스도, 구속의 본질, 인간성의 본질 등과 같은 크리스마스 축제와 관련된 신학적인 문제들을 다루고 있다. 그들이 논쟁에 지쳐 있을 무렵, 마지막 손님 요제프가 등장하여 이런 종류의 대화를 점잖게 나무라며, 감상적인 이야기로 토론을 압도한다. 즉 그는 "말로 표현할 수 없는 주제"에 대해 "말로 표현할 수 없는 기쁨"을 요청하고 "즐거운 마음으로 종교적이고 흥겨운 어떤 것을 노래하자"고 제의함으로써 크리스마스 대화를 마무리 짓는다.[41]

이러한 크리스마스에 대한 세 해석자 가운데 어느 한 사람이 아닌, 세 사람 모두가 쉴라이에르마허의 신학적 사고의 일면을 대변한다. 즉 역사 비평적 경향, 종교적인 경험의 경향, 그리고 신비적 사변적인 경향 모두가 내재해 있는 것이다.[42]

이제 여기서 영화 〈동감〉과 쉴라이에르마허의 『크리스마스 이브』를 연결하여 보도록 하자. 크리스마스를 해석하는 세종류의 사람이 쉴라이에르마허의 작품에 등장하는데, 영화에도 인은 합리적인 사람으로, 소은은 경험적 경향으로, 그리고 가끔씩 등장하는 신비적 경향의 수위 아저씨가 있다. 쉴라이에르마허에게 이 세 경향이 내재하듯이 영화도 이 세 경향의 조화를 이야기 하고 있다. 합리적으로 소은을 설득하려고 79년 10월의 신문 기사를 읽어주는 인, 인의 부모가 자신이 사랑하는 동희와 절친한 친구인 선미라는 것을 경험하고 아파하는 소은, 인이 무선기를 고치거나, 부수려고 할 때마다 찾아와서 신비한 화두를 던져놓은 수위 아저씨, 어떻게 보면 삶은 이러한 인식 지평의 융합 또는 길항이 아닐까? 그래서 수위 아저씨의 다음과 같은 말은 타당하다.

"(무선기는) 쉽게 안 없어 질거다. 어여들 가라, 세월은 그렇게 흘러 가더라구."

역사는 수많은 감정들의 교차이며, 그 절대의존의 감정에 그렇게 흘러 가는 것이 우리의 인생임을 영화는 말미에 선사(?)인 수위 아저씨를 통해 말해주고 있다. 사실 그렇다. 삶의 무수한 조건들, 역사의 그 많던 얼굴들, 이들은 모두 그렇게 흘러갔으며 남아있는 것은 그네들의 기록을 통한, 삶을 통한 오늘 우리에게 전해지는 감정, 그것의 해석, 그 이상도 그 이하도 아님을 쉴라이에르마허는 느꼈던 것일까? 그러나 그러한 '감정의 신학'은 시대적 상황의 변화로 새로운 칼날을 맞아야 했으니…

테오—시네마

"그해 8월 초, 어느 날이 나에게 비통의 날로 다가왔다. 93명의 지
성인들이 빌헬름 2세와 그의 자문관의 전쟁 정책을 승인한다고 발
표했는데, 놀랍게도 그 가운데 신뢰했던 많은 신학 스승들의 이름을
발견할 수 있었다. 그들의 윤리를 의심하면서 동시에 그들의 윤리학,
조직신학, 성서 해석, 역사 서술을 더 이상 따를 수 없으며 19세기 신
학이 나에게 미래가 없는 것으로 느껴졌다"[43]

바르트에 의한 쉴라이에르마허의 비판은 위와 같이 시작된다. 제1차 세
계대전이 발발했을 때 19세기 역사 신학의 거장 하르낙과 그를 포함한 성직
자와 신학자 등 93명의 지성인이 빌헬름 2세의 전쟁 정책을 지지하는 선언
을 하였는데, 이것을 보고 바르트는 19세기 신학의 한계를 비판하였던 것
이다.

19세기 자유주의 신학은 인간 중심의 사고, 신은 인간에게 봉사하는
하나의 부속물로 여긴 사고였다. 따라서 쉴라이에르마허의 '감정의 신학'은
범신론으로 가버렸고, 리츨의 가치, 도덕, 윤리를 강조하는 신학은 인간의
내재성 속에 하나님이 흡수되어 버렸고, 하르낙의 역사와 문화에서 비롯된
신학은 소위 '문화 개신교'를 이루었고, 트뢸취가 종교 철학을 강조함으로써
신학의 특수성은 인간의 인식의 범위에서 맴돌게 되었다. 헤르만의 '현실성'
의 강조는 이미 인간에게 내재된 현실성으로 파악된 낙관주의적 사고를 만
들었던 것이다.[44]

바르트는 19세기 신학이 인간 속에 하나님이 내재 속에 초월이, 자연
속에 은총이, 시간 속에 영원이 혼합되어 애매모호했기 때문에 전쟁을 일
으키는 신학에 동조하기에 이르렀다고 보았다. 이러한 자유주의 신학에 대
한 강렬한 거부가 바르트의 『로마서 주석』이었으며 "하나님은 하늘에, 너

인간은 땅에", "하나님과 인간의 무한한 질적인 차이", "영원과 시간의 구별" 등은 이러한 쉴라이에르마허 이하의 19세기 자유주의 신학에 하나의 쐐기를 박는 새로운 신학 운동의 모토가 되었다.

따라서 쉴라이에르마허는 그가 살던 당시의 시대적 도전에 충실히 신학적으로 응답하였으나, 시대를 떠나 항존 하는 신학의 왕좌를 차지하기에는 '학'이라는 것은 여전히 한계가 있음을 알 수 있다. 따라서 영화 속 연극의 제목처럼 '인생은 굴곡이 많으니 언제나 그렇듯 박수칠 때 떠나라' 는 것이다.

02.

논리의 언덕에 오른 신학자, 계시의 산에서 내려오다: 바르트와 영화 〈잉글리쉬맨〉

1. 언덕을 오르는 이유!

오늘 아침 여러분이 읽은 성경 말씀은 어느 구절인가? 아니면, 오늘 새벽기도 때 읽은 말씀은? …자, 이제 그렇다면 한 가지 더 물어보도록 하자. 오늘 읽은 조간신문의 주요 기사는 무엇인가? 혹이나 인터넷을 통해 읽어본 기사라도 상관없다. 신앙인이라면, 독실한 기독교 신자라면, 이 물음에 자신 있게 답할 수 있어야 된다고 말한 신학자가 있다. 흔히들 인용하는, "한 손에는 성경을, 다른 한 손에는 신문을…"

그렇다. 이 신학자는 다름 아닌, 칼 바르트이다. 이러한 바르트의 말씀과 상황을 중요시하는 말씀의 신학은 그의 화두에 걸맞게 다음과 같은 결론으로 귀결된다.

> "결론적으로 말씀의 신학은 오늘날 무신론적 상황에 대처하고자
> 하는 수많은 신학의 이름들, 즉 '상황 신학'(Context Theology)에 좌표
> 가 될 것이다. 왜냐하면 하나님의 말씀의 신학은 상황 신학이 초월
> 과 내재의 혼돈이나 혼합의 길을 가지 않도록 할 뿐 아니라, 상황 그
> 자체를 새로운 지평으로 옮겨 놓기 때문이다"[1]

세계는 지금 커다란 지각 변동을 일으키고 있다. 한국 교회와 신학계도 새 시대를 갈망하면서 진통을 겪고 있다. 최종호 교수에 따르면 우리가 사는 현대는 무신론적 상황에 처해 있다고 한다. 전쟁, 기아, 생태계 파괴 등이 이것을 입증하며, 이러한 상황에서 바르트의 말씀의 신학은 하나님의 의와 인간의 불의를 심도 있게 대조시키는 것을 우선의 과제로 삼는다고 말한다.[2]

> "그러나 인간의 불의는 이미 예수 그리스도 안에서 극복되었다는
> '선포' 속에서 인간의 책임과 윤리를 묻는다. 이것은 인간을 우선적
> 으로 섬기는 것이 아니라, 하나님을 제일로 섬기는 일을 출발점으로
> 삼고 있다. '먼저 위로 하나님을 사랑하고, 아래로 네 이웃을 사랑하
> 라'는 예수 그리스도의 계명에 부합되는 것이 하나님의 말씀의 신학
> 이다."[3]

따라서 초기 바르트의 『로마서 강해』부터 1960년대 이후에 나타난 희

테오-시네마

망의 신학, 정치 신학, 해방 신학 등, 후기 바르트의 성령론에 영향을 받은 이들 신학 역시 바르트의 상황을 중요시하는 영향을 받았다고 할 수 있다.[4] 오늘, 우리의 상황에 바르트의 신학은 윤성범 교수의 타종교와의 대화를 말하는 '토착화 신학', 박순경 교수의 민족의 문제를 외치는 '통일 신학', 이종성 교수의 신학의 사명을 말하는 '거리의 신학'을 외쳤고, 박봉랑 교수는 '신학의 해방'을 말하는, 즉 교리로부터의 해방을 말하는 '삶의 신학'을 흔적을 남겼다.[5] 그러나 한국적 상황에서는 좀 더 구체적으로 바르트의 신학은 오해되는데,

> "말하자면 바르트의 신학은 한국 교회와 신학계에서 정통주의라고 일컬어지는 보수주의로부터 '자유주의 신학'이라는 비판을 들어왔고, 1970년대 출발한 민중 신학에서는 '신 정통주의' 혹은 '신 보수주의'로 여겨졌으며, 더욱이 '종교 다원주의'를 말하는 '토착화 신학'의 입장에서는 문화와 자연과의 단절을 말하는, 단지 '계시 실증주의자' 정도로 취급받았다. 즉 신학적 인식론, 혹은 인간성의 가장 원초적 체험이라고 할 수 있는 종교 및 그것을 기초한 일반을 부정하는 신학으로 소개되었던 것이다"[6]

아무튼 이제 바르트의 신학으로 영화 〈잉글리쉬맨〉과 함께 영화 속 피넌 가루를 등반하여 보도록 하자. 이 등반의 목적은 정상에 오르는 것만큼(text), 등산길에 드러나는 산의 경치와 풍경(context)을 감상하는 것도 중요하다는 사실이다.

2. 어떤 때 언덕이 산이 되는 게요?, 어떤 때 신이 인간에게 파악되는 게요?

1917년 웨일즈의 한 마을, 잉글랜드인 두 사람이 찾아온다. 프랑스에서 독일군과 싸우다 부상당해 병원에서 퇴원하여 측량 조사단으로 온, 갓 인생의 맛을 보기 시작한 주인공 앤슨(휴 그랜트 분)과 자기 때문에 더 이상 부하들이 술을 마시지 않기를 바라며 여왕님의 휘하 측량조사단에 들어온 개러드, 이들은 웨일즈 마을에 있는 피넌 가루가 언덕인지, 산인지를 측량하러 온다.

그들이 묵는 여관은 실리에 밝은 '호색한' 모건이 있는 곳, 그들은 '1,000피트가 되어야 피넌 가루가 산으로 인정 된다'고 하는데, 이 말은 금새 마을 전체로 퍼지고, 웨일즈 마을 사람들의 존재의 근거를 뒤흔드는 굉장한 사건으로 다가온다. 잉글랜드 사람, 즉 이방인들로 인해 웨일즈 마을 사람들은 자신이 가치 있게 여겨온 것에 상처를 받게 된 것이다. 사실 개러드는 웨일즈를 '외국'으로 말한다.[7]

피넌 가루는 웨일즈 최초의 산이며, 그들의 보금자리이다. 전쟁으로 많은 마을 남자들이 싸우러 나갔으며, 나머지 남자들은 모두 석탄을 캐러 광산에 가있다. 있는 사람들이라곤, 마을의 정신적이자 종교적 지도자인 존스 목사, 그는 "전쟁터에만 사악한 이가 있지는 않다. 우리 가운데도 사악한 이가 있다"고 모건을 비꼬며 설교를 하는 성(聖)의 수호자이다. 그러나 모건은 "수치심을 어디다 떨어뜨렸는지 영 생각이 안 나네요"라며 자신의 삶의 방식을 변호하며 세속성인 속(俗)을 방어한다.

이들 성(聖)과 속(俗)의 대립가운데, 전쟁터에서의 충격으로 분열증 증세를 보이는 쟈니와 멍청이 토마스 형제, 냉철한 이성과 상식의 소유자 데이비스 선생 등, 이들은 이제 자신의 존재의 근거인 피넌 가루를 산이 되게끔

　　　　　　　　　　　　　　　　테오-시네마

고민하게 된다. 마을 학교 선생인 데이비스와 존스 목사의 대화를 들어보자.

> "어떤 때 언덕이 산이 되는 게요?
> 비교학적인 용어죠, 인도의 히말라야를 예를 들어보면 만피트 짜리 산도 언덕에 불과하게 보일걸요.
> 그럼 우리 마을의 산은 언덕이잖나.
> 알프스 산에 비하면 흙더미도 안 되죠.
> 하지만 여긴 알프스가 아니라 웨일즈잖나!
> 그렇군요."

그리스에는 사원이 있고, 이집트에 피라미드가 있다면 웨일즈에는 피년 가루라는 산이 있다고 믿는 웨일즈 마을 사람들은 이제 상대성에 대한 의문을 갖는다. "이미 알고 있는 뉴튼 등대와 윗처치 언덕과 비교해서 피년 가루의 높이를 계산하죠"라는 앤슨의 말에 "처음 언덕은 어떻게 쟀죠?"라고 의문을 갖는다. 그 질문에 당연한 듯 존스 목사는 이야기한다.

> "신께서!"

모든 상대성의 근원인 절대성에 대한 명백한 대답이다. 즉, 상대적인 모든 것의 시초의 기준설정을 신의 창조로 설명하는 하며 여기서 피년 가루는 웨일즈 사람들의 최초의 기준이 되는 것이다. 그러나 여기서 과학에 대한 설명이 나온다. 언덕의 높이를 재는 수치란 전문과학이다. 그리고 그 과학은 냉정한 것이라는 앤슨의 말, 그 냉혹하고도 냉정한 과학은 수치상 984 피트라고 피년 가루를 언덕으로 정해 버린다. 그러나 그럼에도 불구하고 그 언덕의 아름다움이나 매력을 빼앗지 못한다는 앤슨의 위로는 웨일즈 사람들에게 더 이상 잃을 것도 없는 최후의 존재의 근거이기에, 박탈당해서는 안 되기에 마을 사람들을 하나로 묶는 계기가 된다.

이제 다급해진 마을 사람들은 웨일즈 최초의 산인 피넌 가루를 언덕이 아니라, 산으로 인정받고자 상대적 가치 척도에 남지 않고 절대적 가치에 남고자 존스 목사의 주선으로 마을회관에서 회의를 열게 된다. 존스 목사는 여왕에게 고발장을 내자고 하나, 모건은 산을 20피트 높이자고 한다. 그의 말은 이렇다.

"누가 정했는가? 대체 왜 984피트는 산이 될 수 없죠? 그럼 키 작으면 꼬마고 작은 개는 고양인가요? 이건 우리들의 산입니다. 만 피트가 되어야 한다면 신께 맹세코 만들어야죠."

고대의 묘지가 산 정상에 있을 때 산 높이에 그 묘지를 잰다고 말하는 의견, 영구적인 시설물이라면 산의 높이에 포함된다는 의견, 드디어 마을 사람들은 산을 만들려고 한다. 단, 존스 목사의 주장대로 '노력, 땀, 희생'이 깃든 교회의 정원 흙을 옮기는 것으로…

이제 마을 사람들은 하나가 된다. 프랑스의 전쟁터에서 10마일도 더 되는 참호를 팠다는 정신분열증 환자 쟈니도 한마디 거든다. "저도 돕겠어요." 언덕을 산으로 만들려는 마을 사람들의 공동 작업이 시작된다. 모건은 설탕을 측량 조사단의 차 엔진에 부어 고장 나게 하고, 베티라는 미인계를 써서 측량조사단 두 사람을 잡으려고 한다. 자동차 수리공도 부품을 부러뜨려 이들의 발목을 잡으며 기차역 승무원은 엉뚱한 말로 측량조사단이 기차를 못 타게 한다. 물론 산의 높이가 980피트 쪽에 내기를 했으며 마을 사람들의 이러한 작업을 사기극으로 진단하고 아이들을 동원하려는 것을 막고

테오-시네마

수업을 진행하던 데이비스 선생은 "공동체에 대한 자네의 생각과 어휘력은 형편없네."라는 존스 목사의 꾸지람을 듣게 된다.

드디어 산으로 흙을 퍼 담는 대장정이 시작된다. 동시에 데이비스 선생만 빼고 모두 영웅적인 일에 참여하는데, 알콜과 음료수를 판매하는 모건은 이익이나 남기는 파렴치한으로 존스 목사의 잔소리를 듣는다. 모건이라는 속과 성은 만날 수 없는가?

아쉽게도 이러한 마을 사람들의 노력은 그날 밤 비로 다 쓸려 내려가 버린다. 그 비는 멍청이 토마스가 예언한 비였다. 그 비와 천둥에 쟈니는 발작을 일으키게 된다. 잔인한 토요일 밤이 지나고, 비 갠 주일날, 이제 산을 높일 마지막 기회이다. 측량조사단은 전보와 기차표를 받았기에 월요일 피넌가루를 언덕으로 측량하고 떠나게 된다.

주일 아침 일찍 존스 목사를 찾아간 모건은 말한다. 주일이지만 오늘밖에 기회가 없다고, 모건을 내쫓은 존스 목사는 예배를 집전한다. 예배에 참석한 모건, 존스 목사의 설교를 모두가 기다린다. 목사는 설교 하기 전 기도하는 마음으로 성경을 펴든다. 시편 99장 9절, 100편 바로 앞이다. 아니 100편에 한절 모자라는 구절이 아닐까?

"너희는 여호와 우리 하나님을 높이고 그 성산에서 경배할지어다.
대저 여호와 우리 하나님은 거룩하시도다"
이 명 설교를 한번 들어보도록 하자.

"이 말씀은 흙으로 나타낸 하나의 기도입니다. 미래의 우리 아이들은 우리가 만든 토양 위에서 뛰어 놀 것입니다. 노인들은 계곡에서 이를 보며 유년을 기억하게 될 것입니다. 오늘은 비록 주일이지만 아니 특히 주일이기에 이 예배 즉시 난 피넌 가루에 올라 내 손에 주의 흙을 묻혀 언덕을 만들어 주게 봉양할 것입니다. 전쟁에서 못 돌아온 우리의 사랑하는 이들을 위해 언덕을 만들 것입니다. 주께서 주신 영광된 산의 한 미천한 메아리로서 언덕을 만들 것입니다. 우리의 산이 준 그 기쁜 마음으로 언덕을 만들 것입니다. 주께서 나와 함께 하심을 알기에 언덕을 만들 것입니다. 주의 영광을 주의 성스런 언덕에서 찬양하라! 여러분 모두가 오시길 기대합니다. 저 위로!"

모건에게도 한마디 한다. "오늘은 안식일이니 절대 맥주를 팔 생각 말게!" 미인계에 빠졌는지, 아니면 사랑에 눈을 떴는지 앤슨은 베티와 사랑을 나누며 마을 사람들을 돕는다. 잔디 떼를 덮어야 흙이 안 떠내려간다는 말에 마을 사람들은 학교 운동장의 잔디 떼를 가져온다. 이를 광기라고 판단하는 데이비스 선생에게 쟈니는 "잉글랜드 사람들처럼 굴지 마요."라고 말한다.

드디어 산으로 완성될 때, 존스 목사가 쓰러진다. 천 피트의 언덕을 대여섯 번 오른 82살의 존스 목사는 체력이 다했던 것일까? 평생에 한번 있을까 말까한 명 설교를 했기 때문일까? 아니면 피넌 가루를 자신의 몸으로라도 산으로 만들어야 했을까? 죽기 전 모건을 불러 유언을 남긴다. "난, 자네만 믿겠네…" 존스 목사의 유언은 산 정상에 묻히는 것이었다. 그가 죽은 후 실의에 빠진 마을 사람들은 너나없이 언덕을 내려간다. 새벽에 다시 측정하려는 앤슨과 베티만 남고…

이야기의 화자는 "웨일즈 속담에 산에서 밤을 지새면 뭐가 된다고 한다. 시인이거나 미치광이가 되거나 아주 지혜로워 지거나…" 아무튼 베티와 지혜로워진 앤슨이 내려오자, 피넌가루는 산이 되었다. 정확히 1002피트! 그래서 앤슨의 별명은 '언덕에 올라갔다, 산에서 내려온 잉글리쉬맨'이 되었다는 것이다.

테오-시네마

영화의 마지막은 산 정상, 존스 목사의 묘지 앞에서 기념 촬영을 하는 이들의 모습이다. 다시 측정하니 997피트라 언덕으로 표기되었다고 하자, 묘지 속에서 존스 목사의 놀란 음성이 들려온다. "언덕이라고?" 곧, 사람들이 흙을 퍼담고 피넌가루를 오르는 모습으로 보이며, 영화는 엔딩한다. 자, 이제 질문을 하여 보자. '어떤 때 언덕이 산이 되는 걸까? 그리고 어떤 때 신이 인간에게 파악되는 것일까?'

바르트가 살았던 당시는 19세기 자유주의 신학이 꽃봉우리를 터뜨리는 시대였다. 쉴라이에르마허, 리츨, 하르낙, 헤르만 등에 의해 대표되는 독일 자유주의 신학은 18세기 계몽주의와 19세기 낭만주의를 유산으로 삼아 인간 중심의 신학과 내재주의 신학을 전개하였다. 그리하여 하나님을 '인간의 감정', '인간의 가치', '인간의 역사', '인간의 종교 철학', '인간의 현실성' 속에 있다고 함으로써 하나님의 주권성과 자유성이 상실되었다. 다시 말하면 신이라는 명제가 인간의 종교성의 차원, 인간의 계시 체험, 종교심, 신의 체험, 신의 인식 등과 동일한 것으로 서술된 것이다.[8]

즉 언덕이 산이 되려면 인간 이성의 잣대가 있어야 하며, 그 잣대를 채우지 못하면 산이 되지 않는 것이다. 신 역시 도덕의 차원으로 감정의 차원으로, 역사의 차원으로 제한되는 것이다. 그러나 인간성의 내재적인 '감성, 이성, 종교심, 체험, 인식, 도덕, 윤리'에 대한 강조는 도대체 무엇을 낳는 것일까?

좀 더 후의 일이지만 『포스트모던의 조건』에서 프랑스 철학자 리요타르는 "극단적으로 말해서 '포스트 모던적'이라는 것은 메타 이야기에 대한 불신이다"라고 말한다. 그에 따르면 이러한 포스트 모던적 상황에서 메타 이야기는 더 이상 신뢰할 수 없으며, 지난 50년 동안의 역사가 모던적 주체의 소멸을 보여주고 있다고 말한다.

"현실적인 것은 이성적인 것이며, 이성적인 것은 현실적이라는 사변적인 이야기는 아우슈비츠 사건에 의해 거부되었고, '프롤레타리아적인 것은 공산주의적인 것이고, 공산주의적인 것은 프롤레타리아적인 것'이라는 사적 유물론의 이야기는 노동자와 당이 대립된 1953년 베를린, 1956년 부다페스트, 1968년 체코슬로바키아 사건에 의해 거부되었으며, '민주적인 것은 국민에 의한 것이고, 국민에 의한 것은 민주적인 것'이라는 의회 자유주의적 이야기는 사회적 일상이 대의적 제도를 와해시킨 프랑스 1968년 5월 혁명에 의해 설득력이 상실되었으며, '수요와 공급을 자유롭게 하는 것은 전반적인 번영을 약속하며, 전반적인 번영은 수요와 공급을 자유롭게 한다'는 경제 자유주의적 이야기는 1911년과 1929년 경제공항에 의해 신뢰성을 상실되었다는 것이다."[9]

따라서 진보와 해방이라는 계몽의 이념을 실현하기 위해 보편성, 절대성, 통일성, 전체성을 축으로 해서 개별자, 구체자, 다양자, 상대자를 포섭하고 평가하면서 정당화시키는 모던의 기획과는 달리, 리요타르의 포스트모더니즘은 개별자들 간의 불일치(paralogie)와 차이(différence) 자체에 대한 인정을 요구하고 있는 것이다. 동일성에 기초한 전체주의적인 모던의 기획이 가져온 것은 인류의 해방과 진보가 아니라, 아우슈비츠의 파멸이기 때문이다. 따라서 통일이나 통합의 사상과는 대립되는 분리(séparation), 분산(dispersion)의 사유를 전개하자는 것이다.

"19세기와 20세기는 우리에게 무수한 테러를 가했다. 우리는 전체와 일자에 대한 향수, 개념과 조화에 대한 향수, 투명하고 의사소통적인 경험에 대한 향수를 위하여 충분한 대가를 치렀다. 이완과 진정화라는 전반적인 요구 속에서 우리는 테러를 재개하려는 욕망, 현실을 포용하려는 환상을 실행하려는 욕망의 소리를 너무나 또렷하게 듣고 있다. 그러나 이에 대한 대답이 이것이다 : 전체에 대항해서 전쟁을 하자. 표현할 수 없는 것의 증인이 되고, 충돌들을 활성화하고 그 이름의 명예를 구하자."[10]

바르트는 바로 이러한 차후 등장할 시대사조인 포스트 모던적인 정신을 예비하였다고 할 수 있다. 최종호 교수는 다음과 같이 지적한다.

"오늘날 상황 신학이 우리의 상황을 분석하고 잘못을 지적했다면 바르트의 성령론은 오늘날 문제시되고 있는 '탈현대주의'(post‑modernism)에 대안을 제시할 수 있는 신학이라고 본다. 왜냐하면 바르트는 그의 신학을 예수 그리스도 중심적으로 전개해 나갔지만, 이것이 단순히 교리적이며 형식적인 틀에서 된 것이 아니라, 성령 즉 계시의 현실성에서 다루고 있기 때문이다.[11]

즉, 1914년 제1차 세계대전과 더불어 인간 자율의 무한한 가능성과 역사의 종국에 인간이 구축한 유토피아 세계가 도래한다는 '문화 개신교'는 이미 문제로 드러났으며 빌헬름 2세의 전쟁 정책에 스승 헤르만이 서명했을 때, 바르트는 모순적인 인간성에 내재하는 자유주의 신학에 정면 도전하여 반론을 제기하며 강력한 하나님의 심판을 선포하였던 것이다.[12] 최종호 교수에 의하면,

"그는 인간의 종교나 윤리 행위를 근거로 하는 인간 중심적인 신

학이 아니라 하나님을 중심으로 하는 '하나님 말씀의 신학'을 수립
하고자 했다. 왜냐하면 모든 진정한 의미의 신학은 인간을 섬기기
위한 것이 아니라, 하나님께 봉사하기 위한 것이라고 보았기 때문이
다."[13]

산이 산 되게 하는 것은 바로 하나님의 계시라는 것을 우리는 존스 목
사의 입을 통해서 알 수 있는 것이다. 여왕이 아니라, 측량 조사단의 과학적
이론이 아니라, 신의 계시이다. 피넌가루를 높이기 위해 교회 마당의 흙을
퍼 올리는 신의 영역과 인간의 영역을 구분하는 존스 목사는 바르티안이
아닐까? 따라서 언덕을 올라갔으나(19세기 자유주의의 도전), 산을 내려온다
(신의 계시 인정, 신정통주의의 등장)는 영화 〈잉글리쉬맨〉은 초기 바르트의『로
마서 강해』의 영화화라고 조심스레 말할 수 있는 것이다.

3. 존재의 유비와 신앙의 유비, 존스 목사와 색한 모건

바르트는 창세기 1:26절의 말씀, "우리의 형상을 따라 우리의 모양대로
우리가 사람을 만들고…"의 뜻을 존재 유비(analogia entis)가 아니라, 관계의
유비(analogia relationis)로 이해할 것을 말한다.

"'우리의 형상대로'라는 말의 뜻은 하나님 자신 안에 나와 너의 관
계와 구별이 있음을 지시해 준 것이다. 이 관계와 구별에 상응하게
하나님은 인간을 만드셨다. 즉 하나님은 한 분이시지만 성부, 성자,
성령의 세 인격으로 계시며, 세 인격이 상호관계 속에 계신 것처럼
인간도 상호관계 속에 살도록 창조하셨다. 인간은 하나님 안에서 다

테오–시네마

른 사람을 너로 부르고 너에 대하여 내가 책임을 지는 존재가 되게

한 것이다. 이 점에서 바르트도 인간의 하나님의 형상을 인정했다.

단 그는 하나님의 형상이 인간 영혼 속에 있는 어떤 능력이 아니라,

인간 상호간의 관련된 구조, 관계 속에서 찾았을 뿐이다."[14]

더 나아가 바르트는 계시에 의존한 '신앙의 유비'로 하나님을 알 수 있다고 한다. 인간의 그 어떤 존재론적 속성(감정, 가치, 역사, 종교철학, 현실성)이 아니라, 하나님에 의한 하나님 자신의 계시만을 인정하였던 것이다. 그렇다면 '악은 어떤가?'라는 신정론('神正論)의 문제에 당면하게 된다. 신앙의 유비로 가능한 계시적 하나님을 만난 이후, 지금 우리 곁에 여전히 존재하는 악은 어떻게 설명하여야 하는가? 즉 하나님의 계 사건에 악은 어떤 위치를 차지하는가?

바르트는 자신의 『교회 교의학』 제Ⅲ권 「창조론」 중 제3부 '섭리론'에서 악과 무의 실재성과 하나님의 적대자들을 집중적으로 다룬다. 바르트에 의하면 '악' 혹은 '무'는 하나님도 아니고 피조물도 아니다. 이것은 하나님과 그의 피조물이 존재하는 방식으로 존재할 수 없다. 이것은 '제3의 방식으로', 다시 말하면 '무로서, 즉 '존재하지 않는 것으로' 존재한다고 말한다.[15] 따라서 무는 창조 시에 내버려둔, 지나간 것이며 실체가 아니고 공허일 뿐이다. '불가능한 가능성'인 그림자일 뿐인 것이다.[16]

이러한 무는 적으로서 하나님을 모욕하고 인간을 위협한다. 인간은 이러한 무를 죄책과 형벌로서 경험한다.[17] 그럼으로 이것은 하나님이 창조하지 않은 세계로서 반드시 극복되어야 할 세계인 것이다.[18]

"그러나 어느 누구에 의해서도 이 악은 극복될 수 없고, 오직 예

수 그리스도의 십자가 사건에서만 극복되었다. 이것은 인간 편에서

볼 때는 하나님의 패배로 보이지만, 하나님 편에서 볼 때는 하나님의 승리를 말한다. 십자가는 악에 대한 궁극적 승리를 말하며, 부활은 십자가에서 일어나 이 승리를 증명한다. 이리하여 '악'의 세계, 즉 무적인 것의 나라는 파괴되었다"[19]

바르트에게 있어서 우리의 세상에서의 삶은 "내가 세상을 이겼다"라는 복음으로 싸우는 것이라고 말한다. 그것은 신학의 사유가 끝이라는 빛 아래서 생각해야 됨을 일컫는데, 바르트의 '하나님의 말씀의 신학'은 따라서 미래가 처음이고 현재가 다음에 오는 '종말론적'인 성격을 지니고 있는 것이다.[20]

여기서 우리는 동양의 '무(無)이해', 즉 '혼돈 이해'와 바르트의 '무(無)이해'의 차이를 알 수 있다. 아니 좀 더 확장하면 동서양의 존재론적 이해의 차이를 알 수 있다. 따라서 우리의 상황에서 바르트의 신학을 적용하자면 이러한 문제에 대해 약간 언급하고 넘어가야 할 것이다.

기실 세계가 신적인 일방성에 의해 지배되고 있다는 생각은 인간 이성의 역사에 있어서 일관성 있는 주된 역사의 흐름이었다. 따라서 역사의 흐름을 인간이 가진 능동성 안에서 파악하고자 하는 시도는 서구 사상사에 있어서 하나의 반역일 수밖에 없었다.

그러나 랠프 에이브러햄에 따르면 이러한 추론이 그 밑에 깔고 지향하고 있는 것은 다름 아닌 범 재신론적 사상으로 모든 생명은 귀하다는 것, 비폭력을 지향한다는 것, 사랑에 초점을 둔 제의와 신화를 중시한다는 것, 성적인 유연성을 선호한다는 것[21], 그리고 음악과 수학을 귀하게 여긴다는 것 등이다.[22]

따라서 역사의 이런 순환 고리 속에서 랠프는 역사의 매듭들을 다음의 〈표 1〉[23]과 같이 읽어낸다.

	BC 10,000-BC 4,000	BC 4,000-AD 1962	AD 1962 이후
	가이아 시대	에로스 시대	카오스 시대
역사	정적 시대	주기적 시대	뒤섞임의 시대
	신석기 혁명	바퀴의 도입/과학혁명	포스트모더니즘
	모계사회	가부장적 사회	페미니즘
신화	여신들의 삼위일체	기독교적 삼위일체	절대성의 파괴
	오르페우스	예수	다원주의
	파트너십	가부장 지배에 의한 파트너(여신들)의 억압, 남성적 전쟁신에 의한 여성적 카오스의 용 살해	파트너십의 회복
과학		에로스에 의한 카오스의 억압	카오스의 등장
		뉴턴의 과학주의	천체역학과 물리학의 카오스 혁명

〈표 1〉 역사의 매듭

위의 도표에서처럼 인류의 역사는 정적인 모계 중심의 여성적 삼위일체가 자리 잡고 있는 가이아 시대로부터 바퀴가 발명되고 소위 과학시대로 흐르면서 가부장 중심의 에로스 시대로 넘어가게 된다. 그리고 용들로 상징되는 여성적 카오스가 억압받기 시작한다. 이러한 억압이 인간의 집단 무의식 속에 자리 잡고 있다가 자연과학이나 신학을 통해 군데군데 돌출하지만, 그것은 그때마다 권위와 질서의 이름하에 반역으로 몰리게 된다는 것이다.[24]

문명사를 살펴보노라면, 세계 어느 문명을 막론하고 거의 예외 없이 우주가 혼돈이나 무(無)로부터 시작되었다고 하는 점에서는 공통된다. 아직 아무런 구별이나 분별이 생기지 않은, 애매하고 모호한 것이 혼돈과 무의 특징이라고 할 수 있다. 구약성서의 창세기에도 "태초에 하나님이 천지를 창조하셨다. 땅이 혼돈하고 공허하며, 어둠이 깊음 위에 있고, 하나님의 영은 물위에 움직이고 계셨다"(창1:1-2) 즉 어둠과 혼돈, 그리고 어둠과 물 같은 것이 태초에 있었다고 한다. 고대 그리스 시인인 헤시오도스(Hesiodos)는 『신통기』(Theogonia)에서 창세 신화를 제시하였는데, 다음과 같이 이야기한다.

> "카오스가 처음으로 태어났고 그 다음 가이아가 나왔다. 가이아
> 는 가슴이 넓었고 모든 불멸의 존재들을 위한 견고한 자리였다. 그
> 불멸의 존재들은 눈덮힌 올림포스 꼭대기를 붙잡고 있고, 넓게 열려
> 진 땅 속 깊이에 있는 안개 같은 타르타로스를 붙잡고 있었다. 에로
> 스는 죽지 않는 신들 가운데서 가장 아름다웠다. 에로스는 손과 발
> 을 벌리어 모든 신들과 사람들의 가슴에 있는 마음과 감각적 생각들
> 을 제압했다."[25]

즉 카오스로부터 가이아(땅)와 타르타로스(캄캄한 심연)와 에로스(사랑)가 생겼고 이어서 에레보스(지하의 명부와 세계)와 니크스(어둠의 밤), 아이텔(광명의 세계)이 생겼다는 것이다.[26]

또한 고대 이집트인들은 태초의 모습으로 누트(Nut)라는 무정형의 모호한 혼돈의 존재가 있었으며, 누트가 라(Ra)라는 태양을 낳아 세상이 밝고 명확해졌다고 믿었다. 창세기의 창조설화에 막대한 영향을 준 것으로 보이는 바빌로니아 창조설화에 의하면, 혼돈은 티아마트(Tiamat)라는 여신으로 불리웠다. 티아마트는 창세기의 혼돈이란 테홈(Tehom)과 그 어원이 같다.[27]

바빌로니아 신화에서 작은 신들은 이 혼돈의 갖가지 얼굴에 지나지 않다. 혼돈의 여신 티아마트는 혼돈에서 어떤 존재가 빠져 나와 무형의 혼돈을 파괴시키며 우주의 유형적 질서를 소멸시키기 위해서 혼돈의 괴물들을

풀어 세상을 공포에 떨게 만든다. 그러나 끝내 마르둑(Marduk)이라는 땅의 남신이 혼돈을 정복하자 세상은 혼돈의 어둠에서 빠져 나와 밝고 환해졌다.[28]

인도나 중국의 경우에도 예외는 아니다. 인도의 인드라(Indra)는 밝음과 질서이며, 이는 흑암과 무질서의 브리트라(Vritra)를 물리친다. 중국의 창조설화에 의하면 '양'(陽)이란 밝은 빛이 혼돈의 어둠을 뚫고 나와 세상을 창조한다. 그러나 특이한 점은 혼돈 혹은 카오스에 대한 시각이 동양과 서양이 다르다는 것이다. 장자(莊子)의 혼돈에 관한 이야기는『莊子』「內篇」"應帝王篇"에 나오는데, 그것은 혼돈(混沌)이라는 이름을 가진 중앙의 임금에게 극진한 대접을 받은 남해의 숙(儵)과 북해의 홀(忽)이 마침 이목구비(耳目口鼻)가 없는 혼돈에게 은혜를 갚기 위해서 하루에 한 번씩 칠일동안 일곱 개의 구멍을 뚫어 주었으나, 7일째 그 혼돈이 죽고 말았다[29]는 소위 '숙홀의 오류'[30]에서 나타난 바와 같이, 혼돈과 애매성을 그대로 내버려둬야지 거기에 인위적인 작위성을 가해서는 안 된다는 것이 동북아문화권의 입장이다.

그러나 인도-유럽 쪽의 문명권에서는 그 반대적 입장을 취하고 있다. 즉 되도록 혼돈을 파괴시키려 한다. 다시 말하면 서양문명사는 끊임없는 혼돈과 질서의 투쟁사였다. 이러한 신화에 나타난 혼돈과 질서의 싸움은 과학사 속에도 그대로 나타난다. 앞서도 말했지만, 초기 밀레토스 학파의 자연철학자들인 탈레스, 아낙시만드로스, 그리고 아낙사고라스는 물, 불, 공기, 흙에서 우주가 나왔다고 함으로써 혼돈을 자연의 제 현상으로 보고 질서화시키고 말았다. 이것이 철학사-과학사까지 포함하여-속에서 생긴 최초의 비카오스화 현상이라고 할 수 있다.[31]

바르트가 동양의 전통에 서있다고 한다면, 아니 세계대전을 일으킨 것은 서구열강의 중동 및 아시아 침략의 역사이므로 세계대전이 없었더라면,

19세기 자유주의 신학의 역사가 계속 되었을까? 아니면 지금 환경오염과 빈부격차, 테러와 보복전쟁, 기아와 질병이 또다시 만연한 지금, 바르트처럼 '신과 인간'의 간극을 말하는 신학은 신의 계시에 의한 '인간-자연'의 '존재 유비'를 성령론적으로 말함으로 바르트의 사상을 다시 이해해야 하지 않을까?

사실 바르트는 인간사에 대한 부정(Nein)은 최고의 예술이 아니라고 했다. 하나님에 대한 인간의 항거와 죄가 아무리 험악해도 하나님의 은총과 긍정(Ja)이 승리한다는 것이 바르트의 「하나님 말씀의 인간성」(Die Menschlichkeit Gottes)의 주제이다. 여기서 바르트는 신성을 올바르게 이해하려면 인간성에 대한 이해를 포함해야하며, 그의 신성은 인간성으로 둘러싸여 있다고 한다.[32] 그리고 만약 하나님의 신성 안에서 인간성이 우리와 직접 만나지 않는다면 이것은 잘못된 신성이라고까지 말한다.[33]

『로마서 주석』에서의 '하나님 자체'나 인간과 질적으로 다른 '절대 타자'로서의 하나님을 말했다면 후기에 와서는 하나님은 인간의 상대자(Partner)로서의 하나님이며, 언약을 수행하시는 하나님이다.

"이와 같이 하나님은 인간 안에서, 인간과 더불어 인간을 통해 역사하시는 인간의 하나님, 즉 대화의 하나님이시다. 이제 하나님은 전부이고 인간은 아무것도 아니라는 말은 비기독교적이다. 하나님은 인간을 위해 모든 것을 하셨다. 예수 그리스도는 하나님의 인간 긍정이다."[34]

더 나아가 바르트는 하나님의 인간됨 속에서 "하나님은 인간이다"[35]라고 까지 말하며 이러한 '하나님의 인간성 강조'는 다시 바르트의『교회 교의학』IV권 화해론에서 '그리스도의 모방'과 '제자직으로의 부름' 등의 윤리

테오-시네마

속에서 더욱 구체화되는 것이다. 이러한 바르트의 화해론에 나타난 윤리는 종교 개혁자들의 '오직 신앙으로'(sola fide), '오직 은총으로'(sola gratia)의 전통을 이어오면서 보다 구체적으로 현실적인 삶에 적용된다는 점에서 종교 개혁자들의 신학을 넘어선다고 할 수 있다. 따라서 부룬너가 후기 바르트를 "새 바르트"(Neue Barth)[36]로, 오스본은 "새로운 바르트"[37]로 부른다.

따라서 바르트의 생 후반부에 나타난 신학적 관점은 자신이 비판하던 19세기 자유주의 신학의 특징인 인간, 문화, 역사, 자연, 체험 등의 내재적 관심을 새롭게 하는 것으로 나타나는 것이다. 최종호 교수에 따르면 이것은 성령론적 관점에서 인간과 문화에 대해 긍정에 긍정을 더하는 긍정적 신학을 말하는 것이라고 한다.[38]

이는 영화 속 웨일즈 마을 사람들이 산의 정체성을 자신들의 정체성과 동일시하는 것으로 쉽게 드러난다. 그러나 그 존재유비의 극한은 신의 영역이며, 성(聖)의 죽음과 부활로 가능한 것이다. 바로 존스 목사의 죽음과 그의 묘지가 언덕을 산으로 만든 것처럼….

아무튼 서구 철학사의 기초를 다진 아리스토텔레스는 혼돈을 '부동의 동자'(the unmoved mover)라고 정의하고는 그것을 최고의 높은 위치에 놓고 거기에 이르는 존재의 대 계층 질서를 만들었으며,[39] 중세기의 토마스 아퀴나스는 그 계층질서를 '무생물 – 식물 – 동물 – 천사 – 신'의 순으로 놓았다.[40] 존재의 위계가 생기기 시작한 것이다. 그리고 이것은 존재의 유비를 가능케 한다.

따라서 혼돈을 '부동의 동자'라고 정의해 놓고 계층질서를 만든 아리스토텔레스의 철학은 근대과학의 고질적인 질병인 '환원주의'(reductionism)[41]를 만들게 된다. 혼돈을 견디지 못하는 서구인들은 혼돈에 질서와 위계를 부여함으로 혼돈을 파괴하기 시작한 것이며 이러한 파괴가 본격적으로 과학의 이름으로 대두되기 시작한 것은 17세기의 과학자들, 즉 갈릴레이, 뉴턴, 케플러, 데카르트이며 우주의 모든 질서를 수학적인 법칙으로 유도해 낼 수 있다고 장담한 라플라스(Pierre Laplace)[42]등이 등장하면서부터이다.

이후 1870년 볼츠만(Ludwig Boltzmann)은 거시의 세계에서는 질서가 생기지만 원자와 같은 미시의 세계에는 무질서가 따르는 것이 불가피하다는 결론을 내렸다.[43] 앙리 푸앵카레(Anri Poincare)는 볼츠만의 생각을 우주세계 속에다 옮겨 놓고 생각해 보았다. 달과 지구라는 두 물체만 놓고 법칙을 세우면 거기서 나름대로의 질서가 성립된다. 그러나 거기에 태양이라는 제3의 존재가 끼어들면 질서는 깨어지고 만다. 즉 뉴턴 공식이 두 물체 사이에서는 적합하지만 태양이나 다른 행성이 나타나면 무질서가 생긴다는 것이다.[44]

이처럼 20세기의 물리학[45]은 앞서의 기계장치의 우주관에 종말을 선포했으며, 혼돈의 여신을 죽인 두 장본인 마르둑과 뉴턴-라플라스 대신 볼츠만과 푸앵카레를 통해 이 가엾은 여신을 다시 살려냈던 것이다.[46]

양자역학과 카오스 이론으로 대표되는 20세기 물리학의 이러한 불확정성에도 불구하고 아직도 결정론적(deterministic)인 모습이 남아 있다. 즉 마르둑과 뉴턴이 완전히 죽지 않았던 것이다. 가령, 양자역학에 있어서 비록 어떤 특정한 양자과정의 결과를 확정 지을 수는 없지만, 다른 결과가 나올 수 있는 '상대적 확률들'이 결정론적 방법으로 나타난다. 이것은 우리가 비록 어떤 경우에라도 '양자역학적 주사위를 던진' 결과를 알 수는 없지만, 그 내기의 확률이 시간이 지남에 따라 어떻게 변할지 정확히 알 수 있음을 뜻하는 것이다. 즉 양자 물리학은 우연을 현실의 기본 조직으로 삼고 있지만, 뉴턴-라플라스적인 세계관의 흔적을 여전히 가지는 것이다.

카오스 이론에 있어서도 그러하다. 겉으로는 불규칙해 보이는 현상들 가운데서도 자세히 관찰해 보면 어떤 규칙성을 찾을 수 있다는 것이 카오스 이론인데, 그 혼돈된 상태를 공간적인 구조로, 즉 기하학적이고 규칙적

테오-시네마

으로 표현한 프랙탈 이론을 살펴보면 더욱 그러하다.

도형의 '자기 유사성'[47]을 가진 기하학적 구조를 프랙탈구조라고 하는데, 프랙탈은 카오스를 기술하는 언어라고 할 수 있으며[48] 이 프랙탈 이론을 통해 혼돈 속에서 질서를 찾는 것이 가능해진 것이다. 따라서 카오스 이론의 등장으로 규칙적인 현상이나 운동을 다루는 고전 물리학이 무용해졌다든지 이 이론으로 서양 이성의 몰락을 읽는 것은 무리가 따른다.

마르둑과 뉴턴-라플라스의 위, 그것을 극복하려 볼츠만과 푸앵카레, 혹은 현대 물리학의 이론은 무위를 내세웠지만, 그 안에 다시금 위를 발견하는 아이러니를 찾게 된 것이다. 이러한 통찰은 현대 사상가들에게 잘 나타나 있다. 바르트의 사상이 전기와 후기를 통해 조화된다면 바로 아래의 사상사 글의 핵심적 사상에 닿아 있기 때문인 것이다.

들뢰즈는 『의미의 논리』에서 탈 중심화된 중심으로 카오스모스(Chaosmos)를 통찰하며 다음과 같이 말한다.

> "긍정된 계열들의 발산은 '카오스모스'를 형성할 뿐 더 이상 라이프니쯔적인 세계를 형성하지 않는다. 그들을 주파하는 우발점은 反자아를 형성할 뿐 더 이상 자아를 형성하지 않는다. 종합으로서 제기된 선언은 악마적인 원리와 그 신학적인 원리를 맞바꾼다. 이 탈 중심화된 중심이야말로 계열들 사이에서, 그리고 모든 냉혹한 선언들을 위해 아이온의 직선, 즉 거리를 긋는 존재이다."[49]

카오스모스는 카오스적 코스모스, 무질서한 질서, 혼돈의 질서, 복잡계의 질서 등의 의미이다. 김지하의 '흰 그늘의 미학' 역시 그러하다. '그늘'과 '흰'에 대한 김지하의 말을 들어보자.

"카오스적이면서 코스모스이고, 음이면서 양이고, 어둠이면서 빛이고 …… 이렇게 대립적인 것을 끌어안은 상호 모순적이고 역설적으로 통합된 하나의 움직임을 '그늘'이라고 했습니다. 그늘이 무엇일까요? 어떻게 보면 고통이죠. 또 그 고통의 반대도 가지고 있습니다."[50]

"태양처럼 높이 무궁무궁 생성하여 빛나는 내면적 삶의 신령한 우주라는 새 차원으로 드러나는 것, '협종적 황종' '카오스모스'가 마치 산조(散調)의 분산·해체·탈 중심적인, 숱한 다양성을 가진 본청(本淸) 속에서 요동하는 본음(本音), 바탕음으로 나타나 작용하는 것처럼 예술가 자신의 사람됨에 의해서 미적·윤리적으로 성취되는 높은 경지의 바로 그 우주 리듬 율려의 세계를 '힌'이라 '신화율려'(神化律呂)라 부르는 것입니다."[51]

김영민 교수는 그의 책 『진리·일리·무리』에서 다음과 같이 말한다.

"이 글은 진리라는 이름의 박제된 절대성과 무리로 치닫는 무책임한 상대성 사이에 일리라는 이름의 보편성을 내세우려는 의도에서 쓰여진다. 따라서 이 의도속에는 무책임한 상대주의, '근거 없는 수사'(ungrounded rhetoric), 삶으로 돌아가지 못하는 테크닉, 혹은 무한정한 배회와 방황으로서의 무리에 동조하지 않으려는 취지가 숨어 있다."[52]

그래서 그의 다음의 말은 우리의 논의가 바르트의 초기 사상과 후기

사상의 조화가 우리의 상황에서 어떻게 신학 하여야 함을 잘 보여준다. "나는 진리의 강박만큼이나 무리의 춤사위에도 비판적이다"[53]

어떻게? "계시의 초월적 의미만큼 해석의 인간학적 창조적 가능성도 신학함의 필수 요소이다." 무와 혼돈을 통한 동양적 '존재의 유비'가 서양적 '신앙의 유비'와 상황적 이해에서는 유사 가능하지 않을까? 동양적 풍토에 서라면⋯

이것은 역시 바르트와 부룬너의 '접촉점 논쟁'에서도 잘 나타나 있다. 그 당시 부룬너가 "자연과 은총"(Natur und Gnade)이라는 글에서 자연 신학으로 돌아가는 길을 발견하면서 이를 우리의 신학적 과제로 강조했을 때, 이에 대해 바르트는 강력한 거부로 응수했다. 왜냐하면 바르트는 부룬너의 자연 신학의 가능성, 오히려 독일의 크리스찬들이 행하는 거짓된 가르침을 지원하는 데 결정적 역할을 할 수 있다고 보았기 때문이다.[54]

바르트에게 있어서 '선교'는 부룬너처럼 인간이 자연 속에 접촉점을 가진다고 하는 것에 반하여 오직 접촉점은 성령을 통해서만 가능하다고 보았기 때문이다.[55]

이것이 '존재의 유비'(analogia entis)와 '신앙의 유비'(analogia fide)[56] 사이의 차이이다. 그러나 후기 바르트에게 있어서 성령론적 관점으로 돌아섰을 때, 다시금 부룬너와 중세 스콜라 신학과도 대화가 가능하였던 것이다. 존스 목사가 모건과의 관계 속에서 극과 극의 '성-속'(聖俗)의 화해할 수 없는 대립점이었던 이유는, 하나님과 인간 사이의 존재론적 유비가 가능하지 않기에 성과 속은 유비될 수 없으며, 만날 수 없었던 것이고, 차후 존스 목사와 모건의 화해는 상황이 바뀌자, 가능하였던 것이다. 피넌 가루, 즉 신의 영광을 위하여⋯

따라서 상황에 관한 이해는 '한 손에는 신문을'이라는 화두처럼 지속적으로 바르트에게 의미를 갖는 것이며 오늘 '동양신학' 아니, '한국적 신학'을 고민하는 이들에겐 단순히 서구사상사에 기초한 바르트를 넘어서 계시의 보편적 의미를 추구하는 작업이 될 것이다.

4. 상황과 관련된 "Angry No"–동양 신학 형성을 위한 단초

재미있는 상상을 한번 해보도록 하자. 지금 우리가 땅을 보고 있다. 가만히 보니 개미 두 마리가 서로 먹이를 가져가려고 이리 끌고 저리 끌고 있다. 안타까운 마음에 개미에게 말을 전해 본다. "개미야, 싸우지 마" 가능할까? 아니면 개미들에게 편지를 써볼까? 이것도 안 되면 카톡을 보내볼까? 개미들은 주로 어떤 스마트폰을 쓰는가? 웃긴다고 생각할 것이다. 그러나 반대로 신의 입장에서 우리 인간을 생각한다면 어떨까? 똑 같지 않을까? 헤르메스라는 전령을 보내지 않으면 의사소통이 가능하지 않을 것이며, 마침내 최후의 의사소통으로 신, 그 자신이 인간이 되어 인간의 언어로, 인간의 몸으로 이 세상에 오셔야만 했던 것이다. 신이 인간의 상황을 무시했다면, 인간이 될 필요가 없었을 것이다. 따라서 신께서 우리의 인간적 상황을 충분히 이해하고 인간이 되셨듯이, 오늘 우리는 상황에 대한 충분한 이해와 학습을 바탕으로 신학을 해야 하는 것이다.

영화에도 보면 해설자가 이렇게 말한다. "만약 전쟁의 상황이 아니었으면, 피난가루가 언덕이 되어도 크게 반박하지 않았을 것인데, 당시 상황은 전쟁과 부역에 마을 사람들 모두 너무 지쳐있었다"고 한다. 상황이 사건을 만든 것이다. 따라서 바르트의 신학은 그의 삶과 관련해 이해되어야 한다.

초기 바르트가 세계대전의 처참한 상황에서 "하나님은 하늘에, 너 인간은 땅에, 하나님과 인간의 무한한 질적인 차이"[57]와 '무한은 유한을 파악할 수 없으며, 하나님은 인간 속에, 문화 속에 있는 것이 아니라, 전적 타자'

라는 선언은 19세기 신학이 계시와 문화를 혼합하여 진리를 주관적으로 해석하고 적용할 때 아니오(Nein!)을 외치며 객관적인 진리인 하나님을 말하였다. 따라서 19세기 문화 개신교 아래 하나님과 문화, 하나님과 인간이 혼합되었던 것이 다시 분리되고 구별되어 제 자리를 찾게 된 것이다.

그러나 바르트 생의 후반부에 나타난 신학적 관점은 그가 그렇게도 비판한 19세기 자유주의 신학의 특징인 인간, 문화, 역사, 자연, 체험 등의 내재적 관심을 다시 새롭게 가지는 것으로 나타났다. 물론 아래의 바르트의 『교회 교의학』의 목차를 살펴보면 잘 알 수 있다. 즉 초기의 신-인간의 분리가 후반기 저작에서는 성령론을 통해 존재론적 유비가 가능해지는 것이다.

〈교회 교의학의 목차〉[58]

① KD. Ⅰ/1, 1932 (46세)

KD. Ⅰ/2, 1938 (52세) - 하나님의 말씀론, 프롤레고메나(Prolegomena)

② KD. Ⅱ/1, 1940 (54세)

KD. Ⅱ/2, 1945 (57세) - 신론

③ KD. Ⅲ/1, 1948 (62세)

KD. Ⅲ/2, 1950 (64세)

KD. Ⅲ/3, 1950 (64세)

KD. Ⅲ/4, 1951 (65세) - 창조론

④ KD. Ⅳ/1, 1953 (67세)

KD. Ⅳ/2, 1955 (69세)

KD. Ⅳ/3-1, 1959 (73세)

KD. Ⅳ/3-2, 1959 (73세)

KD, Ⅳ/4, 1965 (79세) - 화해론

이것은 성령론적인 관점에서 인간과 문화에 대해 긍정에 긍정을 더하는 긍정적 신학을 말하는 것인데, 최종호 교수는 이를 도표로 잘 만들어 놓았다.[59] 그러나 필자는 여기에 영화 〈잉글리쉬맨〉을 접목하여 〈표 2〉와 같이 도표화 하고자 한다.

따라서 복음의 촉수로 상황에 민감하여야 할 것이다. 『로마서 주석』에 나타난 바르트의 '변증법적 신학' 또는 '위기의 신학'은 하나님과 인간, 초월과 내재, 은총과 자연, 영원과 시간의 도식에서 하나님, 초월, 은총, 영원 등의 '수직적 차원'을 강조한 것이었다. 이것은 하나님의 자리에 인간이 위치하여 파괴를 일삼는 세계의 상황에 하나님을 하나님의 자리로, 인간을 인간의 자리로 돌려보낸 크나큰 신앙의 외침이었다.

그러나 인간, 내재, 자연, 시간의 '수평적 차원' 역시 간과해서는 안 될 문제로 후기 바르트에는 잘 나타난다. 우리나라 상황 속에서도 그러하다. 70-80년대 돌진적 근대화식의 거시적 발전과 미시적 탄압 속에서의 민중적 상황을 생각한 민중 신학, 그리고 다종교적인 우리 민족의 종교성에 기반, 기독교 신학으로 대화하려는 토착화 신학이나, 종교 간의 대화 같은 동양적 풍토에서 시작된 신학은 수직적인 면과 수평적인 면을 잘 조화하여 올바른 '십자가'를 만들어야 할 것이다.[60]

19세기 자유주의	『로마서 주석』1919, 1922년	『교회교의학』 1932년	"하나님의 인간성" 1956년
문화개신교	변증법적 신학	하나님 말씀의 신학	대화의 신학
쉴라이에르마허 리츨 하르낙 헤르만	제1차 세계대전 빌헬름 2세의 전쟁 정책에 지성인 93명 서명	안셀무스 연구	『쉴라이에르마허 선집』 뒷자리 말

신학수업 목회	"하나님은 하늘에 인간은 땅에!"	『그리스도교 교의학』을 『교회 교의학』으로	"대화"의 삶
하나님이 인간의 현실성 속에	Nein! 하나님과인간의 무한한 거리	예수 그리스도 안에서 접촉점	성령의 신학에서 인간 현실 강조
인간론적 (in nobis)	신중심적 (extra nos)	예수 그리스도 중심적 (pronobis)	성령론적 (in nobis)
인간적인 존스 목사(전쟁이전)	모건 비판(전쟁기간)	교회 흙으로 산을 만듦	유언을 통한 모건과의 화해

〈표 2〉 바르트의 신학과 영화 〈잉글리쉬맨〉

5. 논리의 언덕에 오른 신학자, 계시의 산에서 내려오다

"삶과 역사는 마치 문자들이 단어 속에서 그러하듯 의미를 지니고 있다"[61]고 말하는 딜타이는 이러한 삶과 역사 '체험'은 문자들로 '기술'되고 이 기술된 것은 다시금 간접체험을 통해 '해석'된다고 한다. 따라서 '해석학적 순환'의 가능성을 열어놓는데, 이러한 삶과 역사, 혹은 계시에 관해 두 가지 상반된 입장이 있다.

하이데거는 자신의 철학을 '실존해석'이라고 말하며 야스퍼스는 '실존해명'이라고 말하는 것이 바로 그것이다. 해명(解明)은 '풀어서 밝히는' 것이고 해석(解釋)은 '사물을 풀어서 설명하는' 것이다. 밝히는 것과 설명하는 것의 차이는 엄청나다. 즉 해명은 단언법으로 '진리'에 대한 단정논법의 표현이고, 해석은 설명을 위해 '주관'이 들어가는 것이다. 따라서 학문은 최상의 진리를 풀 수는 있으나, 바르게 드러내지는 못한다. 사실 비트겐슈타인도 그의 『철학적 탐구』에서 "모든 철학은 문법이라고 하는 방울 속에 압축되어 있다"[62]고 말한다. 예수께서 진리를 비유와 은유로 말씀하신 것과 같은 이치이다.

결론에 앞서 이러한 해석과 해명의 차이로 영화 〈잉글리쉬맨〉과 신학을 유비하여 본다면, 우리의 등산이 명증해질 것이다. 즉, 진리(神) 탐구를 위해 해석의 언덕을 올라갔으나(Logic), 계시(revelation)의 산에서 해명하며 내려올 수밖에 없음을 깨닫는 게 신학이 아닐까? 철학자들이 보기엔 "왜 그리 빨리 하산하느냐"고 탓할지라도…

따라서 이성과 논리, 해석의 도구로 언덕을 오르나, 마침내 계시로 완성되어 산을 내려오는 것, 이것이 바르트 신학의 핵심이며 더 나아가 산정상의 계시를 받는 것만큼 언덕을 오르며 경치를 구경하는 것(성화의 단계)도 괜찮은 것이라는 것을 영화 〈잉글리쉬맨〉과 복음주의 신학자 칼 바르트는 이야기하는 것은 아닐까? 따라서 제목을 패러디한 다음의 말은 신학의 근본적 '의미'와 '의도'와 '의식'(儀式)을 명증히 드러내는 말이다. "The Theologian who went up a logic, But came down a revelation!"

03.

우주, 실존의 만남에서:
불트만과 영화 〈헨리의 이야기〉

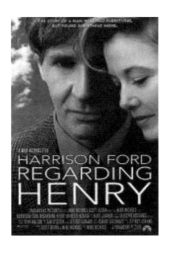

"태초에는 아무것도 없었다. 시간도 공간도, 별도 행성도, 바위도 식물도 동물도 인간도 아무것도 없었다. 모든 것은 무(無)에서 나왔다. 모든 것은 공간과 시간 그리고 쿼크와 전자 및 온갖 입자들로 이루어진 뜨거운 플라스마와 함께 시작되었다. 뜨거운 플라스마는 빠르게 식어갔으며, 그리하여 양성자, 중성자, 원자핵, 원자들, 그리고 행성, 은하들, 별들이 형성되었다. 마침내 우주의 태양계들에서 생명이 태어났다. 거대한 은하단의 가장자리에 있는 한 은하의 한 나선형 팔에 자리 잡은 아주 평범한 행성에서도 생명이 태어났다. 바로

거기서, 40억 년이라는 시간의 흐름 속에서 식물과 동물들이, 마지막으로 인간이 가장 간단한 유기체들로부터 진화되어 나왔다."[1]

1. 실존에 관한 질문에서 …

밤하늘의 별을 바라보자. 저 별빛은 몇 광년 전의 사건을 반영한다. 지금은 저 아름다운 빛을 내는 별이 사라졌을지도 모른다. 즉 우리는 현재의 자리에서 밤하늘 과거를 바라보는 것이다. 그리고 우리가 발하는 빛은 또 다른 곳에서는 과거로 존재하게 된다. 이렇게 상대적으로 인간을 이해하기까지 우리의 역사는 얼마나 걸렸을까?

인간은 자의식을 갖게 되면서 자신들이 우주의 중심에 서 있다고 생각했다. 세계가 오로지 자신들을 위해 만들어졌다고 생각한 것이다. 서두에 인용한 프리쯔쉬의 말을 다시 인용하여 보자.

"지금으로부터 한 500년 전, 그러니까 우주가 탄생된 지, 다시 말해서 대폭발이 있은 지 약 200억 년이 흐른 뒤, 인간은 자신을 둘러싸고 있는 환경과 자기 자신에 대해 체계적인 탐구를 시작했다. 그로부터 500년이 흐른 지금 세계의 온갖 다양한 모습들이 해명될 가망이 보이기 시작했다. 인간을 비롯해서 우주 안에 있는 모든 물질은 두 가지 유형의 미세한 벽돌로 지어져 있다. 하나는 쿼크이고 다른 하나는 원자 껍질을 이루는 입자, 즉 전자이다. 이제 우리는 우리가 우주의 중심에 있지 않다는 것을, 우리는 그저 아무런 특징 없는 은하 안에 살고 있을 뿐이라는 것을 납득하기 시작했다."[2]

따라서 우리 시대는 인간의 문명이 시작된 이래로 가장 중요한 시기가

테오―시네마

될지도 모른다는 프리쯔쉬의 말은 타당하다. 그리고 그 시각적 효과는 칼 세이건의 '우주달력'을 통해서 느낄 수 있다. 그의 퓰리처 수상작 『에덴의 龍』은 대폭발 이후 지금까지의 시간을 일 년으로 잡았을 때, 이 일 년 사이에 일어난 사건을 달력으로 만들어, '우주달력'이라고 부르는 부분이 있다. 이 우주 달력을 한번 살펴보자.[3]

'   1월   1일 : 대폭발

    5월   1일 : 은하수의 기원

    9월   9일 : 태양계의 기원

    9월 14일 : 지구의 형성

    9월 25일 : 지구에서 생명의 기원

    11월 15일 : 유핵세포의 번식

    12월   1일 : 지구에서 산소와 대기형성

    12월 31일 오후 1시 30분 : 유인원 인간의 조상

    12월 31일 오후 10시 30분 : 최초의 인간

    12월 31일 오후 11시 46분 : 북경원인의 불(火) 사용'

이 우주달력을 보면 9월 초 태양계가 형성되고, 크리스마스 전날 공룡이 등장하게 된다. 아담과 이브가 등장하는 것은 12월 31일 밤 10시 30분이다. 그리고 중요한 것은 우리가 문명 혹은 문화라 일컫는 '기록'이 남아 있는 '역사'라는 것은 12월 31일 마지막 10초 사이에 이루어진다는 것이다.[4]

약 150억 년이라는 기나긴 시간을 통해 볼 때 인간이란 존재와 그 인간이 만들어 놓은 문명이나 문화에 대하여 그 의미를 가만히 한번 생각하게 만드는 달력이다. 그러나 중요한 것은 이러한 무한성에 가까운 시간에 우리는 우리 존재의 '무의미성'에 굴복하는 것이 아니라, '한 사람의 의미'를 깨

닳는 것임을 알아야 할 것이다. 그리고 이것은 프리쯔쉬도 이미 역설한 바 있다.

"한 가지만은 확실하다. 설사 우리가 자연의 모든 수수께끼를 푸는 데 성공한다 하더라도 인간의 문제들은 그대로 남는다. 생명이 아무런 의미도 갖지 않는 곳에서 누가 가치를 부여하겠는가? 신의 개입 없이 창조를 설명할 수 있는 이 과학의 시대에도 여전히 종교는 어떤 의미를 가질 수 있을까? 현대 과학의 가장 중요한 공로는 이 거친 자연과정의 파고 앞에서 우리 한 사람 한 사람이 갖는 의미를 깨우쳐 준 것이다. 우리는 전체의 부분이며 우주의 다른 부분으로부터 분리될 수 없다. 우리는 오랜 역사의 산물이며, 동시에 역사의 창조자이다. 나는 이러한 인식이 우리를 겸손케 하고 동시에 자아에 대한 성찰과 긍지로 들뜨게 하리라고 믿는다."[5]

따라서 현대과학의 성과 앞에서도 우리는 여전히 인간 존재의 실존성에 관해 질문할 수 있는 것이다.

영화 〈헨리의 이야기〉는 이러한 '한 사람의 존재의 의미'를 묻는 영화이다. 일찍이 철학자 플라톤이 이야기했듯이, 인간의 마음에는 두 개의 자아가 있는데 하나는 '본래의 자아'이고 다른 하나는 본래의 자아에서 이탈하려는 '비뚤어진 자아'라고 말한다. 이는 하이데거의 실존철학에서 말하는 '본래적 존재'와 '비 본래적 인간'의 차이처럼, 영화는 비뚤어진 자아인 비 본래적 인간에서 본래적 존재를 찾아가는 한 변호사의 삶을 감동적으로 그린 작품이라고 할 수 있다.[6] 즉 인간 존재의 실존의 참 의미를 추구하는 영화인 것이다. 그리고 이러한 실존에 관한 질문을 하는 한, 신학은 여전히 유효하며[7], 불트만의 신학은 더욱더 유효한 것이다.

주인공 헨리(해리슨 포드 분)는 사회적으로 인정받는 변호사이다. 영화는 그의 변호 장면을 시작으로 시작된다. 그가 변호하는 것은 매튜씨의 죽음에 관해 병원 측은 과실이 없다는 것이다. 물론 매튜씨가 '당뇨병 증세'가 있다고 말하였음에도 불구하고, 그 사실은 감추고, 병원 측과 자신이 속한 회사가 승리하기 위해 매튜씨를 '알콜 중독'이라는 사실로 몰아붙임으로써 병원 측은 과실이 없다는 승소 판결을 얻어낸다. 분노에 찬 매튜 부인의 원망어린 시선을 뒤로한 헨리는 전형적인 여피족이었던 것이다. 그는 아내와 파티에 가기 위해 딸을 "방에서 꼼짝하지 마"라고 말하며 가두어놓고, 새로 주문한 값비싼 탁자가 마음에 들지 않는다고 불평하는 그런 사람이다.

이런 그의 삶이 전환되는 놀라운 사건이 성탄전날 생기는데, 담배를 사러간 가게에서 강도를 만나는 것이다. "이런 재수 더럽군"이라고 상황을 판단한 헨리는 강도의 총을 맞는다. 한방은 뇌의 잉여조직인 전두 옆에 맞고, 다른 하나는 쇄골하동맥에 맞아 내출혈을 유발하여 심박정지로 무산소증으로 인한 기억상실증에 걸린다. 의사의 말처럼 '힘들고 기나긴 회복기간'이 필요하며 "남편께서는 새로 시작하는 것"이며, 우리의 의미망에 있어서는 비 본래적 인간이 본래적 실존으로 가기 위한 계기를 맞은 것이라고 할 수 있지 않을까?

아무튼 우리는 여기서 실존에 관한 질문을 하여야 할 것이다. 우리의 삶은 죽음 앞에 던져진 존재이다. 하이데거의 말로는 '피투된' 존재인 것이다. 그렇다면 우리의 실존에 관한 질문은 여기에서 시작하여야 하지 않을까?

"너의 행위의 격률이 너의 의지에 의해서 보편적인 자연 법칙이 되도록 행위하라"는 정언명령으로써 도덕성의 규준을 말하는 칸트를 시작으로 근대 독일 관념론은 시작된다. 피히테와 셸링을 거쳐 19세기 독일의 가장 심오한 종합론자인 헤겔이 등장하게 된다. 대부분의 중요한 20세기 철학운동은 헤겔의 철학운동을 공격함으로써 시작되었다. 오늘날 3대 철학의 주류인 마르크스주의, 실존주의, 실용주의의 창시자들에게 그는 지대한 영향을 미쳤다. 물론 니체의 '헤겔 밖에서의 사유' 역시 헤겔을 뒤집은 사고로 포스트모던적 기초를 다졌다고 말할 수 있을 것이다.

아무튼 헤겔의 '추상적인 체계'와 세계이성에 반대되는 '개체로서의 실존의 중요성'을 강조하는 키에르케고르의 후계자들 즉, 하이데거, 야스퍼스, 마르셀, 싸르트르 등의 실존 철학자들은 "실존은 본질에 앞선다."는 싸르트르의 명제를 받아들인다. 잘 알려져 있듯이 본질은 '그러함'(Sosein) 내지는 '본질'(Wesein)로 번역된다. 이것은 정의 안에서 또는 개념 안에서 파악되는 한 사물의 '무엇임'(Was-sein)으로서 사물의 변하는 소용돌이 속에서도 변하지 않고 머물러 있는 필연적인 것, 초개체적, 보편적인 것을 뜻한다. 이에 반해 실존은 한 사물이 있다는 그 사실, 그 사물이 우연하게 실제적으로 눈앞에 있음과 실제로 있음을 뜻하며 이것은 자신의 가름기준을 본질에 갖고 있다.

이런 식으로 실존을 이해하여 실존철학을 해석할 경우 아마도 실존철학이란 사물들의 "실제로 있음"을 대상으로 삼는 철학이 될 것이다. 그들의 주 관심은 존재, 변화, 자유, 그리고 자아 인식 등에 있다. 그들의 가장 공통적인 특징은 소위 실존적 체험을 매우 중요시한다는 것이다. 그런데 어떤 체험을 철학의 기초로 삼을 것인가 하는 점에 있어서는 그들 간에 차이가 있다. 예컨데 야스퍼스는 존재의 무상감을, 하이데거는 죽음에 대한 불안을, 그리고 싸르트르는 구토증을 각각 그들 철학의 주제가 되는 체험으로 삼고 있다.[8]

기독교 신학은 서양 철학과 밀접한 관계가 있다. 플라톤이나 아리스토텔레스의 철학은 물론이고, 현대에 들어와서는 하이데거의 영향도 무시할 수 없다. 그는 실존주의 신학에 기대한 영향을 미친 철학자였다. 훗설에게서 현상학을 배웠고 의식 철학을 떠나 대상인 사물 즉, 존재에로 관심을 돌리게 되었다.

그가 명성을 얻게 된 것은 그의 『존재와 시간』(Sein und Zeit, 1927)이라는 저서 때문이었다. 하이데거는 존재의 의미를 묻는다. 현상적인 것으로부터 숨어 있는 존재자의 존재의 의미를 물어야 하며 존재의 의미를 묻기 위해서는 인간존재의 현존재를 분석해야 한다고 믿는다.[9]

인간만이 존재의 의미를 묻는 존재자이다. 현존재는 그 현존재에게서 존재가 문제되고 있는 존재자이다. 그는 사물을 인식할 때 적용되는 범주와는 다른 실존범주를 통하여 현존재를 분석한다. 현존재는 일반적 사물과는 달리 '각기 나의' 현존재이다. 현존재는 각자성 속에서의 '존재가능'이다. 현존재는 자기 기투와 가능성으로서 본래성과 비본래성 사이에서 자신을 선택한다.[10]

또한 하이데거는 불안과 무(無)와 죽음이라는 개념을 통하여 현존재를 분석한다. 그가 말하는 불안은 그것을 통하여 무가 나타나게 되는 형이상학적 불안이다. 무는 죽음과 함께 현존재의 전체성을 드러내 보인다. 그는 현존재가 죽음을 향한 존재라고 한다. 죽음 앞에서 현존재의 전체성이 문제가 된다. 죽음에 대한 자유로운 태도만이 현존재에다 목표를 부여할 수 있다.[11]

하이데거는 실존에 대한 분석과 함께 시간에 대한 분석도 시도한다. 여기서 우리는 그의 유명한 '일반적인 역사–초역사'(Historie–Geschichte)의 이중적 역사관을 발견한다. '일반역사'란 실제로 일어났던(has–been–ness)것으로서 역사의 일반적 차원을 말하며 '초역사'란 계속해서 일어나는(the continuous happening) 의미의 역사요, 깊이의 역사라는 것이다.

2. 어떻게 새로 시작하는가?

피투된 헨리의 존재는 이제 어떻게 시작하여야 하는가? 일반역사로 나열된 사건에 어떻게 의미의 역사를, 깊이의 역사를 만들 것인가? 영화에 따르면, 먼저 인지능력을 키우고 신체능력을 회복해야 한다. 사물을 분별해야 하며, 언어를 익혀야 한다. 우리 인간이 태어나서 사회에 적응하기 위해 언어와 문화를 배우는 것처럼, 헨리는 아기의 단계에서 다시 시작하는 것이다. 즉 인간 삶의 문화를 습득함으로 인간화되어 가는 것이다.

실존주의 철학자 키에르케고르가 살던 당시 유럽의 정신계는 헤겔 철학[12]의 영향 아래에 있었으며, 덴마크의 사상계도 헤겔적 체계를 만드는 일에 골몰하고 있었다. 사람들은 합리적 지식과 전통적·심정적인 것의 일치, 철학과 그리스도교 신앙과의 일치, 사상(이념)과 현존하는 사회질서와의 일치를 말하는 헤겔적 체계 속에 모든 것을 집어넣고 그것으로써 모든 것을 해결하려고 생각했다.[13]

그러나 무엇을 알아야 할 것인가가 아니라 무엇을 해야 할 것인가를 문제 삼고, 모순에 찬 자기의 독자적인 삶의 방식, 어떻게 자기의 길을 선택하고 그 길을 뚫고 나아가느냐 하는 가장 구체적이고도 현실적인 문제를 가지고 씨름하던 키에르케고르는 헤겔 철학을 궤변과 속임수로 보았다. 키에르케고르는 말하기를,

> "헤겔의 의도는 장하다. 그러나 인간에게는 할 수 있는 것과 할 수 없는 것이 있다. 헤겔의 세계관에는 결함이 있다. 그것은 그가 인간을 모른다는 것이다. 그는 전체의 파악을 말한다. 그러나 인간은 극히 미력한 것이어서 세계와 우주의 전체를 파악한다는 것은 어림도 없는 노릇이다. 하물며 존재 전체를 하나의 체계로 만든다는 것은

우스꽝스러운 짓에 불과하다.”[14]

이 말은 키에르케고르가 실존하는 주체의 현실에 관심하고 있다는 것이다. 주체적 사고의 강조점은 무엇(Was)이냐에 있는 것이 아니라 어떻게(Wie)에 있는 것이다. 그리고 어떻게 관계하느냐고 하는 것의 정점은 무한한 정열이다. 그리고 무한한 정열은 진리 그 자체이다. 따라서 이 무한한 정열이 바로 주체성이며 그리하여 주체성은 진리인 것이다.

키에르케고르에게 있어서 실존이라는 단어는 어떤 종류의 개체가 되는 것을 의미한다. 즉 노력하는 개체, 양자택일에 직면한 개체, 선택하는 개체, 결정하는 개체, 특히 자신을 죽일 수 있는 개체를 의미한다.[15]

따라서 그는 보편적인 문제들 너머에 있는 삶, 개별적인 문제들에 직면한 개인들의 삶을 보았으며, 이 위기의 순간에 보편적이며 추상적인 사유는 결코 도움을 줄 수 없다고 한다. 이것이 바로 아브라함이 이삭을 받치는 장면에 나타나는 전형적인 인간의 조건인 것이다.

헤겔의 변증법이 보편적인 것에 대한 인식을 점진적으로 지향한다면 키에르케고르의 변증법은 개체적인 것의 점차적인 현실화 과정을 내포한다. 헤겔이 개념적인 행위에 의해 안티테제를 극복한다면, 키에르케고르는 인격적인 실천의 행위에 의해 그것을 극복한다.[16]

이 변증법적 과정의 제1단계는 ‘심미적 단계’이다. 이 단계는 충동과 감정에 따라 행동한다. 그러나 이 단계에서 자신의 확실한 자아를 발견할 수 없어서 미적 수준에 남아 있을 것인가 아니면 다음 단계로 나아갈 것인가라는 선택의 문제가 생기고 의지적 행위인 기투에 의해 2단계인 ‘윤리적 단계’에 들어선다. 그러나 윤리적 인간은 결국 자신이 도덕적 법칙을 수행할 수 없다는 사실과, 오히려 고의적으로 그 법칙을 위반하고 나서는 죄책감을 느끼게 된다는 사실을 인식하기 시작한다.

여기서 새로운 선택에 직면하게 되는데, 윤리적 수준에 남아 도덕 법칙을 수행하기 위해 계속 노력해야 하는가, 아니면 자신의 유한성과 신으로부터의 소외를 자각함으로써 신에게 귀의하고 신으로부터 자신의 힘을 이끌어 내야 하는가? 키에르케고르에 의하면 이 세 번째 단계인 '종교적 단계'에 도달할 때 신앙과 이성의 차이는 확실해 진다고 한다.[17]

키에르케고르는 참을 수 없는 보편의 무거움을 넘어 실존의 진지함을 추구했고, 신 앞에선 단독자로서 질적 도약으로 혹은 허무를 마주 한 불안에서 신앙에로의 역설적인 도약으로 신앙의 의미를 물으려 했던 독실한 기독교인[18]이라고 할 수 있다. 다시 말하면 키에르케고르의 실존의 3단계에서 미적 단계와 윤리적 단계의 실존의 가벼움을 종교적 단계로 극복하는 것이다.

헨리는 문화를 습득하며 키에르케고르의 3단계처럼 충동과 감정의 단계인 심미적 단계(가령, 브래들리를 떠나기 싫어하는), 윤리적 단계(수위와 가장부, 비서에 대한 배려)를 넘어서 자신의 유한성을 자각하고(자신의 외도와 잘못 살았던 점 등), 세 번째 단계인 종교적 단계로 간다(영화에서 이 단계로의 비약을 상징하는 것이 호수씬이다. 물은 기독교적 의미로 거듭남, 중생을 의미하며 물세례를 의미하니까.) 그리고 그 단계에서 다시금 가족의 중요성을 깨닫고, 이전의 삶을 회개하여 매튜씨 부인에게 찾아가며 딸을 불행한 학교에서 데려오는 것이다.

불트만의 사상 가운데 가장 중요한 것은 '비신화론'과 '실존론적 성서해석'이다. 물론 이 둘은 따로 떼어내서 생각할 수 있는 것은 아니다. 비 본래적 실존이 본래적 실존으로 나아가기 위해 필요한 도구라고 할까?[19] 아무튼 헨리가 브래들리의 도움을 받고 가족의 도움을 받았듯이 비신화론은 브래들리처럼 현대인의 인식능력과 신체능력을 유지시켜 현대에도 기독교 신앙으로 살아갈 수 있게끔 만든다. 물론 가족의 도움은 이제껏 '사회적 동물'

테오—시네마

인 헨리를 '가족적 실존'으로 바꾸어 자신의 삶을 실존론적으로 재해석하게 만드는 메타포라고 할 수 있다.

즉 영화는 헨리가 비본래성에서 본래성으로의 도약 가능성을 브래들리와 가족의 사랑으로 설명한다. 그리고 하이데거는 이 도약을 인간의 실존 안에 있는 가능성으로 본다. 그러나 신약성서와 불트만은 비 본래적 실존에서 본래적 실존으로 도약하는 것은 인간의 실존 안에 있는 가능성이 아니라, 예수 그리스도를 믿는 신앙으로 말미암아서만 가능하다고 한다. 즉 불트만은 신학자로서 철학자인 하이데거의 실존분석에는 동의하나 인간 실존의 구원에 대하여는 동의하지 않는 것이다. 아무리 인간이 자신의 타락을 깨달을지라도 자기의 과거에 의해서 규정된 옛 사람으로 그대로 남아 있을 뿐이라는 것이다. 인간의 참된 삶은 하나님의 사랑, 즉 그 은혜로만이 줄 수 있는 것이다.

아무튼 비신화론은 불트만이 성서의 신화화된 역사를 현대에 살고 있는 우리들에게 이해할 수 있게 하기 위한 작업이다. 불트만은 말하기를,

> "전기와 무선 전화 그리고 오늘날의 현대적 의료 기술의 발견들을
> 사용하면서 동시에 악마와 영들의 세계를 다루는 신약성서를 믿을
> 수 없다."[20]

그럼으로 역사적 예수를 재건하는 것이 중요한 것이 아니라 하나님의 말씀을 현대인들에게 전달하는 것이 중요하다. 따라서 신약성서의 신화적 사고방식을 받아들일 수 없는 현대인들에게 신화적 사고를 재해석해야 한다는 것이다. 이것이 바로 '비신화화'인데, 이러한 비신화화는 우리에게 주어진 성서의 신화적 언어를 오늘날의 언어로 번역하는 것이다. 불트만의 말처럼 "비신화화는 해석학적 방법, 즉 해석과 주석의 방법"[21]인 것이다. 그렇

다면 신약성서 안에 있는 신화적 요소는 어떤 것들이 있는가? 길지만 다음에 인용하여 보자.

"첫째는 성서의 우주관이다. 여기서는 세계를 삼층 건물과 같이 보고 있다. 중앙에는 땅이 있고 위층에는 천당, 하층에는 지옥이 있다고 본다. 그리고 이 세상은 자연적인 인간들이 생활을 이루는 곳이라기보다는 초자연적인 하나님과 그의 천사들이 활동하고 사탄과 악령들이 활동하는 무대이다. 따라서 세상과 역사는 자신의 법칙에 의해서 운영되기보다는 초자연적인 힘에 의해서 좌우된다고 본다.

둘째는 그리스도론이다. 그리스도는 선재적, 신적 존재이며 인간의 형상을 가지고 세상에 왔다. 십자가 위에서 인간의 죄를 대속하는 죽음을 당하고, 삼일 만에 부활한 그는 하늘에 올라가서 하나님과 함께 있다가 구원사업을 위해 구름을 타고 이 세상에 재림하며 최후의 심판을 이루게 된다.

셋째는 구원론이다. 십자가의 대속이란 곧 죄없는 한 사람의 죽음으로써 다른 사람들의 죄가 용서된다는 것이다. 하나님과 인간의 관계를 법적인 것으로 보고 하나님이 인간에 대한 요구를 충족시키기 위해 그리스도는 죽어야 한다고 한다. 이것이 하나의 신화적 관념의 표현이라 하겠다.

넷째로는 하나님 능력을 표시하기 위한 기적의 이야기들을 지적할수 있다. 신약성서의 저자들이 신앙으로 경험하고 있던 초월적 진리, 곧 하나님의 말씀과 구원의 사건을 제시하고 표현함에 있어 이러한 신화론적 요소를 사용하게 된 것은 보편적인 신화론적 환경 때문이었다. 그러므로 신화론적 용어에 의한 케리그마의 형태는 극히 시대적인 것이요 그 형태 자체가 영원한 진리는 아니다."[22]

테오-시네마

신약성서 저자들은 초월적인 절대자 앞에서 인간의 존재란 실존론적이요, 종말론적인 의미 제시에 있었다. 따라서 성서의 진리는 언제나 실존론적으로 해석되지 않으면 안 된다는 것이 비신화화의 내용인데, 이것은 이미 성서 안에 존재하고 있다. 가령 바울에 의해서 부분적으로 이루어졌으나, 요한에 의해서 본격적으로 이루어졌다. 즉 바울과 요한은 우주론적인 객관적 세계에 관심이 있었던 것이 아니라, 인간의 구원과 신앙문제에 관심을 집중시키고 있었던 것이다. 바로 바울과 요한의 신관은 인간학이었으며 그들의 그리스도론은 구원이었고 그들의 성령론은 종말이었던 것이다.[23] 더 나아가 불트만은 비신화화를 바울과 루터의 의인론에 유비시키고 있다.

> "비신화는 사실상의 의인은 율법의 공로 없이 믿음으로만 된다는 의인론에 있어서의 바울과 루터의 도식과 상응하는 과제다. 좀 더 자세히 말하면 비신화화는 믿음을 통한 의인의 교리를 지식과 사상의 영역에다 철저히 적용시킨 것이다. 의인론과 같이 비신화화도 모든 안정성에 대한 열망을 부숴버린다. 선행에 바탕을 둔 안정성과 객관화된 지식에 근거한 안정성 사이에는 아무 차이도 없다. 하나님을 믿기를 원하는 자는 그 자신이 이른바 진공 속에 서 있음을 알아야 한다. 모든 형태의 안정성을 다 포기한 자만이 진정한 안정성을 얻는다. 인간은 언제나 하나님 앞에서는 빈손으로 서 있는 존재다. 모든 안정성을 포기하고 내버린 자는 안정성을 발견하게 된다."[24]

3. 일상으로의 복귀

우리의 일상은 어디일까? 구름 위 파란 하늘? 바다 속 깊은 심연? 새소리 들리는 푸르른 대자연? 우거진 도시의 빌딩 숲? 초라한 산동네 판잣집? 장소의 문제일까? 관계의 문제일까? 우리의 존재가 관계 맺는 장소는 그 어디나 우리의 일상이 아닐까? 하이데거의 '세계-내-존재'의 의미가 바로 여기에 있다. 존재가 관계하던 곳, 그곳이 바로 우리의 일상인 것이다.

영화는 어느 정도 치유된 헨리가 일상으로 복귀하는 모습을 운동화 끈으로 보여준다. 운동화 끈을 묶지 못하는 아빠에게, 딸 레이첼은 아빠가 자신에게 가르쳐준 방법으로 운동화 끈을 묶는 방법을 가르쳐준다. 그리고 이 관계 속 존재로 돌아가는 것이다. 즉 요양원에서 일상으로 다시금 복귀하는 것이다.

이 일상의 복귀에서 헨리는 아파트 수위 에디를 안는 것으로 시작한다. 이전과 달라진 헨리를 보고 놀라는 에디, 싫어했던 탁자를 멋있다고 표현하는 헨리, 그는 새롭게 변화해 간다. 산보 나가서 딸이 갖고 싶어 하던 강아지를 사오고, 다시금 변호사 자리에 복직되나, 환영인사에서 사장 찰리는 "놈들을 쳐부수러 갑시다"는 헨리의 그 외침을 다시 듣고 싶어 하나, "딸이 딸기 없은 팬케익을 좋아한다는 건 기억나나, 생일파티는 기억이 나질 않아요"라며 일보다는 가정으로 복귀하고 싶어 한다. 식모인 로젤라의 말처럼 집에 있을 때도 일밖에 몰랐고, 여가 때도 일밖에 몰랐던 헨리가 바뀌기 시작한 것이다.

딸 레이첼로 하여금 자신의 머리에 난 상처를 만지게 하고, 레이첼은 자전거 타다 다친 발목의 상처를 아빠가 만지게 한다. 이전에는 감금하였던 레이첼을 이제는 서로의 상처를 만져주며 공감하는 것이다.

회사에서는 항상 일만 시키고 부려먹던 비서 제시카에게 가슴의 꽃 리본이 예쁘다고 말하며, 인간미가 풍긴다. 공원을 산책할 때도 전에는 사람들 눈치를 보았으나, 이제는 아내 사라의 손을 자연스레 잡고, 벤치 위에서 키스도 한다.

테오-시네마

본래적 실존으로 돌아온 인간은 이렇듯 행복하기만 할까? 헨리에게도? 그러나 삶은 어쩌면 잔인한 것! 새 학기가 시작되고 레이첼은 학교로 떠난다. 초대받은 친구의 집들이에서 "변호사가 바보가 됐으니 뭘 보고 살지?"라며 무시하는 사람들의 말을 듣는다. 일상이 행복하지만은 않아 실의에 빠진 헨리에게 요양원 시절 물리치료사 브래들리가 찾아와서 자신의 이야기를 들려준다.

풋볼운동 선수인 브래들리는 경기 중 무릎을 다쳤다. 인생이 끝났음을 알고 실의에 빠진 그에게 물리 치료사는 희망을 주었고, 자신도 물리 치료사가 되었다고 말하며 "남들 말에 귀 기울이지마. 시간은 걸려도 곧 자신을 알게 돼"라는 용기의 말을 헨리에게 들려준다.

이윽고 용기를 얻게 되지만, 헨리는 딸이 학교에서 불행하다는 편지를 받으며, 친구인 브루스가 아내에게 보낸 편지를 보게 된다. 두 사람의 사이가 심상찮음을 깨닫고 전에 보았던 아내의 편지를 열어본다. 두 사람이 심각한 관계임을 알고 절망에 빠진 헨리는 집을 나간다. 사라의 "당신은 몰라도 난 기억해요, 외로웠죠. 우린 오래전 사랑했죠. 그리고 한차 동안 냉랭했어요. 하지만 이제 나아졌어요. 제발 가지 말아요"라는 외침을 뒤로하고…

헨리가 요양원에서 처음 시작했던 말은 '리츠'였다. 브래들리는 '리츠 비스켓'으로 알아들었으나, 리츠는 헨리와 동료 변호사가 화요일과 목요일 만나서 바람을 피우던 호텔이었다. 자신의 과거도 이러한 못난 모습임을 깨닫고 절망하여 호숫가를 거닌다. 카메라는 호수의 물과 벤치에 앉은 헨리를 비춰준다. 물세례로 거듭났음일까?

완전히 변화된 헨리는 매튜 부인을 찾아간다. 그리고 매튜가 당뇨병이 있었음을 들었다는 증인을 가르쳐 주고 "왜죠?"라는 물음에 "저는 변했습니다."라고 말한다. 그렇다 헨리는 이제 완전히 변했다. 키에르케고르의 표현을 빌리자면 윤리적 실존에서 물세례로 거듭나 종교적 실존으로 바뀌었다. 그래서 사장 찰리에게 찾아가 회사를 그만 두겠다고 말하고, 사직하는 이유를 물어보는 비서 제시카에게, 이전에 커피를 따를 때 '그만'이라고 말했던 그 말로, 즉 "이걸로 충분해서 '그만' 하려는 거죠"라고 한다. 이전의 삶은 이제 그만인 것이다. 새로운 존재가 태어나는 것이다. 그리고 다시 집으로 돌아가 문을 열어준 아내에게 한 마디 한다. 이 말은 아내와 처음 만났을 때 아내에게 데이트 신청할 때 했던 말이다. 필자는 헨리의 이 말을 들었을 때 가슴이 찡 했음을 기억한다.

"복어 요리 잘하는 집을 알아"

이렇게 완전히 변화된 헨리는 "우리가 가족을 만들면 좋겠어, 가능한 오랫동안"이라고 말한다. 다음날 "왜 날 채찍질 하나, 왜 모범생이 되려 노력하나, 경청자가 되기 위해서? 아니, 대답은 여러분 주위에 있어요, 경쟁입니다."라고 말하는 선생의 수업시간에 들어가 "딸의 11년을 잃었는데 더 잃고 싶지 않아요" 라며 레이첼을 데리고 나온다. 아내와 딸의 손목을 잡고 학교를 벗어남으로 영화는 끝이 난다.

성서의 실존론적 해석은 과학 만능의 시대에도 여전히 신앙이 가능하다는 것을 이야기 해준다. 불트만은 기독교의 진리를 객관적인 역사적 사실에 의거하여 확정하거나 입증하려 하는 것에 거절한다. 예수가 살았었다는 것과 그분이 당시의 별별 사람들에게 큰 감화를 끼쳤다는 것을 보여 주는 충분한 근거가 있으나, 만일 역사성 여부에 따라 우리의 신앙이 좌우된다면 기독교 신앙은 쓰러질 수밖에 없다. 사실상 성경에 보고되어 있는 사실들은 역사적으로 확정하거나 재구성할 수 없을 만큼 신앙은 절망적이 될 것이다.[25]

그러나 신앙은 역사학의 지식을 획득하는 공로로 확립될 수 없는 것이다. 불트만은 오히려 역사학적인 접근이 불가능하게 된 것을 다행으로 여기고 있다. 즉 믿음으로 말미암아 그리스도를 만나게 되는 것이지, 역사적 연구 결과를 토대로 예수를 주님으로 섬기게 되는 것은 아니라고 한다.[26]

신앙은 교의를 맹목적으로 승인하거나 불합리한 것을 덮어놓고 용납하는 것을 의미하지 않는다. 오히려 복음은 인간의 신앙적 결단을 요구한다. 거짓된 걸림돌인 신화론적인 것은 제쳐놓고 참된 걸림돌 앞에서 결단해야한다는 것이다.[27] 불트만의 말을 직접 들어보도록 하자.

> "비 신화화한다는 것은 성서나 그리스도교 메시지 전체를 버리는 것이 아니고, 단지 가끔 그리스도교 교의학이나 교회의 설교에서나 보존되어 있는 지나가 버린 시대의 세계관인 성서의 세계관을 버리자는 것이다. 비 신화화하는 것은 성서나 교회의 메시지가 낡은 진부한 세계관과 얽혀 있는 것을 부정해 버리는 것을 뜻한다. 비신화화의 시도는 다음과 같은 가장 중요한 견해와 더불어 시작된다. 즉 그리스도교 설교는 그것이 하나님의 지시와 그의 이름으로 주어진 하나님의 말씀인 한에서 우리가 이성을 통해서나 아니면 이성의 희생을 통해서 받아들일 수 있는 어떤 교설을 제공하지 않는다는 것이다. 그리스도교 설교는 케리그마, 즉 이론 이성이 아니라 자아로서의 청중을 향한 선포이다."[28]

이러한 불트만의 실존론적 해석은 김광식 교수에 따르면, 성서의 모든 진술들을 실존에다 집중시킨 결과 기독교적 소식을 극단적으로 추상화했다고 할 수 있다. 바르트가 기독론적 집중과 협소화를 행한 것처럼 불트만은 인간학적 집중과 협소화를 행한 셈이다.[29] 특히,

"하이데거의 역사 개념의 영향으로 현실성보다 가능성을 존재론
적으로 더 우월하다고 주장하여 모든 역사를 인간 실존의 역사성으
로 옮겨 놓았다. 따라서 불트만에게 있어서는 역사보다 역사성이 강
조되었고, 신적 계시의 우주적 측면, 즉 계시의 보편사적 성격이 후
퇴하고 성서적 종말론이 실존 속에서 사유화되고 말았다."[30]

아무튼 불트만의 「예수전」은 '예수 없는 예수전'이 되고 말았으며 이것
은 결국 예수를 이중화하여 '역사적인 예수'와 '케리그마의 그리스도'로 나
누었다. 역사는 공허화되고 케리그마적 그리스도에 대한 신앙은 목숨을 건
공중도약을 감행하는 것이 되고 말았다는 것이다.[31] 그러나 불트만이 역사
적 예수에 회의적이었던 것에 반해 그의 제자들[32]은 역사적 예수의 문제를
재론한다. 만일 예수의 역사성이 의문시된다면 기독교적 소식 자체가 하나
의 이념이나 신화로 전락할 것이다. 또한 기독교 신앙의 중심인 그리스도에
대한 모든 고백도 결국은 허구가 되고 말 것이라고 하며 새로운 예수전 연
구의 자극제가 된다.

4. 기독교의 시작은?

"거기에 대한 나의 생각은 현재로서는 다음과 같은 것이라고 할
수 있다. 즉 그는 많은 사람이 생각하고 있는 것처럼 지나치게 '진보
적'이 아니다. 오히려 덜 진보적인 것이다. 기적이나 승천 같은 '신화
적' 개념에만 아니라(물론 그것은 신이라든가 신앙이라든가 하는 것에서
부터 원칙적으로는 분리되지 않지만), 모든 '종교적' 개념들 자체에 문제

테오-시네마

가 있는 것이다. 불트만도 말하는 바와 같이 우리는 신과 기적을 분리할 수 없지만 둘 다 '비종교적'으로 해석하고 선포하는 것이 가능하지 않으면 안 된다."[33]

위의 인용구는 불트만이 그의 비신화화론을 발표했을 때, 제일 처음으로 또 가장 예리하게 불트만을 비판한 본회퍼의 말이다. 그는 1944년 감옥에서 이 말을 하였는데 성서를 비신화화한 불트만에 대해 본회퍼는 기독교의 비종교화를 외쳤던 것이다. 예수는 자기 자신을 무로 돌리고 남을 위해서 사랑으로 자기 자신을 깨끗이 포기함으로써, 인간 존재의 '기반'은 '사랑'이라는 것을 노출시키고 밝혀주었다는 것이다.

"신은 자기 자신을 십자가로 추방당하게 한다. 신은 이 세계에서는 무력하고 약하다. 그리고 그는 바로 이렇게 해서 또 이렇게 해서만 우리들과 함께 있고 우리들을 도와준다. 그리스도가 그의 전능에 의해서가 아니라 그의 약함과 고난에 의해서 우리를 도와준다는 것은 마태복음 8:17[34]에 아주 분명하게 나타나 있다 … 인간의 종교성은 인간이 곤궁에 빠졌을 때 이 세상에서 신의 능력에 호소하도록 인간을 가르친다. 그러나 그것은 '임기응변의 신'에 지나지 않는다. 그러나 성서는 인간으로 하여금 신의 무력함과 고난을 바라보게 한다. 고난을 당하는 신만이 도와줄 수 있는 것이다."[35]

따라서 불트만의 케리그마를 개인적 실존에서 구체적으로 고난당하는 이웃으로 전환시키는 것이다.

"신이란 무엇인가? 첫째로 전능 따위에 대한 추상적 신앙은 아니다. 이런 신앙은 순수한 신 경험이 아니라 이 세상의 연장의 일부분에 불과하다. 예수 그리스도와의 만남, 이것은 오직 남을 위한 관심만을 가지고 있는 예수를 경험함으로써 인간 존재의 방향을 완전히 바꾸어 버리는 것을 의미한다. 남을 위한 예수의 관심이 곧 초월의 경험이다."[36]

  기독교 2000년의 역사는 해석의 역사이다. 이성, 논리, 언어 등 교리사의 역사이며, 복음 해석사의 역사이다. 그러나 이 기독교의 이야기는 변화 전 헨리처럼 변호사의 냉철한 이성과 화려한 말솜씨로 이해되어야 할 것이 아니라, 변화된 후의 헨리처럼 인간학적 전환이 필요하고 거기에 따스함, 논리대신 사랑이 그리고 반갑게 끌어 안아주는 몸의 언어가 필요할 것이다. 따라서 '이웃'에 관한 관점이 부족하여 본회퍼의 비판을 받게 되지만 불트만의 신학은 헨리의 이야기와 다를 바 없음을, 그리고 기독교의 이야기는 여기서부터 시작해야 된다는 것을 잘 보여주는 영화라고 할 수 있지 않을까?

테오―시네마

04.

절대를 찾은 영원한 현재:
틸리히와 영화 〈사랑의 블랙홀〉

1. 사랑의 블랙홀

"만약 그때 이렇게 했었더라면…"

살아가면서 아쉬웠던 순간이 없는 사람이 있을까? '그때로 다시 돌아
간다면', '만약 이렇게 했었더라면 이렇게 되지 않았을까?' 하는 안타까움
은, 역사는 가정을 필요로 하지 않는다는 냉혹한 우리의 현실에서 더욱 안
타깝게 다가온다. 그러나 '역사에 가정이 필요 없다'는 말은 영화 〈사랑의

블랙홀)에서는 별로 설득력 있게 다가오지는 않는 듯하다. 시간의 블랙홀에 빠져 우리들의 안타까운 '가정'을 마음껏 실현해보는 주인공은 가정의 반복을 마음껏 즐기나, 이 가정이 우리들 '인간 실존'에 있어서 그다지 좋은 것만은 아니라는 것을 보여주기도 한다. 자, 그렇다면 이제 영화 속으로 여행을 떠나보도록 하자.

주인공 필(빌 머레이 분)은 방송사 일기 예보위원이다. 그는 "사람들은 저속한 것을 좋아해요"라며 성적인 농담을 즐겨하며 자기 자신 밖에 모르는 이기주의자이며 안하무인격의 엘리트방송인이다. 영화는 그가 일기예보를 하는 장면으로 시작하는데, 그의 세련된 매너와 말투, 상대를 무시하는 행동은 그의 성격을 잘 말해주고 있는 듯하다. 아무튼 필이 방송사 PD인 리타(앤디 멕도웰)와 카메라맨 래리 등과 함께 성촉절 행사(Groundhog's Day)[1]를 취재하러 펜실베니아 펑쑤토니 마을로 가게 되면서 영화는 우리의 시선을 사로잡는다.

이 행사는 다음해 봄이 올 것인가를 점치는 행사이자, 마을 모두의 축제인 기쁨의 날이건만, 필은 행사를 소개하는 촬영에서 "여러분들은 큰 두더지가 사기 치는 장면을 시청 하셨습니다"는 멘트로 멸시를 한다. 실망한 리타, 래리와 함께 방송국으로 돌아오는 길에 눈보라로 길이 막혀 어쩔 수 없이 다시 마을로 돌아간다. 그리고 잠을 청한다.

그러나 그 다음날 시계의 달력은 여전히 2월 2일 성촉절이며, 라디오는 어제와 같은 방송을 하게 된다. 빌은 "어제 테잎이잖아"라며 짜증을 부린다. 그러나 웬걸, 방문 앞에서 "봄이 언제 오죠?"라며 인사를 하는 사람도, 호텔 여주인도 어제와 같은 인사말을 하는 것이 아닌가? 거리에서 구걸하는 거지 할아버지도 어제와 같은 모습, 어제 만났던 고등학교 동창인 보험회사 직원 네드도 어제와 같다. 물론 네드와 헤어지며 물구덩이에 빠지는 것도 같으며 "첫걸음이 바로 함정일지라"는 네드의 웃음끼어린 말도 동일한

84

것이다. 혼란에 빠진 필.

다음날 혹시나 싶어 연필을 부러뜨리고 잠을 청한다. 그러나 그 연필이 부러지지 않은 채, 다시금 시간은 2월 2일, 성촉절 아침이 시작된다. 매일 매일이 2월 2일 성촉절인 것이다. 점점 정신이 돌아버릴 것 같은 필은 절망에 빠져 술집에서 술을 마시다 술꾼들과 대화를 나눈다. 술잔의 컵에 담긴 반잔의 술을 "반밖에" 혹은 "반이나 남았잖아"로 생각하기 나름이라는 말과 "내일이 안 오면 어떨까?" 라는 질문에 "모든지 할 수 있다"는 술꾼들의 답변으로 크게 깨달은 필은 기뻐 날뛴다.

다음날부터 내일이 오지 않기에 모든지 가능한 필은 여자를 꼬드기고 잠자리도 함께 하며, 은행의 돈도 훔치고 본능이 욕구하는 대로 마음껏 살아간다. 그러다 PD인 리타를 꼬드기고 그녀의 기억과 경험을 매일 반복되는 만남으로 하루하루 학습하며 리타의 마음에 들려고 하지만 결정적인 순간 사랑이 이루어지지 않고 번번이 퇴짜를 맞게 된다.

절망에 빠진 필, 반복되는 2월 2일의 아침과 동일한 삶, 더 이상 새로울 것이 없는 이러한 생활에 실증을 느껴 마을 축제장에서 두더지를 훔치고 "성촉절은 장사꾼들의 상술에 불과합니다. 당신들은 위선자예요"라며 성촉절 두더지를 훔치고 달아난다. 그리고 언덕 위에서 낭떠러지로 질주하여 자살한다.

그러나 그 다음날, 다시 반복되는 2월 2일, 어제 죽었던 필이 어제와 같은 오늘, 다시 살아난 것이다. 죽을 수도 없는 절망에 빠진 필은 더욱 좌절하여 계속해서 자살을 시도한다. 전기에 감전 당하거나, 자동차에 뛰어들고, 호텔에서 떨어지는 등 매일 자살한다. 그럼에도 불구하고 다음날 똑같은 하루를 또다시 맞이하는 것이다.

결국 이러한 시간에 소외된 상황을 받아들인 필은 문득 시선을 사람들에게로 돌린다. 위험과 위기에 처한 사람들을 보면서 그들의 문제들을 하나

하나씩 해결하며 매일 반복되는 삶의 진정한 가치에 눈을 뜨게 되는 것이다. 비록 상황은 여전하지만, 변화된 필에게 지나치던 일상이 이제 새롭게 인식되기 시작한 것이다.

피아노도 배우고, 독서와 예술작품을 만들고, 죽어 가는 거지 할아버지를 살리려 애쓴다. 물론 성촉절 축제에서도 "체홉은 추운 겨울을 절망의 계절로 묘사했지만 겨울도 인생의 한 부분입니다. 지금 이곳 주민들과 함께 봄을 기다리는 제 마음은 그 어느 때보다도 따뜻하고 행복합니다."라는 멘트로 리타와 마을 사람들의 마음을 사로잡는다. 이제 필은 본격적으로 '타자를 위한 삶'을 살기 시작한 것이다. 나무에서 떨어진 아이를 구해주고, 할머니들이 탄 차가 펑크 나자, 바로 새 타이어로 갈아 끼워주고, 성촉절 축제장에선 피아노도 치며, 헤어지려는 연인인 데비와 프레드를 결혼시키기도 한다.

이러한 필에게 호감을 가진 리타는 성촉절 축제의 하이라이트인 '총각 경매시간'에서 자신의 지갑 안에 있던 전 재산 339달러 88센트로 필을 사고 둘만의 사랑의 밤을 보내게 된다. 그토록 사랑을 이루려 했으나, 이룰 수 없었는데, 드디어 리타의 사랑을 얻게 된 것이다. 즉 사랑은 외웠던 추억으로 이루어지는 것이 아니라, 실제 겪었던 경험의 추억으로 이뤄짐을 깨닫게 되는 것이다. 필은 리타에게 말한다.

"난 알아요. 내일 어떻게 되든 난 지금 행복해요. 당신을 사랑하니까"

안하무인격이며 자신밖에 몰랐던 필, 그는 이제 진정한 행복과 사랑이 무엇인지를 깨달았다. 타자를 위하며, 오늘에 최선을 다하고, 자기 존재의 소외에서 진정한 실존의 의미를 깨달은 것이다. 자, 그러면 그 다음날은 어

86

떻게 될 것인가?

2월 3일이다. 드디어 기나긴 2월 2일의 성촉절이 끝난 것이다. 그 새로운 하루는 필에게 "오늘은 내일이야. 다 끝났어. 우린 함께 있어. 기나긴 하루가 끝났어."라는 감탄을 안겨 주게 되고, 처음에는 너무 촌스러워 지겨워했던 이 마을에 "너무 아름다워. 우리 여기서 삽시다."고 감격에 겨워 리타에게 말하며 영화는 끝난다.

2. 소외된 실존

20세기의 신학자 중 바르트와 견줄만한 신학자이자[2], 사색의 최첨단을 걷는 신학자 폴 틸리히는 월터 라이프렉트의 말처럼 '아인슈타인이 과학자 중의 과학자이었듯이 철학자 중의 철학자'[3]라고 할 수 있다. 그는 대단히 호소력 있게 그의 사상을 현대인들에게 전하고 있으며 실제로 그의 작품들은 틸리히가 실재(實在, reality)에 정직하게 접근하고 우리의 개인적인 생활과 사회적 생활의 복잡함과 즐거움을 신선하게 다루고 있기에 매력적이다.

틸리히는 신학이란 그리스도 교회의 한 기능으로서 교회의 근본과제인 그리스도교 메시지의 진리를 진술하는 것과 모든 새로운 세대를 위해서 이 진리를 새롭게 거듭 재해석하는 것이라고 말한다.[4] 즉 신학이란 본질적으로 그리스도교 메시지와 인간 상황의 양극을 오가는 변증법적 관계인 것이다.[5] 김경재 교수에 따르면 여기서 세 가지 중요한 개념을 밝혀야 한다고 하는데, 즉

"첫째, 복음이 선포되고 받아지는 '상황'이란 무엇을 의미하는가?
둘째, 그리스도교의 영원한 메시지의 내용은 무엇이며, 어디서 어떻

게 그것을 찾아낼 수 있는가? 셋째, 그 두 양극이 관계하는 '상관방법'이란 해석학적으로 말해서 어떤 관계방식인가?"[6]

여기서 틸리히가 말하는 '상황'이란 흔히 우리들이 이해하듯 평면적인 의미에서의 생활환경을 뜻하거나, 인간이 그 안에서 살고 있는 정치-사회적 환경, 혹은 문화 종교적 여건이 아니며 역시 개인적/집단적, 심리적/정서적 심리상태도 아니다. 틸리히의 말을 직접 인용하여 보자.

"신학이 고려해야만 하는 상황이란 인간 실존의 창조적 해석인데, 그 해석은 심리학적, 사회학적 모든 조건들 아래서 매역사 시대 안에서 수행되는 해석이다. 상황이란 분명히 이런 심리적, 사회적 요소들과 동떨어져 있지는 아니하지만, 신학이 그것에 대하여 응답해야 하는 상황이란 일정한 시대 안에서 인간의 창조적 자기해석의 총체이다. 근본주의와 정통주의는 이러한 과제를 거절함으로 인해 그들은 신학의 의미를 놓치고 있다."(ST.I, 4)

따라서 이 역사에 책임적이고 하나님과 현실 앞에서 성실한 신학은 성서와 교회의 전통 안에서 그리스도교의 영원한 진리를 재발견하고, 새로운 인간 상황 속에서 이해하고 새로운 빛으로 재해석하려고 노력하는 것이다. 즉 우리의 신앙 고백이 오늘 우리 가운데 여전히 존재하고 영향력을 발휘하고, 인간과 역사를 바꾸어 놓는 힘을 가지려면, 성서와 전통 그 자체를 발생시켰던 원사건의 실재를 끊임없이 다시 체험하여야 하는데 이를 위해 우리는 오늘 여기서 성서의 원 사건을 오늘의 언어로 재해석하는 해석학적 작업과 노력이 필요한 것이다.

여기서 언어의 문제가 등장하는데, 언어란 모든 상황의 토대이며 모든 상황 자체 안에 두루 침투되고 퍼져 있는 상황의 표현이자, 인간 정신의 합리적 구조와 실재의 합리적 구조를 설명하는 매개이기에 신학은 이러한 언어적 상황의 문제를 회피할 수 없는 것이다(ST. I, 7).

가령 "하나님의 말씀", "로고스"등과 같은 상징적인 언어들이 우리가 일상생활에서 사용하는 언어의 본질에 대한 이해가 없이 선포되어진다면 전혀 이해되지 않는 말이 될 것이다. 따라서 틸리히는 다음과 같이 말한다.

> "말씀을 통한 계시(revelation through words)를 '계시된 말씀'(revealed words)과 혼동해서는 안 된다. 인간의 말은, 그것이 신성한 말이든 세속적 말이든, 인간 역사 과정 안에서 산출된 것이고 정신과 실재의 경험적 관계에 정초하고 있는 것이다."(ST. I, 123)

즉 언어란 인간의 창조적 자기 해석을 가능케 하는 존재론적인 지반이자 매개체이기 때문에 성실한 신학은 '상황'과 그리스도교의 '영원한 진리'를 상관시켜야 한다는 것이다. 그리고 틸리히가 시도하는 이러한 상황과 그리스도교의 메시지를 연결하려는 '상관방법'은 전통적으로 내려오던 케리그마적 진리를 오늘의 실존적 상황에 결부시켜 해석하는 것이며 오늘 우리들 인간의 삶과 연결하는 것이다.

시대의 변천이 새로운 사고 구조와 언어 세계를 창출해 내었기에, 오늘의 새 세대들은 전통적인 용어와 사고방식에서 소외와 단절을 느끼고 있다. 이러한 현실을 누구보다도 예리하게 직시한 변증법적 신학자인 틸리히는 이 시대와 상황에 여전히 그리스도를 증거하기 위해서는 '변증법적인 타입의 설교'가 필요하다고 생각, 『흔들리는 터전』이라는 설교집을 출판한다. 우리들의 내면의 세계와 깊은 대화를 나누고 있는 이 설교집은 우리의 실존의 위치와 문제성과 의미, 그리고 그 가능성을 유감없이 폭로해 주고 있으며,

이 '세속'의 한 가운데서도 우리는 여전히 '거룩함'을 경험하고 있다는 심층적 삶의 모습을 힘차게 증언해 주는데 책 머리말에 있는 틸리히의 말을 인용하여 보자.

"(그리스도의 권위에 속하는 사람들에게 있어서) 전통적인 성서적 용어를 매개로 한 설교는 아무런 의미도 가질 수 없는 것이었을 것이다. 그래서 나는 성서적인 혹은 교회적인 용어가 가리키고 있는 인간적 경험을 다른 용어로써 표현할 수 있는 언어를 찾아야만 하였던 것이다. 이러한 상황 아래 '변증적' 타입의 설교를 발전시키게 되었던 것이다."[7]

그렇다면 오늘 우리들 실존의 상황은 어떠한가? 영화 〈사랑의 블랙홀〉의 주인공 필처럼 남을 믿지 않는 자기 우월성과 성적욕망으로 인해 소외되어있는 그런 존재는 아닐까? 사실 틸리히는 실존의 특징을 유한성에 의한 타락, 즉 범죄의 유혹에 의한 결과로서 '소외'를 갖는 존재로 인간을 파악한다. 그리고 인간 소외의 현상을 세 가지로 분석한다. 즉 '불신앙으로서의 소외'[8], '자기 높임으로서의 소외'[9], '욕망으로서의 소외'[10] 등이 바로 그것이다.[11]

필은 이러한 소외를 잘 보여주는데, 영화가 진행되면 이러한 소외를 조장하는 내적 원인을 좀 더 잘 드러낸다. 2월 2일이라는 성촉절이 계속되자, 즉 "내일이 안 오면 어떨까?"에 "모든지 할 수 있다"는 생각으로 마을과 돈과 사람을 자기 마음대로 하려고 한다. 자신을 모든 존재의 중심으로 삼으려는 이러한 욕망(concupiscentia) 때문에 성, 권력, 물질 등 모든 면에서 범죄와 타락상을 나타내게 되는데 이것이 바로 틸리히가 분석하는 인간 실존의 소외 현상이다. 인간 실존은 만족할 줄 모르는 욕망으로 소외로 전락하게 되어 버린 것이다.

틸리히는 욕구현상이 소외로 전락하게 되는 이유를 무 존재(nonbeing)의 가능성 때문이라고 이야기한다. 강성두의 말을 인용하도록 하자.

> "무 존재란 실존철학에서 말하는 무(無)와 같은 것으로서 이것은 인간의 영혼, 정신, 이념 같은 것을 송두리째 삼켜 버리는 위력을 지닌 함정과 같은 것이다. 인간이 이 함정에 한번 빠져 버리면 그것이 유혹의 원동력이 되어 인간 삶을 허무의 경지로 계속 몰아간다."[12]

유혹이 인간의 삶을 허무의 경지로 몰아가는 것을 '운명'이라고 규정짓는 틸리히는 무에 직면한 인간이 자신의 유한성의 능력으로 무에 삼켜지고 있는 자신의 운명을 구원할 수 없기 때문에 그것은 운명이 될 수밖에 없다고 설명한다. 영화에서 필이 이러한 운명에 내던져진 것과 같은 이치이다. 소외의 극한으로 필의 영혼과 정신 그리고 이념을 송두리째 삼켜버린 이러한 시간의 반복 앞에서 죽음을 택할 수밖에 없었던 필은 존재론적 무의 상황에 직면한 오늘 우리들의 모습일 수도 있다. 그렇다면 여기 이렇게 소외된 상태로 남아 있어야 하는가? 아니면 소외를 극복할 그 무엇을 찾으러 나서야 하는가?

3. 절대를 찾아서

틸리히는 인간 존재가 '궁극적 관심'이자 '실존의 깊이'인 '영원한 진리'를 만남으로 소외를 극복할 수 있다고 말한다. 그렇다면 그의 신학에 있어서 상황과 상관 관계하는 '영원한 진리', 곧 복음의 핵심은 무엇일까? 여기서 다시 한번 틸리히의 말을 들어보도록 하자.

"그리스도교는 그리스도이신 예수 안에서 궁극적 계시가 있다고
주장한다. 이 주장이 그리스도교 교회를 형성했으며, 이 주장이 부
재한 곳에는 교회는 존재하기를 그치게 되는데, 적어도 잠재적으로
존재하는 것이 아니라 드러난 교회는 존재할 수 없다. '궁극적 계시'
라는 표현에서 궁극적이라는 단어의 뜻은 마지막이라는 의미 이상
이다 … 궁극적 계시라는 말은 최종적인 계시라는 뜻 이상을 의미한
다. '궁극적'이라는 단어가 의미하는 바는 결정적이고 성취적이며 능
가할 수 없는 계시라는 의미인 바, 곧 궁극적 계시는 모든 다른 것들
의 판단척도라는 것이다. 이것은 그리스도교의 주장이고 그리스도
교 신학의 기초이다. 그리스도이신 예수 안에 나타난 계시의 궁극성
에 대한 물음에 대하여 신학이 해야 하는 첫 번째 그리고 기본적 대
답은 다음과 같다: 만약 어떤 계시가 자신을 상실함 없이 자기 자신
을 부정하는 힘을 지녔다면 그 계시는 궁극적이다"(ST. I, 132-133)

즉 틸리히에 의하면 성서의 문자와 교리 신학 내용이 곧바로 '하나님의
말씀'이 아니라, 성서를 창출하고 성서를 성서이게 하는 '궁극적 관심', 성서
가 증언하는 '새로운 존재, 새로운 실재'가 영원한 진리인 것이다.[13] 이러한
궁극적 관심에 관하여 틸리히의 『절대를 찾아서』를 번역한 이찬수 박사의
고백을 들어보도록 하자.

"틸리히의 주요 저서들을 읽으면서 인간 실존의 '깊이'를 배웠다.
이 '깊이'는 '궁극적으로 관심을' 기울이는 상태이자 동시에 그렇게
관심을 기울일 때 도달하게 되는 절대적인 그 무엇이다. 바로 '하나

테오-시네마

님'인 것이다. 버릴래야 버릴 수 없고 도망갈래야 도망 갈 수도 없던 그 하나님을 틸리히는 인간 실존의 '깊이'로 설명해 주었던 것이다. 이 깊이, 그리고 궁극적 관심이란 표현은 마치 화두와도 같이 내 머리 속을 늘 맴돌았다 그러다가 그것은 결국 나의 사고를 실존적으로 기울어지게 했다"**14**

영화 속 주인공 필이 소외의 상황 속에서 자살을 택하는 것은 소외의 극복을 몰랐기 때문이 아닐까? 즉 소외의 상황 속에 놓여 있는 인간 실존은 '화해'라든가 '중생', '창조' 그리고 '희망'이라는 실재를 요청하기 마련인데, 그것을 추구하지 못했을 때 절망하는 것이다.

그러나 이후 필은 소외된 존재가 타자를 위한 삶을 살아가면서 소외를 극복하고, '새로운 존재'에로 눈을 뜨게 됨을 깨닫는다. 틸리히는 이러한 새로운 존재를 다음과 같이 설명한다.

> "새로운 존재란 본질과 실존 사이의 분열을 극복한, 실존의 조건들 아래 있는 본질적 존재이다. 바울은 그리스도 '안에' 있는 사람들을 일컬어 '새로운 피조물들'이라 부르면서 '새로운 피조물'이라는 용어를 썼다. 이것은 똑같은 생각을 나타낸다. '안'은 참여의 전치사이다. 그리스도 안에 있는 존재의 새로움에 참여하는 사람은 새로운 피조물이 된다(ST.II, 118-119)."

그리고 이것은 신약성서 고린도 후서 5장 17절의 "누구든지 그리스도 안에 있으면 새로운 피조물이라 이전 것은 지나갔으니 보라 새 것이 되었도다" 에 근거해 신약성서에서 그리스도로서의 예수의 모습 가운데서 분명히 소외를 해결할 수 있다는 것이다. 따라서 틸리히는 그의 저서 『새 존재』(New

Being) 제1부에서 사랑으로서의 새 존재, 2부에서 자유로서의 새로운 존재, 3부에서의 성취로서의 새 존재를 역설한다.

'사랑으로서의 새 존재'란 하나님의 은총에 의한 새 사람이 그 은총의 보답으로서 이웃에 사랑을 실천하는 경우를 말하며, '자유로서의 새 존재'란 그리스도 안에서 참 진리를 터득했을 때의 변화된 삶을 말하고, '성취로서의 새 존재'란 그리스도 안에서 우리의 궁극관심사인 구원이 성취되었을 경우를 말한다.[15]

필이 리타의 사랑을 얻기 위해서인지, 아니면 삶의 깊이(궁극적 관심)를 깨달았기 때문인지는 몰라도 매일 피아노를 연습하며, 얼음 예술 조각을 만들고, 삶과 인생을 알기 위해 독서를 하는 등의 변화된 모습은 분명 틸리히가 말하는 새 존재로의 변화라고 할 수 있다. 물론 '궁극적 관심'이라는 상징이 리타라고 한다면 말이다.

아무튼 자신의 자유를(시간이 반복되기에 모든지 가능한) 사람들을 화해시키고 서로 사랑하게끔 하며 죽어 가는 이를 구해주는 것은 필에게 틸리히의 새로운 존재의 상징인 '사랑', '자유', '성취'가 나타난 것이 아닐까?

절대를 찾는 인간 존재는 그 절대를 사랑에서, 존재의 깊이에서, 혹은 타자와의 관계에서 찾을 수밖에 없음을 우리는 필을 통해 볼 수가 있는 것이다. 그렇다면 영화 속 필과 달리 인간이 어떻게 새로운 존재의 능력에 접할 수 있을까? 성서의 한 청년의 물음처럼 "내가 어떻게 하여야 구원을 얻으리이까(사도행전 16:30)".

틸리히는 이 의문의 답을 '은혜의 부딪힘'을 통하여 말하고 있는데, 그리스도교 신앙은 어떤 의미에서 인간 행위의 결과가 아니라, 죄인에게 주어지는 은혜의 결과라는 것이다. 죄의 상태가 불안, 절망, 소외의 상태라면 은혜의 상태는 자유와 화해의 상태인데, 이것을 얻을 수 있는 것은 생의 용기를 통해 은혜를 경험해야 한다는 것이다. 『존재에의 용기』에서 틸리히는 아래와 같이 말하고 있다.

> "존재에의 용기란 스토아적 지혜나 스피노자의 자긍(self-affirmation)이나, 니체의 권력의지에서 발생되는 것이 아니라, 그리스도를 통한 하나님의 은총에 대한 확신과 신앙적 경험에서 발생되는 것이다."[16]

그리고 이러한 새로운 존재의 능력은 모든 분리[17]를 극복하는 사랑으로 표현된다. 월터 라이프렉트의 말을 인용하여 보자.

> "만약 내가 사랑으로 인도되면, 나는 사랑의 힘, 곧 존재의 힘에 참여하는 것이다. 틸리히의 사랑의 본질에 대한 분석은 그의 철학 정신의 가장 심오한 사색 중의 하나다. 그의 저서 「사랑, 힘, 정의」(Love, Power and Justice)에서 그는 리비도(libido), 에로스(eros), 필리아(philia), 아가페(agape)를 사랑의 다른 형태들로 보지 않고 하나의 참된 사랑의 여러 측면들, 즉 인간의 자아실현의 여러 형태들로 다루었다. 틸리히는 소외로 이끄는 자유를 통한 자아실현과 사랑을 통한 자아실현을 대립시키고, 사랑 안에서 그리고 사랑을 통하여 우리 자신을 실현시킴으로, 분리를 극복하는 성취의 방법을 발견하였다. 사랑이 항상 자유로 인도하지는 않으나, 자유는 진실로 사랑을 통해서만 경험될 수 있다. 그는 또한 불의를 행하여 타인의 자유를 존중하지 않는 참된 사랑이란 있을 수 없음을 지적한다. 그리고 정의와 자유는 둘 다 바르고 자유롭기 위하여 사랑을 필요로 한다. 사랑은 우리를 다시 완전하게 하며 우리들 각자가 우리 아닌 어떤 다른 것으로 해소되는 것을 저항할 수 있는 자아-관련된 존재로 만들어 준

다."[18]

4. 틸리히와 필의 상관방법론과 역동적 유형론

틸리히는 두 가지의 신학하는 자세를 이야기한다. 하나는 케리그마적 신학이고 다른 하나는 변증적 신학(Apologetic Theology)이다. 이것은 신학을 하는 태도나 그리스도교 신앙을 증언하는 신도들의 자세를 이야기하는 것인데, 먼저 케리그마[19]적 신학은 상대방이 듣든 말든, 이해하든 말든 메시지를 듣고, 복종하고, 열매 맺는 일은 듣는 사람과 성령이 하실 일이라고 생각하는 것이다. 따라서 케리그마적 신학은 상황을 무시하거나 상황을 구원체험 또는 계시경험의 구성요소로 간주하지 않으며 오로지 그리스도교의 복음인 '영원한 진리'만을 일방적으로 선포한다.[20]

변증[21]적 신학은 차근차근 상대방이 진리를 이해하고 알아듣게 대화하고 설득시키려고 한다. 듣는 자의 결단적 책임성과 진리의 영이 비추이는 진리 조명의 은총을 무시하는 것은 아니지만, 인간으로서 해석학적 노력을 최선을 다해 행해야 한다고 본다. 이러한 해석학적 차이는 바르트와 틸리히의 신학방법의 차이와도 같은데, 월터 라이프렉트는 아래와 같이 잘 지적하고 있다.

"틸리히는 바르트식의 변증법적 신학의 케리그마 선포적 신학은 세속주의와의 투쟁에서는 단지 나무칼에 불과하다고 생각한다. 그 이유는 변증법적 신학은 세상은 그 피조성에 있어서 신적 근원을 보여주지 못한다는 세속주의의 근본적 가정과 일치하는 경향이 있기 때문이다. 바르트의 추종자들이 자연신학을 비난하지만 삶은 그 신

테오—시네마

적 기원자와 관련이 있으며 그러므로 거룩하다는 것을 그들은 인식하지 못하는 것 같다. 틸리히는 신학자의 과업은 모든 존재는 거룩하다는 것을 증명하며, 존재하는 모든 것은 하나님의 능력과 은혜를 통하여서만 존재한다는 것, 그래서 속과 성은 인위적으로서 분리시킬 수 없다는 것을 선포하는 것이라고 확신한다."[22]

틸리히의 신학 방법론은 앞서 언급한 것처럼 상관방법론(method of correlation)이다. 그의『조직신학』의 구성도 매우 독특한 체계를 성공적으로 논술한 저서이다. 그는 모든 신학적 대답을 그에 상응하는 철학적 질문과의 상관관계 속에서 전개하였다. 즉 '이성-계시, 존재-하나님, 실존-그리스도[23], 생명-영[24], 역사-하나님 나라[25]'라는 상관관계로 전개한 것이다. 김광식은 이를 핵심적으로 잘 정리해 놓았다. 인용하여 보자.

"여기서 계시라고 하는 것은 신적인 사물에 대한 정보로 이해되지 않고 도리어 이성 자체의 존재의 초월적 근거로부터 이성을 해명하는 것이 계시이다. 하나님은 다른 존재 옆에 있는 또 하나의 존재가 아니라 존재 자체로 혹은 존재하는 모든 것 안에 그리고 모든 것 위에 있는 존재의 힘으로 이해된다. 그리스도는 사람이 되신 하나님으로 이해되지 않고 인간적 실존의 일반적 조건 아래 나타난 새로운 존재의 현현으로 이해해야 한다"[26]

이렇게 틸리히가 신학에 있어서 '상관의 방법'을 주장하는 이유는 그리스도교의 구원의 메시지를 인간 실존에 전달하는 방법론적 접근에 있어서 그리스도교 신학사가 범한 잘못 3가지 때문이라고 한다.

"첫째 개신교 정통주의 신학과 신정통주의 신학이 취하는 '초 자연주의적 방법'(supranaturalistic method)이고 둘째는 19세기 자유주의 신학이 취하는 '자연주의적 방법'(humanistic method)이다. 셋째는 중세 스콜라 신학과 네오토미즘이 취하는 자연-초자연의 '이원론적 방법'(dualistic method)이다."[27]

이러한 잘못된 접근에 반해 상관방법은 그리스도교 신앙 내용과 인간의 정신적 실존을 관계시키는 틸리히의 신학적 해석학이야말로 상관관계 속에 있는 대극적 실재들이 상호 공존적 운동 속에서 상호 의존적 순화관계를 통하여 상호 삼투적 통전운동을 함으로 그리스도교 신학을 성실히 해나갈 수 있는 것이다.

또 하나의 틸리히의 신학방법론인 역동적 유형론(dynamic typology)은 틸리히가 그의 신학을 '종교 간의 대화'로 이끄는 신학적 방법론이다. 이를 설명하기 위해서 하나의 유형적 예를 들도록 하자. 김경재 교수도 언급한바, 가령 장미꽃의 아름다움과 국화꽃의 아름다움을 비교하면서 '어느 꽃이 더 위대한가?'라고 묻는 것은 어리석은 질문이다. 장미는 장미의 유형적 특성 때문에 아름다운 것이며, 국화는 국화대로의 유형적 특성 때문에 또한 아름답기 때문이다. 그러나 둘은 모두 꽃이라는 공통점을 지니면서 사람들의 심정을 아름다움과 즐거움으로 승화시키는 공통적이 힘이 있다.

그렇다면 위에 언급한 유형이란 무엇인가? 유형(types)이란 잡다한 사물들을 분별적으로 이해하기 위하여 인간 정신능력이 사물의 공통적 특성이나 기본적 원리들을 직관적으로 파악한 이상형이다. 그리고 종교의 유형적 특성이라는 것은 특정한 구체적인 종교를 특징적으로 드러내는 그 종교의 근본적 특성, 또는 원리들을 말한다.

테오-시네마

이러한 유형론은 사물과 실재를 그것과 다른 사물 또는 다른 실재들과 구별하여 파악하는 편리한 장점도 있으나 결정적 단점도 존재한다. 즉 유형은 추상적으로 직관된 이상형 또는 이데아와 같은 개념이기 때문에 구체적 실재가 지닌 다양한 유형적 특성들의 조화를 무시하고 실재를 단순화시키고 실재 파악을 획일적으로 하게 될 위험이 있으며 실재가 지니고 있는 존재능력의 다양성과 유연성을 파괴해 버리는 위험이 있다.[28]

따라서 틸리히는 '역동적 유형론'을 통해 세계의 위대한 종교들을 특징 짓는 유형적인 특징적 요소들은 그 자체가 모두 다 '성스러운 것'이며 모두가 '궁극적 실재'를 체험한 구체적 반응형태들이라고 말한다. 다음의 틸리히의 말을 인용하며 이러한 틸리히의 종교 간의 대화에 해당되는 후기 사상은 우리가 의논할 범위를 넘어서기에 단락을 짓도록 한다.

"특정한 문화들처럼 특정한 종교들도 자라고 사멸하지만, 그러한 특정 종교들을 존재하게 했던 힘들, 종교유형을 결정하는 요소들, 그것들은 거룩한 것의 본질에 속하며, 인간의 본질에 속하며, 우주 및 신성의 자기 현현적 계시의 본질에 속한다. 그러므로 두 종교 간의 대화에서 유의해야 할 점은, 해당 종교의 유형적 요소들이 역사적으로 한정된 어떤 형태 안에서 구현된 현상적 구현체가 아니라, 바로 유형적 요소 그 자체이어야 한다."[29]

이러한 역동적 유형론과 상관의 방법이 영화 속 주인공 필에게 어떻게 나타날까? 필은 매일 매일이 동일한 시간의 반복임을 깨닫고, 처음에는 자신의 마음대로 할 수 있다는 생각으로 마음껏 행동한다. 그러나 이내 지치고 소외를 느껴 자살을 시도한다. 그마저도 이룰 수 없어 어느 순간부터는 이웃의 아픔을 돌보는 생을 살아가게 된다. 이때의 필의 인식론적 방법이 역동적 유형론이 아닐까? 사물과 사람을 유형화 시켜서 이해를 하지만, 그 유형은 바뀐다. 쉽게 이야기하자면 거지 할아버지와 친구인 보험회사 직원 네드를 보라. 처음에는 단순히 지나치는, 혹은 귀찮은 존재인 이들이 변화된 필에게는 소중한 존재로 배려하며 아끼는 대상이 된다. 거지 할아버지를 살리기 위해 애를 쓰게 되는 것이다. 즉 고정된 배타적인 유형이 유동하며 참여하는 존재적 유형이 되는 것이다.

물론 그의 인식방법론은 상관의 방법에 가깝다. 리타와 대화를 하며 그녀의 기억 속에 존재하는 추억을 다음날 다시금 상관 시켜 더 많은 추억을 공유하려 한다. 만약 상관시키려는 방법론적 의도가 없다면, 필은 시간의 반복뿐만이 아니라, 자신의 삶 자체도 동일한 반복을 해야 하는 것이다.

5. 영원한 현재

"과거는 단순히 과거에 머물지 않고 끝없이 새로운 현재로 재생되며 이 현재는 언제나 영원을 담는 '영원한 현재'(eternal now)"[30]라고 말하는 틸리히는 변화하는 상황 속에서 끊임없이 자신을 그리스도교의 원천인 예수로 돌아가려고 애쓰며, 시대적 상황에 응답하기 위해 재해석하는 신학자이다.

지금 21세기는 종교 다원적 상황에 직면하여 있다. 이러한 상황 속에서도 틸리히의 신학은 상관방법을 통해 세계 다른 많은 종교 전통들과 대화를 하면서도 자신의 정체성을 유지하며, 또한 자신의 경계를 끝없이 넓혀가는 신학이라고 말할 수 있다. 많은 이들은 틸리히의 신학을 철학이라고 매도하지만(반대로, 철학자들은 틸리히의 사상을 철학이라고 하지 않고 신학이라고 말한다) 참으로 틸리히의 신학적 고민과 오늘 우리의 상황을 바로 분석하지 못한 말이라고 할 수 있다. 틸리히의 평가에 있어서 월터 라이프렉트의 다

테오-시네마

음과 같은 말보다 더 정확히 평가한 말은 없기에, 그리고 이 말은 영화 〈사랑의 블랙홀〉 속의 주인공 필의 삶에 분명히 나타나기에 말미에 결론으로 인용하여 본다.

"우리 시대의 위대한 신교 사상가 중에서 틸리히만이, 복음이 생활 전체를 변화시키는 그런 본질과 능력이 있음을 여전히 강하게 믿는다. 복음이 전체적으로 이 세상 속에서 이 세상을 위하여 화해와 갱신의 능력임을 그는 믿는다. 실제로 그만이 위기의 형태와 구조 뿐 아니라, 갱신의 형태와 구조, 그리고 실재 속에서 화해가 성취될 수 있는 방법을 감히 언급하고 있다. 그만이 인간이 본질적으로 무엇인가, 어떠한 문화가 본질적으로 하나님이 주신 구조와 목적 속에 들어 있는가에 대한 통찰력을 가지고 있다. 우리가 틸리히의 상세한 결론과 존재론적 분석들의 어떤 견해엔 동조할 수 없다고 해도, 우리 신앙의 핵심을 하나님과 인간 세계의 모든 영역에 단호히 연결시킨 그의 신앙과 지성의 탁월한 능력을 감탄하지 않을 수 없다. 그가 이렇게 한 것은 기독교의 창조와 구원의 교리가 우리 개개인과 문화생활에 미치는 의미심장한 결과를 진지하게 사색한 신학자였기 때문이다."[31]

05.

예수께서 지금 오신다면:
본회퍼와 영화 〈몬트리올 예수〉

1. 예수께서 지금 오신다면…

영화 〈몬트리올 예수〉는 지금 우리 사회에 우리가 그토록 갈망하는 예수께서 오신다면 어떨까를 묻는 영화이다. 예수께서 온 인류를 구원하기 위해 이 땅에 오셨지만 바로 당신이 구원하시고자 했던 사람들에 의해 배척당한 채 십자가의 고난을 받으셨다. 우리는 왜 그 분이 하나님이며 우리의 구주라는 사실을 알아보지 못했을까? 예수는 어째서 하나님에 대해 전혀 몰랐던 로마인들보다는 하나님의 백성이라 자부하던 유대인들에게 배척당

테오-시네마

하고 죽임을 당하셨을까?¹

지금 이 강의실에 예수께서 오신다면 무어라 말씀하실까? 아니 어떤 눈빛으로 우리들을 바라보고 계실까? 그 질문이 힘겹다면, 우리는 2000년 전 이스라엘 땅에 오신 예수와 20세기 초 세계대전의 암흑 속에 오신 예수와 1990년대 캐나다 몬트리올에 오신 예수를 통해서 오늘 우리에게 오실 예수의 말씀과 눈빛을 유추해 볼 수 있지 않을까?

2. 본회퍼의 삶

나는 무엇?
남들은 가끔 나더러 말하기를
감방에서 나오는 나의 모습이
어찌 침착하고 명랑, 확고한지
마치 자기 성에서 나오는 영주 같다는데

나는 무엇?
남들은 가끔 나더러 말하기를
감시원과 말하는 나의 모습이
어찌 자유롭고 친절, 분명한지
마치 내가 그들의 상전 같다는데

나는 무엇?
남들은 또 나에게 말하기를
불행한 하루를 지내는 나의 모습이

어찌 평온하게 웃으며 당당한지

마치 승리만을 아는 투사 같다는데

남의 말의 내가 참 나냐?

나 스스로 아는 내가 참 나냐?

새장에 든 새처럼 불안하고 그립고 약한 나

목을 졸린 사람처럼 살고 싶어 몸부림치는 나

색과 꽃과 새소리에 주리고

좋은 말 따뜻한 말동무에 목말라하고

방종과 사소한 굴욕에도 떨며 참지 못하고

석방의 날을 안타깝게 기다리다 지친 나

친구의 신변을 염려하다 지쳤다

이제는 기도에도, 생각과 일에도

지쳐 공허하게 된 나다

이별에도 지쳤다―이것이 내가 아닌가?

나는 무엇?

이 둘 중 어느 것이 나냐?

오늘은 이 사람이고 내일은 저 사람인가?

이 둘이 동시에 나냐?

남 앞에선 허세, 자신 앞에선 한없이

불쌍하고 약한 난가?

이미 결정된 승리 앞에서

무질서에 떠는 패잔병에 비교할 것인가?

나는 무엇?

테오―시네마

이 적막한 물음은 나를 끝없이

희롱한다

내가 누구이든

나를 아는 이는 오직 당신뿐

나는 당신의 것이외다

오! 하나님.

－본회퍼, 나는 무엇

본회퍼는 20세기 중엽의 가장 영향력 있는 개신교 신학자들 가운데 한 사람이었다. 그는 자신의 사상과 삶 모두를 통하여 개신교 사상사에 커다란 영향력을 발휘하였다. 현대의 세속화 사회 속에서, 특별히 세계대전의 처참한 상황과 종교의 너울을 벗어 던진 인류의 정신사에 기독교의 역할을 설득력 있고 힘 있게 주장한 신학자였다. 그는 기독교인들의 일치를 위해 노력했으며 국가 간의 평화를 위해 에큐메니칼 운동에도 중심 역할로서 관여하였다.

본회퍼의 신학과 사상은 그의 삶과 결코 유리될 수가 없는데, 사실 본회퍼는 히틀러의 암살을 음모하여 나찌 정권에 의해 투옥되고 처형까지 당했던 인물이다. 따라서 본회퍼의 생애를 먼저 살펴보고 이러한 본회퍼의 생애로 영화의 주인공 다니엘의 생애를 비춰보도록 하자.

1906년 2월 4일 지금의 폴란드 영토인 브레슬라우에서 태어난 본회퍼는 아버지 칼 본회퍼가 정신의학과 신경학 교수로 있었던 베를린 대학의 학구적인 분위기 속에서 성장하였다. 1923–27년에 튀빙겐 대학에서 친척인 아돌프 폰 하르낙, 라인홀트 제베르크, 칼 홀 등의 역사신학자들에게 영향을 받았으며 또한 칼 바르트의 '계시신학'에 강하게 매료되었다.

바르트와 그 자신을 비판적으로 관련시키고자 했던 그의 관심은 박사학위 논문인 「성도의 교제」(*Sanctorum Communio*, 1930)에 나타나 있다. 이 논문은 당시 학계의 주목을 끌었으며 여기서 본회퍼는 교회에 대한 사회학적 이해와 신학의 이해를 결합시키려고 노력하였다.

그리고 이러한 본회퍼의 노력은 그 다음해 교수 자격 획득을 위한 논문 「행위와 존재」(*Akt und Sein*, 1931, 영역본 제목은 Act and Being, 1961)에도 나타나 있는데 이 저술에서 그는 초월철학과 존재론, 지식과 존재에 대한 칸트 이론과 칸트 이후 학자들의 이론이 프로테스탄트 신학과 카톨릭 신학에 끼친 영향을 추적하고 있다. 그리고 이 논문으로 그의 신학의 독자성을 인정받게 되었다.

1928-29년에 스페인 바로셀로나의 독일어 사용 회중 교회에서 부목사로 봉직한 후, 뉴욕의 유니온 신학교의 교환학생으로 1년을 보냈다. 1931년 독일에 돌아온 그는 베를린 대학의 조직신학 강사직을 맡았다. 1933년 나치가 정권을 잡기 시작한 때부터 이미 그는 나치정권에 반대하는 운동에 가담하였는데 특히 나치의 반유대주의에 반대하였다.

그리고 런던의 작은 독일인 회중교회 두 곳에서 목사로 봉직하기 위해 18개월간 독일을 떠나 있었음에도 불구하고(1933-35) 그는 나치 정권에 저항하는 독일 프로테스탄트 운동의 중심지인 고백교회의 지도적 대변인이 되었다.

1931년 케임브리지의 에큐메니칼 회의에 참석한 이후, 본회퍼는 「교회를 통한 국제 우의증진 세계연맹」의 유럽 지구 청년간사로 지명되었다. 그리고 그는 독일 내에 민족주의적 분위기가 점점 고조되어 가고 있음에도 불구하고 여전히 에큐메니칼 업무에 활동적으로 참여하였다. 독일교회의 투쟁의 중요성을 다른 곳의 기독교인들에게 전하려는 노력을 하던 중, 그는 영국 치체스토 주교인 벨(G. K. A. Bell)에게서 동정적인 후원을 얻을 수 있었다.

1934년에는 『창조와 타락』(*Schöpfung und Fall*, 영역 *Creation and Fall : A*

테오-시네마

Theological Interpretation of Genesis 1-3)에서 창세기 1-3장을 해석하여 인간의 피조성 가운데서 인간의 창조성을 규명함으로 하나님의 창조 질서를 독자적 견해에서 세웠다.

1935년 본회퍼는 빈켄발트(포메라니아)에 고백교회의 새로운 신학교를 조직하고 이끌어 나가는 일을 맡도록 지명되었다. 이 신학교는 1937년에 정부 당국의 폐교조치에도 불구하고 위장형태로 1940년까지 존속되었다. 여기서 본회퍼는 기도의 실천, 사적고백, 공동훈련 등을 도입하였다.

그의 저서『신도의 공동생활』(*Gemeinsames Leben*, 1939)에 이러한 그의 사상들이 담겨 있다. 그리고 이보다 조금 앞선 시기에『나를 따르라』(*Nachfolge*, 1937)도 저술되었는데 이 작품들은 프로테스탄트(특히 루터교) 교회들 가운데에서 하나님의 은총이 '값싼 은총', 즉 무제한적인 용서로 사실 윤리적 방종에 대한 은폐물로 이바지하였는데, 이처럼 은총이 시장의 상품처럼 팔린다고 공격하기 위해 신약의 산상수훈을 연구한 것이다. 본회퍼는 이처럼 엄격하고 심지어는 금욕적이기까지 한 입장으로 말미암아 널리 유명해졌는데[2], 그와 더불어 당시의 국제문제들에 관해서도 평화주의에 가까운 입장이었다.

본회퍼가 관여한 일들은 1938년 이후 점점 정치적 성격을 띠게 되었다. 이 해는 그의 매형인 법학자 한스 폰 도나니가 그를 히틀러 전복을 위한 집단에 소개한 때였다. 1939년 그는 미국에서 망명처를 구할까 생각했었지만, 뉴욕에 단 2주일 동안 있은 후 독일로 돌아왔다. 이때 그는 자기의 후원자인 라인홀드 니버에게 '자신의 백성들과 함께 이 시대의 고난을 같이 하지 않는다면, 전후 독일에서 있게 될 기독교 생활의 재건에 참여할 권리를 갖지 못할 것'이라고 편지를 쓰기도 하였다.

따라서 독일로 다시 돌아온 후 많은 제약들에도 불구하고, 본회퍼는 군사정보국[3]의 고용인이라는 가장을 하고 저항운동을 계속하였다. 1940-

43년에 본회퍼는 간헐적으로 기독교윤리에 관한 연구를 했었지만 단편들밖에 완성하지 못하였다. 이 단편들은 그의 사후에 『윤리학』(*Ethick*, 1949)이란 제목으로 출판되었다.

1942년 5월 그는 평화 협상을 위한 공모자들의 제안들을 벨 주교를 통하여 영국정부에 전달하기 위해 스웨덴으로 갔지만 그 희망은 동맹국들의 '무조건 항복' 정책에 좌절되었다. 본회퍼는 1943년 4월 5일 체포되어 베를린에 수감되었다. 이 수감 기간 동안 베를린 형무소에서 같은 재소자 그리고 간수들과 함께 공중 폭격 앞에서 떨며 고독에 숨가빠하였으며 사귀고 위로하고 함께 울었다. 그리고 여기에서 저 유명한 유고 『유혹』(*Versuchung*)과 『옥중서신』(*Widerstand und Ergebung*) 그리고 많은 시를 썼다. 『나를 따르라』의 번역자인 허혁 박사는 책 해설에서 다음과 같이 말한다. 이것은 본회퍼의 삶이 너무도 인간적이며 그렇기 때문에 '인간 예수'의 삶과 유비되는 이유이다.

"날이면 날마다 밤이면 밤마다 삶을 향한 그리움, 살고 싶은 충동과 지푸라기라도 붙잡고 도움을 호소하고 싶은 안타까운 심정, 부모님과 형제자매, 친구를 그리워하며 다시 만나고 싶은 '탄탈로스'[4]의 괴로움, 크리스마스에, 부활절에 노래와 담소로 즐거웠던 옛날의 추억, 다시 한번 그렇게 지내고 싶은 소원, 이렇게 그는 최후의 날까지 삶에 대한 애착과 희망을 버릴 줄 몰랐다. 그는 안타깝게 살고 싶어 한 한 평범한 사나이였다. 그는 삶을 경솔하게 무엇과 바꿀 수 있는 영웅이 아니었다. 그가 안전한 미국에서 무서운 조국을 향하여 유유히 발길을 옮긴 것은 사실이다. 그러나 그는 소위 조국을 위하여 자신의 생명을 가볍게 바친 사람으로 보아서는 안 된다. 그는 생명을 조국과 교환하려고 한 것이 아니라, 조국과 함께 오히려 생을 얻고자 한 것이었다. 그리하여 그는 검으로 쓰는 자는 검으로 망한다는 예수님의 말씀을 되씹으면서 깊은 회개의 죽음의 길을 걸은 것이다. 이 회개는 결코 평범한 '후회'가 아니다. 이것은 그리스도인의 죽음의 신비인 것이다"[5]

1944년 7월 20일 히틀러 암살기도가 실패함에 따라 본회퍼가 이 음모에 관련되었다는 문서들이 발견되어, 그에 대한 재수사가 진행되었고 결국은 1945년 4월 9일 플로센부르크(바이에른) 포로수용소에서 살해당했다. 이러한 본회퍼의 생애와 삶은 윤동주의 아래의 시처럼 예수의 삶을 잘 축약한 것으로, 역시 본회퍼의 삶과도 유비 가능한 것은 아닐까?

쫓아오던 햇빛인데
지금 교회당 꼭대기 십자가에 걸리었습니다.
첨탑이 저렇게도 높은데 어떻게 올라갈 수 있을까요.
종소리도 들려오지 않는데 휘파람이나 불며 서성거리다가,
괴로웠던 사나이 행복한 예수 그리스도에게처럼
십자가가 허락된다면
모가지를 드리우고 꽃처럼 피어나는 피를
어두워가는 하늘 밑에 조용히 흘리겠습니다.
　－윤동주, 십자가

3. 다니엘의 삶

영화 〈몬트리올 예수〉의 주인공 다니엘(로테어 블리토)은 대단한 예술적

능력을 지녔으면서도 예술의 상업적 속박을 못 견뎌 이곳저곳을 뜨내기처럼 전전하는 연극배우이다. 이런 그는 한 성당의 연극을 총연출 할 것을 제안 받는다. 예수의 수난을 소재로 30년 동안 계속해 온 성당의 여름 연극 행사를 새롭게 해석해 연출을 해달라는 것이다. 이를 허락한 다니엘은 연극을 할 동료들을 교섭한다. 예수께서 제자들을 삼으시듯이.

먼저 다니엘의 대학 동창인 산드라를 만난다. 그녀는 수년간 이 연극에 참여해 왔으며 지금의 성당 신부와 불륜의 관계에 있다. 또한 마틴은 포르노 영화의 음성녹음을 해주며 어렵게 살아가는 싸구려 성우 배우이다. 죠나단은 자신의 예술성에 대한 자부심으로 작품 선정이 까다로워 역시 어렵게 살아가고 있다. 마리에는 CF모델이지만 그의 재능이 예쁜 엉덩이에만 있다고 멸시하는 CF감독의 정부 노릇을 하며 살아간다. 이러한 이들을 모아 다니엘은 예수의 생애를 재현하는 연극을 시작한다.

영지주의 문서와 인간적 예수에 대한 표현 등이 현실에 억눌렸던 이들의 예술혼에 결합되고 폭발적으로 분출되어 공연은 대단한 호평을 받고 장기 공연에 들어간다. 당연히 다니엘에게 '당대 최고의 배우'라는 사탕발림으로 접근, 일회용으로 소비하는 TV와 매스켐의 유혹이 따라오며 "당신의 재능 정도이면 이 도시를 차지할 수 있다"는 계산 빠른 광고업자의 제안도 뒤따른다.

그러나 연극의 급진성을 우려한 신부가 혼란야기를 핑계로 공연을 중지하라고 한다. 여기에 다니엘은 예수의 성전정화 사건과 유비되는 마리에의 CF 오디션장을 뒤엎는 난동으로 고소까지 당한다. 겹치는 불상사에도 불구하고 이들은 마지막 공연을 강행한다. 그리고 이 공연을 저지하려는 사람들과의 몸싸움으로 십자가에 달려있던 다니엘이 넘어져 치명적인 부상을 입는다. 병원으로 이송된 다니엘은 잠시 회복의 기미를 보이지만 곧 뇌사상태에 빠져든다. 예수의 부활과도 같이 다니엘의 건강한 심장과 맑은 눈은

테오-시네마

고통 받고 앞을 못 보는 이들에게 기증되어 새로운 생명을 안겨준다. 그리고 남은 이들은 예수의 죽음 후와 같이 그를 기리는 극단이 조직되고 사람들은 그를 마음속에 기리게 된다.[6]

4. 하나님의 현실, 궁극적인 것과 궁극이전의 것, 그리고 위임개념

전통적인 기독교 사상은 현실을 세속적-기독교적, 자연적-초자연적, 성-속의 대립으로 이해하는 이원론적인 사고방식이다.[7] 그러나 본회퍼는 이러한 이원론을 부정하고 현실을 그리스도 안에서 하나님과 세상이 화해된 현실로 이해함으로써 전통적 기독교의 이원론적 대립관계를 일원론적으로 통합하고자 하였다. 따라서 본회퍼에게 있어서 현실 개념은 '세속적 인간의 현실이 그리스도 안에서 하나님의 현실과 통합된 것'[8]이다.

> "하나의 현실이란 그리스도를 통하여 이 세계의 현실 안에 나타난 하나님의 현실이다. 그리스도 안에 참여함으로써 인간은 동시에 하나님의 현실과 세계의 현실 안에 선다. 그리스도의 현실은 세계의 현실을 그 안에 포함한다. 세계는 그리스도 안에 나타난 하나님의 계시와는 별개의 자기 자신의 현실을 가지고 있지 않다. 이 세계를 그리스도 안에서 보고 인식하지 않고서는 '기독교적'이 되려는 것은 예수 그리스도 안에 나타난 하나님의 계시를 부정하는 것이다."(ET, 169)

이 말은 기독교적인 것과 세속적인 것이 동일, 자연적인 것과 초자연적인 것의 동일 및 계시와 이성의 동일이 아니라 양자가 서로 마주서서 토론

함으로 이원론적 사고방식을 극복하고 그리스도의 현실에서 통일성을 갖게 한 것이다(ET. 170). 즉 존재론적 동일성이 아니라, 그리스도 안에서 이 세계가 하나님에 의해 용납되었으며 또한 화해되었으므로 기독교인의 삶은 세속으로부터의 도피가 아니라, 세속적 현실을 긍정하며 지금 이곳에 하나님의 현실을 실현해야 한다는 것이다.[9]

이것이 본회퍼 윤리사상의 기초가 되는데, 따라서 기독교적 선이란 그리스도의 현실에 참여하는 것이다(ET. 163). 그럼으로 자연이성이나 인간양심, 인간의 도덕이나, 감정에 근거하는 것이 아니라, 하나님의 현실에 근거하여 피조물 가운데서 실현될 수 있는 길이 무엇인가를 다루어야 한다. 바르트와 불트만과는 다른 본회퍼의 사상의 차이가 바로 여기에 있는데 허혁 박사가 잘 지적하였다. 길지만 인용하여 보자.

"(본회퍼는) 그들의 모든 출발점을 '한갓 해석하고 이해시키려는 노력'으로 보았던 것이다. 가령 그리스도를 '말씀' 혹은 '계시' 등으로 본 바르트의 신학과 '성경을 현대인에게 해석'한다는 불트만의 신학이 그 좋은 예라 하겠다. 전자와 후자가 같이 말씀과 계시, 다시 말해서 이해 혹은 신앙에 의한 존재 즉 인식론적 신학을 제창한 데 반하여 본회퍼는 교회를 예수 그리스도의 '있음'으로 이해함과 동시에 세계의 자주성을 파악하고 이 양자의 관계를 철두철미 전자의 후자를 위한 도움 혹은 고난으로 연결시켰다. 다시 말하면 본회퍼는 현세성과 그리스도의 존재인 교회를 똑 같이 강조하는 데 성공하고 이 상반성을 종합하는데 전자가 후자를 돕는 행위와 기도 등으로 즉 존재론적 변증법으로 바르트와 불트만의 초기적인 소위 '변증법적 신학'의 인식론적 선위성에 대항한 것이다. 이러한 이유로 본회퍼는 후에 그의 옥중 서신에서 바르트의 신학을 '계시 실증주의'(Offen-

barungspositivismus)라 비난하고 불트만의 '비신화화론'(Entnythologisier-
ung)을 '아직 덜 된 것'이라고 일축한 것이다."(NA, 7-8)

본회퍼의 이원론적 사고 비판의 다른 예는 기독교인의 삶에 있어서 자
연적 역사적 영역, 차안의 삶이 지니는 중요성을 '궁극적인 것'과 '궁극이전
의 것'이라는 개념으로 설명하는 것에서도 볼 수 있다. '신의 은총으로써만
주어지는 믿음에 의해 인간은 의로움을 인정받는다'는 종교개혁의 가르침이
궁극적인 것(Letztes)'(ET, 102)이며 이에 반해 '역사적 현실의 구체적 인간 삶
과 그것에 관련된 것들을 궁극 이전의 것(ein Vor-Letztes)'(ET, 102-108)이라
고 한다.

본회퍼는 '궁극적인 것'은 항상 '궁극이전의 것' 속에만 있다고(ET, 114)
한다. '궁극 이전의 것'은 그 자체로 존재하지 못하고 '궁극적인 것'의 판결
에 의지한다. 따라서 '궁극적인 것'이 손상을 입지 않기 위해서 '궁극이전의
것'에 대한 배려가 필요하다. 예컨대 굶주린 이에게 빵을, 집 없는 이에게 거
처를, 권리를 빼앗긴 이에게 권리를, 노예에게 자유를 주는 것은 일종의 '궁
극이전의 것'에 해당하지만 이러한 것들은 '궁극적인 것'의 도래를 위해 필
요한 행위들이라고 할 수 있다. 본회퍼의 말을 인용하여 보자.

"그리스도는 인간의 현실세계를 독립적으로 존재하게 하지도, 반
대로 파괴하지도 않으며 '궁극이전의 것'으로서 존재하게 한다 … 기
독교적 삶이란 '궁극이전의 것'을 파괴하는 것도 성화하는 것도 아니
며, 오직 그리스도의 현실과 인간의 현실이 만나는 그 만남에의 참
여가 기독교적 삶이요, 이것이야말로 급진적인 것과 타협적인 것을
초월하는 유일한 길임을 알 수 있다"(ET, 114)[10]

여기서 하나님의 현실이 인간의 현실세계와 어떻게 구체적 관계를 맺게 되는지의 문제가 등장하게 되는데, 본회퍼는 이 해명을 '위임'(Mandat)이라는 개념을 통해서 풀어나가고 있다. 위임이란 일정한 신의 계명을 구체적으로 수행하기 위한 자격을 부여받는 것이요, 합법적으로 인정받는 것이다. 이때 계명은 무시간적, 무장소적으로 인식되는 것이 아니라 시, 공간과의 관계에서만 인식가능하다. 그러므로 계명의 구체성은 역사성에서 성립되고, 역사적 형태 속에서 인간과 만나게 된다. 본회퍼에 의하면 인간이 신의 계명을 구체적으로 접하게 되는 역사적 형태란 ① 노동 및 문화의 위임으로 '물질과 가치를 생산하는 신의 창조행위에 참여하는 것'(ET, 179) ② 결혼 및 가정의 위임으로 '새로운 인간을 생산하는 신의 창조행위에 참여하는 것'(ET, 180) ③ 정치적 권위(정부)의 위임은 '창조된 세계를 보존하는 것'(ET, 180) ④ 교회의 위임은 '그리스도의 현실이 교회의 질서와 기독인의 생활에 실현될 수 있도록 선교하는 것'(ET, 181) 등이다.

> "이 위임들은 오직 그리스도와 가지는 근원적이고 무한한 관계 때문에 신적인 것이다. 그러한 관계를 떠나 '그 자체로서' 있다면 이러한 위임들은 이 세상 '그 자체'가 신성하지 않은 것 같이 신성치 않다 … 노동 및 문화, 결혼 및 가정, 정치적 권위, 교회가 존재하기 때문에 그것이 신에 의해 명령된 것이 아니라, 그것들이 신에 의해 명령되었기 때문에 그것들이 존재한다."(ET, 178)

본회퍼에 의하면 위의 네 가지 위임은 '상호공존의 관계'에 있다고 말한다.

> "하나님의 계명은 그리스도 안에서 계시된 것이므로, 하나님의 계

명을 선포함에 있어 여러 권위 가운데 어느 것 하나를 절대화시킬 수 없다. 오직 이 네 개가 상호 한계를 지켜서 나란히 각기의 방법으로 하나님의 계명을 힘 있게 함으로써 권위를 받게 된다. 어느 한 권위도 배타적으로 스스로를 하나님의 계명과 동일시할 수 없다(ET, 241)."

즉 위임은 하나님이 이 현실세계와 구체적으로 관계를 맺는 장소요, 계명의 구체적 실현의 형태이며 이러한 위임 개념 역시 기독교가 갖는 이원론적 관점을 극복하고자 하는 본회퍼의 일관된 주장이다.

5. 본회퍼의 비종교적 해석으로 비춰본 다니엘과 예수

본회퍼의 종교해석은 기독교의 비종교적 해석이라고 할 수 있다. 이는 옥중생활에서 생을 마지막으로 결산하면서 깊이 생각해 왔던 기독교 문제에 대한 사유과정의 종합적 결과이고, 일명 '옥중서간의 신학'이라고도 한다.

기독교에 대한 본회퍼의 비종교적 해석은 본회퍼가 '성숙한 세계'에서 이미 서구의 몰락과 함께 유럽 기독교의 몰락을 체험하는 가운데 그 싹이 배태된 것이며, 이것은 기독교 신앙이 지니는 현대적 의미에 대한 새로운 신학적 해석학이라고 할 수 있다.

즉 본회퍼는 종교를 하나의 지나가는 역사적 현상으로 간주하여 서구 기독교의 역사적 몰락을 종교적 형태로서의 몰락으로 결론짓고, '그리스도'를 현대적 맥락 속에서 새롭게 조명함으로 기독교 신앙과 윤리를 신 없는 현대의 경험과 결부하고자 했던 것이다.[11]

따라서 그는 서구 기독교의 역사적 몰락과 더불어 기존의 서구 기독교가 입고 있는 종교적 형태를 벗어버리고 세계적, 보편적 종교의 형태를 받아들이고 싶어 하였으며 그런 측면에서 인도의 간디를 만나보고 싶어 하였다.[12] 존 로빈슨의 말을 인용하여 보자.

> "본회퍼에 따르면 교회는 이때까지 종교적인 경험, 즉 사람은 누구나 다 마음속으로는 어떤 모양의 종교를 요구하고 있다는 사실, 자기를 바칠 수 있는 어떤 신이 필요하다는 사실에 호소함으로써 '복음'을 전해왔다고 한다. 그러나 만일 사람들이 '종교'라는 것도 없이, 개인의 구원에 대한 염원도 없이, 죄의식도 없이, '그 따위 가설'(hypothesis)의 도움도 없이 버젓이 살아갈 수 있다고 느끼게 된다면? 그리스도교란 이러한 부족감이나 '신이라는 공백'(God–shaped blank)을 필요로 하는 사람들 혹은 앞으로 그런 필요성을 느낄 사람들에게만 국한될 것인가? 본회퍼의 대답은 이렇다. 즉 성 바울이 1세기 사람들에게 할례라는 조건이 없는 그리스도교를 요구한 것과 같이, 신도 20세기 사람들에게 종교라는 조건에 얽매이지 않는 그리스도교를 구체적으로 요구하고 있다는 것이다."[13]

본회퍼의 이러한 비종교적 해석 문제는 당시 기독교에 대한 그 자신의 경험적 질문의 소산이었다. 즉 본회퍼가 옥중에서 경험한 무종교인들과 초월자나 신의 필요성을 느끼지 못하는 전체주의적 정치인들에게 그리스도와 기독교란 도대체 무엇을 의미하는가에 대한 물음인 동시에 무종교적 전제 하에서 어떻게 이러한 부류의 인간들에게 기독교를 부여할 수 있을까 하는 문제인 것이다.

즉 2000년 서구 기독교사를 살펴볼 때 정통 기독교의 선교와 신학은

테오–시네마

예외 없이 '종교적 전제' 위에 성립해 있음을 본다. 그러나 만약 기존의 서구 기독교가 갖는 이러한 '종교적 선험성 내지 전제'가 부정되고 현대사회에서 처럼 '종교적 선험성 내지 전제'가 인간의 자기표현의 역사적 시간적 형태로 해석되어진다면 현대의 이 시점에서 기독교는 과연 어떤 의미를 지니는 것일까[14]를 본회퍼가 물었던 근본 물음이자, 이 물음에 대한 해명이 비종교적인 해석이다.

이러한 비종교적 해석을 본회퍼는 네 가지 방향으로 분석한다. 먼저 비종교적 해석이란 (1) '삶의 한 가운데서 신을 발견하는 것'이며 또한 (2) '세속적 해석(die weltlich Interpretation)'과 (3) '구약적 의미에서의 해석'이다. 그리고 마지막으로 비종교적 해석이란 (4) '고난에 참여하는 삶'을 의미한다.[15]

본회퍼의 『옥중서간』은 지난 1900년 동안 기독교 선교와 신학의 근저에 상존하는 5가지 잘못된 종교개념의 성격을 지적하는데, 이것은 (1) 내면, 정신적 상태와 자신의 경건문제에만 집착하여 인간 삶의 현실세계와 이웃의 필요성을 망각하는 개인주의적 성격, (2) 인간보다 신을 상층구조에 두고 인간과는 다른 세계인 초자연적인 세계를 상정하여 구원을 현실세계와는 동떨어진 내세지향적 영혼구원을 주장하는 형이상학적 성격[16], (3) 종교적 영역만 강조하는 국부적인 성격[17], (4) 인간의 약점에 근거하여 절대자의 필요성에 대한 절실한 감정을 불러일으킨 후에 인간의 약점에 도움을 줄 수 있는 만능 약으로서의 신의 존재를 제시하는 문제해결책(deus ex machina)[18] 내지 영적 약 처방의 성격[19], (5) 마지막으로 기존 종교가 갖는 특권적 성격, 즉 기존 교회는 부름 받은 사람의 모임이 아니라, 특권 계급들의 사치로 바뀌었다고 지적하는 등 이러한 것들은 모두 성숙한 세계의 종교개념으로 적합하지 않음을 지적한다.

본회퍼의 사상은 크게 전후기로 나누는데, 전기사상을 대표하는 저서, 『나를 따르라』와 『기독교 윤리』에서는 세상으로부터의 기독인의 분리와 서양의 세속화 과정을 부패의 과정으로 파악한 것에 반해 후기사상인 『옥중서간』에서는 세상에 대해 부정에서 긍정으로 전환되고 있다. 이 책에서 본회퍼는 세속화 과정을 하나의 거대한 발전이자, 신의 시대 경륜으로 보고 있다.

서구 근대 정신사의 흐름 속에서 본회퍼가 바라본 신으로부터의 이탈되어 가는 세속화과정은 다방면으로 나타났는데, 가령 신학에서는 하버트 (Herbert von Cherbury)로부터 비로소 인간이성을 종교적 지식의 적절한 수단으로 삼기 시작하였으며 윤리학에서는 몽테뉴(Montaigne)와 보댕(Bodin)에 의해 도덕적 원리들이 종교의 계명을 대신하게 되었다. 그리고 정치학에서는 마키아벨리(Machiavelli)가 정치를 일반도덕으로부터 해방시켜 국가이성의 교설을 수립하였고 그로티우스(Grotius)는 제국민의 법으로서 만일 신이 없다 해도 타당한 자연법을 제시하고 있다(WE, 221).

철학에서는 데카르트(Descartes)의 이원론에 이르러 세계는 신의 개입 없이 스스로 운행되는 장치로 볼 수 있었고, 스피노자(Spinoza)는 범신론으로 신을 자연에 대치하였다. 그리고 칸트(Kant)는 근본적으로 이신론자이며 피히테와 헤겔도 범신론자라고 한다(WE, 222).

자연과학에서도 세계(공간)의 무한성을 발견하게 되는데, 이것은 중세의 관점으로부터의 완전 이탈을 의미한다. 왜냐하면 중세까지만 해도 공간은 다른 피조물의 세계와 마찬가지로 유한한 것으로 간주했기 때문이다. 이처럼 윤리학, 정치학, 자연과학적 연구의 가설로서의 신은 폐기되고 극복되었으며 더욱이 철학적, 종교적 연구의 가설이었던 신 역시 포이에르바하 (Feuerbach)에 이르러 마찬가지로 폐, 극복되었다는 것이다(WE, 222).

이러한 세속화의 경향은 서구 정신사의 큰 흐름으로이어져 내려왔고 그 결과 오늘날의 인간은 신을 상실한 세계 속에서 살지 않으면 안 되게 되었다. 그러므로 본회퍼는 무 신성을 또다시 종교적으로 은폐하거나 신성화해

서는 안 된다고 역설한다(WE. 226).[20]

그러므로 세속적 해석은 그리스도의 빛에 근거한 해석이다. 세상에 대한 긍정에 기초한 기독교 신앙의 일상성에 대해 본회퍼는 그의 논문「하나님 나라여 임 하소서」(Thy Kingdom Come)에서 "예수는 인간을 이 세상으로부터 저 다른 세계로의 종교적 도피로 인도하는 게 아니라, 땅의 당당한 아들로서 땅으로 돌려 보낸다"[21]고 말한다.

이 말은 인간은 땅과 투쟁해야 하고 땅을 피하는 자는 신을 발견할 수 없음을 강조한 말로서 땅을 사랑하는 사람은 그것을 신의 땅으로서 사랑하게 되고, 예수가 입은 육신 역시 바로 이 땅에서 취한 것이고 이 땅을 위해 죽은 것으로 간주한다. 따라서 신의 나라도 부활과 기적에서 이루어지지만, 동시에 땅에 대한 긍정, 즉 땅의 질서와 역사에 들어오는 것에 의해서 이루어지는 것으로 보아야 한다는 것이다.[22]

이러한 사상이 바로 성서의 구약적 의미에서의 해석이다. '구약적 해석'이란 '이 세계의 현실 한가운데 현재하는 신'을 강조하는 것이다.

본회퍼에 의하면 구약성서에는 피안의 초월세계 및 영혼의 세계에 대한 어떠한 사변도 없다. 이 점이 바로 이스라엘 신앙과 인간학을 다른 종교들과 구별되는 점인데, 이스라엘의 신은 다만 이 세계의 현실에서만 만나질 수 있고, 신은 다른 종교의 기원과는 달리 죽은 자의 신이 아니라 산자의 신이요 피안에 있는 것이 아니라 차안에 있다. 기독교 신앙에 이 같은 히브리 사상의 뿌리가 없다면 그것은 죽은 뒤 영혼의 운명의 신비 속으로 들어가는 신앙이 되기 쉽다. 그러나 기독교를 다른 타계적 종교들과 구별되게 하는 것이 바로 이러한 구약성서의 사상인 것이다.[23]

그렇다면 현실에서 만나는 기독교의 신은 어떤 모습인가? 본회퍼는 그리스도가 그의 전능에 의해서가 아니라, 그의 약함과 고난에 의해서 인간을 도와준다는 것이 마태복음 8장 17절(우리 연약한 것을 친히 담당하시고 병을 짊어지셨도다)에 분명히 나타나 있다고 말한다(WE, 233).

인간의 종교성은 인간이 곤궁에 처할 때 신의 힘을 기대하게 만들지만 성서는 인간을 신의 고난으로 향하게 한다. 그럼으로 기독교인은 신 없는 세계 속에서 신의 고난에 참여해야 한다. 이것이 성서적 개념의 비종교적 해석의 최후적 요청이요, 다른 종교에 대한 결정적인 차이점이라는 것이다. 즉 기독교인을 기독교인으로 만드는 것은 어떤 '종교적 행위'가 아니라 생활 행위(Lebensakt), 즉 삶에서 신의 고난에 동참하는 것이다(WE, 226).

본회퍼의 이러한 기독교의 비종교적 해석은 종래의 기독교가 유일한 도움의 대상으로만 신앙했던 기계적 신 관념으로부터의 해방인 동시에 종교적 치장으로서의 신 관념으로부터의 진정한 해방이요, 삶의 진실성과 책임성 및 양심성의 한 가운데서 인간에게 복음을 주는 신과 그리스도를 믿고자 하는 그의 세속적 신앙관의 결론적 표현이다.[24]

자, 이제 그렇다면 영화의 주인공 다니엘과 예수, 그리고 본회퍼를 연결하여 보도록 하자. 예수께서 2,000년 전에 경험하고 또 당하셨듯이 본회퍼와 다니엘도 예수의 경험을 어느 정도 경험하게 된다. 먼저 예수께서 금식 후 광야에서 마귀의 시험을 받듯이 다니엘도 유혹을 받는다. 예수의 유혹처럼 그 유혹은 권력과 영광에 대한 유혹이다. 큰 빌딩에서 변호사를 만났을 때 다니엘은 이와 같은 유혹을 받는다. 권력을 갖게 되며, 유명한 배우가 되고, 또 책도 내고 돈도 벌고 예수의 유혹과 같은 유혹이다. 본회퍼도 당시 히틀러의 손을 들어주었다면 감옥에서 처참하게 죽지는 않았을 텐데…

또한 예수께서 성전에 갔을 때 많은 장사꾼들과 돈을 바꾸는 사람들을 보고 화를 내셨듯이 다니엘도 CF 오디션장에서 여자 배우의 옷을 벗게 만드는 광고주를 향해 화를 내며 카메라와 모니터를 모두 부셔 버리고 사람들을 쫓아냈다.

그래서 예수처럼 다니엘도 재판을 당했으며 그를 따르는 공동체가 생겼다. 제자들과 함께 지내듯 배우들과 같이 지냈다. 그리고 다니엘도 결과적으로 십자가 때문에 죽었다. 예수의 부활과도 같이 다니엘은 자기의 심장과 눈을 주었으며, 이것은 자기 생명과 빛을 이웃에게 나눠주는 것이다. 즉 예수 부활의 의미인 생명과 빛을 주는 것이다. 역시 본회퍼에게 있어서도 마찬가지이다. 그의 신학이 오늘날에도 살아서 감동을 주는 것은 그의 신학에 예수 그리스도가 살아 꿈틀거리고 있기 때문이 아닌가?

예수의 곁에는 항상 여인들이 있었다. 영화에도 마지막 장면에는 여인들이 있다. 당시의 가부장적 문화를 배격하고 눈먼 자, 눌린 자, 절뚝발이 된 자, 세리와 죄인, 어린아이와 창녀를 가까이했던 예수처럼 영화의 다니엘의 삶은 이렇게 예수의 삶과 유비 가능한 것이다(물론 감독의 편집 의도이겠지만). 그리고 본회퍼의 삶과도 그리 멀지는 않다.

6. 타자를 위한 존재, 책임적 인간

본회퍼는 교회가 갖는 사회성의 의의에 관해 다음과 같이 말한다.

"교회는 세계를 위하여 있다. 교회가 자기 자신만을 위해서가 아니라 사회(세계)를 위해 존재할 때 비로소 교회의 책임을 수행하는 것이다."(WE, 242)

이것이 교회의 사회성인데, 어디까지나 사회적 존재인 인간은 그 본질에 있어서 책임적 존재라는 뜻이다. 즉 개인은 단순한 혼자가 아니라 오직 '타자'를 통해서만 존재한다는 것이다. 개인이 구체적인 '나'라면 타자는 구체적인 '너'이다. 본회퍼에 있어서 '나-너'의 관계, 즉 사회성은 기독교 인격의 근본개념이다. 개인은 완전히 독립적으로 존재하기도 하나 본질적으로는 절대로 신의 뜻에 따라 타자와 함께 있다는 것이다.[25]

이 같은 관점에 의하면 사회는 구성원들 간에 서로 반응을 일으키고 책임을 지는 하나의 거미집 같은 것으로 이해되며 사회의 기본 범주는 '나-너'의 관계라 할 수 있다. 즉 본회퍼는 인간을 하나의 개인적 존재로 본 것이 아니라, 타자와 부단히 관계를 맺는 존재로 보았던 것이다. 따라서 인간은 필연적으로 공동체로 창조된 존재로 이해된다(SC, 28).

이점에 관해 본회퍼는 "신은 개체적인 인간의 역사가 아니라, 인간 공동체의 역사를 원한다"(SC, 33)고 말한다. 교회는 바로 이 기본관계들 위에 서 있는 것이다. 그러므로 교회 공동체는 당연히 사회(이 세상)를 위해 존재해야 하고 그에 따른 책임 역시 다해야 하는 것이다. 그러나 기독교사에 있어서 교회는 그리스도의 이름을 세상 앞에서 부끄럽게 하고 그 이름을 악한 목적을 위해 잘못 사용한 데 대해 저항하지 않았으며, 또한 그리스도의 이름아래 폭력행위와 부정이 행해지는 것을 방관해 왔다. 이것은 기존의 교회가 궁극적인 종교적 진리와 역사적 현실 교회를 바르게 연결시키지 못한 소치이며, 교회가 사회에 대한 책임에 충실하지 못했다고 하는 본회퍼의 비판이라고 할 수 있다.[26]

교회는 신이 부재하는 이 세계 안에서 자기주장에만 사로잡혀 있을 것이 아니라 이 세상을 구원시키는 신의 고난에 적극 참여해야 한다. 그렇게 때문에 교회는 타자를 위해 있을 때에만 교회이고, 그렇지 않으면 이미 교회됨을 상실하게 된다.[27] 그래서 본회퍼는 국가사회에 대한 교회의 역할에 대해 "교회는 자기 자신을 위해서가 아니라 세계의 구원을 위해 일함으로써만 자기 자신의 영역을 확보한다. 그렇지 못할 때 교회는 일종의 종교적 이익집단이 되고 만다."(ET, 177)는 것이다.

'하나님 없이' 살아가는 세상 속에서 '하나님 앞에서', '하나님과 더불어' 살아가는 교회는 누구든지 타자를 위한 존재에서 참된 초월인 하나님을 경험하고 이웃을 위한 삶에 참여할 수 있다고 한다. 즉 '타자를 위한 인간' 예수를 닮음으로써 '이 세상에서 아파하시는 하나님의 고난들에 동참'해야 한다는 것이다. 이를 위해 이제까지 교회가 전해 받아 온 특권들을 포기하여야만 한다는 본회퍼의 사상들은 후일 교회의 개혁운동에 영향을 주게 되었다. 예컨대 영국 울위치 주교 존 로빈슨에 의해 시작된 『신에게 솔직히』 논쟁, 「세속적 기독교」 혹은 「복음의 세속적 의미」를 심화시키려는 노력, 1960년대에 있었던 「신 죽음」에 관한 논쟁, 좀 더 다른 관점에서는 「희망의 신학」의 발언 등에 영향을 주었다.

타자를 위한 존재, 책임적 인간인 본회퍼의 이러한 사상과 삶은 동, 서 개신교와 로마 카톨릭, 자유주의와 보수주의, 성직자와 평신도, 신학자와 행동주의자들 모두에게 읽혀지고 해석되고 있으며 많은 영향을 주었다. 가령, 구동독의 뮐러(Mueller)는 본회퍼를 마르크스주의적으로 해석하였고, 전체주의에 항거하는 자유 세계의 기독교인들에게도 본회퍼는 영향을 끼쳤다. 또한 많은 진보적 현실 운동에도 영향을 주었으며 철저한 보수주의자들에게도 본회퍼의 그리스도 중심적 사상은 깊은 감동을 전해 주고 있다.

7. '지극히 작은자'와 '죄인 중에 괴수'

기원전 3세기말 진(秦)의 시황제는 중국사상 첫 통일제국을 창출함으로써 기나긴 춘추전국시대를 마감했다. 그러나 진시황제 사후, 제국의 통제력은 약화되었으며 진승·오광의 반란이 일어나자 천하는 다시 대란의 시대에 접어든다. 이때 패(沛)의 유방과 초(楚)의 맹장 항우가 등장하는데, 유방이 항우와의 싸움에서 계속해서 지자, 참모인 장양이 '닭싸움'으로 유방에게 싸움의 도를 가르쳐 준다.

닭 싸움장에는 여러 종류의 닭이 있는데, 그 중에 가장 싸움을 잘하는 싸움닭이 어떤 닭인지를 설명하여 준다. 먼저 1단계로 최고로 뻐기는 단계가 있는 닭은 쉽게 지며, 2단계로 쉽게 흥분하는 닭은 몇 번 이기나 끝까지 가지 못하고, 3단계로 날개를 접고, 꼬꼬댁 소리를 지르지는 않으나, 교만하게 흘겨보는 닭이 있는데, 이도 역시 결승까지는 가지 않는다. 그러나 마지막으로 4단계인 부동의 자세인 닭은 움직이지 않으며, 한번 공격으로 상대의 목을 물어 승리하게 되는데, 유방의 전략도 이래야 한다고 장양이 가르쳐 준 것이다. 그래서 천하를 다투어 연전연패 한 끝에 유방이 마침내 초를 격파하고 한나라를 수립하게 된다.

위의 일례를 통해 성서의 바울의 모습을 한 번 살려보도록 하자. 바울은 싸움닭의 모습처럼 변해간다.

"나는 사도 중에 지극히 작은 자라 내가 하나님의 교회를 핍박하였으므로 사도라 칭함을 받기에 감당치 못할 자로라"(고린도 전서 15장9절) 그리스도인을 핍박하던 사울이 다메섹 도상에서 예수를 만남으로 바울로 바뀌고 이제 복음의 일꾼이 되었다. 그런 그가 자신을 표현하기를 사도 중에 지극히 작은 자라고 말하고 있다. 겸손한 것 같지만, 그래도 '내가 사도'라는 뻐기는 모습이 있지 않을까?

이런 그가 옥중서신인 에베소서를 쓸 때는 다음과 같이 바뀐다. "모든 성도 중에 지극히 작은 자 보다 더 작은 나에게 이 은혜를 주신 것은 측량할 수 없는 그리스도의 풍성을 이방인에게 전하게 하시고"(에베소서 3장8절) 여기에 보면 모든 성도 중에 지극히 작은 자라고 자신을 이제 사도가운데 하나가 아니라고 말하고 있다. 감옥에 가면 사람이 변하는 걸까? 바울은 감옥에서 겸손의 훈련을 했던 것이다.

그러나 다음 목회서신인 디모데 전서를 쓸 때는 더욱 겸손한 단계로 바뀐다. "미쁘다 모든 사람이 받을 만한 이 말이여 그리스도 예수께서 죄인을 구원하시려고 세상에 임하셨다 하였도다 죄인 중에 내가 괴수니라"(딤전 1:15)

자신이 얼마나 낮아지는가에 따라 신앙의 깊이가 가려지는 것은 아닐까? 얼마만큼 하나님 말씀에 순종하고 겸손하는 가에 따라 신앙의 깊이와 넓이가 나타나는 것이라고 말할 수 있다면 만약 본회퍼가 감옥에서가 아니라, 이후 목회자로서 여생을 좀 더 살았다면 그의 글은 어떤 모습일까? 아쉬운 점이 있다면 바로 이런 점이다. 본회퍼가 '목회적 마인드'를 갖고 다시금 그의 신학을 정립했다면 어떤 아름다운 글귀들로 오늘날 존재할까? 이렇게 물을 수밖에 없음은 본회퍼가 너무 일찍 하나님의 나라로 갔기 때문일 것이다.

06.

세속적인 거룩함: 웨인 왕의 영화 〈스모크〉로 존 로빈슨의 『신에게 솔직히』 읽기

영화 〈스모크〉

1. 폴

　1990년 여름, 미국 브룩클린, 오기(하비 카이텔 분)의 담배 가게, 영화가 시작되면 가게 주인인 오기와 손님들은 시가와 여인에 관한 철학적인 이야기를 하고 있다. 여기에 폴(윌리암 하트 분)이 등장하여, 담배연기의 무게를 쟀다는 월터의 이야기를 들려준다. 담배연기의 무게는 '안 피운 담배'-'다

피운 담배와 재'='담배연기'라는 것이다.

4년 전 강도사고로 임신한 아내를 잃은 폴은 시가를 사러가다 죽은 아내 때문에 우울하게 하루하루를 보내고 있는 소설가이다. 다 피워버린 담배재처럼 정신없이 길을 걷다, 차사고가 날 뻔했으나, 흑인 소년 라쉬드가 구해준다.

2. 라쉬드

본명이 토마스 콜인 라쉬드는 어머니는 죽었고, 아버진 12년째 못 본 아이다. 2주전 픽스킬 외곽에서 아빠를 보았다는 소식에 집을 나가 아빠를 찾아간다. 하루 종일 아빠의 정비소 맞은 편 도로에 앉아 정비소를 마주 보고 있다.

> "하루 종일 그렇게 있을래? 온종일 쳐다보니 소름이 돋는다."
> "그럼 그리고 있었어요. 보는 게 싫으면 고용하세요"

아빠와 그렇게라도 만나고 싶어 했음일까? 이 만남은 흑인과 백인의 만남보다 어려운가보다. 라쉬드는 자신을 배려하는 폴에게 이렇게 말한 적이 있다. "멀리 떨어지진 않았지만, 은하계처럼 흑인지역과 백인지역은 서로 만날 수 없죠." 폴은 이 말에 "그런데 이 아파트에선 만났구나"고 답한다. 정서가 교감된 폴은 라쉬드를 오기에게로 데려간다. 오기는 18년 전에 사귀던 루비와의 사이에서 태어난 딸 때문에 5,000달러가 필요했다. 강도들이 훔친 돈을 폴의 아파트에 보관하던 라쉬드는 그 돈을 오기에게 준다.

3. 루비

루비는 가게를 퇴근하려는 오기를 태우고, 치코라는 남자와 동거하고 있는 임신한 딸을 데리러 간다. 딸은 오기에게 "치코가 아빠라는 자를 박살 낼걸, 틀림없어"라고 말한다. 자신의 딸이 맞느냐고 물어본 오기는 '반반'이라는 루비의 말에 당황한다. 그러나 오기는 루비에게 5,000달러를 준다. 자신의 문제 때문이 아니라, 딸 문제 때문에 오기를 찾아간 루비, 18년 전 오기를 배신했건만, 다시 오기를 찾아온 이유가 그것이다.

4. 사이러스

이제 오기는 폴과 함께 사이러스 콜을 찾아간다. 사이러스는 라쉬드, 아니 토마스 콜의 아버지, 본명을 숨기는 라쉬드에게 오기와 콜은 본명을 말하라고 한다. 드디어 본명을 말하며 서로의 존재를 확인한 부자는 한바탕 몸부림을 치며 애정을 확인한다. 사이러스는 술 때문에 아내인 라쉬드의 어머니를 잃었고 그 대가로 팔을 잃었었다.

> "12년 전 한 남자가 와서 '넌 나쁘고 바보 같고, 이기적이야. 먼저 술로 네 몸을 채우고 운전대를 잡게 하겠다. 그리고 사고가 나서 사랑하는 여자를 죽이고 너 혼자만 살려주지. 죽는 것보다 사는 것이 힘드니까. 하지만 그 불쌍한 여자에게 한일을 잊지 말라고 네 팔을 뽑아내 내 갈고리로 바꿔 놓겠다.' 그는 두 팔과 두 다리를 앗아갈 수 도 있었는데, 자비롭게도 왼팔만 앗아갔지. 갈고리를 볼 때마다 난 생각하지. 나는 나쁘고 바보에 이기적이라고, 내게는 경고였어. 교

훈 같은 경고지. 날마다 회개하려고 노력하는 중이지"

쓰라린 상처의 기억을 몰고 온 라쉬드는 어떻게 보면 사이러스의 희망의 상징이 될 것이다. 그래서 폴이 라쉬드에게 해준 다음의 일화는 감명 깊다.

"25년 전 알프스에 스키 타러 간 사람이 있었지. 그러나 사고로 그곳에 묻혀 버렸어. 세월이 흘러 아들도 어른이 되어 알프스에 스키를 타러갔지. 우연찮게 발아래 얼음 속에서 죽은 시체를 발견하였는데, 거울로 자신 자신을 보는 것 같았단다. 아버지임을 깨달았지. 그러나 이상한 건 아버지가 현재의 아들보다 젊다는 것이야"

5. 오기

오기는 담배 가게 주인이지만, 특별한 취미를 갖고 있다. 담배 사러온 폴이 책상 위의 카메라를 보고 물어본다.

"사진 찍는 줄 몰랐어"
"5분 정도 찍지만, 날마다 찍네"
"자네는 계산대에서 돈만 만지는 사람은 아니군"
"남들이야 그렇게 보지만, 내가 꼭 그럴 필요는 없지"
사진을 바라보던 폴이 말한다. "사진이 모두 같군"
"똑같은 장소만 4,000장이야. 7번가와 3번가의 모퉁이를 매일 오전 8시에 찍은 거지. 날씨야 어떻든 4,000일 동안 찍었어. 난 매일 휴

가 가는 기분으로 같은 장소, 같은 시간에 사진을 찍지. 내 작품이
지. 평생의 작품이야"

"놀랍네. 이해는 안 되지만, 동기는?"

"내가 일하는 구역에서 세상의 일부분이지만 매일 일이 생기지.
내 구역에 대한 기록이야"

빨리 사진을 넘기는 폴에게 오기는 말한다.

"천천히 보아야 이해할 수 있네."

"모두 똑같잖아"

"한 장, 한 장 틀리지. 눈부신 아침도 있고, 우중충한 아침도 있고,
여름 햇빛, 가을햇빛, 주중도 있고, 주말도 있고, 비오는 날, 맑은 날,
외투와 장화 차림인 사람들도 있고, 셔츠에 짧은 바지 입은 사람, 같
은 사람, 다른 사람, 다른 사람이 같아질 때도 있고, 똑 같은 사람이
사라지기도 해. 지구는 태양 주위를 돌고 있고, 햇볕은 매일 다른 각
도로 지구를 비추고 있지. '내일 다음 또 내일, 또 내일이야. 시간은
한 걸음씩 진행되지."

한참을 사진을 보던 폴이 아내의 사진을 발견한다.

"알렌이야. 내 사랑스런 아내를 봐!"

"맞아, 알렌일세. 그 해에는 알렌이 사진에 여러 번 찍혔지. 출근길
이었을 걸세"

감격에 젖은 폴, 흐느껴 운다. 어떠한 예술 작품이 이렇게 눈물을 흘리

테오—시네마

게 만들 수 있을까? 이렇게 매일 같은 시간, 같은 장소에서 사진을 찍게 된 이유, 아니 카메라를 손에 넣게 된 이유랄까? 크리스마스에 관한 실화를 소설로 써야 된다는 폴에게 아이디어를 제공하려고 했던 오기의 이야기는 다음과 같다.

"1976년 여름, 가게에 도둑이 들어왔지. 잡지를 훔쳐 도망가던 도둑이 떨어뜨린 지갑만 갖고 쫓아가지 못했었지. 가게로 돌아와 지갑을 열어보자 운전면허증과 사진이 있었어. 어머니와 찍은 사진, 학교에서 받은 상패를 들고 찍은 사진, 이 사진을 보고 경찰에 신고하지를 못했지. 녀석은 불쌍하게도 브룩클린의 불쌍한 아이이며, 어리석은 불량배였던 것이다. 성탄절 전날 난 지갑을 돌려주려고 그 아이의 집을 찾아갔지. 벨이 울린 후, 한참을 기다려도 인기척이 없자, 돌아서려는데, 문을 열어준 80-90세쯤 보이는 할머니가 '네가 올 줄 알았다. 로저, 성탄절에 올 줄 알았다'며 반가이 맞아들이는 것이 아닌가? 가만히 보니 할머니는 장님이셨어. 나는 나도 모르게, '맞아요. 성탄절이라 할머니를 보려고 왔어요.'라고 말했지. 게임을 하듯 할머니는 나를 안고, 나는 할머니를 안았지. 규칙은 필요 없었어. 내가 손자가 아닌걸 아셨어. 늙긴 하셨지만, 알아보지 못할 만큼 정신이 흐리진 않으셨거든, 나의 위장에 그녀는 기뻐했어. 나도 특별히 할 일이 없어서 기꺼이 장단을 맞췄고, 그래서 같이 하루를 보냈지. 같이 음식도 먹고, 이야기도 하고… 난 화장실에 갔지. 샤워기 옆에 카메라가 6-7개 있었어. 그 중 한 개를 훔쳤지. 손자의 지갑을 탁자에 놓고 카메라를 들고 나왔지. 2-3개월 후 찾아갔으나 이사가버렸지. 아님 돌아가셨던가. 마지막 성탄절을 나와 함께 보내신 거지"

감명 받은 폴이 잘했다고 하자, 오기는 말한다.

"거짓말에 도적질까지 했는데, 잘한 일이라고? 결과가 좋으면 좋은 거야?"

폴은 지나치듯,

"그래도 카메라는 유용하게 쓰였잖나"

『신에게 솔직히』와 〈스모크〉

1. 원치 않는 혁명

로빈슨은 『신에게 솔직히』에서 성서가 '저 위에'(up there) 있는 하나님을 이야기하고 있다고 말한다.[1] 그래서 다음의 로빈슨의 질문은 오늘 우리에게 충격적으로 와 닿는다.

> "'저 밖에' 있다는 하나의 '초 존재'가 사실 하늘에 있는 '백발노인'
> 을 더 유식한 말로 나타낸 것에 지나지 않는 것이라면 어떻게 될까?
> 가령 신에 대한 신앙이라는 것이 화성의 생물의 경우처럼, 있을지도
> 모르는 어떤 숭고한 실체(entity)가 '존재한다는 것'을 의미하는 것도
> 아니며, 또 사실 그런 것을 의미할 수도 없는 것이라면? 가령 무신론
> 자들이 옳다면? 그러나 그렇다고 그런 것이, 신이 '저 밖에' 있다는
> 생각을 버린 경우와 마찬가지로―당시에는 그렇게 하는 것이 성서가
> 말한 것과 전부 반대되는 것처럼 보였겠지만―그리스도교가 없어진
> 다거나 그리스도교를 부인하는 것을 의미하는 것이 아니라면? 가령
> 이와 같은 무신론이 하는 일이란 다 하나의 우상을 파괴하는 것이

며 우리는 '저 밖에' 있는 따위의 신 없이 살수도 있고 또 그렇게 살
아가야만 한다면?"(HG., 23)

교회의 행정 일로, 혹은 평상시의 설교에 이런 문제를 다루지 않아도
목회는 가능하기에 언급하지 않고 넘어갈 수는 있다. 그러나 이 문제는 본
질적인 문제라고 할 수 있다. 그래서 지식인들의 토론의 변두리에 머물 것이
아니라, 한복판에 가져다가 사람들의 코밑에 똑바로 갖다 대야 하는 것이
다. 따라서 원치 않는 혁명은 이미 시작되었다.

그리고 그러한 문제제기는 로빈슨의 말로는 폴 틸리히의 설교집『흔들
리는 터전』(The Shaking of the Foundation, 1962)과 디트리히 본회퍼의『옥중서
간』(Letters and Papers from Prison, 1953), 그리고 루돌프 불트만의『신약성서와
신화』(New Testament and Mythology, 1941)에 나타나 있다. 틸리히, 본회퍼, 불트
만의 순서대로 로빈슨의 글을 언급하여 보도록 하자.

"'실존의 깊이'라는 제목의 이 설교는 전통적인 종교적 상징기법이
높이의 표현에서 깊이의 표현으로 바뀔 때에 어떤 변화가 생긴다는
것을 내게 처음 보여주었다. 틸리히는 말하기를 신은 그 존재성을 파
악하려고 우리가 애써야 하는 따위의 '저 밖에' 있는 어떤 투영이나
하늘 저쪽에 있는 하나의 타자가 아니라 우리의 존재 자체의 기반이
라고 하였다."(HG., 28)

"본회퍼에 따르면 교회는 이때까지 종교적인 경험, 즉 사람은 누구
나 다 마음속으로는 어떤 모양의 종교를 요구하고 있다는 사실, 자기
를 바칠 수 있는 어떤 신을 요구하고 있다는 사실, 이 세상을 설명하
기 위해서는 어떤 신이 필요하다는 사실에 호소함으로써 '복음'을 전

해왔다고 한다. 그러나 만일 사람들이 '종교'라는 것도 없이, 개인의 구원에 대한 염원도 없이 죄의식도 없이, '그 따위 가설'(hypothesis)의 도움도 없이 버젓이 살아갈 수 있다고 느끼게 된다면? 그리스도교란 이러한 부족감이나 '신이라는 공백'을 필요로 하는 사람들 혹은 앞으로 그런 필요성을 느낄 사람들에게만 국한될 것인가? 본회퍼의 대답은 이렇다. 성 바울이 1세기 사람들에게 할례라는 조건이 없는 그리스도교를 요구한 것과 같이, 신도 20세기 사람들에게 종교라는 조건에 얽매이지 않는 그리스도교를 구체적으로 요구하고 있다는 것이다."(HG., 30.)

"불트만도 '복음' 메시지의 중심부에 가까운 무엇을 지적하고 있는 듯이 보였다. 왜냐하면 그가 신약성서의 '신화적' 요소라고 한 것은 '복음'의 역사가, 일반이 말하는 따위의 순수 역사 이상의 것이라는 사실을 나타내려는 모든 용어를 가리킨 것이었기 때문이다. 이 이상의 것이라는 '플러스'의 중요성은. 그것이 바로 2,000년 전에 일어난 사건으로 하여금 오늘날을 위한 설교 또는 복음이 되게 한다는 사실에 있는 것이다. 그리고 그의 주장은 이러한 요소의 전부가 현대 사람에게는 이해될 수 없는 말들이라는 것이다. 나사렛 예수라고 하는 역사적 사건의 '초역사적' 성격을 표현하기 위해서 신약 성서 기자들은 선재성, 성육신, (하늘로) 올라가고 (지옥으로) 내려가는 것, 기적적인 개입, 우주적인 재난 등의 '신화적' 용어 - 불트만에 따르면 이와 같은 용어들은 이제는 완전히 낡아빠진 세계관으로만 이해가 가능하다 - 를 사용하였다. 그러므로 현대인은 진짜 거리낌의 바위(십자가의 불명예)에 걸리는 대신에 역사적인 사건을, 인간을 위한 신의 행위로 번역하는 역할을 해야 할 용어 자체, 도리어 이 사실을 믿을

테오-시네마

수 없게 만들어놓는 용어 자체 때문에 뒤로 물러서게 되는 것이다."
(HG., 31-32.)

　이러한 신학자들의 물음을 따라가면서 로빈슨은 "내가 여기서 하려고
하는 이야기가 굉장히 오해를 살 것이라는 것, 또 당연히 오해받아서 마땅
한 것"(HG., 35)을 알면서도, 하나님을 향해서 또 하나님에 관해서 정직하려
고 노력한다.
　영화 〈스모크〉에서 폴은 담배 연기의 무게를 안 피운 담배 연기에서 피
운 담배와 재를 빼면 된다고 이야기한다. 신앙과 신학에서 원치 않는 혁명이
오늘 우리들에게 다가왔다. 이 혁명은 우리를 담배 재와 다 피워버린 꽁초
로 남게 만들지는 몰라도, 담배연기가 남아있듯이 기독교가 근대적 세계관
에 의해 재해석되고, '비종교화'되고, '비신화화'되어도 여전히 남는 무언가
가 있지 않을까? 폴이 사고로 아내를 잃고 방황하듯, 그리고 사람이 그리워
라쉬드를 자신의 집에 있게 하였듯이 오늘 우리는 그 어떤 연기가 필요하
다. 즉 영성이 필요한 것이다. 그리고 이것은 원작자인 폴 오스터의 설명에
서도 잘 나와 있다.

　　"smoke라는 단어는 동시에 많은 뜻이 함축되어 있다고 봅니다. 물
　론 담배 가게라는 뜻도 있지요. 하지만 연기는 사물을 가려서 알아
　볼 수 없게 하지 않습니까? 또 연기는 고정된 것이 아닙니다. 항상 모
　양이 바뀌지요. 마찬가지고 영화 속의 인물들도 서로의 삶이 교차되
　면서 계속 변합니다. 연기는 신호도 됩니다. …연막도 됩니다.… 공
　중을 휘감아 떠도는 연기, 각 인물마다 크게 혹은 작게 주변의 다른
　인물들에 의해 끊임없이 변신합니다."[2]

2. 유신론의 종말?

로빈슨은 틸리히를 따라 유신론의 종말을 선포한다. 초월적인 유신론적 인격신은,

> "헉슬리 같은 사람은 '내 경우 신은 초자연적 존재'라는 생각을 버릴 때 굉장한 정신적 해방감을 얻었다고 말함으로써 스스로 만족을 느끼고 있다. 그러나 그 이전에 벌써 포이에르바하나 니체 같은 사람들은 하늘에 있다고 하는 이런 최고의 '인격'은 성숙해 가는 인간의 가장 큰 원수라고 보았던 것이다. 인간이 이 이상 더 겁탈을 당하거나 조종당하지 않기 위해서는 그들은 이런 신을 '죽여 버려야' 한다고 했다."(HG., 52-53)

그러나 문제는 '이런 초월적 존재가 그리스도교의 신을 왜곡한 것이냐?' 그렇지 않으면 '그리스도교의 신과는 아무 관계가 없는 것이냐?'이다. 로빈슨도 루이스의 말을 인용하고 있듯이 그리스도인이 되기 해서는 이 같은 미신에서 벗어나야 한다고 말한다. 그리고 '종교는 분명한 죄악이며 무신론보다도 더 반 그리스도교적인 것'이다. 따라서 로빈슨은 자신의 작업을 "그리스도교의 교리를 조금이라도 바꾸려는 것이 아니라 오히려 이와 같은 낡아빠진 견해 때문에 그것과 함께 그리스도교 자체가 없어지지 않도록 하려는 것에 있다"(HG., 56)고 말하는 것이다.

라쉬드는 아버지의 존재를 염탐하기 위해 아버지의 정비소를 그린다. 그리고 아버지를 바라본다. 멋있지도, 그렇다고 부자도 아닌 아버지. 그가 자신을 떠났다. 그 아버지는 어머니와 함께 팔 한쪽을 잃어버린 그런 무능한 아버지다. '하늘에 계신 우리 아버지'는 종교적인 덧붙임으로 초월적 인

테오-시네마

격자가 되었으나, 그 신은 포이에르바하나 니체에 의해 죽임을 당했다. 그리고 그 신은 기독교의 신과는 상관없다. 라쉬드가 마침내 자신의 이름을 말하며 한쪽 팔이 갈고리로 만들어진, 가난하고 무뚝뚝한 아버지와 화해하듯 우리는 신을 '초월'과 '높이'에서 찾는 것에서 멈추어야 하는 것이다.

3. 우리 존재의 기반

우리 존재의 기반인 깊이에 관하여 틸리히는 『흔들리는 터전』에서 잘 말하고 있다. 『신에게 솔직히』에도 인용된 틸리히의 말은 아래와 같다.

> "'깊은'은 이를 영적으로 사용할 때 두 가지 의미를 가집니다. 즉 그것은 '얕은'의 반대를 의미하거나 그렇지 않으면 '높은'의 반대를 의미합니다. 진리는 깊은 것이고, 얕은 것이 아닙니다. 고난은 깊이이지, 높이가 아닙니다. 진리의 빛과 고난의 암흑은 둘 다 깊은 것입니다. 신에게는 일종의 깊이가 있습니다. 신을 향하여 외치는 시편 작가에게도 깊이가 있습니다."(HG., 58)

루비는 오기를 배반하여 떠나간 여인이다. 그러나 18년의 세월이 흐르는 동안 혼자서도 잘 할 수 있을 것 같던 생활이 엉망이 되어 버렸다. 딸은 마약중독에 임신하여 방황하며 살아가고 있고, 자신도 그다지 부유한 형편이 아니라. 어려운 형편에 처해 있다. 그래서 루비가 찾아간 곳은 오기의 담배 가게, 그에게 새로운 존재의 힘을 안겨주는 것은 옛사랑뿐인 것이다.

맥머리의 말처럼 신은 "우리가 경험하는 모든 것의 인격적 기반"(HG., 79)이라면 오기는 루비에게 자신의 딸의 삶을 위탁할 수 있는 인격적 기반이다. 그리고 그 기반답게 오기는 루비가 살아갈 수 있게 도움을 주는 것이다. 어쩌면 사랑이 남았기에, 그리고 이 사랑은 새로운 존재의 힘으로 로빈슨의 글에 '신의 모습'으로 아래와 같이 나타난다.

> "(새로운 존재의 힘은) 모든 인격적 관계와 모든 존재의 기반이 되는 신을 가리키고 있었고, 자기의 존재의 기반으로부터의 소원을 '그리스도 안에서' 극복하는 경우에만 인간을 그 '사랑'을 자기 자신의 삶의 근원과 기반으로 인식한다는 사실을 증거하고 있었다. 전통적인 신학 용어를 빌린다면, 이 공동체가 보여준 것은, '아버지'에게 이르는 길–순수한 인격적 관계의 궁극성을 인식하는 길–은 '그 아들을 통해서'만, 즉 인간적인 것을 신적인 것에 완전히 통하게 만든 그의 사랑을 통해서만, 그리고 '성령 안에서' 즉 새로운 공동체의 화해의 사귐 안에서만 가능하다는 것을 말한다."(HG., 81–82)

4. 남을 위한 인간

사이러스는 12년 전의 음주운전으로 인한 사고로 아내를 잃고 집을 나가 방황하던 과거가 있던 사람이다. 그 사고로 자신의 왼팔 또한 잃어버려, 언제나 그 팔 끝에 달린 갈고리를 볼 때마다 '나는 나쁘고, 바보에 이기적'이라는 교훈 같은 경고를 되새긴다. 그리고 날마다 회개하려고 노력한다. 이기적인 인간이 회개하여 새로운 존재인 '남을 위한 인간'이 되려는 것이다. 그래서 사이러스는 아들 라쉬드를 힘겹게 받아들인다.

그리스도는 오늘 우리에게 무엇인가? '남을 위한 인간'의 한 전형을 보여주지 않는가? 로빈슨의 말을 인용하여 보자.

테오–시네마

"그(그리스도)가 참된 인간이 되기 위해서는 그의 전능한 힘, 모든 것을 다 아는 힘, 그리고 그로 하여금 소위 '초인'이 되게 하는 모든 자격을 다 포기해야 한다는 것이다. 사실은 그와 반대로, 그가 신을 계시할 수 있는 것은 자기의 '신성'이 아니라 자기 자신, 즉 자신에게 사람들의 주의를 모으려는 욕망이나 '하나님과 동등하게 되려는' 야심을 포기하기 때문인 것이다. 그는 자기 자신을 무로 돌리고 남을 위해서 사랑으로 자기 자신을 깨끗이 포기함으로써, 인간 존재의 '기반'은 '사랑'이라는 것을 노출시키고 밝혀주는 것이다."(HG., 97)

그리고 이것은 본회퍼의 세속화 과정, 인간이 신 없이 성숙해 가는 과정을 그리스도인이 환영해야한다면서 말한 다음의 구절에도 잘 나타나 있다. 로빈슨의 글에서 재인용하여 보자.

"신은 자기 자신을 십자가로 추방당하게 한다. 신은 이 세계에서는 무력하고 약하다. 그리고 그는 바로 이렇게 해서 또 이렇게 해서만 우리들과 함께 있고 우리들을 도와준다. 그리스도가 그의 전능에 의해서가 아니라 그의 약함과 고난에 의해서 우리를 도와준다는 것은 마태복음 8장 17절에 아주 분명하게 나타나 있다…. 인간의 종교성은 인간이 곤궁에 빠졌을 때 이 세상에서 신의 능력에 호소하도록 인간을 가르친다. 그러나 그것은 '임기응변의 신'에 지나지 않는다. 그러나 성서는 인간으로 하여금 신의 무력함과 고난을 바라보게 한다. 고난을 당하는 신만이 도와줄 수 있는 것이다(HG., 97-98.)."

5. 세속적인 거룩함

본회퍼는 "설교가 전혀 없는 곳에서 예배와 기도는 무엇을 의미하는 것일까?"고 묻는다. 물론 이 질문에 답하지 못하고 하늘나라로 떠나갔지만, 우리는 '설교와 예배가 없는 통속적인 것에 거룩함이 존재할까?'라는 질문은 계속 제기 할 수 있는 것이다.

오기가 매일 같은 시간, 같은 장소에서 사진을 찍는 작업은 어떻게 보면 성스러운 모습이 아닐까? 지갑을 훔친 로저 흉내를 냄으로 로저 할머니가 마지막 성탄을 의미 있게 보내도록 한 것은 바로 세속적인 거룩함의 상징이다.

삶은 지속된다. 그러나 거룩함은 '삶'에서가 아니라, '지속'에서 드러남을, 그리고 '신에게 솔직'하려는 우리들의 노력에서 가능할 것이다.

07.

샘 킨 목사님, Shall we dance?:
'내장 신학'과 영화 〈쉘위댄스〉

1. 니체 이후 신학하기?

지금까지 철학의 역사는 형이상학으로 일관되어 왔는데, 니체에서 시작된 형이상학 비판의 흐름이 포스트구조주의로 계승되어 바야흐로 전면 공격의 양상을 띠고 있다. 포스트 구조주의가 유럽 철학사의 결론이라 할 수는 없지만, 그 흐름을 정리해보면,

"우선 니체에서 바타이유로 이어지는 계보, 소쉬르에서 시작해 구

조·기호 등 오히려 분석 도구를 둘러싼 개념의 계보, 후설의 현상
학과 하이데거의 실존주의적 형이상학 등 세 개의 기원을 들 수 있
다.”[1]

따라서 우리는 포스트 구조주의 사상의 중요한 등뼈가 된 니체의 사상
에 주목할 필요가 있다. 다케다 세이이찌는 니체 사상의 중요한 특징을 다
음과 같이 이야기하고 있다.[2]

“니체 사상이 근대 철학(근대 형이상학)의 기본적인 생각에 대한 철
저한 안티테제로서 존재한다는 점이다. 이 경우에 근대 형이상학이
란 그리스도교에서 이어지는 데카르트의 의식(주체)주의, 칸트의 도
덕사상, 헤겔의 역사 철학, 루소 이후의 민주주의, 그리고 사회주의
사상까지를 포함한다. 니체는 이들 서구의 형이상학 사상 전체를 ‘유
럽의 이상’으로서 하나로 묶어 가지고 이들 유럽에 나타난 모든 ‘이
상’은 실은 그 밑바닥에 허무적인 성격(삶의 부정)을 본질적으로 갖고
있다는 매우 흥미 깊은 비판을 던졌던 것이다.”[3]

또한 파이힝거는 니체의 철학에 나타나는 특징을 일곱 가지로 요약해
서 해설하고 있는데, 즉 반도덕적, 반 사회주의적, 반 민주주의적, 반 여성
적, 반 주지적, 반 염세적, 반 기독교적이라는 것이다.[4]

그러나 이왕주 교수의 말처럼, 디오니소스, 이것이야말로 니체 철학을
시종하여 거듭 울리는 가장 중요한 메타포일 것이다.[5] 니체의 최초의 저술
『음악 정신으로부터의 비극의 탄생』에서 디오니소스의 의미는 혼돈, 도취,
광란, 해체, 혹은 생을 확대, 고양, 해방시키려 하는 충동으로서 모든 예술
작품의 뿌리에 가로놓이는 원리라는 것이다. 그것은 생의 거침없는 표현이

테오-시네마

며 약동하는 생의 정열이고 생을 부끄럼 없이 표현하는 광란이며 생에 탐닉하는 도취인 것이다. 니체는 이것이 밝음, 빛, 질서이자 개별화의 원리인 아폴로와의 대립 투쟁에 의해 예술로 완성된다고 주장한다.[6] 그리고 디오니소스는 나중에는 니체의 철학 발전 단계에서 니체의 생철학의 핵심을 이루는 더 간결하고 확실한 인격 개념으로 부상하게 된다.[7] 사실, 짜라투스트라, 초인, 혹은 '최초의 인간' 등은 디오니소스의 더 난숙한 이름인 것이다.

> "나는 디오니소스적이란 희랍의 상징적 표현보다 더 높은 상징을
> 아직 모르고 있다. 그 속에는 생명의 가장 심오한 충동이 있다. 삶의
> 미래에 대한 충동이 있고, 종교적으로 감동된 생명의 영원에 대한
> 충동이 있다. 거기에는 생명을 위한 길 자체가 있으며 성스러운 길
> 로서의 증거가 있다."[8]

니체는 생명 있는 모든 것들이 자기의 생을 성장, 고양, 강화시키고자 하는 이 디오니소스적 정열 또는 욕구를 '힘에 대한 의지'라고 한다. 이러한 힘에 대한 의지는 분명 존재 그 자체라는 것이다. 그러나 생의 열정에 광인처럼 도취하던 디오니소스적 인간들을 회개하는 기독교도, 창백한 이성적 존재, 죄책으로 갈등하는 도덕적 인간으로 길러내는 '길들이기'로서 이러한 개선은 유태인들의 상투적인 방식이라고 니체는 말한다.

따라서 숲 속에서 포효하던 금발의 야수를 가둠으로, 광기 어린 디오니소스적 인간을 죄인으로 길들이고 길러내기 위해 가두는 두 개의 울타리를 니체는 소크라테스의 주지주의와 예수의 기독교라고 말한다. 이것은 주인의 도덕을 억압하는 노예의 도덕인 것이다.

'노예의 도덕'과 '주인의 도덕'에 관한 니체의 이러한 구분은 헤겔의 '주인과 노예의 변증법'과 유비할 수 있는데, 니체에 따르면 노예는 원한과 증

오만을 알 뿐 스스로 긍정적인 가치를 창조하지 못하고 오직 부정적인 방식으로만 자신의 가치를 세운다. "그들은 나쁘다. 고로 나는 선하다."는 것이 '노예의 도덕'이고, 이와는 달리 주인의 자세를 가진 인간들은 기꺼이 긍정적인 가치의 창조자가 되려고 노력한다. "나는 선하다. 고로 그들은 악하다" 이것이 '주인의 도덕'이다.

그렇다면 이제 주인의 도덕을 회복하고, 긍정적 가치의 창조자가 되어 니체 이후의 신학함이란 어떤 것일까? 사실 니체의 신 죽음에 대한 선포는 다름 아닌 '삶을 억압하는 모든 것'의 부정이다.

> "니체는 왜 차라투스트라를 말했던가, 왜 초인을 말했던가. 생은 추억이 아니기 때문이다. 그래서 생은 회상의 대상이 아니라 사랑의 대상이다. 생을 사랑하는 방법은 무엇인가. 그것은 삶을 억압하는 힘들에 대해 끝없이 저항하고 반역하는 것이다. 이것이 이른 바 니체의 '위대한 부정'이다. 그는 이것을 다음과 같은 명제로 드라마틱하게 선포하였다. '신은 죽었다' 물론 기독교의 예수가 죽었다거나 이슬람의 마호메트가 죽었다는 말이 아니다. 여기서 신이란 '삶을 억압하는 모든 것'을 뜻할 뿐이다."[9]

신학이 하나님 안에서의 생에 대한 긍정이라면 오히려 기독교 문화가 세워왔던 전통에 대한 비판을 니체가 시도한 것이지, 기독교 신학의 역동성과 고민들을 비판한 것은 아니다. 니체의 부정은 결국 대지의 숨결을 호흡하는 생에 대한 '거룩한 긍정'이기 때문에…

> "삶과의 화해, 운명에 대한 사랑은 이 위대한 부정과 거룩한 긍정 사이에 놓인다. 니체가 '영겁회귀'를 말하는 것 또한 이런 맥락에서

다. 그가 디오니소스적인 정열, 도취, 혼돈, 광란을 옹호하는 것이나 숲 속에서 포효하는 맹수들의 울부짖음 같은 '힘에의 의지'를 주창하는 것도 같은 이유에서다"[10]

그렇다면 우리는 신학에 역동성과 창조성을 부여하는 주변부의 목소리를 경청하여야 할 것이다. 사실 서구 신학사에 있어서 육체는 죄악된 것으로 여겨져 왔다. 그리고 그 시작은 영지주의자들의 육에 대한 관념에서 부터이다.

영지주의자들은 인간의 구원을 빛이 사라진 비영속적인 육신의 감옥으로부터 벗어나 빛의 본향인 영속적인 로고스의 세계로 복귀하는 것이라고 생각한다. 구원은 빛이다. 그러므로 이것을 참으로 인식(gnosis)하는 자만이 구원의 길을 걸을 수 있다고 한다. 육신의 감옥에 갇혀 있는 동안 영혼은 로고스로부터 나오는 생명의 빛을 상실한다.

물질과 그것에 감응하는 감성은 비천한 것이고 육신과 육신의 욕망은 억제되어야 한다. 그리고 육신의 욕망을 충족시키기 위해 노동하는 것은 구원의 길을 모르는(agnosis) 비천한 자들의 몫이라는 것이다. 그러나 이제 니체 이후 몸은 다시 긍정된다. 그 대지 위에 굳게 선 육체의 신학, 그 육의 음성 들어보자.

2. 육체의 신학

우리는 흔히 사랑을 구분할 때 수직적 차원과 수평적 차원으로 나누어서 이야기하며, 수직적 차원은 하나님의 사랑으로 수평적 차원은 이웃사랑으로 이야기한다. 그리고 이 둘은 십자가 안에서 하나가 된다고 한다. 이것이 바로 사랑(ἀγάπή)의 완성이라고 할 수 있다. 하나님의 사랑만을 알고 사는 사람이 있다면 그것은 인간이 육(σαρξ)을 가지고 있다는 것을 무시하는 가현설(Docetismus)에 빠진다. 또한 하늘만을 일삼고 있는 사람은 종교적 이기주의자이거나 종교적 열광주의자가 된다.

요한복음서의 '말씀이 육신이 되었다'(ὁ λόγος ἐγένετο σαρξ)라는 말은 수평과 수직의 이분법을 제거해 버렸는데, 이 '육신'은 구체적인 인간의 삶이라고 할 수 있다.[11] 그러나 서구 신학은 이 육신을 단지 그리스도 일 개인으로 해석한 오류가 있다. 구원은 물질적 언어로 표현되어야 한다. 또한 성령의 역할은 구체적인 몸을 가진 인류의 해방에 있는 것이다.

인간은 관념이 없이 살수는 없지만 관념론에 빠져서는 안 된다. 이러한 맥락에서 싸르크스 개념은 철저히 강원돈의 『물의 신학』에서 잘 나타나고 있는 것이다. 강원돈은 80년대와 90년대 초반의 우리 사회를 '민중이 주인이 되는 세계를 건설하고자 하는 민중주체의 변혁 운동'이 움트고 발전하고 있다고 지적하며 노동을 통해 세계를 형성하고 역사를 발전시키는 주체로서의 민중을 주인의 자리에서 내어 몰고 억압과 착취와 주변화의 노예적 삶을 강요하는 낡은 것을 혁명으로 전복시키고 민중이 자연과 회에 대해서 그리고 자기 자신에 대하여 진정한 주인이 되어 인간이 인간으로서의 삶을 실현하려는 운동이 벌어지고 있다고 한다.

반독점, 반독재 민주화, 반외세 민족자주화, 분단 상황의 극복과 민족통일의 성취는 독특한 성격의 한국사회에서 민중이 주체적으로 전개하는 변혁운동의 현상 형태들로서 인식되고 있다. 한국기독교인이 실천주체가 되어 펼치고 있는 한국기독교 운동은 바로 이 민중주체의 변혁운동에 동참하여 통일된 전체의 일부분을 이루고자 하는 것이다.

'운동의 신학'이 제창되고 그 방법으로서 정치경제학적 현실분석과 신학적 성찰의 결합을 핵심으로 하는 '신적 해석학의 일반이론'이 제시된 것도

테오—시네마

한국기독교 운동의 이와 같은 자기이해와 요구에 부응한 것이다.[12]

이에 그는 '운동의 신학'과 그 방법으로서의 '신학적 해석학의 일반이론'을 뒷받침하는 신학적 세계관의 정립을 '물의 신학'이라는 이름으로 수행하고자 하였다. 물의 신학은 민중주체 변혁운동의 사상적 통일에 이바지하는 기독교적 언어의 개발을 목표로 하고 유물론과 실천에 굳건히 선 기독교 신앙의 내용과 형식을 밝히려는 시도이다. 그래서 물의 신학은 민중주체 변혁운동의 사상적 기초인 맑스주의와 기독교 신앙의 종합을 목표로 한다.

즉 그것은 민중주체 변혁운동이라는 통일된 전체의 일부분으로 참여하는 기독교인들의 실천을 근거로 하여 맑스주의 전통과 기독교 신앙 전통을 각각 이데올로기 비판적 관점에서 재구성하고 이 둘의 '합리적 핵심'을 세계관의 수준에서 종합하는 작업이다. 따라서 이 작업은 방법과 실천과 세계관의 내적 통일성을 전제한다.[13]

강원돈은 물질적 세계관과 방법을 수용하여 역사의 진보적 이익을 위해 일하는 기독교인들의 세계관을 형성하는 신학적 프로그램의 출발점을 성육신 신앙에서 찾고자 하였다. 성육신 신앙은 창조와 종말 사이에서 물질을 매개로 하여 전개되는 하나님의 운동을 총괄하고 바로 이 하나님의 운동이 하나님이 육화된 몸으로서의 예수의 삶과 죽음과 부활을 통하여 가장 구체적으로 인식될 수 있다는 통찰의 원천이다.

성육신 신앙은 기독교 창조론과 종말론을 제대로 이해할 수 있게 하는 열쇠이다. 그러나 무엇보다도 성육신 신앙은 기독교적 세계관의 기초이고 물질적 세계관과 신앙을 종합할 수 있게 하는 근거이다.[14]

강원돈은 기독교적 세계관의 기초로서의 성육신 신앙을 설명하면서, 그의 주장을 합리화 시킨다. 즉 요한복음(1:14a)에 따르면 "말씀이 육신이 되어 우리 가운데 거했고 우리는 그의 영광을 보았다"는 말씀을 매우 중요한 물의 신학의 선언으로 읽고자 한다.

사실 이 간략한 선언에는 기독교적 세계관의 핵심이 자리 잡고 있다. 이 선언은 우선 말씀의 현존방식으로서의 육화를 말하고, 그 다음 육신이 된 말씀의 감각적이고 물질적인 존재가치로서의 '우리 가운데'를 말하고, 끝으로 육화된 말씀이 우리 가운데 거함을 '영광'의 현시 매체로 파악한다.

여기에 언급된 '우리'는 물론 '역사적으로 구체적인' 현실관계들을 살아가는 사람들이고 "참 빛이 세상에 들어왔어도", "그를 알아보지 못하는 세상"(요1:9,10)안에 있는 사람들이다.[15]

그는 요한복음의 이 선언을 좀 더 깊이 이해하기 위해서는 헬레니즘적 세계관과의 대비에서 육신이 된 말씀의 의미를 파악하여야 한다고 하고 있다. 즉 요한복음이 헬레니즘적 세계관의 영향 아래 있는 사람들에게 예수의 현존을 증언하고자 하는 하나의 의도를 가지고 있었다는 것을 전제한다. 헬레니즘적 세계관에서 말씀, 곧 로고스는 최고의 실재성, 최고의 완전성, 이 세계를 지배하는 최고의 원리를 – 동양적 사고로는 理 – 뜻한다.

반면에 육신, 곧 싸르크스는 참된 실재성을 결여한 것, 불완전한 것, 영속성이 없는 것, 비천한 것, 더러운 것 – 동양적 사고로는 氣, 또는 物이라고 어느 정도는 이야기 할 수는 있으나, 'A=B다'라는 등식은 아닌 것 같다 – 을 뜻한다. 이 둘은 서로를 매개할 수 없고 통일될 수 없다. 이러한 이원론적 존재론에 근거한 헬레니즘적 세계관에서 로고스가 싸르크스가 된다는 것은 상상할 수 없는 것이다.

따라서 강원돈은 이러한 사상 지형에서 선언된 요한복음의 성육신 신앙으로부터 세 가지 명제를 제시하는데,[16] 첫째 세계를 정신과 물질, 이데아와 현상계로 – 동양적 의미의 理와 氣 – 가르고 후항에 대한 전항의 존재론적 우위[17]를 인정한 헬레니즘의 이원론적 세계를 부정하고 사르크스라는 말로 총괄되는 물질의 실재성을 인정하고, 물질 안에서 물질을 매개로 해서 전개되는 로고스의 운동을 포착하고 있다. 이제 로고스의 운동은 싸르크

테오–시네마

스 '안에서' 가시화 되고, 싸르크스 '로서' 인간의 눈에 포착되는 '영광'의 현시로 된다는 것이다.

둘째, 성육신의 선언은 인간의 참된 구원이 물질을 부정하고 영지에 집중하는 것으로부터 주어지는 것이 아니라, 물질을 매개할 수밖에 없음을 시사한다. 물질을 매개하는 인간의 활동이 전제되지 않는 구원의 길은 없다. 그리고 이러한 인식의 당연한 결과이지만, 물질에 대한 인간의 감응, 노동, 知는 복권된다.

셋째, 우리는 성육신의 선언으로부터 헬레니즘의 이원론적 세계관이 조응하는 고대사회의 지배구조에 대한 전면적 거부라는 정치적 함의까지도 읽을 수 있다. 노동하지 않는 소수의 귀족이 노동하는 다수의 노예를 '위에서 아래로' 지배하고, 노동의 산물을 독점적으로 향유하면서도, 노동 그 자체를 멸시하는 고대 노예제 사회와 같은 지배와 수탈의 체제는 성육신 신앙 앞에서 설 땅이 없다는 것이다.

그는 또한 성육신 신앙은 육신이 된 하나님의 운동, '역사적으로 구체적인' 현실관계들을 살아가는 사람들과 함께 펼쳐 가는 하나님의 운동을 예수사건에 집중해서 파악할 수 있게 하는 거점이다.

역시 성육신 신앙은 하나님이 감성적이고 물질적인 인간이 되어 '역사적으로 구체적인' 현실관계를 살아간 경험을 출발점으로 삼는 새로운 신학 형성의 근거이다. 그리고 하나님이 싸르크스가 되었다는 것은 유물론에 대한 콤플렉스로부터 기독교 신학을 해방시키는 폭탄의 뇌관이라고 한다.[18]

3. 내장신학 서설

이제 성육신 신앙의 육체성 긍정과 역사성 긍정에서 우리는 신학자 샘 킨(Sam Keen)에 대해 말하여야 한다. 하버드 대학의 교수였던 샘 킨은『춤추는 신』(*To a dancing God*)이라는 책에서 하나님은 춤추신다고 말하고 있다. 흔히 엄격하고 잘 움직이지 않으시는 하나님, 아니 한번 움직였다면 그때는 바로 심판의 날일 것이라는 생각에 두려운 하나님, 바로 그 하나님이 우리와 함께 기뻐하시고, 슬퍼하시며 또 춤을 추시는 분이시라는 것이다.

　이것은 종교는 믿는 것만이 아니라, 춤추는 것임을 밝힘으로써 육체를 정신보다, 감각을 마음보다 낮게 평가하는 낡은 이원론으로부터 우리를 해방시킨다. 직접 킨의 말을 들어보도록 하자. 책의 머리말에서 그는 다음과 같이 말한다.

> "이 글들은 인간의 삶을 지탱해 주고, 하나 되게 하고, 명확하게 하고, 위엄 있게 하고, 아름답게 하고 그리고 거룩하게 해 주는 바탕이나 원리들을 들추어내고자 표면의 아래로 파고들기 때문에 고전적인 뜻에서 철학적이다. 그 자전적인 서술경향은 최근 실존주의라는 이름으로 불리고 있는 철학의 한 파에 속한 인상을 주고 있다. 이것은 또한 '신의 죽음' 이후 행위신학(doing theology)의 가능성을 모색하는 일련의 작업들 가운데 하나라고 봐도 무리는 아니다."[19]

　제목에 관해서도 킨은 언급하기를,

> "이 책의 제목에 언급된 춤추는 신은 아폴로도 디오니소스도 아니다. 실로, 그는 이름이 없다. 아마도 계속 이름이 없을 것이다. 내가 (우리가?) 확실하게 아는 유일한 것은 그가 나(우리?)로 하여금 우발적인 삶과 계산된 삶을 동시에 살게 하고, 황홀경과 결단의 순간을 같은 정도로 체험하게 하고, 즉흥성과 약속 속에서 항상 거주하게 한

테오—시네마

다는 것뿐이다. 항상 그랬듯이 거룩한 것은 그 거룩한 것을 이해하느라고 우리가 어쩔 수 없이 사용하고 있는 모든 범주들을 산산이 부수어 버린다. 그리하여 춤은 계속되는 것이다. 그것이 삶이다.”[20]

그리고 이것은 그 어떠한 것으로도 만족하지 못했던 기독교 신학의 새로운 방향 정립인 것이다. 계속해서 킨의 말을 들어보자.

"그 어떤 것도 나에게 육체의 음성으로, 감각의 언어로 성스러움을 식별해내는 방법을 가르쳐 주지 못했다. 기독교 신학이 나로 하여금 은총의 '육체성'을 제대로 가치 평가하도록 도와주지 못한 그만큼 세속 이념은 육체성의 '은총'을 이해하는데 적용할 범주들을 나에게 마련해 주지 못하였다.”[21]

이러한 탄식이 킨으로 하여금 육체성에 눈을 돌리도록 만든 것이다. 그리고 그 시작은 '예술'과 '춤'이다. 예수로가 춤이 다시금 성소로 돌아오는 것이다.[22] 그러나 과감한 신학적 혁명이 없고서는 기독교는 영지주의의 이단에서 벗어날 수 가 없다. 따라서

"우리는 내장으로부터 오는 은총, 아름다움이나 우아함이 발견될 수 있는 어디에서든지–갈라진 돌담 틈에 핀 꽃이나 캘리포니아 해변의 일출에서 오는 은총을 이해할 수 없을 것이다.”[23]

그렇다면 하나님의 원초적인 현장은 고대 이스라엘이 아니라 내장에 있는 것이다. 그렇지 않다면 어떻게 우리가 바다를 보고 있을 때나 사랑을 하고 있을 때 우리를 사로잡는 그 은총을 이해할 수 있을 것인가![24] 따라서 킨

은 다음과 같은 결론을 도출하게 된다.

"육체에 관한 모든 문제는 마땅히 기독교 이념과 세속적 이념이 던져 주는 가설들을 옆으로 밀어놓고 육체적 체험에 대한 감각적인 느낌에 긴밀한 주의를 경주하는 집중된 노력에 의해 재 고찰되지 않으면 안 된다. 나는 이 글에서 다음을 제안한다. ① 화육된 실존의 그 숨어 있는 실체를 찾는다. ② 육신적인 것과 신성한 것 사이의 경험론적 연결점을 탐색한다. ③ 그리고 신학교나 종교적 제도를 위한 실용적인 결론을 뽑아본다."[25]

물론 이러한 내장신학의 가능성과 제한성에 관해서도 킨은 친절하게 언급하고 있다.

"내장신학의 가능성과 제한성을 고찰함에 있어 우리가 염두에 두어야 할 것이 둘 있다. ① 인간은 육이다. 따라서 그의 모든 '지식'은 역사적 체험이라는 토양에 제약을 받는다. ② 비록 인간의 지식은 땅의 제약을 받는다 하지만 그의 '지평'은 그렇지 않다. 한 근절시킬 수 없는 신비가 각 인생의 둘레를 감싸고 있다. 이 궁극적으로 알 수 없는 것은 인간을 설명함에 있어, 거의 완전한 어떤 지식정보 못지않게 중요하다. 알지 못하는 무엇과 아는 무엇이 어울려 판형 곧 형태를 형성하고 인간 정체가 거기에서 찍혀서 나온다."[26]

테오-시네마

4. 디오니소스 신학의 춤추는 하나님

1968년 '디오니소스 신학 선언'이라는 논문, 또한 『경이를 위한 변명』, 『춤추는 신에게』라는 일련의 저작들을 통해 샘 킨은 감성적이며 격정적인 육체에서만 은총과 거룩함을 경험할 수 있다고 하는 육체의 신학을 이야기한다.[27]

사람들은 비관주의나 비극적인 엄숙성, 텅 빈 신에 대하여 말하는 '무신론의 복음'에 권태로워졌을 때, 다시금 은총을 경험하고픈 욕구가 생기는데, 이것은 이전과는 다른, 즉 육체에서 즐기며, 세상과 생명에 대하여 "예"라고 긍정하게 되는, 더불어 거기에서 축제하고 생의 충일과 공동체를 발견하며 행복을 체험하는 그런 신앙을 추구하게 된다고 한다.

따라서 킨은 『춤추는 신에게』라는 책의 서문에서 그의 디오니소스 신학의 춤추는 신을 '지하교회'(Untergrund Kirche)와 관련시켰다. 그렇지만 오늘날 기성교회에서는 이 새로운 종교성이 단순히 지하에서만 움직이고 있는 것이 아니라, 기성 교회의 예배에까지 깊이 숨어 들어와 있는 것을 볼 수 있다. 그래서 교회에서도 이제는 똑같이 무도와 '접촉', 색과 유희를 가지고 새 형식의 예배를 시도하고 있는 것이다.[28]

> "내장신학은 그 전공과목을 '듣는' 감각보다는 '만지는' 감각에 둔다. 우리 세대가 종교개혁 이후의 세대(post-Reformation)라고 하는 그 뜻은 더 이상 신의 말씀을 신앙의 귀로 듣지 않는 세대라는 데 있다. 성스러움은 우리를 움직이고 건드리는 무엇, 우리를 떨게 하는 무엇, 먼 것보다는 가까운 것, 특별한 것보다는 일상적인 것, 수입된 것보다는 토속적인 것 속에서 발견되지 않으면 안 된다."[29]

따라서 킨은 앞서 언급한 종교사와 인간의 정신사에 나타난 아폴론적인 길과 디오니소스적인 길에 대한 현상학적 서술에서 니체를 따라 디오니소스적인 것을 추구하고 있다. 그리고 이러한 사상의 근저에는 육체성, 감각성이 그리고 이와 함께 마취적인 것, 도취적인 것이 강조되고 있다.

> "몸의 느낌들 속에 숨어 있는 성스러움으로 훈련받고 재인화 되어야 할 것은 문자 그대로 피가 돌고 근육이 움직이는 신체이다. 말, 재담, 언어("인간의 정신신체 의학적 통일"이나 내장신학에 관한 언어라 해도) 같은 것들은 이 선전의 세대에 우리를 치료할 힘이 없다."[30]

따라서 킨은 "만일 신이 하늘에서 사라졌다면 신을 대지에서 찾아야 한다"라는 명제를 말하며, 인간을 대지와 맺게 하는 것은 그의 몸이요, 그의 한계성이요, 그의 죽음이겠으나, 또한 그의 감각과 욕망이요, 그의 생식력이요, 그의 육체, 그의 내장, 그의 기쁨과 그의 고난, 그의 음율과 그의 신비라고 이야기 하는 것이다.

킨은 한편에는 이성과 질서, 훈련, 그리고 중산계급의 지혜(middleclass wisdom)를, 그리고 다른 편에서는 체험과 혼돈, 황홀, 그리고 도취를 대비시키면서, 완전한 철학과 신학에는 이 두 가지 길이 모두 필요하다고 하며, 지금 우리 시대는 춤추는 축제를 통하여 일어나는, 생명의 신성성을 지향하는 디오니소스적 요소의 재발견이 무엇보다도 중요하다고 본다. 그리고 이것은 동양의 수련법과도 멀지 않다.

> "육신과 성(聖)과의 사이에, 우리가 주장한 대로 긴밀한 관계가 있다면, 그렇다면 교회는 육신과 그 리듬을 경외하는 일에 새롭게 눈뜨는 방법들을 개발하는데 참여해야 할 것이다. 몇 가지 우리에게

테오-시네마

출발점을 제시해 줄 만한 것들이 있다. 동양정신은 2천년이 넘도록 요가라는 육체의 수련법을 닦아왔다. 아마도 이제는 우리가 동양으로부터 선교사들을 초빙해야 할 때가 된 듯하다."[31]

따라서 이제는 '신체의 소리와 감각의 언어'가 들려져야 하고, 거룩한 것으로 존경되어야 한다. 세계와 인간과 우리를 결합시키고 있는 것은 육체이다. 우리들은 육체에 대하여 신뢰하는 정도에 따라서 세계와 인간에 대한 신뢰, 곧 '타인의 자아와 자신의 자아와의 내장적 결합'을 얻게 된다.

"만일 우리가 자아를 상실하면 우리는 타자를 상실한다. 만일 몸을 상실하면, 우리는 세계를 상실한다. 그럼으로써 인간의 몸을 사랑하지 아니할 위험성에 빠지게 되는 것이다. 이웃과 우주에 대한 사랑은 자기에 대한 사랑에 근거한다. 한 걸음 더 나아가 성스러움(the sacred)은 육신(the carnal) 위에 근거한다."[32]

'네가 네 자신의 육체를 존경하는 것처럼 모든 사람의 육체를 존경하라' (Ehre das Fleisch aller Menschen, Wie du dein eigenes Fleisch ehrst). 이것이 위장으로 듣는 킨의 '지상명령'이다. 이 지상명령에서 위장은 이성이 그것을 거부하려 한다고 해도 다른 사람에게 일어난 것을 마치 자신에게 일어난 것처럼 알게 한다. 킨의 말을 직접 들어보자.

"그러므로 내장으로부터 다음과 같은 무상명령이 내려진다. '너의 육신을 아끼듯이 모든 인간의 육신을 아껴라' 이 명령은 동정이나 다른 사람이 육신과의 극적인 일체화 위에 근거한다. 바로 이 일체화가 윤리의 기초이다. 의무는 느낌으로부터 나오고 무상명령은 동정에서 나온다(칸트와는 반대로) 자신의 몸이 외부로부터 침해당하지 않게 되어 있는 것임을 느끼고 있는 사람이라면 다른 사람의 몸이 침해당하고 있음을 그냥 보아 넘기려 하지는 않을 것이다."[33]

이와 같이 타인과의 연대를 강조하는 공동체에서 킨은 장래의 종교적 공동체의 본질적 형식을 유도한다. 즉 이 공동체에서는 듣는 것보다는 접촉하는 것이 중요하며, 감성훈련(sensitivity training)이나 그룹다이내믹스(Gruppenbegegnung)가 중요하다. 따라서 샘 킨이 운영하는 에살렌 연구소는 새로운 종교성의 공동체 형성을 위한 규준으로 다음과 같이 말하고 있다.

'근원적 종교는 믿는 것이 아니고 춤추는 것이다.'

5. 쉘위댄스?

수오 마사유키 감독의 영화 〈쉘위댄스〉의 시작은 다음과 같은 아담 스미스의 말을 들려줌으로 시작된다. 그리고 이것은 이 영화가 니체와 더 나아가 샘 킨을 위한 영화임을 잘 말해 주고 있다.

"무용과 음악은 인간이 발명한 최초이자, 가장 기초적인 쾌락이다."

주인공 스기야마(야쿠쇼 코우지 분)는 화목한 가정의 가장이며 큰 회사의 중간간부로 성실한 회사원이다. 그러나 이러한 일상이 그에게는 덧없으며, 하루하루의 삶이 지겹기만 하다. 싫은 것도 좋은 것도 없는 직장이며, 졸다가 지나치는 풍경은 새로울 것이 없다.

　　　　　　　　　　　　　　테오—시네마

하루는 여전히 일상인 지하철을 타고 퇴근하는 중, 창 밖 댄스 교습소의 한 여인의 모습을 보게 된다. 조금은 쓸쓸하고 뭔가 고독한 분위기로 창 밖을 응시하는 마이(쿠사카라 타미요 분)였다. 어린 시절 볼룸 댄스를 시작으로 영국의 유명한 댄스 콘테스트인 불랙 풀 대회에서 승자가 되는 꿈을 키워온 마이는 파트너와의 불화로 아버지가 운영하는 교습소의 일을 봐주고 있었던 것이다.

큰 용기를 낸 스기야마는 댄스 교습을 신청하고 첫눈에 반한 마이에게 데이트를 신청한다. 일언지하에 거절당하고 '댄스 교습 이외의 불순한 마음으로 교습소에 오는 것은 허용되지 않는 다'는 말에 충격을 받는다.

며칠 동안 고민하던 스기야마는 다시 교습소를 찾아서 이제는 마이가 아니라 춤에 빠진다. 늙은 춤선생인 토요코(아타나베 에리코 분)는 스기야마에게 "댄스는 스텝이 아니에요. 음악을 몸으로 느끼면서 즐겁게 추면 되는 거예요"라고 가르쳐 준다. 이제 춤의 진가를 깨달은 스기야마는 마이를 바라보던 전철역에서, 이제 더 이상 그녀를 바라보지 않고 스텝을 밟는다. 이후 춤에로의 열정은 더욱 불타올라 비 내리는 역사에서, 화장실에서도, 사무실 책상에 앉아서도 스텝을 밟으며 춤 자체를 사랑하게 된다.

그러나 춤에 관해서라면 또 다른 스기야마의 춤 선생인 마이는 엄격한 원칙론자이다. 춤은 반드시 정해진 장소에서 정해진 스텝과 격식에 따라서 추어야 하는 것이다. 이러한 선생이 제자인 스기야마, 즉 늦게 시작한 춤이지만 춤 자체에 대한 사랑에 빠져있는 스기야마에게 춤의 새로운 모습을 보게 된다.

스기야마에게 있어서 춤은 스텝도 아니며 원칙도 아니며 그 어떤 형식도 아닌 고통과 권태에 시달린 몸이 긴장과 탄력을 회복하는 것이기 때문이다. 마이가 스기야마에서 형식적인 동작을 가르쳐 주었지만 춤이 진정 무엇인지를 가르쳐 준 사람은 오히려 스기야마였다. 따라서 마이는 새로운 도전을 하게 되며 가족들이 알아버려 춤을 그만두게 된 스기야마에게 여행을 떠나기 전 "Shall we dance?"라며 편지를 쓰게 되는 것이다.

"블랙 풀에서의 실수는 리더가 절 배반한 것이 아니라 리더를 계속 배반했던 제 춤의 당연한 결말이었다는 것을, 상대를 신뢰하고 춤추는 아름다움을, 그리고 무엇보다도 춤추는 즐거움을 생각나게 해준 것은 당신이었습니다. 전 다시 처음부터 시작하기로 했습니다."

니체는 '춤추지 않고 보낸 하루는 의미 보낸 하루'라고 말하며 신을 죽인 후 '그래도 신을 믿어야 한다면 나는 춤출 줄 아는 신만을 믿으리라'[34]고 말한다. 따라서 니체의 춤의 찬미는 샘 킨과 더불어 이제 새로운 종교의 시작을 알리는 세례요한이 되는 것이다.

"내가 남자와 여자에게 바라는 것은 전자가 전투에 능하고 후자가 출산에 능하며, 양자 모두 머리와 발꿈치로 춤을 추는데 능해지는 것이다. 그리하여 우리가 한 번도 춤을 추지 않는 날은 헛된 날이 되게 하라. 또한 아무런 웃음도 가져다주지 않는 지혜는 거짓 지혜가 되게 하라"[35]

6. 우아하게 떨어지기

샘 킨의 또 다른 작품 중에는 『공중을 나는 철학자』[36]라는 책이 있다. 이 책은 그가 평생하고 싶었던, 그러나 시간에 쫓겨 하지 못하다가 은퇴한 후에야 시작할 수 있었던 일인 공중 그네 타기를 배우는 과정의 깨달음을

테오-시네마

기록한 책이다. 나이 62세에 공중 그네 타기를 배우려는 그에게 그네 타기 학원장은 받아주지 않으려 한다. 그러자 킨이 말한다.

> "노인이 되었기 때문에 앉아 있는 것이 아니라, 가만히 있으면 노인이 된다는 것을 알았습니다. 나는 늙는다는 것이 곧 쓸모없다는 말과 동의어가 아니라는 것을 증명하고 싶습니다."

이 말에 감동 받아 원장은 학원생으로 받아주기로 한다. 힘들고 어려운 공중 그네 타기 연습이 시작된다. 높은 곳에 올라갈 때마다 그는 두려웠다. 그러나 킨은 놀랍게도 세계 정상의 선수들도 공중 그네를 탈 때마다 두려워한다는 것을 듣게 된다. 그래서 깨닫기를 두려움이란 없애질 수 있는 것이 아니라, 매일 용기를 복 돋우는 연습을 함으로써 극복된다는 것을 알게 되었다. 그러나 공중 그네 타기 연습을 하며 70년이나 묵은 낡은 육신이 힘든 것보다 그가 참을 수 없었던 것은 마음의 변화였다.

> "위대한 공중 곡예사들과 나보다 잘하는 동료 곡예사들의 화려한 묘기와 과감한 동작을 보면 감탄을 금할 수 없다. 하지만 가끔 내 안에서 사악한 생각이 일어나, 이들의 완벽한 기술과 나의 보잘것없는 동작을 비교하게 한다. 그러면 나는 어느새 우울해 진다. 이들의 굉장한 묘기에 찬사를 보내기보다는 시기하는 마음이 생기면서 나는 절망에 빠진다."

비교가 사람을 시험에 빠지게 한다는 것을 그네 타기의 힘든 경험을 통해서 깨닫게 된 것이다. 스스로 열등하다고 생각한지 채 며칠도 안 되어 마음이 완전히 바뀌면서 스스로를 우월하다고 생각한다. "카도나 만큼은 못하지만 뚱보 클루츠 막스보다는 내가 훨씬 그네를 잘 탄다"고 생각하는 것이다. 그러나 공중그네를 연습하며, 비교하고 판단하는 것이 바보짓이라는 것을 깨닫게 되었다. 다른 사람과 비교하여 자신을 평가하는 것은 자신의 유일성을 잃어버리는 것이기 때문인 것이다.

하나님은 우리에게 다른 사람이 되라고 말씀하시지는 않는다. 만약 하나님께서 우리들에게 열한 번째 계명을 주신다면 다음과 같은 말씀이라고 킨은 말한다.

"네 자신을 남과 비교하지 말라"

그렇다. 하나님은 우리에게 그 누구도 아닌 바로 우리 자신이기를 원하신다. 그 누구의 삶도 아닌 우리 자신의 삶을 살 것을 요청하시는 것이다. 공중 그네 타기를 통해서 킨이 제일 처음 배운 것은 놀랍게도 그물 위로 떨어지는 것이다. 공중 그네 타기이기에, 당연히 공중으로 올라가는 것부터 배우는 줄 알았으나, 먼저 떨어지는 법부터 배우게 되었다고 한다. 물론 운동가운데 유도도 그렇다. 낙법부터 배운다. 그래서 인생의 노년에 선 이 대신학자는 다음과 같이 말한다.

"지금까지는 그네를 놓는 것보다 잡는 것을 더 잘했지만 마지막
묘기를 완성하기 위해 나는 우아하게 떨어지는 법을 배워야 한다."

샘 킨은 공중 그네 타기를 배우면서 자신이 깨달은 지혜를 우리에게 전하고 있다. 그것은 지식이 아니라, 깨달음이 우리의 삶을 풍요롭게 한다는 것이다. 깨달음은 정보의 수집에 기초한 배움이 아니라, 경험에 기초한 배움이다. 지식의 축적에는 가르치는 사람과 배우는 사람 사이의 차이가 있을

수 있으나, 깨달음은 참여적인 것이다. 가르치는 사람과 배우는 사람 모두가 서로에게서 배운다. 지식은 사람 사이의 경계를 높이지만 깨달음은 경계를 허문다. 국경과 민족과 출신성분, 성의 차이, 개인이나 집단의 능력이나 잠재력도 초월하는 것이다.

오직 올라가기 위해서만 배우는 사회, 다른 사람을 지배하기 위한 지식의 축적만을 지향하는 사회, 관계보다 정보를 더 소중하게 생각하는 오늘 우리 사회에 샘 킨은 우아하게 떨어지는 것이 아름답다는 것을 깨닫게 해준다. 그리고 바로 그 우아하게 떨어짐을 우리가 감당해야 한다는 것도 역시 가르쳐 주고 있는 것이다. 따라서 이제 우리는 우아하게 떨어지기 위해 새로운 춤을 한번 춰보아야 하지 않을까?

"샘 킨 목사님, Shall we dance?"

2부 신앙으로 읽는 영화

하와여, 갓숙이 되라!

01.

한(恨)과 해한(解恨), 떠남과 돌아옴: 영화 〈귀향〉

강일출 할머니의 '태워지는 소녀들'

1. 도상-지표-상징 기호

소쉬르(Ferdinand de Saussure)의 기호 구분인 시니피앙(signifiant, 의미하는 것, 기표)과 시니피에(signifié, 의미되는 것, 기의)로 이루어진 2항적인 구조주의 언어학과 달리 기호학의 창시자인 퍼스(Charles Sanders Peirce)는 기호를 '도상-지표-상징'의 3가지로 나눈다. 도상기호(Iconic sign)는 '외부세계의 실제 대상과의 유사성에 의해 만들어지는 기호'이다. 지시 대상과 닮은 관계를 유지하는 기호이기에 표현하고자 하는 대상과 외견상 비슷한 형태를 갖춘다.

지표기호(Index)는 표현하고자 하는 대상의 부분, 또는 그 대상과 인과적인 관계를 가지고 있는 것으로써 수용자에게도 동일하게 인식되는 것이다. 자연적인 인접성 혹은 근접성에 의거하는 기호 유형이기에, 지표기호와 대상 사이에는 반드시 '인과관계'가 존재한다.

마지막으로 상징기호(Symbolic sign)는 임의로 만들어진 기호이다. 기호의 형태와 대상의 의미 사이에 어떠한 연관이나 유사성 없이 그저 약속에 의해서 성립된 기호를 말한다. 한국어에서는 '나무(namu)'라는 기호가 미국에서는 'tree'라는 기호로, 중국에서는 '木'이라는 기호로 사용되는 것과 같다. 이 세 가지 소리기호와 '나무'라는 대상 사이에서 인과관계를 찾을 수 없을 때 상징기호라고 한다.

2항식의 구조주의에 따르면 모든 것은 구조 속에서만 의미를 가지며 '텍스트 바깥에는 아무것도 존재하지 않는다'. 그러나 3항식을 따르면(또한 퍼스의 기호학을 평생 연구한 움베르트 에코에 의하면) 세상은 '장미의 이름'일뿐, 그 이름의 상징을 찾아내야 한다.

2. 恨: 일본군의 성폭행 – 은경의 성폭행 – 베트남 빈안학살

"날 좀 보소. 날 좀 보소. 날 좀 보소. 동지 섣달 꽃 본 듯이 날 좀 보소. 아리 아리랑 쓰리 쓰리랑 아라리가 났네. 아리랑 고개로 날 넘겨 주소. 정든 님이 오시는데 인사를 못해 행주치마 입에 물고 입만 방긋 아리 아리랑 쓰리 쓰리랑 아라리가 났네. 아리랑 고개로 날 넘겨 주소." (밀양 아리랑)

영화 〈귀향〉을 보고 일본의 만행을 규탄하는 이들은 영화를 자세히 보아야 한다. 은경의 성폭행은 넘어가고 일본군의 만행만 보는 것은 도상기호만 보는 것이고, 우리의 또 다른 죄이자 어리석음일 것이다. 더 나아가 베트남전 당시 한국군에 의한 민간인 학살을 반성하지 않고 일본군을 규탄하는 것도 지표기호만 보는 것이고, 일방적인 민족주의적 관점일 것이다. 따라서 영화는 남의 것을 뺏는 것은 어떤 이유에서든지 나쁘다는 것을 첫 장면에서 분명히 (상징적으로) 보여준다.

1943년 경남 거창, 14살의 외동딸 정민(강하나 분)은 부모와 함께 행복하게 살고 있었다. 노리개(괴불노리개)를 갖고 싶었던 정민은 내기를 해서 친구들의 노리개를 뺏는다. 괴불노리개의 '괴불'은 어린아이들이나 부녀자들이 옷을 입은 후에 장식하기 위하여 차는 장식물을 말한다. 괴불주머니, 괴불줌치라고 하는데 뾰족한 세 귀퉁이는 삼재를 막고 귀신을 물리친다는 의미를 갖고 있다.

괴불노리개

그러나 어머니에 의해 그 일이 탄로 나고, '남의 물건을 빼앗으면 안된다'며 회초리를 맞는다. 무엇이 잘못된 것인지를 알게 된 정민은 그 이후 조선을 침략한 일본군에 의해 그의 몸을 뺏긴다(끌려간다). 이후 정민은 산청에서 끌려온 영희(서미지 분), 그리고 각지에서 끌려온 또래의 소녀들과 함께 기차에 실려 길림성 목단강 주변 일본군 지역으로 끌려가, 전장 한가운데서 위안부 생활을 시작하게 된다.

장면은 바뀌어, 1991년 경기도 양평이다. 교도소에서 출소한 한 전과자가 은경(최리 분)의 집에 들어와 은경이를 성폭행하고, 마침 집에 돌아온 아버지까지 죽인다. 고통스러워하는 은경이에게 어머니는 "밖에 나가면 놀림

거리 된다"는 이유로, 무녀 송희(백수련 분)에게 찾아가 송희의 수양딸로 삼는다. 상징기호가 인간 삶을 규정하는 장면이며, 여성의 삶이 단순한 지표기호에 의해 제한되는 것이기도 하다.

아무튼 무녀와 언니 동생 하는 영옥(=영희, 손숙 분)은 정부에서 정신대 피해 조사를 한다기에 동사무소에 들러 서류를 접수하려고 한다. 머뭇거리고 있는 영옥의 귀에 동사무소 직원의 말이 들린다. "정신대 피해 실적조사, 우리 동에는 없죠? 미치지 않고서야 과거를 왜 밝히겠어요?" 영옥은 그 공무원 앞에 나가 이렇게 말한다. "내가 그 미친년이다. 우짤래?" 성폭력은 일본 군인이든, 한국인이든, 한국 군인이든 할 것 없이 다 똑같다. 그리고 피해 여성을 보는 국가의 시선은 모두 동일하다. '환향녀는 화냥년'이고, 여성은 남성 가부장제에서는 하찮은 약자였던 것이다.

이러한 맥락에서 베트남 전쟁은 우리의 초라한 자화상이다. 베트남 전쟁 당시 한국군에 의한 민간인 학살은 100여 곳, 사망자는 3만 여명에 이르는 것으로 알려져 있다(미국은 미라이 학살 사건뿐[1]). 그 중 최대 규모인 빈안 주변 15곳의 마을에서 1966년 1월 23일부터 2월 26일까지 벌어진 '빈안학살'에서 한국군에 의해 1,004명의 베트남 민간인이 학살당했다(1937년 4월 스페인 게르니카 지역의 독일군 공습 희생자는 1,600명). 빈안학살에서 어머니와 여동생을 잃은 생존자 응우옌떤런은 2015년 4월 평화박물관 초청으로 한국을 방문했을 때, 한국의 베트남 참전 군인들의 "(너는) 거짓말을 하고 있다"는 말을 들어야 했다.

그는 이렇게 말한다. "용서는 결코 망각이 아니다. 한국 정부가 책임지길 원한다." 자신이 받은 상처만 기억하고, 남에게 끼친 상처는 망각하려는 것이 죄인 된 인간의 속성일진대, 밀양 아리랑은 이렇게 노래 부른다. "널 좀 보라", 그리고 성서는 이렇게 말한다.

앙굴렘 국제만화축제 일본군 위안부 피해자 한국만화기획전

"비판을 받지 아니하려거든 비판하지 말라. 너희가 비판하는 그 비판으로 너희가 비판을 받을 것이요. 너희가 헤아리는 그 헤아림으로 너희가 헤아림을 받을 것이니라. 어찌하여 형제의 눈 속에 있는 티는 보고 네 눈 속에 있는 들보는 깨닫지 못하느냐. 보라 네 눈 속에 들보가 있는데 어찌하여 형제에게 말하기를 나로 네 눈 속에 있는 티를 빼게 하라 하겠느냐. 외식하는 자여 먼저 네 눈 속에서 들보를 빼어라. 그 후에야 밝히 보고 형제의 눈 속에서 티를 빼리라. 거룩한 것을 개에게 주지 말며 너희 진주를 돼지 앞에 던지지 말라. 그들이 그것을 발로 밟고 돌이켜 너희를 찢어 상하게 할까 염려하라."

(마태복음 7:1-6)

한국군에 의해 나체로 불태워지는소녀(빈안학살벽화)

3. 解恨: 산자와 죽은 자, 그리고 영매

"아리랑 아리랑 아라리요 아리랑 고개를 넘어간다 나를 버리고 가
시는 님은 십리도 못가서 발병난다" (아리랑)

온갖 성적 치욕과 모진 고통을 겪다가 전쟁이 불리하게 전개되자, 상부
의 지시로 위안부 여성들을 총살 시키는 현장에서 영희와 정민은 독립군의
습격으로 혼란한 틈을 타 도망을 친다. 그러나 쫓아온 일본군 장교 류스케
(임성철 분)에 의해 정민은 영희를 대신해서 죽고 영희만 살아남는다. 세월이
흘러 1991년 경기도 양평에서 평생 그 한과 미안함을 안고 살아가던 영옥
은, 영매인 무녀 은경을 통해 가슴에 묻어둔 한을 풀어낸다. 한풀이는 산자
와 죽은자, 그리고 그 영매인 무녀를 통해 이루어지는 것이다.

"잘가라 언니야."

일본군에 의해 처형당하는 소녀들

"다 끝났다. 집에 가자."

"내 곧 따라갈끼다."

"내 혼자만 돌아왔다. 미안하다."

"괘않다."

"지금까지 나도 거 있었다. 몸은 여기 왔지만 마음은 거기 있다.

이제 끝이다. 여기 소풍 끝내놓고 곧 갈끼다."

그리고 정민은 한 마리 나비가 되어 거창 한디기댁, 고향에 돌아와 어머니가 차려준 따뜻한 밥 한 공기를 먹는다. 아버지는 말한다.

"밥묵자!"

밥으로 상징되는 도상, 지표기호들이 날아다닌다. 나비, 괴불노리개, 조선의 푸른 산천, 그리고 날개가 부러진 나비는 전쟁의 참혹함과 남성들의 잔인함과 연결된다. 따라서 성서는 세상을 구원하실 구세주는 남성의 도움

없이 이 땅에 오셨다고 말한다.

"예수 그리스도의 나심은 이러하니라. 그의 어머니 마리아가 요셉
과 약혼하고 동거하기 전에 성령으로 잉태된 것이 나타났더니 그의
남편 요셉은 의로운 사람이라 그를 드러내지 아니하고 가만히 끊고
자 하여 이 일을 생각할 때에 주의 사자가 현몽하여 이르되 다윗의
자손 요셉아 네 아내 마리아 데려오기를 무서워하지 말라. 그에게
잉태된 자는 성령으로 된 것이라. 아들을 낳으리니 이름을 예수라
하라. 이는 그가 자기 백성을 그들의 죄에서 구원할 자이심이라 하니
라. 이 모든 일이 된 것은 주께서 선지자로 하신 말씀을 이루려 하심
이니 이르시되 보라. 처녀가 잉태하여 아들을 낳을 것이요. 그의 이
름은 임마누엘이라 하리라 하셨으니 이를 번역한즉 하나님이 우리
와 함께 계시다 함이라. 요셉이 잠에서 깨어 일어나 주의 사자의 분
부대로 행하여 그의 아내를 데려왔으나 아들을 낳기까지 동침하지
아니하더니 낳으매 이름을 예수라 하니라." (마태복음 1:18-25)

바라고 원하는 바를 보증해 주고 보이지 않는 것들을 증거해 주는 것이

나비가 되어 고향에 돌아와 밥먹는 마지막 장면

테오-시네마

믿음이라면, "왜곡된 현실이 오래 가지 못한다는 믿음, 비정상이 바로 잡힐 것이라는 믿음, 동정녀에서 난 예수를 그리스도로 믿는 믿음, 이 믿음을 포기하는 순간 비극은 시작된다."[2]라는 김수남 목사의 말이 상징이 아닌 지표기호로 들릴 때 참신앙의 길이 열릴 것이다.

4. 떠남과 돌아옴

일본군 위안부로 끌려온 10대 소녀들은 모처럼 햇살을 받으며 냇가에 둘러앉았다. 그 중에 언니가 되는 소녀 분숙은 소녀들이 노래를 청하자, 낭랑한 목청으로 한 곡조 뽑는다.

> "가시리 가시리잇고 (가시렵니까 가시렵니까) 버리고 가시리잇고 (나를 버리고 가시렵니까)
> 날더러 어찌 살라고 (나더러는 어찌 살라하고) 버리고 가시리잇고 나난 (버리고 가시렵니까)
> 가시리 가시리잇고 버리고 가시리잇고 잡사와 두어리마난 (붙잡아 두고 싶지마는) 선하면 아니 올세라 나난 (서운하면 아니 오실까 두렵습니다) 설온님 보내옵나니 (서로운 임을 보내오니) 설온님 보내옵나니 설온님 보내옵나니 설온님 보내옵나니 가시는 듯 도져 오소서 (가시자마자 돌아서서 오십시오) 가시는 듯 도져 오소서" (가시리)

'비분리성의 윤리(ethic of inseparability)'를 말하는 여성윤리학자 캐서린 켈러(Catherine Keller)는 "인간/비인간 이원론의 근원이 되는 그러한 하나님상에서 벗어나 '관계적 자아' 개념을 수용할 때 비로소 대립적, 계층적, 이원론을 넘어 만물이 뗄래야 뗄 수 없는 관계로 상호 연관되어 있다는 유기체적 비전을 함축한다"고 말한다. 따라서 인간은 데카르트의 유명한 코기토가 천명하듯, 이성적이고 비육체적이며 다른 존재로부터 철저히 분리된 '고립된 자아'가 아니라, '관계적 자아'이다. 따라서 떠남은 돌아옴의 다른 이름이고(가시는 듯 도려 오소서) 한은, 달이 해를 품듯이, 해한을 품어야 한다.

〈뱀꼬리〉

2002년 나눔의 집(생존 일본군 위안부 할머니 후원 시설) 봉사활동을 통해 만나게 된 일본군 위안부 피해자 강일출 할머니의 실화를 배경으로 한 영화 〈귀향〉의 조정래 감독은 이렇게 말했다. "위안부 소재 영화가 수익성이 있겠느냐. 일본과 밀접한 경제적 관계를 맺고 있는 우리나라 기업들이 과연 투자하겠느냐. 쓸데없는 고생하지 마라. 별의별 말을 다 들었어요. 투자자들 찾아가면 문전박대 당하기 일쑤였죠."

1943년 강제로 끌려간 20만명의 소녀들 중 238명만이 돌아왔고, 2016년 3월 현재 45명만이 남았다. 일본 정부는 위안부 관련 사실을 부인하고 관련 자료와 증거들을 은폐하고 파기하였다. 투자자들과 영화계 큰 손들이 외면한 영화를 세계 각지 75,270명 시민 후원자가 완성하였다.

〈뱀꼬리의 꼬리〉

베트남 양민 학살에 대해 한국 정부(가 안하면 시민들이라도)가 "파이 찌우 짝 니엠(phai chiu trach nhiem, 책임져라)!"

02.

영화 〈마돈나〉:
When a child is born

　# 10년간 교편을 잡은 교사 출신인 신수원 감독은 '중년 가장이 실직한 사실을 가족에게 알리지 않고 매일 지하철 순환선을 타면서 벌어지는 일을 담은' 단편영화 〈순환선〉(2012)으로 칸영화제 비평가주간 까날플러스 상을 받았고, '초특급 사립고에 존재하는 1% 상위권 학생들의 비밀 스터디 그룹에 가입하기 위해 몸부림치던 평범한 소년이 충격적인 진실을 알게 되면서 점차 괴물이 되어가는 이야기'를 담은, 행성에서 제외된 〈명왕성〉(2012)이란 제목의 영화로 우리 사회의 잔혹하고 서글픈 이면을 스크린에 담아내 울림을 준 감독이다.

최근작 영화 〈마돈나(Madonna, 2015)〉는 병원 VIP병실의 간호조무사 해림(서영희 분)과 의사 혁규(변요한 분)가 심장 이식이 필요한 전신마비 환자 철오를 담당하게 되는 것으로 시작된다. 철오의 아들 상우(김영민 분)는 아버지가 유언장으로 모든 재산을 사회에 환원하기로 했기에 아버지의 재산을 얻기 위해(월 10억의 월급) 모든 수단을 동원해 아버지의 생명을 억지로 연장하고 있다. 그러던 어느 날, 정체불명의 사고 환자 민아(권소현 분)가 병실에 실려 오게 되고, 냉혹한 재벌 2세 상우는 해림에게 그녀의 가족을 찾아 장기기증 동의서를 받아오라는 거래를 제안한다. 출산한 자신의 아이를 강에 던져 영아살해한 해림은 가난 때문에 이 제안을 수락하고, '마돈나'라는 별명을 가졌던 민아의 과거를 추적해간다. 그 추적에서 우리는 이 사회가 만들어 놓은 폭력적인 상징계에 저항하는 3가지 방식을 엿보며, 상우와 민아를 니체의 사상(군주 도덕과 거리의 파토스, 에쁘롱)으로 읽어낼 수 있으며 마침내 한 아이의 탄생을 통해 세상이 바뀌는 기독교 성탄의 의미도 찾을 수 있을 것이다.

1. 상징계에 저항하는 3가지 방식

첫 번째 저항방식

영화의 첫 장면은 거꾸로 된 세상을 암시하듯 물에 비친 세상을 보여주며 그 세상의 한 구석 끝자락에 버려진 민아의 모습을 비춰준다. 이후 해림을 통해 드러난 민아의 삶은 비열한 '자본주의의 남성가부장적 사회(혹은 남근중심적 사회)'의 병폐와 소외층 여성이 겪는 사회적 문제를 온 몸으로 보여주게 된다. '있으나 마나한 아이들', 할머니 요양비 때문에 상사에게 버림받

테오―시네마

지 않으려고 안간힘 쓰며, 때로는 회사의 물건을 빼돌려야 하며, 남성들의 폭력에 시달리며 이용당하는 인물이 바로 민아다. 그런 민아는 '폭력적인 상징계(라캉의 '아버지의 이름'을 좀 더 확장해서 '남근중심적 가부장적 사회'로 개념 확장)'에 진정한 가치가 무엇인지를 보여준다. 그것은 바로 한 생명을 탄생시키는 일이다. 성폭력으로 잉태한 한 아이를 낳는 것이다. 자신의 죽음과 바꾸면서. 따라서 폭력적인 상징계에 저항하는 방식은 상징계의 틈새를 열어 젖히는 것이며 새로운 생명을 탄생시키는 것이다. 영화 〈나자리노〉의 주제가 (When a child is born)처럼 한 아이가 태어날 때 비록 백일몽일지라도 눈물이 웃음으로, 미움이 사랑으로, 전쟁이 사랑으로 바뀌기를 바라는 것이다.

두 번째 저항방식

해림은 민아의 삶을 추적하며 민아의 삶에 젖어든다. 그리고 자신에게 주어진 상징계에 저항한다. 이것은 자본과 권력으로 치장된 강압적 상징계이다. 그 세계에 견딜 수 없어서 (영화의 두 번째 장면에서) 자신이 낳은 아이마저 살해한 해림은 이제 마지막 장면에서 철오를 안락사시켜 민아의 아이를 구하며 강압적 상징계에 맞선다. 민아가 낳은 아이에게 이름(장민아, 2014.9.1)을 지어주며 남근중심적 사회에 저항하는 법을 배운다. "아가야, 네 엄마를 잘 모른단다. 어떤 삶을 살아 왔는지도 모른다. 하지만 네가 태어나기 위해 두 생명이 목숨을 바쳤단다. 행복하게 값지게 살아라." 때로는 상징계에 저항하기 위해서 우리는 무엇인가를 버리고 어떤 것을 시도해야만 한다. 해림은 자본과 평안함을 버렸고, 상징계에 균열을 내는 시도를 시작한다. 따라서 상징계를 넘어 자신의 실재를 회복하였다. 상징계에 저항함으로 자신을 찾은 것이다.

세 번째 저항방식

상우의 상징계에 저항하는 방식은 특이하다. 한번도 자신에게 웃음을 보여주지 않고, 모든 재산을 사회에 기부해 버리기로 약속한 아버지는 말 그대로 상징계의 폭력(이것은 라캉의 상징계에 더욱 가깝다. 아버지의 이름, 혹은 권위로 불려도 무방하다)으로 상우에게 다가온다. 그래서 그의 저항 방식은 상징계가 자신을 억압하는 방식 그대로 저항한다. 육신은 움직이지 못하나, 정신은 말짱한 아버지 앞에서 간호사와 관계를 맺거나, 죽음 보다 더한 삶의 고통을 폭력적으로 그대로 유지하는 방식을 택한 것이다. "저를 비웃고 있죠? 아버지는 저한테 아무것도 못해요. 제가 무슨 짓을 해도." 상징계에 저항하는 가장 단순한 방식은 바로 상징계의 폭력을 그대로 돌려주는 방법이다. 따라서 남자는 상징계의 폭력을 그대로 대물림하나, 여성들은 상징계의 폭력에 새로운 생명의 출산으로 상징계를 넘어 실재를 지향하는 것이다. 여기서 우리는 감독이 여성편향적인 여성 감독임을 알 수도 있지만, '생명을 잉태하는 여성성'이야말로 보편적인 정서임을 깨닫게 된다. '남자 신수원(혹은, '여자 김기덕')'이라 불리는 김기덕 감독의 영화도 파우스트의 마지막 장면과 같이 나쁜 남자를 구원하는 영원히 여성적인 것을 말하고 있다. 신수원 감독을 '여자 김기덕'이라 말하는 것은 그로데스크한 영상 이미지보다는 그 주제가 아닐까?

2. 상우: 니체의 강자와 군주의 도덕, 그리고 '거리의 파토스'

니체의 강자를 옹호하는 극단적 귀족주의 사상인 『선악의 저편』의 본론은 강자의 본질적 특성을 '독립'으로 본다. 아무에게도 의지하지 않고 오

테오―시네마

직 자기 자신만을 믿고 자기 자신에게만 기대는 존재가 강자(니체가 말하는 '미래의 철학자'도 강자의 다른 이름이다)인 것이다.

> "진정한 철학자는 명령자이며 입법자이다. 그들은 '이렇게 되어야
> 한다!'라고 말한다. 그들은 우선 인간이 어디로 가야 할 것인가 어떠
> 한 목적을 가져야 하는가를 결정한다. (⋯) 그들은 창조적인 노력을
> 통해 미래를 지향한다. 이제까지 존재했던 것과 또 현재 존재하는
> 모든 것들은 그들을 위한 수단, 도구, 망치가 된다. 그들의 '지식'은
> 창조이며, 그들의 창조는 하나의 입법이며, 그들의 진리 의지는 권력
> 의지이다"(『선악의 저편』, 211절)

병원에서 명령자이며 입법자인 상우, 존재하는 모든 것이 상우를 위한 수단과 도구, 망치가 된다. 다만 상우의 진리 의지는 니체식 '권력의지(Wille zur Macht)'가 아니라, '돈의지(the power of money)'이다. 니체는 지금까지의 모든 수많은 도덕을 편력하며 검토한 결과 근원적인 차이인 군주의 도덕과 노예의 도덕이라는 이분법을 사용해 강자의 사상을 더욱 명징하게 드러낸다. 군주의 도덕은 지배자들에게서 나온 것이고, 노예의 도덕은 피지배자들, 예속된 자들, 노예들한테서 생겨났다는 것이다. 그들의 도덕은 자유롭지 못하며, 자기 자신에 대한 확신이 없으며 피로에 지친 것이다.

> "그러므로 노예의 도덕에서 보면 '악한' 인간이란 공포감을 불러일
> 으키는 인간이다. 그러나 주인의 도덕에서는 공포를 불러일으키거나
> 그러한 의도를 지닌 사람이 바로 '선한(좋은)' 인간이며 반면에 경멸
> 감을 불러일으키는 인간은 '악한(나쁜)' 인간이 된다."(『선악의 저편』,
> 260절)

따라서 니체의 귀족 정치에는 민주주의 원리가 끼어들 틈이 없다. VIP 병동은 상우의 권력의지인 '돈의지'에 의해 지배되는 귀족 정치의 장이다. 사실 니체는 민주주의를 근원적으로 부정하고, 선택된 소수의 상승과 고양을 위한 정치를 주장한다. 그리고 니체가 군주도덕, 귀족의 가치를 이야기할 때는 언제나 어떤 거리, 간격, 격차를 상정하는데, 이러한 거리를 만들어내려는 심리 상태를 '거리의 파토스(das Pathos der Distanz, 거리를 두려는 열정)'라고 말한다. "지배 계급이 노예나 도구를 끊임없이 내려다보고 낮추어보는 데서, 그리고 복종과 명령, 억압과 거리의 끊임없는 연습에서 생겨나는 거리의 파토스"(『선악의 저편』, 257절)인 것이다.

중요한 것은 니체에 따르면 이러한 거리의 파토스가 있기에 인간 내면의 성장과 향상이 가능하다는 것이다. 상우가 해림의 눈에서 본 텅 빈 곳, 존재론적 빈방이자, 사회적 빈방일터, 상우는 거리의 파토스를 통해 해림의 자기 극복을 '돈의지'로 유혹하는 것이다. 니체는 이렇게 말한다.

"거리의 파토스가 없다면, 또 다른 한층 더 신비한 파토스 역시 자라날 수 없었을 것이다. 즉 거리의 파토스가 없다면 영혼 그 자체 안에서 점점 더 간격을 넓히려는 끊임없는 갈망, 더 높고 더 희귀하고 더 특이하고 더 넓고 더 포괄적인 상태로의 발전은 기대할 수 없으며 좀 더 간단히 이야기한다면 '인간'이란 종의 향상, 지속적인 '인간의 자기 극복'은 기대할 수 없다는 것이다." (『선악의 저편』, 260절)

지금까지 인류 문화의 모든 고귀한 것은 이런 거리의 파토스로 말미암아 태어났고, 성장한 것이라는 이야기인데, 이런 관점에서 상우는 니체의 비틀어진 강자와 군주도덕과 거리의 파토스의 현대적 부활이다. '돈의지'는

테오—시네마

말 그대로 돌아버린 '돈 의지'가 되는 것이다.

3. 미나, 데리다의 '니체의 에쁘롱'

데리다의 해체 이론은 구조주의자들의 사상과 심층 의식에 있는 모든 이분법적 대립의 해체이자, 이분법적 대립항 사이에 존재하는 서열제도의 파괴이다. 서양 형이상학이 선택한 말 중심주의는 '말/글'이라는 이분법적 대립항을 만들었으며 '하늘/땅, 자연/문화, 선/악, 정상/비정상. 철학/문학, 저자/독자, 서양/동양, 남성/여성 등으로 대(/) 세우기를 하였다. 그리고 전자는 일차적이고 완전히 현존하는 것이지만 후자는 이차적이고 앞의 것의 오염된 형태라는 것이다. 따라서 이러한 이분법적 사고에는 폭력적인 서열 관계가 존재한다. 전자는 항상 후자를 억압해 왔다. 이러한 서열 관계를 평화적 공존 상태로 바꾸기 위해 데리다가 선택한 것이 니체의 에쁘롱이다.

에쁘롱은 뾰족한 돌출부로 진리라는 배를 파산시키면서 남성 우위, 말 우위, 이성 우위에 도전하고 있다. 니체의 에쁘롱, 여성으로서 에쁘롱은 더 이상 남성이 와서 쉴 수 있는 안식이나 휴식의 장소가 아니다. 여성들은 남성의 진리라는 배를 수장하기 위해 바닷가의 요정처럼 거리를 가지고 유혹한다. 여기서 여성의 내숭과 화장이라는 위장은 새로운 의미를 부여받는다. 여성은 배의 충각이나 바닷가 바위의 뾰족한 돌출부처럼 남성이라는 '철학/진리/중심/이성'이라는 배를 난파시킬 준비가 되어 있다. 마돈나가 해림에게, 혹은 할머니에게, 직장 동료에게 그 토록이나 매니큐어칠을 하며 손톱 손질하는 것의 의미가 바로 여기에 있다. 그리고 마돈나 자체가 에쁘롱이 되어 남근 중심주의를 해체시킨다.

4. When a child is born

〈마돈나〉는 아르헨티나의 가난하고 고통스러운 현실에 시달리는 아르헨티나 민중의 모습을 담은 영화인 〈나자리노〉의 '한국/여성적 토착화'라고도 할 수 있다. 주인공 '나자리노 크루즈'라는 이름은 '나사렛 예수의 십자가'를 의미하는데(물론 나자리노는 이탈리아 말로 '늑대인간'을 뜻하기도 한다), 나자리노는 암울한 아르헨티나 민중의 현실을 극복하기 위한 구원자이자 해결책이 된다. 그리고 고통스런 현실을 해결하기 위한 궁극적인 수단으로 내세운 것은 사랑이었다. 주제곡인 'When a child is born' 이야말로 〈마돈나〉의 결론으로 내세워도 틀림이 없다. 덧붙인다면 헐리우드 영화 〈터미네이터〉 시리즈는 바로 〈나자리노〉의 '헐리우드판 SF 토착화'가 될 것이다.

하늘 위에서 반짝이듯 희망의 빛줄기가 비치고
조그마한 별들이 저 높은 곳에서 빛나며
여명으로 물드는 세상이 이윽고 새로운 아침을 맞는 것은
한 아이가 태어나는 순간 일어나는 일들.

마음 속 소망이 세상의 모든 바다 위를 고요히 헤엄치고
나무가지 사이로 방향이 바꾸어온 바람이 그것을 소근거릴 때면
의심의 벽도 모두 허물어지고 있다네
이것 또한 한 아이가 태어나는 순간 일어나는 일들.

온 대지가 장미빛으로 물들여지며
그대는 흔들림 없는 땅위에 서 있다고 느껴질 때
그 순간 잠시만은 아무도 슬퍼하지 않고 있네

테오-시네마

바로 한 아이가 태어나는 순간이기 때문에.

그리고 이 모든 일들이 언제나 일어나는 것은,
온세상 사람들이 같은 마음으로 기다리고 있기 때문이지.
한 아이가 기다리고 있기 때문이지;
그 아이가 검든, 희든, 노랗든 … 그런 것은 전혀 상관없이 말이야.

단지 한 아이가 자라서
눈물을 웃음으로 바꿔주고
미움을 사랑으로 바꿔주고
전쟁을 사랑으로 바꿔주며
모든 사람들을 모든 사람의 정겨운 이웃으로 만들어주길
그리고 불행과 고통이라는 단어조차도 영원히 잊혀지게 하길 기
다릴 뿐이지.

지금은 그것이 바록 하나의 꿈이며 백일몽일지라도
언제인가는 어떻게든 이뤄지리라는 것을 확실한다네
여명으로 물든 세상이 이윽고 새로운 아침을 맞을 수 있는 것은
지금 한 아이가 태어나고 있기 때문이라는 것.

요한계시록 12장에 태양을 입고, 발아래 달이 있고 12별의 월계관을
쓴 여자가 아이를 배어 해산하려는데, 그것을 막으려는 붉은 용의 이야기가
있다. 아이는 장차 만국을 다스릴 어린양 예수이며, 붉은 용은 사탄을 상징
한다. 의로운 천사 미가엘과 악한 사탄이 전쟁을 하게 되고, 미가엘이 이김
으로 사탄은 하늘 영계에서 쫓겨나게 된다. 그러한 성서적 상징이 이 영화

를 한 차원 신화적으로 높게 평가하는 이유이다. 곧, 한 아이가 태어남으로 남성 가부장적 사회가, '돈의지'에 매몰된 사회가, 상징계의 폭력이 새롭게 재편될 가능성을 보여준다. 또한 여성 감독의 시각이라 아이가 여자 아이임은 눈여겨 볼 만한다. 그리고 그 아이의 이름은 엄마 민아와 똑 같은 민아이다.

성폭력으로 임신한 '아이를 왜 낳으려고 하는가?' 라는 질문에 미나는 대답한다. "나는 평생 사랑받은 적이 없어요. 그런데 배 속의 이 아이가 나를 사랑하네요." 버려질 뻔 했던 한 아이, 어쩌면 폭력의 산물인 아이가 사랑을 받지 못한 이들을 사랑하는 아이로 세상에 태어난다. 저 물질 자본주의의 남근중심적 붉은 용은 오늘도 해산을 방해하고 여자의 자손과 싸우려고 하지만, '바닷가에 서 있는(요한묵시록 12장 18절) 생명력 있는 마돈나의 동지들인 여성들의 노력은 새로운 세상을 열어 보여줄 것이다.

그리고 하늘에는 큰 표징이 나타났습니다.

한 여자가 태양을 입고 달을 밟고 별이 열두 개 달린 월계관을 머리에 쓰고 나타났습니다.

그 여자는 뱃속에 아이를 가졌으며 해산의 진통과 괴로움 때문에 울고 있었습니다.

또 다른 표징이 하늘에 나타났습니다.

이번에는 큰 붉은 용이 나타났는데 일곱 머리와 열 뿔을 가졌고 머리마다 왕관이 씌워져 있었습니다.

그 용은 자기 꼬리로 하늘의 별 삼분의 일을 휩쓸어 땅으로 내던졌습니다.

그리고는 막 해산하려는 그 여자가 아기를 낳기만 하면 그 아기를 삼켜버리려고 그 여자 앞에 지켜 서 있었습니다.

테오-시네마

마침내 그 여자는 아들을 낳았습니다.

그 아기는 장차 쇠지팡이로 만국을 다스릴 분이었습니다.

별안간 그 아기는 하느님과 그분의 옥좌가 있는 곳으로 들려 올라갔고 그 여자는 광야로 도망을 쳤습니다.

그 곳은 하느님께서 천이백육십 일 동안 그 여자를 먹여 살리시려고 마련해 두신 곳이었습니다.

그 때 하늘에서는 전쟁이 터졌습니다.

천사 미가엘이 자기 부하 천사들을 거느리고 그 용과 싸우게 된 것입니다.

그 용은 자기 부하들을 거느리고 맞서 싸웠지만 당해 내지 못했습니다.

그래서 하늘에는 그들이 발붙일 자리조차 없었습니다.

그 큰 용은 악마라고도 하고 사탄이라고도 하며 온 세계를 속여서 어지럽히던 늙은 뱀인데, 이제 그 놈은 땅으로 떨어졌고 그 부하들도 함께 떨어졌습니다.

그 때 나는 하늘에서 큰 음성이 이렇게 말하는 것을 들었습니다.

"우리 형제들을 무고하던 자들은 쫓겨났다. 밤낮으로 우리 하느님 앞에서 우리 형제들을 무고하던 자들이 쫓겨났다. 이제 우리 하느님의 구원과 권능과 나라가 나타났고 하느님께서 세우신 그리스도의 권세가 나타났다. 우리 형제들은 어린 양이 흘린 피와 자기들이 증언한 진리의 힘으로 그 악마를 이겨냈다. 그들은 목숨을 아끼지 않고 죽기까지 싸웠다. 그러므로 하늘과 그 안에 사는 자들아, 즐거워하여라. 그러나 제 때가 얼마 남지 않은 것을 깨달은 악마가 크게 노하여 너희에게 내려갔으니 땅과 바다는 화를 입을 것이다."

그 용은 자기가 땅에 떨어진 것을 깨닫자 그 사내아이를 낳은 여자를 쫓아갔습니다.

그러나 그 여자는 큰 독수리의 두 날개를 받아 가지고 있어서 광야에 있는 자기 처소로 날아가 거기에서 삼 년 반 동안 그 뱀의 공격을 받지 않고 먹고 살 수 있었습니다.

그 뱀은 그 여자의 뒤에서 입으로부터 강물처럼 물을 토해 내어 그 물로 여자를 휩쓸어버리려고 했습니다.

그러나 땅이 입을 벌려 용이 토해 낸 강물을 마시어 그 여자를 구해 냈습니다.

그러자 용은 그 여자에 대하여 화가 치밀었습니다.

그리고 하느님의 계명을 지키고 예수를 위해서 증언하는 일에 충성스러운 그 여자의 남은 자손들과 싸우려고 떠나가 바닷가에 섰습니다. (공동번역 요한묵시록 12장 전체)

테오—시네마

03.

3가지 여성억압 코드로 읽은
영화 〈밀양〉

비극은 외적 비극과 내적 비극이 있다. 물론 외적 비극이 더 비극적인 상황을 몰고 오지만, 문학에서는 내적 비극을 비극의 완성으로 본다. 섹스피어의 4대 비극에 『로미오와 줄리엣』이 들어가지 못하는 이유는 그들 비극이 내적 비극이 아닌, 가문간의 싸움이라는 외적 요인에 기인하기 때문이다. 따라서 『햄릿』의 우유부단함이나, 『오델로』의 질투, 『리어왕』의 독선과 『멕베드』의 야망은 내적 비극의 극치라고 볼 수 있으며 영화 밀양은 이러한 관점에서 보면 문학적 깊이가 떨어지는 외적 비극이라고 할 수 있다.

그러나 외적 비극이 당대의 시대적 상황을 묘사하는 것이라면 이것은 또 다른 통찰을 우리에게 던져준다. 사실 이창동 감독은 영화의 원작인 이청준의 소설을 읽으며 '1988년도에 소설「벌레이야기」를 읽으면서 5·18광주민주항쟁을 생각'했다고 하는데, 이러한 '피해를 입은 사람이 용서할 수조차 없도록 억압당하는 조건'을 생각하며 〈밀양〉이라는 영화를 만들지 않았을까? 이것이 이 영화에서는 '신의 용서'라는 그럴듯한 은유를 집어넣어 억압하는 조건을 비꼬았지만……

끔찍한 것은 현실은 27년이라는 세월의 흐름으로 '피해를 입은 사람'이 '피해 입은 사실 조차 기억하지 못하는' 아주 이상한 기억상실에 있다는 것이다. 따라서 이 영화는 홍보사에서 떠들듯 멜로영화도 아니고, 신과 구원의 문제를 다룬 아주 특별한 영화도 아니다.

필자가 보기에는 이 영화는 감독의 장관 생활 이후, 현실 정치에서 느꼈던 회의감의 표출이며 억압받은 이를 '신애'(信愛)라는 '믿음과 사랑'이라는 메타포로 설정하고, 이제 억압당하는 조건을 종교적 이유로 바꾼 현실 인식의 날카로운 풍자인 것이다. 그리고 영화는 신애의 현재의 억압만을 이야기 하는 것이 아니라, 여성으로 상징되는 이들을 통해 신애의 과거와 미래까지도 보여주고 있다. 그리고 이것은 지금 우리의 상황에 대한 날카로운 통찰인 것이다.

1. 신애의 과거, 유괴범의 딸

먼저 우리는 신애의 과거를, 아니 우리들의 과거를 유괴범의 딸의 모습을 통해 볼 수 있다. 아버지에게 두들겨 맞고, 동네 오빠들에게 맞고, 마침내 아버지의 유괴라는 범죄에 공범이 되고 마는, 이 땅의 어린 딸들의 모습을 볼 수 있다. 그것은 80년대 우리들의 자화상이고, 영화 〈박하사탕〉에서 그토록 주인공이 돌아갈 수 없었던 잃어버린 순수인 것이다.

2. 신애의 미래, 종찬의 어머니

그렇다면 신애의 미래는 어떤가? 영화에 존재감조차 없는 종찬의 어머니이다. 그녀는 아들 걱정에 잠 못 이루는 어쩌면 신애의 미래이다. 유괴되지 않고 아들을 종찬의 나이만큼 키운 후, 신애의 모습이란 말이다. 아들에게 귀찮은 존재, 그렇지만 아들이 밥 먹었는지를 끝까지 물어보는 이러한 어머니로 표상되는 신애의 미래는 〈오아시스〉의 '한공주'와 '홍동주'의 현재와도 같은 것이다.

3. 신애의 현재와 우리의 상황

그렇다면 이제 신애의 현재를 살펴보자.

비밀의 빛(secret sunshine) 밀양으로 진입하는 차가 고장이 나고, 그곳에서 아들은 유괴되어 죽고, 자기 스타일이 아닌 남자는 계속 생활에 간섭한다. 2007년 그 당시 노무현 대통령의 참여 정부를 이렇게 표현하는 감독의 기지가 놀랍다. 그 밀양은 종찬의 소개대로 '경기가 좋지 않고 한나라당(자유한국당의 전신인 새누리당의 전신)이 집권'하는 도시인데, 영화의 마지막, 신애의 동생에게 밀양을 소개하는 종찬의 변화가 압권이다. "뭐, 사람 사는 곳이 다 그렇지요"

이러한 자괴감은 전두환과 노태우의 분신인 자유한국당인 제1야당인 서글픈 우리 현실을 잘 반영한다. 우리가 용서하지 않았는데, 누가 용서하였단 말인가? 아니 상처조차 기억하지 못하는 이들에게서 신애보다 더한 절망을 되새겨 본다.

6월 항쟁 이후 30년이 지난 지금, 분배와 복지보다 성장을 외치며 민주화보다 산업화를 외치고 있는, 그래서 '민주화서 선진화로 시대정신 바뀌어야'(신지호, 김영환, 구해우)한다는 6월 항쟁의 당시 주역들에게 '비밀의 빛'은 어디 있을까? 광주에서 밀양으로 도시는 바뀌었지만, 나는 신애의 말을 듣고 가게의 인테리어를 바꾸었던 옆집 아주머니와 이진경의 다음의 말에서 다중(multitude)과 하나님 나라의 모습을 보게 된다.

> "80년대 진보운동이 국가 전체를 바꾸는 대규모 혁명을 꿈꾸었다
> 면, 지금 나는 비(非)국가 단위의 소규모 공동체 운동을 지향하고 있
> 습니다. 다양한 공동체가 생겨나 네트워크로 연결되는 세상을 꿈꾸
> 는 거죠?"

우리들의 비밀스러운 빛이 소규모로 시작되어야 한다는 감독의 마지막 장면을 통한 메시지는 네트워크를 통한 연대야 말로 새로운 시작임을 알려준다.

테오―시네마

04.

갓숙과 영화 〈아가씨〉:
동정녀 마리아와 여성 연대

1. 갓숙: 새로운 젠더 전쟁의 세례 요한

데뷔 초부터 밝혀온 이상형이 '살림 잘 하는 조신한 남자'라는 '퓨리오숙', '숙 크러시', '가모장숙', '갓숙'인 개그우먼 김숙의 '가모장 어록'이 있다. 인용해 보겠다.

"1. 남자가 조신하니 살림 좀 해야지.
　2. 함부로 갖고 놀다 다친다.

갓숙 김숙

3. 어딜 감히, 남자 돈 쓰는 거 아니야.

4. 갖은 남자 짓 다 하고 있네.

5. 남자 그런거 묻는 거 아니야 여자가 내려오라면 바로 내려와야지.

6. 어디 아침부터 남자가 인상을 써.

7. 남자 목소리가 담장을 넘으면 집안이 패가망신한다는 얘기가 있어.

8. 그깟 돈이야 내가 벌면 되지.

9. 남자가 빨간색을 왜 입고 있어.

10. 집에 남자를 잘 들여야 한다더니.

11. 남자가 여자가 하는 일에 토를 너무 달아.

12. 어디 남자가 목소리를 크게 해 진짜.

13. 옷 조신하게 입고 댕겨, 칠렐레팔렐레 다 보이게 다니지 말고.

14. 집구석에 먹을 게 없어.

15. 에이 밥맛 떨어져, 집구석에 오기 싫어."

'퓨리오숙'은 영화 〈매드맥스: 분노의 도로〉(2015)의 여주인공인 여전사 퓨리오사를 본따 만든 것이며, '숙 크러시'란 걸 크러시(Girl Crush, 여성이 다른 여성에게 호감을 가지는 것)에 김숙의 이름을 따서 표현한 말이다. '가모장숙'은 가부장과 대비되는 가모장을 뜻하며 '갓숙'은 신을 뜻하는 갓(God)에 김숙의 이름을 합쳐 표현한 애칭이다. 2016년 한국 가부장제를 비판하는 여성의 신념과 새로운 감성을 대변하고 있는 김숙이라는 시대적 아이콘에 대하여 천안여성영화제 심혜경 프로그래머는 이렇게 분석한다.

> "마흔 넘은 미혼의, 뚱뚱하고, 게걸스럽고, 입이 걸며, 음식을 입에 넣고 큰 소리로 웃어넘기기 일쑤인 김숙은 어쩌다 우리의 빈티지(?)급 스타가 되었나? … 김숙은 가부장제 젠더를 역전시키면서 여성성도 남성성도 모두 다 가진, 혹은 이를 교란하는 여성 주도형 캐릭터를 만들어냈다. … 그간 불합리한 미신과 부당한 사회적 통념으로 억압당해온 여성들의 답답한 속을 뻥 뚫어주는 사이다가 되었다. … 기존의 남녀 성역할이 얼마나 아무것도 아닌 것인지를 폭로하는 그녀의 젠더 벤딩(gender-bending, 성 역할을 바꾸거나 파괴하는 것)과 미러링(mirroring, 거울처럼 반사해서 보여주기)에 대중은 열광했다."[1]

대한민국 여성들의 이름은 한때 대부분 '자'이거나 '숙'이었다. '숙(淑, 맑을 숙)'이라는 외자 이름을 가진 김숙은 여성의 대명사인 자신의 이름 숙에 저항한다. 심혜경의 말이다.

> "1980년대만 해도 매우 흔한 한국 여성의 이름이자 '요조숙녀'같은 단어에서 풍겨 나오듯이 맑고, 착하고, 아름답고, 단아한 현모양처가 되기를 기원하며 딸에게 지어주던 이름, 그러니 한국 여성 일반을 지시한다 해도 무리랄 것 없는 숙이라는 이름이 김숙을 통해 2016년 한국의 가부장제를 비판하는 여성의 신념과 새로운 감성을

대변하고 있는 현상이 되었다."[2]

여성학자인 손희정 역시 김숙의 활약을 이렇게 분석한다.

"아저씨들이 주도하는 '개저씨 엔터테인먼트' 속에서 페미니즘이
라는 문화전쟁을 수행하는 '여전사', 혹은 '여성영웅'이다. … 그가 미
러링하는 것은 정확하게 한국의 가부장제이다. … '퓨리오숙'이야말
로 보편적 가부장제와 한국의 특수성이 결합된, 이 특수한 가부장제
에서 등장할 수밖에 없었던 여성 전사들에 대한 징후적 별칭이다."[3]

파퓰러 페미니즘(popular feminism, 대중문화의 통속성·대중성을 통해 페미
니즘의 가능성을 탐구하는 것)은 이제 '퓨리오-숙'들의 탄생으로 새로운 젠더
전쟁에 돌입한 것이다. 김숙은 이 전쟁에서 세례 요한의 역할을 충분히 감
당했고, 감당하고 있다.

2. 박찬욱 감독의 영화 〈아가씨〉, 젠더 전쟁의 메시야

그렇다면 새로운 젠더 전쟁에서 메시야는 누구인가? 우리는 박찬욱의
영화 〈아가씨〉(2016)에서 그 모습을 바라볼 수 있다. 영화의 내용을 통한 여
성 연대의 형식이기에 영화의 내용을 먼저 요약해 보겠다. 노골적인 스포일
러다. 그러나 걱정 마시라. 내용을 알아야 메시야가 누구인지 알 수 있기 때
문이다.

1930년대 일제강점기의 조선을 배경으로, 어릴 적 부모를 잃었으나 막

테오-시네마

대한 재산을 상속받게 된 귀족 아가씨 히데코(김민희 분)와 그녀의 후견인인 조선인 이모부 코우즈키(조진웅 분)가 있다. 히데코는 대저택에서 코우즈키의 보호 아래 살아간다. 어느날 히데코에게 관심이 있는 후지와라 백작(하정우 분)이 찾아오고, 그는 새로운 하녀 숙희(김태리 분)를 히데코에게 추천한다. 매일 밤 서재에서 이모부를 찾아오는 일본 신사들에게 책을 읽어 주는 것이 일상의 전부인 외로운 히데코는 순박해 보이는 하녀 숙희에게 조금씩 의지하기 시작한다.

하지만 숙희는 장물아비 손에서 자란 소매치기 고아였다. 막대한 재산을 상속받게 될 아가씨를 유혹하여 돈을 가로채겠다는 사기꾼 후지와라 백작의 제안을 받고, 아가씨가 백작을 사랑하도록 만들기 위해 하녀가 되어 히데코에게 접근한 것이다. 드디어 백작이 서양화 선생으로 히데코의 집에 등장하고, 백작과 숙희는 아가씨의 마음을 흔들기 시작한다.

아름다움 속에 사연을 감춘 히데코는 모두의 욕망의 대상이 되어 곧 깨질 듯 위태로워 보이지만, 속내와 감정을 쉽게 드러내지 않는 비밀스러운 면모로 긴장감을 높이고, 투박하고 당돌한 성격의 하녀 숙희는 세상으로부터 완벽하게 분리되어 보호받는 아가씨 히데코와는 정반대의 지점에서 생생한 매력을 발산한다. 그리고 둘은 결합한다.

영화는 3부작으로 구성되었는데, 1부는 숙희의 시선에서, 2부는 아가씨의 시선에서 이야기를 들려주고 있으며 3부는 종합적 결론이라고 할 수 있다. 인간의 성과 돈, 권력이라는 근원적인 욕망을 솔직하게 표현하면서 반전과 반전을 통해 흥미롭게 이야기를 전개하고 있다. 1부에서 숙희가 히데코를 속인 것이 성공했다고 생각한 순간, 2부에서는 히데코와 후지와라가 숙희를 속여 히데코 대신 숙희가 정신병원에 감금된다.

물론 3부에서는 히데코와 숙희의 진정한 사랑의 연대로 후지와라는 물론 코우즈키까지 속이고 두 사람은 새로운 삶을 시작하는 것으로 영화는 끝난다. 영화의 마지막 장면, 험난한 바다를 향해하는 배와 구름을 벗어나는 달, 아마도 새 시대의 도래를 상징하듯하며 영화는 끝을 맺는다.

3. 동성애를 넘어 여성연대로: 동정녀 마리아와 메시야 탄생

원작인 『핑거 스미스』도 그러하듯 노골적인 동성애 영화라 불릴 수 있는 〈아가씨〉에서 동성애 담론을 뺀다는 것은 반찬욱 감독의 문제 제기에 침묵하는 것일진저, 자 그렇다면 구름을 벗어나는 달과 같이 아가씨와 하녀, 히데코와 숙희의 삶은 험난한 바다를 무사히 향해할 것인가? 21세기 대한민국에는 김조광수와 김승환으로 부활한 그들을 만나보자.

동성 혼인신고를 신청하며 영화감독 김조광수는 이렇게 요청했다. "동성 혼인을 금지하는 명시적 규정이 없는 점과 행복추구권과 평등권 및 기본권최대보장의 원칙에 따라 동성혼인은 인정돼야 한다." 그러나 동성 혼인을 금지한 서울서부지법의 판결 결과는 이렇다.

> "첫째, 현행법상 혼인과 가족생활에 관한 규정은 남녀의 결합을 전제로 한 성구별적 용어를 사용하고 있다. 둘째, 헌법재판소와 대법원은 혼인이 남녀 간의 결합인 점을 선언하고 있다. 셋째, 성적 자기 결정권이 동성 간 성행위 및 공동체를 구성할 권리는 허용하나 동성 배우자를 선택할 권리는 인정하지 않는다. 넷째, 혼인은 남녀의 애정을 바탕으로 한 결합이라는 점에서 내재적 한계를 가지며, 혼인할 자유가 법률혼 제도자체를 변경시킬 수는 없다. 다섯째, 남녀 간의 결합과 달리 동성간 결합은 출산의 기능이 없으므로 혼인제도에서 제외하는 것은 합리적인 차별이다."

테오-시네마

1989년에 덴마크는 세계 최초로 (동성 커플을 위한) '파트너십 등록제'를 발표했다. 이후 북유럽(노르웨이, 스웨덴, 아이슬란드)이 하나둘 동성 연인을 가족의 형태로 받아들이면서, 2000년대 들어서는 가장 적극적인 네덜란드를 필두로 벨기에, 프랑스, 독일, 캐나다 등이 이 흐름에 동참했다. 그리고 2015년 6월 26일 미국 전주에 적용되는 동성 결혼 법제화 판결이 발표되었다. 미국 보다 먼저 동성 결혼을 실제로 경험한 국가가 겪은 사회적, 문화적 변이 양상을 실증적으로 연구한 매사추세츠 대학교 경제학과 교수인 리 배지트는 『동성 결혼은 사회를 어떻게 바꾸는가』[4]에서 이렇게 말한다.

> "결혼 자체는 많은 변화를 견뎌 낸 아주 오래된 제도다. 수세기 동안 결혼은 남성과 여성을 연결하고, 가족과 가족을 연결하고, 과거와 미래를 연결했다. 지난 세기 동안 무엇보다 결혼이 극적으로 변화했다는 것은 명백하다. 결혼에 대한 최신의 고려 사항은 동성 커플에게 개방하느냐의 여부다. 역사적으로 동성 결혼을 둘러싼 문화 전쟁에서 가장 놀라운 점은 논쟁 자체가 결혼의 계속되는 중대성을 증명한다는 점이다. 결혼은 결혼하기를 원하는 새내기 가족에게의 개방을 포함하여 오직 진화함으로써 그 타당성을 유지할 터다."

동성 결혼 반대론자들은 결혼 개방이 이성 커플의 결혼 욕구를 감소시키고, 자녀 양육에 대한 부모의 헌신과 관심을 감퇴시킨다고 말한다. 그러나 리 배지트는 앞서 언급한 유럽의 각 나라의 통계를 따져보며 "동성 결혼으로 인해 전체 결혼율이 떨어지거나 이혼율이 늘지 않는다. 오히려 결혼율은 증가하고 이혼율은 감소하며, 혼외 출생률은 동성 커플 등록이 가능해지기 이전과 비교해 증가하지 않았다"고 한다.

1980년대 초 최저 결혼율을 기록한 덴마크는 '파트너십 등록제'(Civil

Union, 즉 시민결합으로 더 잘 알려진, 근대 최초의 합법 결혼 대체제도)를 시행하기 시작한 1989년 이후 결혼의 상승세를 경험하며 지난 30년 중 가장 높은 결혼율을 기록했다. 노르웨이와 스웨덴에서도 패턴은 동일하며 동성 결혼권 발표 후부터 결혼율이 완만하게 상승했다. 이혼율 역시 파트너십 등록과는 무관했고, 덴마크의 경우는 1990년대 초의 결혼이 이전보다 오히려 안정세로 접어드는 현상을 보였다.

혹, 동성혼 반대론자들은 '출산을 고려하지 않은 결혼은 가치가 없다'고 하는데, 미국만 해도 레즈비언 커플의 1/3가량이 양육, 게이 커플의 1/5가량이 양육에 관여하고 있다. 이성 기혼 부부의 출산율 및 양육률이 감소하는 추세를 보이는 미국의 현 시점에서 새로운 그룹의 양육 계층이 등장한 것이라고 볼 수 있다.

네덜란드에 파트너십 등록제와 같은 '새로운 결혼'(동성혼)이 등장하자, 성년이 되어 의무적으로 부모가 되며 구시대적 성 역할이 부여되는 통과 의례로서의 결혼 개념은 희미해졌으며, 성숙한 배우자 간 헌신과 정서적 유대로 정의되는 '동반자적 결혼' 개념이 재정립되었다. 따라서 배지트는 "결혼의 개방은 결혼의 가치를 감소시키지 않는다. 오히려 결혼의 유효성을 갱신하는 최신 방법일 뿐"이라고 말한다. 즉 동성 커플에게 결혼을 개방함으로써 누군가는 경제적 혜택을 볼지언정 아무도 경제적 손해를 입지 않는다는 것이다.

그렇다면 동성 커플이 결혼을 원하는 이유는 무엇인가? 배지트는 이렇게 말한다. "실질적 혜택과 상징적 수혜 이 두 가지." 가령, 이성 커플은 결혼을 않는다고 해도 재산 분할 규정과 합의 사항에 대한 맞춤형 동거 약정과 유언장을 쓸 수 있다. 하지만 대다수 비혼 커플은 사별이나 관계 종결 시 사적이거나 공적인 합의를 보장받지 못한 채 남겨진다.

네덜란드, 벨기에, 스페인, 캐나다, 노르웨이의 경우 기혼 동성 커플은 시민권, 채무 및 재산에 대한 책임과 권리, 입양권 및 자녀 부양 의무, 공동 보험 혜택, 별거 수당, 파트너 사망 시 손해 배상 청구권 등이 주어짐으로써, 이성 결혼 시와 거의 동일한 수준으로, 배우자로서의 법적 보호를 받을 수 있다는 것이다.

그러나 더 큰 결혼의 동기는 보다 근원적이며 상징적인 것이다. 결혼은 '두 살짜리도 이해하는 문화적 맥락'이기에 게이나 레즈비언으로 하여금 소수자라는 사실을 일시적이나마 잊게 하고, 주류 사회 제도에 포함됨으로써 얻어지는 소속감과 안정감을 경험하게 하는 것이다. 영화가 계속되면 진행될 세상을 배지트의 생각으로 그려보았는데, 사실 영화 〈아가씨〉는 이러한 단순한 동성애의 차원을 넘어선다.

그것은 바로, 남성 없는 새로운 세상, 즉 여성들만의 연대를 통해 새 하늘, 새 땅을 선포하는 것이다. 이것을 상징하는 재미있는 영화의 한 장면이 있다. 후지와라 백작이 자신의 성기에 숙희의 손을 끌어다가 갖다 대며, 아가씨를 유혹하는데 방해하지 말라며 내가 이만큼 흥분했다고 수컷의 욕망을 도발할 때, 숙희는 이렇게 말한다. "장난감 같은 좆대가리를 치워라!" 이 얼마나 통쾌한가, 성폭력의 도구가 장난감이 되어 발기를 멈추고 추락한다.

물론 숙희와 연대를 작정한 히데코도 숙희에게 이렇게 말한다. "내가 걱정돼? 난 니가 걱정돼!" 남성 가부장제 사회에서 힘없는 여성들의 연대는 이렇듯 공감과 배려, 상대방에 대한 걱정으로부터 시작된다. 남성 없는 여성들만의 새로운 세상이 열리는 것이다. 그리고 이것은 동정녀에 의한 메시야 탄생으로 2000년 전에 이미 이스라엘에 있었다. 월간 『기독교사상』 주간 김수남 목사의 말이다.

"우리는 예수를 믿는다. 그 분이 동정녀에서 나신 것도 믿는다. 신약성서는 남성의 역할이 배제된 예수의 탄생 이야기를 첫 장에 두고 시작한다. 이는 과학으로 입증될 '사실'도 아니고, 폐기해 마땅한 종교 천재의 '창작 신화'도 아니다. 남성에 의하지 않고 성령으로 말미암은 탄생. 이 '동정녀 탄생'은 예수를 믿는다는 것이 무엇인지를 설득하는 장치이다. 그 이야기는 가부장, 폭력, 국가, 전쟁으로 표상되는 '남성' 문화에 대한 거부를 설득한다. 평등, 비폭력, 평화가 꿈이 아니라는 사실을 설득한다. 나아가 그 몰생명의 가부장 역사를 심판하는 이가 바로 예수이고, 믿음은 그런 예수 편에 서는 것임을 말해 준다."[5]

그렇다. 가부장적인 폭력과 전쟁으로 표상되는 남성 문화에 히데코와 숙희의 연대는 동정녀 마리아와 아기 예수의 연대와 다름없다. 남성 없이 이루어지는 새 하늘 새 땅인 것이다.

4. 여성 연대의 시작: 책을 수장하라!

그렇다면 이러한 여성 연대의 출발점은 무엇인가? 바로 미러링(mirroring)이다. 거울로 서로를 반사해서 보여주는 것이다. 영화는 숙희와 히데코를 거울에 반사된 모습으로 비춰주는 장면이 많다. 이는 서로를 투영하며 (물론 고아로 자란 것 등 환경은 다르나 정서적 배경은 서로 많이 닮았다) 동화되는 것이다. 그리고 남성가부장제를 상징하는 코우즈키 서재의 책을 수장하는 것이다. 영화에서 저택을 탈출하기 전 숙희는 이때까지 히데코가 코우즈키의 서재에서 남성 신사들에게 읽어 준 것이 포르노 음란 소설이었음을 알고 책을 찢어 수장시켜 버린다.

이것은 식상하게 들리겠지만, 바로 책으로 대표되는 남성가부장제와 남근중심주의, 이성중심의 로고스 중심주의를 해체하는 것이라고 볼 수 있다. 해체주의 철학자 자크 데리다(J. Derrida)는『다른곶』에서 이렇게 말한다.

> "'다른 곶'이라는 표현은 또 다른 한 방향의 고지(告知)나 목적지 변경을 암시할 수 있다. 방향을 바꾼다는 것은 목적지를 바꾸는 것, 다른 기수를 정하는 것, 혹은 선장을 바꾸는 것을 –심지어 나이나 성별까지도– 의미할 수 있다. 게다가 방향을 바꾼다는 것은 또 다른 곶이 있음을 상기시킨다. 왜냐하면 그 곶은 우리 것일 뿐 아니라 타자의 것이기도 하고, 우리가 동일시하고 계산하고 결정하는 것일 뿐만이 아니라, 우리가 그것에 대해 답해야 하며, 상기(nous rappeler)해야 하는 타자의 곶(cap de l'autre)이기도 하기 때문이다. 따라서 타자의 곶은 아마 자신과 타자의 동일성 혹은 동일화, 파괴적인 자기 중심주의가 아닌 동일화의 첫 번째 조건이 될 것이다."[6]

책에서 곶(cap)이라는 기호는 동일성을 상실한 채로 끝없이 유동적이고 유보된 상태로 존재해 있지만(물론, 이것은 나중 일본과 조선이라는 아시아적 시대 한계로 인한 히데코와 숙희의 운명이 될지니), 실재로는 하나의 수뇌이고, 첫머리이고, 두서이기도 하다. 사람일 경우는 우두머리이고(특히 남자 우두머리), 지리학적으로는 돌출되어 있는 연안이나 곶을 의미한다. 그리고 상징적으로는 남자에게 가장 중요한 돌출된 성기를 뜻하기도 한다. 물론 데리다의 책에서 곶은 유럽을 의미하기에 다른곶은 다른 유럽을 의미한다고 할 수 있다.

코우즈키는 일본을 사랑한다. '일본은 아름답고 조선을 추하다'고 생각한다. 그리고 그의 서재로 들어가는 복도에 무지의 경계선이라는 뱀의 형상이 남성 성기처럼 하늘을 향해 세워져 있다. 그리고 서재는 책으로 가득 차 있다. 책과 제국과 곳이 하나가 되어버린 서재의 책을 수장하는 것이야말로 저 찬란한 다른 곳을 지향하는 시작점인 것이다. 사실 숙희는 뱀 대가리를 칼로 쳐 버리지 않는가!

코우즈키 서재의 책들은 남성들에게 (성의 측면에서) 절대적 근원, 중심, 진실, 성전(canon)으로 다가온다. 초월적인 의미인 '원초', '실체', '제일원인', '부동의 동자' 등을 해체하며, 인간을 지배해오던 신을 죽여 버린 저 포스트 모더니스트들은 바로 이런 여성 연대의 제자들이었다.

해체주의 신학자 마크 테일러(M. Taylor)에 의하면 해체의 신학은 서구 신학에서 중추적 역할을 담당하면서 서로 유기적으로 연결되어 있는 '신-자기-역사-책'을 해체한다. 그리고 이러한 해체행위는 이들 연쇄 고리가 의존하고 있는 로고스 중심주의를 근원에서부터 뒤흔드는 신학이라고 말한다. 이렇듯 해체 작업의 뇌관은 바로 로고스 중심주의이므로 이 '로고스', '중심주의'를 해체하는 일이 관건이 되는 것이다. 그것은 로고스에 의해서 뒷전으로 밀려난 비(非)로고스의 회복이며, 중심주의에서 변방으로 밀려난 타(他)로서의 변두리의 복권을 말하는 것이다.

따라서 중심으로의 구심적인 획일화가 아니라, 변두리를 향해서 원심적으로 해체되어 변두리들의 차이를 존재의 범주로 삼는 다원주의에로 향

아가씨 히데코와 숙희, 그녀들의 연대

테오-시네마

할 수 있는 것이다. 한마디로 그것은 로고스 중심주의가 빚어낸 대립 도식들 -이성과 반이성, 중심과 변두리, 동일성과 차이성, 현전과 부재, 초월과 내재, 거룩과 속세, 신과 세계, 인간과 세계, 역사와 자연 등등- 의 경계를 문질러 버리는 것이다. 그 경계를 문질러 버리기 위해서 해체의 신학은 모든 이분법의 경계를 따라가면서 일일이 지워버린다.

코우스키 서재의 남성들

히데코와 숙희가 가는 길은 이러한 이분법의 세계이다. 그들이 얼마나 그 경계를 따라가며 그 경계를 지울 수 있을지는 상상에 맡기고, 오늘도 동정녀 마리아에게서 탄생하신 예수님의 이름으로(그리고 갓숙의 이름으로) 나는, 여성연대가 구름을 벗어나는 달이 되기를 기도한다. 아멘.

뱀꼬리: 3부에서 후지와라 백작이 코우즈키의 가학적인 고문 앞에서 간신히 지킨 거시기가 그래도 남성들의 마지막 자존심임을 박찬욱은 살며시 보여준다. 후지와라 백작은 이렇게 속삭였다.

"그래도 자지는 지키고 죽을 수 있어서 다행이다."

05.

영화 〈루시〉와 희생제의,
혹은 구원의 전달자 예수

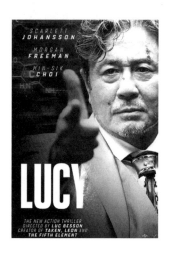

2000년 제53회 칸 국제영화제에서 역사상 가장 젊은 나이로 심사위원장에 위촉되며 거장의 반열에 올라섰으며 〈그랑블루〉, 〈니키타〉, 〈레옹〉, 〈제5원소〉까지 자신만의 독특한 세계를 만든 뤽 베송(Luc Besson) 감독이 오랜만에 복귀하여 만든 액션 영화 〈루시Lucy, 2014〉는 존재의 본질과 지식, 선택에 관한 영화이다. 그리고 이 영화는 존재에는 시간이, 지식에는 사명이, 선택에는 희생이 녹아져 있는, 같은 프랑스(이자 유대인)인 철학자 앙리 베르그송(H. Bergson)의 『창조적 진화 *L'Évolution créatrice*』(1907), 『도덕과 종교의 두 원천*Les Deux Sources de la morale et de la religion*』(1932)에 관한

테오-시네마

영화 버전이라 할 수 있다.

따라서 〈루시〉의 포장은 액션이지만, 〈루시〉의 내용은 존재의 본질에 대한 철학적이고 종교적인 이야기이다. 영화의 호불호가 갈리는 것은 이 때문이다. 아무튼 이 영화에는 두 가지 서사가 존재하는데, 그 중 하나는 우연한 계기에 뇌 활용도가 100%에 이른 루시(스칼렛 요한슨 분)와 절대악으로 묘사되는 미스터 장(최민식 분)의 대립이고, 다른 하나는 루시의 변화이다. 그리고 이 변화는 노먼 박사(모건 프리먼 분)의 강의와 루시의 뇌 활용도의 변화와 맞물려 진행된다. 뇌 활용도가 올라갈수록 신적 존재가 되어가는 이 서사야말로 우리들에게 '존재의 본질'과 '시간의 의미', '지식의 사명'이 무엇인지 깨닫게 해준다. 물론 여기에는 '종교의 본질'도 녹아져 있다. 첫 번째 서사인, 루시-장의 대립이 관객들에게 볼거리를 제공한다면, 다른 서사인 루시의 변화를 통해 영화가 보여주는 화려한 영상 이미지는 따라서 베르그송 철학의 이미지화라 할 수 있다.

1. 존재는 시간이다.

19세기까지 세계를 바라보는 시선은 두 가지였다. 하나는 만물이 신에 의해 계획되고 신에 의해 종말을 맞을 것이라는 '목적론적 사고'이고, 다른 하나는 우주만물은 시계와 같이 기계적인 법칙에 의해 움직인다는 데카르트의 '기계론적 사고'이다. 그러나 1875년 다윈의 『종의 기원』을 통한, 진화론의 등장은 두 세계관에 엄청난 충격을 주었다.

진화론의 핵심은 '적자생존'이다. 적자생존은 특정한 환경에 적응을 잘하면 살아남고, 그렇지 못하면 도태된다는 것인데, 이 방향을 예측할 수가 없다는 것이다. '신의 목적에 의한 세상'과 '기계적으로 맞물려 돌아가는 세계'가 이제 적자생존의 돌발 상황에 의해 결정된다는 것이다.

다윈의 생물학적 접근과 마찬가지로, 베르그송은 인식론적으로 19세기 말에 크게 유행했던 기계론적 사고 방식에 기초한 과학적 유물론과 이에 대응한다고 생각된 영국의 심리주의적 경험론이 모두 그리스에서 발달한 파르메니데스의 존재론적 사고 방식에서 벗어나고 있지 못하고 있음을 간파하였다.

그리고 이러한 사고 방식을 '지능'(l'intelligence, 지성)이라는 개념으로 통합하여 이 지능이 생동하고 변화하는 현실은 물론, 우리의 심적 세계, 더 나아가 그 자체 창조인 '생명의 근원적 약동(Élan vital, 약동하는 생명)'을 결코 파악하지 못하는 인식 기능이라고 한다.

따라서 베르그송은 진화의 과정을 다윈과 같이 단순히 적자생존의 개념으로 풀어내지 않고 에너지의 폭발로 설명한다. 곧 엘랑비탈이다. '신의 창조적 질서'와 '기계론의 계산'이 작용하지 않는 진화론과 같은 세계관에 베르그송은 '창조적 진화'를 주장한 것이다. 이러한 창조적 진화의 핵심은 다음과 같다.

1. 하나의 생명 속에는 무수한 잠재력(에너지)이 포함되어 있다.
2. 이 에너지가 축적되는 경향은 식물로, 활동력으로 변환하는 경향을 동물로 현실화 된다.
3. 하나의 생명 속에서 두 경향이 양립할 수 없게 되면 에너지는 폭발한다.
4. 생명은 폭발에 의해 완전한 생명을 향해 도약한다.
5. 그러나 또한 잠재된 것이 남는다.

테오-시네마

진화론에서 단순히 '자연도태=경쟁의 원리'라는 도식만을 받아들이는 것이 아니라, 잠재─현실화라는 다이너미즘에 주목한 것이다. 이제 규정되어 있는 것이 없고, 정해진 것이 없이 내부의 에너지를 분출하여 다향한 해석의 길을 열어주어 기존의 목적론과 기계론이 무의미하다는 것을 드러내 준다. 이러한 전제하에 영화로 들어가 보자.

영화 〈루시〉에서 주인공 루시는 평범한 삶을 살다 어느 날 갑자기 모든 인간의 한계를 뛰어넘어 두뇌와 육체를 완벽하게 컨트롤하게 된다. 영문도 모른 채 지하세계의 절대 악 미스터 장과 만나게 되었다가 결국 신종약물 (C.P.H.4로 임산부가 임신 중 자신의 신체에서 만드는 것으로 아기의 뼈 구성에 필요한 에너지를 주며, 힘을 갖게 만드는 물질)을 다른 나라로 운반해야 되는 전달자로 이용당하게 된다.

하지만 루시를 겁탈하려는 부하의 폭력에 의해 뱃속에 든 약물이 루시의 몸 안에서 퍼지게 되고, 이로 인해 몸 속의 모든 세포와 감각이 깨어나게 된다. 이후 뇌의 활용도가 점점 높아져 가는 루시는 과거와 현재를 오가며 인간의 역사를 경험하고, 최초의 인류인 루시를 만나기도 한다.

루시는 1974년 에티오피아의 하다드 사막에서 발견된 고대 인류의 화석이다. 모든 골격 대부분이 수습되었으며 신장은 약 1m, 20세 전후의 여성으로 추정되며 직립 2족 보행을 했으며 뇌 용적은 적고, 약 350만 년 전에 생존했다고 추측하고 있다. 탄자니아의 레토리에서 출토된 표본과 함께 '오스트랄로피테쿠스 아

에티오피아의 하다드 사막에서 발견된 루시

파렌시스'라 이름 붙여졌고, 루시라는 이름은 이 유골 화석이 발견된 날 밤 조사대의 캠프에서 흘러나오고 있는 비틀즈의 곡명에서 붙여졌다고 한다.

루시는 자신의 뇌 기능을 100%까지 사용하게 되었을 때, 인간의 신체성을 벗어버리고, '언제나 어디서나 존재하는(ubiquitous)' 신적 존재로 변화된다. 그리고 루시는 노먼 박사에게 자신의 모든 지식을 USB에 담아 전달해 준다. 인간의 신체성을 벗어버리고, 인류의 시작(원시인 루시)과 현재(노먼 박사)에 지식을 전달해주는 것이다.

이 지식은 인류의 기원과 미래의 비밀이 담긴 지식으로 인류 구원의 다른 이름이다. 그리고 이것은 십자가에서 자신의 몸을 내어주고, 인류에게 구원의 길을 보여준 예수의 길이라 할 수 있다. 태초에 계셨으며, 마지막에도 계실 분, 알파와 오메가이신 예수, 시간의 처음과 나중이며, 시간을 넘어서 계신 분! 우리는 루시에게서 '신화적 예수'의 '과학적 구현'을 보게 되는 것이다.

그리고 이 영화에서 우리는 루시의 입을 통해 존재를 규정하는 것이 시간임을 듣게 된다. "시간이 없다면 우리는 없다. 시간이 존재"라는 말은 존재의 본질을 묻는 노먼 박사의 질문에 루시가 했던 말이다. 루시는 달리는 자동차를 비유로 든다. 달리는 자동차의 속도가 계속해서 증가한다면 결국 자동차는 사라지고 만다. 그리고 이 비유는 인간의 뇌 활용도가 증가하면 결국 인간이라는 신체가 사라지게 된다는 의미이다. 사실 루시는 뇌 활용도가 증가함에 따라 과거와 현재를 빠른 속도로 이동한다. 시간 속에, 시간을 통하여, 시간으로 존재하는 것이다.

마찬가지로 뇌에 관한 강의에서 노먼 박사는 삶의 목적을 '시간을 얻는 것'으로 표현한다. 이를 위한 유한한 인간의 해결책은 첫째 영원히 죽지 않거나, 혹은 번식하는 것이다. 따라서 세포는 환경이 좋지 않을 때는 자급자족하며 환경이 좋으면 번식하게 된다. 그리고 번식을 통해 정보와 지식은 다음 세대 세포에 전달된다.

지식과 배움의 전수가 시간에 따라 가능한 것이다. 그러나 존재보다 소유에 관심 많은 인류, 권력과 이익에 눈이 먼 존재가 인간이다. 이들은 우주의 무한함을 외면하고자 스스로 수학과 물리학으로 인식을 축소하였다. 베르그송이 지적했듯이, '지능'이 생명의 약동을 파악할 수 없는 것과 마찬가지이다.

2. 전달자 루시, 구원의 전달자 예수

시간을 지배하는 자는 우리 눈에 보이지 않는다. 너무나 빠르게 움직이기 때문에 우리의 눈으로 존재를 인식할 수 없게 된다. 그래서 인간의 뇌를 100% 사용하게 된 루시는 시간을 지배하게 된다. 과거와 현재, 그리고 미래를 오갈 수 있게 되었다. 루시는 최초의 인간인 루시를 만나 자신의 지식을 전수한다. 여기서 우리는 영화의 처음부터 루시가 전달자였음을 깨닫게 된다.

루시는 영화의 시작부터 남자친구인 제임스의 요구로 미스터 장에게 가방을 전달해달라는 부탁을 받는다. 그리고 가방을 미스터 장에게 전달한 루시는 다시 미스터 장으로부터 강압적으로 신종마약을 전달하는 전달자가 된다. 그리고 영화의 마지막에서 루시는 자신이 가진 모든 정보를 박사에게 전달하는 구원(인류의 기원과 미래의 비밀이 담긴 지식)의 전달자가 되는 것이다.

베르그송은 사태 자체에 직접 공감해 들어가는 것으로 '직관'(Lintuition)을 사용해야 한다고 말한다. 직관은 본능처럼 생명체의 신체 내부에 폐쇄된 무반성적이고 무의식적인 기능이다. 이러한 직관은 물질에나 적합한 인식 방식인 지능과는 달리 생명의 근원, 특히 인간의 존재의 근원인 생명의 약동 자체를, 아니 신적인 것을 포착하는 것이며, 물질적 관심에 의해 폐쇄되었고 따라서 무의식적이며 여럿으로 분지된 본능적 의식에 내재한 생명의 약동 전체를 해방시키고 포용하려는 것이다.

이 해방된 정신이 실현된 인물을 베르그송은 『도덕과 종교의 두 원천』에서 기독교 신비에서 찾고 있다. 영성을 기초로 한 역동적이고 개방된 종교로서 기독교는 신비 체험에 있어서 관상에만 머물지 않고, 예수에게서 나타난 사랑의 행위에까지 나아가는 것이다. 따라서 우리는 〈루시〉를 통해 베르그송의 '생'과 '과정'의 철학과 더불어 구원의 전달자 예수를 그 사랑의 행위인 희생제의를 통해서도 볼 수 있다.

3. 루시의 선택, 희생 제의

영화 속 노먼 박사에 의하면, 인간은 기본적으로 10% 평균 뇌사용량을 유지한다. 우리 인간은 뇌 10%만을 사용하여, 비행기, 로봇, 문명, 우주선, 예술, 종교, 문명을 일으켰다. 돌고래는 뇌 20% 사용하여 음파로 대화한다. 그러나 24%를 사용하게 되면 신체를 완벽히 통제하게 되며, 40%일 때는 모든 상황을 제어 가능하고, 62% 일때는 타인의 행동을 컨트롤하게 된다. 그리고 100%가 된다면?

노먼 박사는 강의 도중 청중에게서 인간의 뇌 활용도 증가에 따른 가설을 입증할 자료가 있는지를 묻는 질문에 대해 이렇게 대답한다. "그런 자료는 없다. 다만 가설일 뿐이다. 그렇지만 자신의 연구가 진화(evolution)를 혁명(revolution)으로 바꾸는데 역할을 하리라는 건 장담할 수 있다." 그렇다면 혁명의 기본은 무엇인가?

테오―시네마

고대 종교와 제의의 특징은 희생제물을 매개로 신을 섬긴다는 것이다. 이러한 희생제의의 시작에 관한 세 가지 이론이 있는데, '증여이론', '친교이론', '공격이론'이 그것이다. 증여이론은 인간이 자기에게 무엇인가 긍정적인 일이 이루어지길 바라며 신들에게 제물을 바쳐 '신과 인간 사이의 관계를 변화'시키는 것이다. 친교이론은 제물로 바쳐진 동물을 함께 나눠 먹음으로 깊은 '연대감을 형성'하는 것인데, 물자를 공유하는 것이 힘들었던 시대의 갈등을 해소하기 위한 방법이라 할 수 있다. 공격이론은 희생제의가 공격성의 해소와 극복 기능을 하는 것이다. 곧, '인간의 공격성을 속죄양으로 향하게 함'으로 공동체 내부의 구조적인 갈등을 해소하는 것이다.

100% 뇌 기능을 활용하게 되었을 때 루시는 선택을 하게 된다. 전달자로서 자신의 사명이 무엇인지, 인류를 위한 길이 무엇인지를 깨닫게 되는 것이다. 자기 자신을, 존재보다 소유에 관심 많은 인류, 권력과 이익에 눈 먼 존재인 인간을 위해 희생 제물로 선택하는 것이다. 그 희생제의가 탁월하고 신비한 이미지로 뤽 베송 감독은 구현하고 있다. 여기에는 친교이론과 공격이론의 모두가 녹아 있다. '인간과의 연대감 형성'과 '인간의 공격성에 대한 희생'(이것은 루시를 돕는 형사와 루시를 방해하는 미스터 장의 모습으로 잘 나타나 있는데)이 바로 그것이다.

그리고 마침내 증여이론처럼 '관계를 변화'시키는 새로운 시작을 영화는 그 끝에 우리들에게 제시한다. '10만 년 전 생명을 부여 받은 인간들이여, 이제 무엇을 해야 할지 알겠지?'라고 말이다.

06.

무기력한 신?:
영화 〈곡성〉의 통곡소리

1. 불친절한 감독

"만약 관객들이 너무 열려있다면, 보험으로 있어도 되겠다는 생각이 들었다. 요구가 있기도 했다. 촬영을 했고, 이후 편집을 하면서 최종적으로 결정하기론 내가 보기엔 이 장면은 중언(重言)이었다. 어차피 이 영화의 엔딩은 뭘 선택을 해도 비슷했을 것"이라고 불친절한 나홍진 감독은 말했다. 사실 이 영화의 시나리오 상의 결말은 영화의 엔딩과 다르다. 시나리오 상의 엔딩은 이렇다.

일광이 자동차 운전석에 앉아있다.

이때 외지인이 같은 차의 운전석 문을 열고 앉으면서 두 사람이 교차된다.

이후 자동차는 도로에 서있는 무명을 그대로 뚫고 지나간다.

이후 무명을 뚫고 지나간 자동차가 전복되면서 끝이 난다.#

친절한 위 시나리오 상의 마지막 장면이 있었다면 영화는 이해는 되지만, 캐릭터에 일관성이 없고(특히 외지인), 위 장면이 없기에 영화는 복잡하지만 캐릭터에 일관성이 있게 되었다.

2. 곡성의 통곡소리(哭聲, Wailing): 금어초의 비극

한국 사회는 지금 놀라운 악을 경험하고 그 악을 탐구하고 있는 중이다. 그리고 영화 〈곡성哭聲, Wailing〉(2016)은 그 악의 시작은, 돈을 최고의 가치로 여기는 사악한 무당과 악령이 던진 미끼를 물어버린 인간의 의심이라고 처음부터 친절하게 설명해주고 있다.

영화와 같이 현실도 마찬가지이다. 친구들과 어울려 놀던 23살의 여성이 잠깐 화장실에 갔다가 처음 본 남자의 칼에 살해당했다. 남자는 아무 여자나 죽이겠다며 화장실 안에서 범행 대상을 기다리고 있었다. 2016년 5월 17일 오전 1시 서울 강남역 10번 출구 부근 노래방 건물에서 벌어진 일이다. 현실은 의심받을 시간도 없이 여자이기 때문에 무작위로 죽음을 당했다. 영화 〈곡성〉이 무서운 것이 아니라, 현실이 더 무서운 것이다. 이뿐인가?

쾌적한 환경을 만들기 위해 사용하던 가습기 살균제가 죽음의 독을 내

뿐었다. 기업은 영리 추구를 위해 생명을 위험에 빠뜨렸고, 폐질환으로 죽은 사람들, 아이들을 가슴에 묻을 수밖에 없었던 부모들, 산소 호흡기를 들고 통학해야 하는 아이들은 도대체 왜 이런 일이 일어나는지를 알지 못했다.

놀라운 것은 이런 참담한 사건이 기업, 학계, 언론, 대형 로펌, 정부 기관의 불의한 공모로 빚어졌다는 사실이다. 돈이 신으로 대접받는 사회에서 인간의 생명은 아무런 의미가 없다. 무당 일광(황정민 분)의 돈 놀이 굿판에 효진이(김환희 분)의 고통은 아무것도 아닌 것처럼. 효진의 말대로 '뭐가 중요한지 모르는 것'이다.

세월호 참사 후 2년이 지났을 때 유가족과 생존자들을 조롱하고 괴물로 낙인찍는 우리사회의 민낯은 차라리 솔직했다. 뻔뻔하게도 세월호 진상규명 특별법 제정을 요구하며 단식농성을 하던 유가족들 앞에서 치킨과 피자를 먹으며 '폭식투쟁'을 하고, '세월호 피해자가 국가유공자냐' 하며 여론몰이를 하던 보수단체의 배후에 청와대 행정관과 전경련의 자금이 있었다는 게 밝혀져도 조사도 처벌도 하지 못하는 현실은 악의 실체가 무엇인지를 묻게 한다.

정유정의 소설 『종의 기원』(은행나무, 2016)은 평범했던 한 청년이 살인자로 태어나는 과정을 그린 '악인의 탄생기'이다. 주인공 유진은 어느 날 어머니를 죽이고 피칠갑을 한 채 깨어난 스물여섯의 청년이다. 소설은 유진이 사이코패스로서 자신을 발견하고 악의 길로 달려가는 과정을 밀도 있게 파헤치고 있다.

유진의 내면과 그의 살인에 집중하며 사이코패스 중에서도 가장 극단적인 성향의 '포식자'인 유진이 어떻게 인간을 평가하는지를 보여 준다. 그것은 단 하나, "나에게 이로운가, 해로운가"이다. 타인의 고통을 이해하지 못하고 무슨 짓이든 거침없이 행하는 순수 악인의 실체는 바로 여기에 있다. '타인의 아픔에 공감하지 못하는 사람', 그리고 놀라운 것은 유진의 심

테오-시네마

장을 뛰게 하는 것이 "겁먹은 것의 축축하고 거친 숨소리", 즉 약자들의 고통과 그 약자들을 짓밟고 굴복시킬 때의 쾌감이었다는 것이다.

좀비가 된 박춘배(길창규 분)를 종구(곽도원 분)와 친구인 마을 사람들이 만류하면서도 폭행을 가하는 것이 바로 그 예이다. 영화제 칸에서는 서양인들이 이 장면을 보고 웃었다고 하지만(또한 잘난체 하는 평론가도 자신만이 그 장면에서 웃었다고 말하지만), 이어지는 외지인(쿠니무라 준 분) 추격에서 보듯이, 폭력은(좀비나 개, 혹은 사람을 향하든!) 웃음으로 우리가 그저 흘러 넘길 때, 당하는 이의 고통은 '겁먹은 것의 축축하고 거친 숨소리' 정도로 잊혀져 버리는 것이다. 그때 우리는 폭식투쟁이, 강남역의 살인이, 기업의 부도덕한 영리 추구가, 정권의 무책임이 그리 낯설지 않게 되는 것이다.

영화 〈곡성〉의 주인공 종구와 같이 나와 더불어 나의 가족만 당하지 않으면 침묵하거나 동조하도록 훈련되어온 우리들에게, 오만과 탐욕의 사이코패스 사회가 드디어 그 본 모습을 드러낸 것이다. 순박했던 시골 마을이 '나에게 이로운가'만이 판단의 기준이 되고, 타인의 고통에 공감하지 못하며,

금어초   살인사건이 난 집마다 있는 시든 금어초

약자를 괴롭히는 사회가 되었을 때 사이코패스 사회가 되는 것이다.

따라서 곡성의 통곡소리는 대한민국 전체의 울부짖음이 된다. 그리고 사람들의 통곡은 아름다운 꽃을 시들게 한다. '오만과 탐욕'이라는 꽃말을 가진 금어초는 아름답고 예쁜 꽃이지만, 시들었을 때는 해골의 모습을 한다. 감독은 살인사건이 있었던 집들 마다 시든 금어초를 보여주며 오만과 탐욕의 끝이 무엇인지를 잘 보여주고 있다.

3. 비도덕적 사회와 비도덕적인 인간 : 악의 '합리성'과 '평범성'

히틀러의 하수인이었던 나치 전범자 아이히만의 재판을 보며, 한나 아렌트(Hannah Arendt)는 『예루살렘의 아이히만: 악의 평범성에 대한 보고서』 (한길사, 2006)에서 '아이히만의 생각없음'이라는 평범성에 주목했으나, 사회학자인 지그문트 바우만(Zygmunt Bauman)은 아이히만의 관료적 성실성에 주목한다. 관료제가 관리하고 집행하는 악의 특징은 평범성보다 합리성이 두드러진다는 것이다. 사실 현대사회는 제도적 조직으로 잘 짜여진 관료적 조직 사회이다. 악은 개인적인 차원에서는 평범한 얼굴을 하고 있지만, 그 평범함을 상식으로 만들어 버리는 것은 비도덕적 사회의 제도적 합리성이다.

책 제목인 '부수적 피해'란 이라크전쟁 이후 언론인들이 해외 파병 부대의 군사 행동을 보도하면서 썼던 말이다. '의도하거나 계획되지 않았으나, 생긴 피해와 고통, 손해 등의 군사 행동의 결과'를 뜻한다. 살인마 전두환도 "광주와 나는 상관없다."라고 말하는데, 바우만은 이렇게 지적한다.

"수많은 명령권자는 타인의 생명과 생계를 위험에 처하게 하는 결정을 내린 것에 대해 사후적으로 면책받기 위해서, 달걀을 깨뜨리지

테오—시네마

않고는 오믈렛을 만들 수 없다는 말을 꺼내든다. 물론 이런 경우에 어떤 오믈렛을 만들어 먹고 어떤 달걀을 골라서 깨뜨릴지 결정할 누군가의 권리가 타의에 의해 정당화되거나 빼앗겼다는 점이나, 오믈렛을 맛보는 것은 깨진 달걀이 아니라는 사실은 간과된다."[1]

아이히만과 그의 변호사는 6백만 명의 죽음이 단지 자기 책임을 다 하려는 과정에서 빚어진 부수적 효과일 뿐이라고 밝혔다. 정말 미리 알았다면, '새롭고 세련된 표현'인 '부수적 피해'라는 표현을 썼을 것이다. '우리'는 '다른 사람들'이 희생되어 덜 불편하게 된다면 우리의 이성은 이를 반대하지 않는다.

> "부수적 피해의 관점에서 생각하는 것은, 권리와 기회에 이미 존재하는 불평등을 암묵적으로 가정하는 동시에, 행동을 취하는 (또는 행동을 단념하는)데서 초래되는 비용의 불평등한 분배를 선험적으로 받아들이는 것을 가정한다."[2]

외지인에 대한 마을사람들의 분노, 타자에 대한 배타성, 이해할 수 없음에 대한 절망과 좌절, 그러한 상황에서 내가 편하면(종구에게는 딸이 나으면) 외지인은 죽어도 되는 것처럼.

앞서 설명한 캐릭터의 일관성에 대한 문제가 바로 이것이다. 영화는 외지인을 '의심과 배타성의 피해자'에서 시나리오 상의 결론처럼 '악의 실체'로 두 번 활용(한번은 의심받고 도망 다니며 고통 받는 나약한 외지인으로, 한번은 죽어서 일광과 한 패가 된 악령으로)하고 있다. 그래서 영화는 복잡해졌다.

"아우슈비츠나 굴락, 히로시마의 도덕적 교훈 중 가장 충격적인 것은 우리가 철조망 안에 갇히거나 가스실에 들어갈 수 있다는 것이 아니다. '적당한 조건이라면' 우리가 가스실의 경비를 서고, 그 굴뚝에 독극물을 넣는 역할을 할 수 있다는 것이다. 그리고 우리의 머리 위에 원자폭탄이 떨어질 수 있다는 게 아니라, '적당한 조건이라면' 우리가 다른 사람들의 머리 위에 그것을 떨어뜨릴 수 있다."라는 바우만의 말은 비도덕적 인간은 비도덕적 사회와 더불어 있다는 것을 잘 보여준다. 비록 라인홀드 니버(Reinhold Niebuhr)는 '비도덕적 사회의 도덕적 인간'을 요청했지만.

어느 날 교사들이 모여 팀을 나누어 축구 시합을 했는데, 진 팀이 회식비를 내기로 했다. 두 팀의 교사들은 경기가 시작되자마자 죽기 살기로 달려들면서 교묘하게 파울도 하고, 심판에게 항의하거나 잡아떼기도 했다. 그것을 지켜보는 사람들에게는 과연 저 사람들이 학생들을 올바르게 가르치고 이끄는 교사들인가 하는 의구심이 들 정도였다.

그렇다면 이 교사들이 부도덕한 집단이어서 그런 일이 일어난 걸까? 아니다. 사람은 누구나 집단 이기주의에 한번 빠지게 되면, 양보하지도 못하고 관용을 베풀지도 못한 채 그냥 비도덕적이 되어 가는 것이다. 따로 떨어진 상태로 있을 때, 개인은 얼마든지 착하기도 하고 양보의 미덕을 발휘할 수도 있다. 하지만 자기가 속한 집단의 일원이라는 의식을 갖게 되면 어쩔 수 없이 이기주의의 영향을 받는다는 것이 바로 사회 윤리이다.

니버는 『도덕적 인간과 비도덕적 사회』(문예출판사, 2013)에서 개인적으로 매우 도덕적인 사람들조차도 자기가 속한 이익과 관련될 경우에는 비도덕적으로 변한다고 말하며 개인 윤리와 사회 윤리를 별개의 것으로 구분했다. 곧, '집단의 도덕과 행동은 개인의 도덕과 행동보다 눈에 띄게 도덕성이 떨어진다'는 것이다. 그러나 영화 〈곡성〉은 이를 넘어 개인의 도덕은 집단적으로는 부도덕함을 이끈다는 것을 보여주었다. 그리고 딸을 사랑하는 종구가 바로 그런 캐릭터임을 잘 보여준다.

4. 무기력한 신과 비폭력의 둥근 가슴: 무명(無名)

영화 〈곡성〉은 우리사회의 민낯이 의심, 편견, 왜곡과 은폐로 이루어졌다는 것을 보여준다. 그리고 이러한 사회에서 신은 인간의 편협한 의지 앞에 무기력할 수 밖에 없음을, 종구에게 돌을 던지는 무명과 "닭이 세 번 울기 전에는 집으로 돌아가지 말라"며 종구를 붙잡지만, 붙잡을 수 없는 '살과 육을 가진 신'인 무명의 모습으로 잘 보여준다.

인터내셔널 부문 맨부커상을 수상한 한강의『채식주의자』(창비, 2007)의 주인공 영혜는 함부로 파괴하고 죽이는 세상에서, 차라리 누군가를 적극적으로 해치지 않는 식물이 되려고 한다. 일찍이 영혜는 아버지의 오토바이에 묶인 채 끌려 다니다가 피투성이가 되어 죽어간 개의 핏빛 눈빛을 잊을 수 없었다. 종구도 외지인의 개를 죽이지 않는가! 이후 종구의 눈은 순박한 눈에서 핏빛 눈으로 변한다.

육식을 거부하는 영혜의 입을 강제로 벌리고 탕수육을 밀어 넣으려 했던 아버지는 딸을 비정상으로 규정하고 자신의 가치관에 딸을 폭력적으로 동화시키려 했다. 그것도 사랑의 이름으로. 두 아버지의 왜곡된 사랑의 방식은 '배제와 포용'으로 달랐지만 사랑의 결과는 같았다. 왜곡된 사랑이 얼마나 잘못된 것인지를 잘 보여준다.

사랑은 나와 다른 것을 나와 동화시키고, 그렇지 않을 때 배제하는 것이 아니라, '둘의 사건(알랭 바디우)'이다. 아니, 차라리 기독교적으로 '타자에게 나를 귀속시키는 것'이다. 무기력한 신이었던 무명이 입은 박춘배의 예비군 군복이나, 무명이 있었던 자리에 떨어졌던 효진의 머리핀, 그리고 죽은 동네 아주머니의 흰옷을 입은 무명이 바로 그 상징이다. 타자의 아픔과 죽음에 공감하는 무명이야 말로 무기력한 신이지만 고통받는 자의 곁에 있어준 신인 것이다. 「채식주의자」 속 영혜는 이렇게 말한다.

"내가 믿는 건 내 가슴뿐이야. 난 내 젖가슴이 좋아. 젖가슴으론 아무것도 죽일 수 없으니까. 손도, 발도, 이빨과 세 치 혀도, 시선마저도, 무엇이든 죽이고 해칠 수 있는 무기잖아. 하지만 가슴은 아니야. 이 둥근 가슴이 있는 한 난 괜찮아."

영화도 마찬가지이다. 성폭행 희생자인 동네 아주머니가 아무리 가슴을 들이밀고 경찰서 유리 문 앞에서 울부짖어도 경찰인 종구와 동료는 그것을 받아들일 수 없었다. 곧, 둥근 가슴으로만 살아가려는 식물과 같은 이들에게 세상은, 법의 수호자인 경찰도 역설적으로 공포 그 자체가 된다.

아무튼 소설은 희망을 보여주는데, 그것은 바로 영혜의 언니 인혜이다. 자신도 상처를 받았음에도 불구하고 그것을 안으로 다독이며 어려움 속에 처한 영혜 곁에 끝끝내 머물러준다. 이러한 영혜는 무명과 마찬가지로 지금 우리에게 물음표로 다가온다. 생각 없이 살아온 우리의 삶이, 또한 합리적으로 판단한 우리들의 사회 조직이, 폭력에 근거한 것은 아닌지를 묻는 물음표가 된다. 그리고 인혜와 무명은 사람됨이 무엇인지를 묻는 기호로 우리

쭈그려 앉아 돌멩이를 던지는 무명

테오—시네마

앞에 서 있다.

나홍진 감독의 말이다. "사건이 일어났을 때 쭈그려 앉은 무명의 초라함, 외로움의 느낌이 그런 느낌이었다. 그게 신의 모습이 아닐까. 이런 사회적 분위기에서 더 필요한 게 신이 아닐까 싶었다. 신이 있다면 좀 더 인간미넘치는 사회가 되지 않을까 싶었다." 그렇다. 신은 우리 인간의 의지 앞에 무기력한 모습으로, 죄 없는 자의 모습으로 육화되어 우리에게 돌을 던지고 있는 것이다.

07.

〈옥자〉, 동물신학의 세례요한?: 토리노의 돼지와 성육신의 의미

"그러므로 염려하여 이르기를 무엇을 먹을까 무엇을 마실까 무엇을 입을까 하지 말라. 이는 다 이방인들이 구하는 것이라. 너희 하늘 아버지께서 이 모든 것이 너희에게 있어야 할 줄을 아시느니라. 그런즉 너희는 먼저 그의 나라와 그의 의를 구하라. 그리하면 이 모든 것을 너희에게 더하시리라(마태복음 6:31–33)"

테오─시네마

1. 인간의 위(胃) 중심주의

칼 바르트가 "하나님의 말씀은 하나님 및 사람과 관계가 있다."라고
『교회교의학』 Ⅲ/2에서 선언한 바람에 동물은 당연히 윤리의 주변적 문제
가 되었다. '신학은 인간학'이 되어 버린 것이다. 사실 동물이 인간을 위해
존재한다는 견해는 기독교를 넘어 인류사의 오만이자 상식이었다. 아리스토
텔레스도 『정치학』에서 이렇게 말했다. "자연은 실현될 것으로 보이는 어떤
결말 없이는 아무 것도 만들지 않기 때문에, 즉 아무 목적 없이는 아무 것
도 만들지 않기 때문에, 자연은 동물과 식물을 인간을 위해 만든 것이 분명
하다."

비이성적인 존재들이 이성적인 종(種)을 섬기는 것이 신의 섭리라고 생
각했던 아퀴나스도 『이교도에 대한 반론(Summa contra gentiles)』에서 "따라
서 인간이 동물을 죽이든 어떻게 하든 그들을 사용하는 것은 잘못이 아니
다."라고 까지 한다. 기독교 신학은 이러한 틀에서 크게 벗어나지 않았다. 인
간중심주의, 신학의 인간학적 전용, 인간의 위(胃) 중심주의였던 것이다. 그
런데, 따지고 보면 예수께서도 말 밥통에 오시지 않았던가?

2. 영화 〈옥자〉; 상징의 혼란, 안락과 교란 그 사이

봉준호 감독은 인간을 위해 동물이 대량생산돼 희생되고 있음을 알리
기 위해 영화 〈옥자〉를 만들었다고 한다. "애완견을 안고 마트에서 돼지고기
를 고르는 것이 얼마나 아이러니냐?"라는 봉감독의 말은 그래서 그냥 흘려
넘길 말은 아니다. 사실 영화는 유전자 조작 돼지를 둘러싼 과학영화가 아
니라, 옥자라는 모순적 주체를 통해 현대사회의 육식 문제를 건드린 영화였

다. 옥자를 통해 동물에게도 슬픔, 고통, 기쁨을 느끼는 인간적인 감정을 부여해 동물과 인간사이의 간극을 줄이려고 시도한 것 같다.

그러나 모순적인 것이, 슈퍼돼지 옥자를 통해 유전자변형생물체(GMO)에 좋은 이미지를 주었으니, 환경운동에는 악영향을 끼치지는 않을까? 결국 영화 〈옥자〉는 첨단기술이 낳은 괴물이 아니라, 가축을 대량생산해 먹는 위중심주의가 낳은 '너무나 인간적인' 동물의 이야기이다.

라캉에 따르면 상징계란 실재의 세계가 아니며 실재를 은폐한다. 실재는 상징계를 교란하며 상징계가 위협받는 순간 출현한다. 따라서 상징계가 아무리 실재를 은폐하려고 해도 그 균열을 완전히 덮을 수는 없다. 미자와 옥자가 살고 있는 평화로운 강원도 산골의 안락한 상징계는 자본과 위중심주의를 만나 위협을 당한다. 실재는 상징의 교란이자 죽음이며 덧없음인데, 파괴의 모습을 띠는 것이다. 사실 실재는 현실적으로 감당하기 힘들기 때문에 트라우마를 발생시킨다. 알렉스를 만나 경험한 옥자의 눈은 이전의 사랑스런 눈이 아니었던 것도 그 때문이다.

그러나 재미있는 것은 실재계로 판명되었던 세계 역시 자본과 위중심주의로 이루어진 하나의 상징체계였다는 것이다. 따라서 이러한 자본과 위중심주의의 상징계를 미자와 옥자가 역으로 교란시키는 것이다. 대형마트를 가로지르는 옥자의 저 육중한 몸을 보라. 강원도와 서울, 뉴욕을 넘나드는 미자의 저 찬란한 작은 몸짓을 보라. 자본과 위중심주의의 상징계를 거침없이 미끌어 진다. 그렇다면 상징계 끼리 부딪혔을 때의 혼란과 오해의 착시, 그 끝은 어디인가? 영화 〈옥자〉를 읽는 또 다른 재미이다.

마르크스주의자 알튀세르는 라캉의 이론을 이데올로기의 개념에 적용하여 주체란 '이데올로기의 효과'에 불과하다고 한다. 곧 인간이 주체가 된다는 것은 사회적 관계에서 하나의 지위를 획득하게 된다는 것인데, 이것은 일종의 호명(呼名)을 통하여 이루어진다. 옥자는 미자와 '자'자 돌림으로 호명되었기에(따라서 영화에서 닭들은 이름이 없다) 강원도 산골이라는 사회적 관계에서 지위를 획득하여 주체가 되었다. 게다가 미자를 자신의 몸을 던져 구원해주기까지 했다. 따라서 영화 〈옥자〉는 상징의 혼란과 미자의 안락과 교란, 그 사이를 옥자가 비집고 들어가 읽는 이들의 상징계를 교란시킨다.

라캉에 따르면 주체란 허구적인 상징계의 산물에 불과하지만 그렇다고 그러한 허구적 상징을 거짓이라고 생각한다면 주체가 될 수 없다고 한다. 옥자는 자본과 위중심주의가 만든 상징계의 산물이지만 거짓은 아니다. 여기에 '(자연적인) 닭' – 백숙을 좋아하는('유전자조작 돼지'는 사랑하면서도) 미자의 모습이 안락과 교란 그 사이에 자리 잡는다. 어쩔 수 없는 위중심주의여!

알렉스를 경험한 이후 변해버린 옥자의 맑은 눈동자

3. 피터 싱어의 '동물해방론'과 인류세

영화에 보면 미자 할아버지가 미국으로 이송되는 옥자를 두고 이렇게 말한다. "이게 이놈이 타고난 팔자야." 가축은 사람에게 먹히기 위해 태어나는 것인가? 사실 영화에 나오는 공장식 축산의 역사는 100년 정도이다. 실험동물의 역사도 길게 잡아야 60년 정도. 인간의 정치체제와 자본주의가 옥자와 동물의 팔자를 그렇게 만든 것이다. 그리고 그 팔자에도 위계가 있다. 반려동물 – 농장동물 – 실험동물 – 야생동물 등.

1970년 전후 미국에서 생명윤리학, 환경윤리학 등의 응용윤리학이 생겨났는데, 그 중심에 호주 출신의 피터 싱어가 있었다. 싱어는 응용윤리학을 전개하며 '인간중심주의'를 비판하고 동물들의 팔자를 고치고자, '동물해방론'을 주장하는데, 그에 따르면 '관계자 전체의 이익을 촉진하는 것'이 공리주의의 핵심이고 이러한 관계자 전체의 이익을 어떻게 이해하느냐가 문제라고 한다. 따라서 싱어는 '관계자'를 '인간'에만 한정하지 않고 쾌감과 고통을 느끼는 능력이나 지성 등을 가진 전체 동물로까지 범위를 확장한다.

결국 싱어의 기본 사상은 '자신이 우연히 속한 집단(종)'을 중심으로 생각'하는 '종 중심주의' 비판이었다. 이것은 '인종차별주의', '성차별주의'와 마찬가지로 매우 자의적인 사고이다. 인간이라고 해서 인간을 특권화 할 수 없는 것이다. 따라서 해방운동은 인종차별에서 시작되어 여성차별과 동성애차별을 거쳐 동물차별을 철폐하는 데까지 나아가자는 것이다.

지구의 역사에서 '인류가 지구 환경에 큰 영향을 준 시기'를 지질시대의 이름으로 구분하여 인류세(Anthropocene)라고 한다. 공식적인 지질시대는 아니나, 화석연료 사용이 급증한 1800년대 산업혁명이나 제2차 세계대전이 끝난 1950년경을 그 시작으로 보고 있다. '인류가 엄청난 영향력을 행사해 지구촌 기후를 변화시켰다는 뜻이다. 가령, 지나친 화석연료 등의 사용으로 온실가스가 증가했으며, 이로 인해 지구 온난화와 기후변화가 발생됐다는 것이다. 부정적인 의미를 내포하고 있는 것이다.

이러한 인류세 시대의 자연스러운 귀결은 산업의 발달과 환경파괴이며 이제 세상은 4차 산업혁명과 포스트휴먼 시대를 요청하고 있다. 따라서 포스트휴먼은 '휴먼의 종말'이 아니라, '특정한 휴먼 개념의 종말'을 의미한다. 그것은 인간이 지구상의 모든 생명에 영향을 끼칠 수 있는 인류세 시대에

테오–시네마

인간중심주의, 혹은 위중심주의가 가진 오만과 싸우고, 초월적인 범주인 휴먼이 주장하는 예외주의와 싸우는 것이다. '슬기로운 흙덩이'이자 위험하고 어리석은 존재인 호모사피엔스의 교만에 도전하는 것이다. 그리고 그 시작은 신의 죽음을 외쳤던 니체였다.

4. 니체의 '토리노의 말', 혹은 미자의 '토리노의 돼지'

1889년 1월 3일 아침 니체는 토리노의 하숙집을 나왔다. 카를로 알베르토 광장에 들어섰을 때 맞은편 마차 대기소에서 난폭한 마부가 자신의 말에게 사정없이 채찍질을 하는 것을 보았다. 그 순간 니체의 마지막까지 억눌렀던 동정심이 터져 나와 그의 온몸을 뚫고 지나갔다. 니체는 날카로운 비명을 지르며 광장을 가로질러 달려가 말의 목을 감쌌다. 정신을 잃은 니체는 말의 목을 껴안은 채 땅바닥에 쓰러졌다. 사람들이 몰려들었다. 니체의 하숙집 주인도 광장으로 내려왔다가 니체를 발견하고는 서둘러 집으로 옮겼다. 의식을 되찾았을 때 니체는 이전의 니체가 아니었다.

니체의 정신을 무너뜨린 최후의 사건인 '채찍질 당하는 말'은 도대체 무슨 의미일까? 한번 읽었던 책의 내용이 되살아난 것인가, 사랑에 실패한 심리적 내상의 표출인가, 아니면 그가 비판했던 그리스도교에 대한 동성심의 유발인가? 이도저도 아니면 니체의 '동물−되기'[1]인가?

유사한 장면이 도스토예프스키의 소설 『죄와 벌』에도 나온다. 주인공 라스콜리니코프는 술 취한 농부들이 말을 채찍질로 죽이는 꿈을 꾼다. 그는 동정심을 느껴 죽은 동물의 목을 끌어안고 입을 맞춘다. 또한 니체는 1869년 바젤 대학에 부임한 후, '플라톤 이전 철학자들'에 관한 문헌을 강의하며 피타고라스(그는 니체의 영원회귀를 연상시키는 영혼의 윤회설을 믿었다)의 어떤 행위에 관한 크세노파네스의 기록을 자신의 공책에 옮긴 적이 있다.

> "길을 가다가 개 한 마리가 얻어맞는 것을 보자 그(피타고라스)는
> 동정심에 사로잡혀 말했다. '채찍을 치워라. 그대가 괴롭히는 것은
> 내 친구의 혼이다. 그 개가 짖는 소리에 나는 그 혼을 분명히 알아보
> 았다.'"[2]

그러나 가장 직접적인 내용은 니체가 찍은 사진 한 장에 나와 있다. 1882년 5월 니체는 루 살로메, 파울 레와 함께 스위스 루체른의 사진관에서 모형 마차를 세워놓고 사진 한 장을 찍었다. 니체와 레가 마차를 끌고 살로메가 채찍질을 하는 장면인데, 살로메는 니체를 배신하고 떠남으로, 니체는 마부에게 끔찍하게 채찍질을 당한 꼴이 되었다.

마지막으로 채찍질은 니체가 수없이 동일시했던 예수 그리스도와 연결된다. 예수는 로마 병사들에게 채찍질 당한 뒤 십자가에 못 박힌다. 매 맞는

니체와 루 살로메, 파울 레

개에게 동정심을 느꼈던 피타고라스처럼 채찍질 당하는 말에게 동정심을 느꼈고, 말의 고통 속에서 예수 그리스도의 수난을 보았던 것일까? 아니면 마차에 묶여 있는 말처럼 인간이라는 한계 안에 매여 넘어설 수 없는 운명을 보았던 것일까? 영화 〈옥자〉는 니체의 고통을 이해할 때 인문학적 상상력의 날개를 단다. 게다가 〈옥자〉는 놀랍게도 신학적으로는 '동물신학의 세례요한'이 된다.

테오-시네마

이사야는 니체의 고통에 대한 대안을 역지식지(易地食之)로 잘 보여준다. 역지사지(易地思之)란 '다른 사람의 삶의 자리에서 생각해 본다'는 뜻이고, 역지감지(易地感之)는, '다른 사람의 감정을 공감하는 능력'을 말한다. 그리고 역지식지란, 상대가 먹는 것을 먹을 수 있는 능력, 곧 '약자가 먹는 음식을 강자가 먹는 것'을 말한다. 가령 사자가 소처럼 풀을 먹는 것이다. 한완상 교수도 상대방 입장에서 생각하고, 상대방과 같은 감정을 느끼고, 나아가 상대방과 같은 것을 먹으며 체질까지 바꾸는 소통이 완벽한 평화를 이루는 길이라고 한다.[3]

> "그 때에 이리가 어린 양과 함께 살며 표범이 어린 염소와 함께 누우며 송아지와 어린 사자와 살진 짐승이 함께 있어 어린 아이에게 끌리며 암소와 곰이 함께 먹으며 그것들의 새끼가 함께 엎드리며 사자가 소처럼 풀을 먹을 것이며 젖 먹는 아이가 독사의 구멍에서 장난하며 젖 뗀 어린 아이가 독사의 굴에 손을 넣을 것이라(이사야 11:6-8)."

5. 도살장으로 끌려가는 옥자의 친구들: 바우만의 쓰레기가 되는 삶

2000년에 『액체근대』를 출판하고 나서 '포스트모던'이라는 말을 쓰지 않았던(사실 『포스트모던의 윤리』, 『포스트모던과 불만들』은 각각 1993, 1997년에 출간되었다) 지그문트 바우만은 현대사회를 '유동하는 근대'로 이해한다. 근대사회는 전기의 '견고한(solid) 근대'에서 후기의 '유동하는(liquid) 근대'로 이행한 것이다.

이러한 '액체적이고 유동하는 근대'라는 호명은 명확한 질서를 갖고 안정된 사회로 보이던 낡고 개체적인 근대가 가볍고 융해된 새로운 근대로 이동한 것을 잘 지적한 것이다. 따라서 바우만은 '중량 자본주의'에서 '경량 자본주의'로, '판옵티콘(중앙감시감옥)'에서 '포스트판옵티콘(모든 곳이 감시가 되는 감옥)'으로, 곧 집단에서 벗어나 개인주의화된 현대의 생활을 생생하게 묘사한다.

이러한 현대인의 생활은 2004년에 나온 『쓰레기가 되는 삶들: 모더니티와 그 추방자들』에 잘 나와 있다. 바우만에 따르면 인간은 유동하는 상태인 근대 이후의 시대에 쓰이다 버려지고 끝내 쓰레기가 된다는 것이다. 세계화로 인해 발생한 '경제 이민'이 그 예이다. 유럽에서는 현재 이민자들의 고용이 불안정해지고, 거주 지역은 게토(인간 폐기물의 쓰레기장)화가 되고 있다. 런던과 파리에서 폭동이 빈발하는 것도 그 까닭이다.

따라서 현대의 소비생활은 유동 상태의 근대에 부합하여 상품을 영속적으로 쓰는 것이 아니라 사서 쓰고 바로 버리는 '쓰레기의 문화'가 되고 있다. 따라서 '모든 것은 쓰레기장으로 가는 도중에 있다'고 생각하는 바우만은 이렇게 말한다.

"인간쓰레기, 좀 더 정확히 말하면 쓰레기가 된 인간들(잉여, 여분의 인간들)의 생산은 현대화가 낳은 불가피한 산물이며 현대성에 불가피하게 수반되는 것이다. 또 질서 구축과 경제적 진보가 초래하는 피할 수 없는 부작용이다."[4]

"지구가 만원 상태에 이르게 된 것은 본질적으로 인간쓰레기 처리 산업이 심각한 위기를 맞이했다는 것을 의미한다. 인간쓰레기가 줄어들지 않고 점점 더 많이 생산됨에 따라 자국의 쓰레기 처리장과

테오-시네마

재활용 수단이 급속하게 부족해지고 있다."[5]

옥자와 그의 동료들은 도살장으로 끌려가지만 결국은 인간쓰레기들을 통해 유동하는 근대의 쓰레기장으로 들어가는 것이다. 비록 옥자(와 새끼 돼지 하나)는 황금돼지로 말미암아(자본의 탐욕으로) 살아남았지만, 미자가 살고 있는 강원도 산골도 이제 곧 쓰레기 문화가 침범할 것이다. 인간의 위중심주의를 고치지 못할 때, 인간쓰레기들이 지구의 주인으로 계속해서 남을 때, 그리고 토리노의 말에 대해 니체와 같이 울부짖지 못할 때!

옥자를 살려주는 자본주의의 교환인 황금돼지

6. 성육신과 구속의 교리 확대

피조물 전체에 창조주께서 가지고 계신 관심을 이해한다면, '성육신', 혹은 '구속'과 같은 기독교의 중심적 교리들은 "단지 인간의 육체에 대한 하나님의 긍정이 아니라–남성의 육체에 대한 하나님의 긍정은 더더욱 아니며–'모든' 육체에 대한 하나님의 긍정으로 이해"[6]해야 한다. 왜냐하면 성육신은 육체를 가진 모든 피조물에 대한 하나님의 사랑의 구애이며, 연애 사건이기 때문이다. 그렇다면 여기에 GM(유전자 조작)동물도 포함이 되는가?
게다가 동물신학의 세례요한으로? 역시나 봉준호 감독은 까다롭다.

옥자와 미자

테오─시네마

08.

김기덕 영화의 폭력의 미학, 밟혀서 밝혀주다:
영화 〈나쁜남자〉와 〈사마리아〉

1. 서론

폭력에도 미학이 존재할까? 혹은 미학적 폭력이란 어떤 예술 형태로 존재하는가? 이 글은 이러한 의문을 가지고 폭력에도 미학이 존재하며, 미학적 폭력이 영상 이미지로 드러나는 모습을 포착하고자 한다. 가령, 김기덕 감독의 작품은 "나는 생각한다, 고로 존재한다"는 데카르트의 사유를 해체하며 "나는 몸으로 생각한다, 고로 존재한다"는 포스트모던적 사유를 잘 보여준다. 몸으로 생각하기, 나아가 몸에 대한 폭력의 미학, 미학적 폭력, 이것이 영상 이미지와 결합되는 것이다. 이러한 미학적 폭력, 혹은 폭력의 미학은 김기덕의 영화에 있어서 하나의 역설을 드러내는데, 그것은 바로 밟혀서 밝혀주는 종교적 메타포이다. 따라서 이 글은 폭력의 계보학을 살펴보고, 폭력의 미학과 미학적 폭력을 미학 이론을 중심으로 구분하여 볼 것이다. 이후 김기덕 감독의 영화를 폭력의 미학으로 들여다보고자 한다. 특히 영화 〈나쁜남자〉(2001년작)와 〈사마리아〉(2004년작)는 밟혀서 밝혀주는 그의 종교적 성향을 잘 드러낸 작품이라고 볼 수 있어 이 두 작품을 분석하고 이 영화에 나타나는 '밟혀서 밝혀주는' 폭력의 미학 그 메타포를 영상 이미지로 추적하고자 한다. 신체성에 기반 한 폭력이 미학으로 승격되며, 미학적 폭력이 영상 이미지로 드러나는 것이다.[1]

2. 폭력의 계보학

고대 로마인들은 남성적인 용맹함을 숭배하였다. 로마의 건국신화를 보면, 전쟁의 신(軍神) 마르스(Mars, 그리스에서는 Ares)[2]의 아들인 로물루스(Romulus)와 레무스(Remus)가 늑대의 젖을 먹고 자라고, 그들이 로마 시를 건국하고 나서 로물루스가 동생 레무스를 죽이는 이야기가 있다. 곧 건국신화에 야생적인 모습, 나아가 살육하는 폭력성이 깃들어 있는 것이다.[3]

어떠한 원시 사회도 폭력으로부터 자유롭지 못하고, 또 생산양식, 기술경제 체계, 생태적 환경이 어떠하든지 간에, 폭력적 전쟁의 수행을 회피하거나 거부하지 않는다는 것은 인류학이 증거 하는 바이다.[4] 곧, 원시 사회에서 '자원의 희소성→생존 경쟁→집단들의 고립성'으로 이어지는 기계적 발생학의 일반적 귀결로서 전쟁이 일어난다는 것이다.[5] 원시 사회에서의 전쟁을 연구한 삐에르 끌라스트르(Pierre Clastres)는 전쟁을 교환과 마찬가지로 원시 사회의 구조, 나아가 그 사회의 존재 자체라고 까지 말한다.

전쟁은 원시 사회의 파편화라는 결과의 원인이자 원시 사회의 파편화라는 목표를 달성하기 위한 수단이다. 그 존재에 있어서 원시 사회는 분산을 원한다. 이러한 파편화에의 의지는 원시 사회의 존재에 속한다. 즉 원시 사회의 존재는 이러한 사회학적 의지의 실현을 통해서 성립하는 것이다. 다시 말해 원시 전쟁은 하나의 정치적 목적을 위한 수단이다. '야만인들은 왜 전쟁을 하는가?' 라고 묻는 것은 그들 사회의 존재 자체에 대해 질문을 하는 것이다.[6]

이렇듯 만인에 대한 만인의 전쟁 불가능성은 한 주어진 공동체로 하여금 자신을 둘러싼 사람들을 곧바로 분류한다. 곧, 타자를 친구 혹은 적으로 분류하는 것이다. 따라서 친구들과는 동맹을 맺고, 적들에 대해서는 전쟁의 위험을 감수하거나 또는 촉발시키는 것이다. 그렇다면 전쟁과 동맹을 통해 이루어지는 지배와 종속은 단순히 정치의 문제가 아니라, 인간학적 문제로 드러나는 것이다.

이러한 측면을 잘 분석한 이가 바로 르네 지라르(René Girard)이다. 지라르는 먼저 인간의 욕망을 검토하는데, 지라르의 욕망이론은 삼각형의 구도로 되어 있다. '주체-욕망을 가능케 하는 매개체-욕망의 대상'인 것이다. 예를 들면 보봐리 부인(주체)은 삼류소설(욕망을 가능케 하는 매개체)을 매개로 연인(욕망의 대상)을 욕망 하게 되고, 돈키호테가 기사가 되려고 한 이유 역시 아마디스라는 기사를 모방하려는 것과 동일하다는 것이다. 그리고 이러한 모방하려는 인간의 욕망이 폭력을 산출한다는 것이다.[7]

『폭력과 성스러움』(La violence et le sacré)에서 지라르는 앞서의 문학 작품들을 분석하는 것을 넘어서(문학비평가의 입장을 넘어) 폭력과 관계된 제의적 희생(le sacrifice rityel)이라는 현상에 대해 검토하는데, 전 세계적으로 널리 퍼져있는 이 제의는 인간이나 동물 같은 희생물을 바쳐 신의 노여움을 풀고 신의 자비를 기대하는 제의이다. 단일 희생물로 모든 가능한 희생물을 대치시키며, 동물로 인간을 대치시키는 경제적 기능뿐만이 아니라, 좋은 폭력으로 나쁜 폭력을 막는 종교적 기능을 수행한다고 말한다.

따라서 이러한 제의적 희생은 카타르시스적 기능을 수행하며, 복수의 길이 막힌 희생물에게 모든 격렬한 반응을 다 보임으로써 재난의 폭력을 정화하는 방책이다. 이로써 사회가 제대로 유지되는 것이다. 곧, 사회가 제대로 유지되려면 폭력에 사로잡히지 않아야 하며 그 방법으로 폭력을 속이는 방법이 나타나는데, 폭력을 속이는 폭력이 바로 제의적 희생에 나타나는 폭력이라는 것이다.[8]

그렇다면 폭력의 이러한 인간학적 측면은 단순히 생물, 심리학적 이론이나 사회 문화적 이론을 넘어서는 의미를 던져주고 있다. 가령 폭력에 대한 생물학적 이론들은 폭력을 본능적인 행위로 보거나 유전적인 요인이나 호르몬의 영향, 신체적 특징 혹은 신경 메커니즘의 문제나 내적인 욕구(drives)가 분출한 것으로 파악하며 심리학적 관점에서는 개인의 퍼스낼리티 등 심리적 '비정상성(abnormality)'이 폭력이나 공격성과 관련되어 있다고 보지만, 폭력과 직접적 관련성이 있다는 결론적인 증거는 없다.

나아가 사회학적 이론들은 폭력이 유발되는 사회 환경적인 요인들에 관심을 가져, 폭력 역시 다른 사회적 행동과 마찬가지로 학습된다고 보지만[9] 역시 직접적 관련성은 미약하다는 것이 연구의 결과이다. 따라서 폭력의 계보학을 통해 비로소 폭력을 미학적으로 살펴볼 수 있는 여지가 인간학적 차원에서 생성되는 것이다. 그리고 이것은 미학적 폭력을 산출한다.

3. '폭력의 미학'과 영상 이미지로서 '미학적 폭력'

폭력의 미학을 '아름다운 파괴성'이라고 이름 붙일 수 있을까? 미학이 자연이나 인생, 예술에 나타나는 아름다움의 현상이나 가치를 연구 대상으로 하여 미의 본질과 구조를 경험적 또는 형이상학적으로 연구하는 학문[10]이라면 폭력의 미학이란 말 그래도 폭력의 아름다움일 것이다.

오해의 여지를 벗어 던진다면 폭력을 미화하는 것이 아니라, 폭력 속에 들어 있는 이유를 적절히 설명함으로 해서 무분별한 폭력이 아닌 폭력 속에 있는 근원적인 이유를 추구할 수 있다는 것이다. 따라서 폭력의 미학은 '힘의 멋'과 '파괴력과 그 파괴의 창조'라고 할 수 있다.[11] 그리고 이러할 때 미학적 폭력은 타당성을 얻게 된다. 따라서 영상 이미지에 나타나는 미학적 폭력은 폭력의 미학이 인간학적 견지에서 타당성을 얻을 때 가능할 것이다. 그리고 이러한 가능성을 필자는 김기덕의 영화에서 찾아볼 수 있다고 생각한다.

미학 이론에 있어서 탁월한 저서를 남긴 철학자 헤겔은 자연미보다는 예술미에 우위를 둔다. 헤겔의 사고방식에 있어서 자연미라는 것은 정신과 관계되는 부분이 적은 저급의 미이며 이 저급의 자연미에 반하여 정신과 관계되는 예술미는 고급의 미라는 것이다.

'예술미는 정신에서 다시 태어난 미'이며 정신에서 태어난 이러한 예술미는 '정신과 정신의 산물이 자연과 자연의 현상들보다 우월'하다는 생각을 갖게 한다. 그리고 예술은 절대이념(die absolute Idee)으로부터 나오는 것이다. 그러므로 예술의 사명은 절대적인 것, 즉 '이상'(理想)을 감각적으로 표현하는 것이다. 그는 이 입장에서 출발하여 서양의 미학을 그 역사적인 발전 과정을 통해 고찰하고 있으며, 거기에 나타나는 여러 예술 형식과 양식 등을 같이 설명하고 있다.[12]

'이상'에 대한 이해가 헤겔과 같이 절대이념의 실현이고 그 절대이념이 인륜(人倫)에 귀속되는 것이라는 헤겔식 총체성을 벗어 던진다면, 예술에 관한 폭력적인 접근은 예술지상주의에 나타나는 표피적인 모습, 그 이면에 담긴 이상을 찾을 수 있을 것이다. 그것은 곧 폭력에 근거한 새로운 미학적 차원이다.

〈퍼니게임〉으로 잘 알려진 미하엘 하네케 감독의 깐느 영화제 그랑프리 수상작인 〈피아니스트〉[13]는 예술가의 무의식이 사도-마조히즘(곧 가학과, 피학의 폭력성)과 연결되는 새로운 이상을 잘 보여주고 있다. 가령 여주인공 에리카(이자벨 위페르 분)가 사랑하는 제자 클레메(부누아 마지멜 분)를 좋아하는 제자의 피아노 실력을 질투하여 그녀의 주머니에 깨진 유리조각을 넣는다든지, 혹은 최종 연주전에 자신의 가슴을 칼로 찌르는 엔딩 장면은 사디즘(sadism)과 마조히즘(masochism)의 극치이다.

김소월의 '진달래꽃'이 이런 경우에 유비 되는데, 마광수에 의하면 진달래꽃에 있어서 매정하게 떠나는 님은 사디스트요, 버림받은 여인인 시의 화자는 마조히스트라고 할 수 있다. 마조히스트인 이 시의 주인공은 버림받아도 좋으니 제발 마지막으로 한 번만 더 밟아 달라고 님에게 호소한다. 님과 헤어지더라도 밟히고 싶어 하는 것이다. 그렇게만 되면 조금이라도 위안이 되겠고 따라서 죽어도 눈물 아니 흘릴 수 있겠다고 한다.

꽃이 되어 님에게 마음껏 밟히고 싶은 심정이나 님에게 일방적으로 버림받는다는 것이나, 모두 다 마조히스트로서의 피학적 심리를 충족시켜 그녀를 황홀경으로 이르게 하는 것이다. 따라서 이 시를 고려가요의 '가시리'의 전통을 잇고 있는 대표적인 이별의 노래, 이별의 슬픔을 체념으로 승화시켜 극복하고 있는 아가페 적인 사랑의 노래, 혹은 우리나라 전통적인 정서인 한(恨)을 이 시에 도입시켜 설명하는 것은 시의 한 단면이며 오히려 진달래꽃은 마조히스트로서의 여성의 심리를 잘 드러내주는 것이라고 말한다.[14]

김기덕의 영화에 나타나는 사디즘적인 요소들이 마조히즘적으로 이해되고, 그 마조히즘이 다시금 구원을 베푸는 역설로 드러나는 것은 바로 이

러한 측면에서 영화를 관찰할 때이다. 곧 폭력이 새로운 미학적 차원을 드러내는 것이다.[15]

　따라서 김기덕의 영화가 폭력을 다루며 미학적 폭력을 나름대로 표방한다고 생각되는 일본의 기타노 다케시나 중국의 오우삼, 그리고 미국의 쿠엔틴 타란티노와 다른 점이 바로 이러한 점이다. 곧 김기덕의 영화에는 밟힌 이가 밟은 이를 구원한다는 고차원적인 종교적 미학이 폭력의 양가적(ambivalence) 의미로 존재하기 때문이다.

4. 김기덕 영화의 폭력의 미학: 〈나쁜 남자〉와 〈사마리아〉를 중심으로

1) 〈나쁜 남자〉: 영원히 여성的인 것이 우리를 구원한다.

거리에서 선화에게 강제로 키스하는 한기

　항상 사회의 치부를 건드리는, 속칭 '문제감독'인 김기덕 감독의 작품 〈나쁜 남자〉는 그의 일련의 작품들보다는 덜 그로테스크(grotesque, 怪奇美)

하고 위악적이다. 그렇지만 여기서도 관객의 마음 깊은 곳에 숨어있는 그로 테스크함을 순수함의 다른 이름으로 드러내게끔 하는 그의 특기는 여전히 존재한다. 정말, 감독의 말처럼 "쓰레기 더미를 헤치면 향기가 나는 것"은 아닐까?

영화는 사창가의 깡패이자, 포주인 한기(조재현 분)가 길에서 우연히 만난 아름다운 여대생 선화(서원 분)에게 반해, 선망의 눈길을 보내는 것으로 시작한다. 그러나 돌아오는 것은 경멸의 눈길이고, 분노한 한기가 선화에게 강제로 키스를 한다. 애인의 분노와 거리를 지나가는 해병들의 의협심은 한낮의 명동거리를 구경거리로 만들고, 언제나 군화는 맨주먹 보다 센 법, 한기는 몰매를 맞는다. 선화는 경멸과 분노로 뒤섞인 침을, 상처받았지만, 그래도 내세우려는 자존심과 함께 한기의 이마에 뱉게 되는데, 이러한 나름대로 충격적인 첫 장면부터 역시나 김기덕임을 느끼게 한다.

이후의 장면은 한기의 '사랑/미움'인 애증(愛憎)이 미대생인 선화를 창녀로 만들어 가는 과정인데, 이 과정을 관음증으로 감독은 관객들에게 보여주고 있다. 그러나 역설적인 것은 선화가 자신을 망쳐버린 한기에게 점점 사랑을 느끼며, 조직의 동생 정태를 대신해 살인죄를 받아 사형 당하려는 한기를 찾아가, '사랑한다'(愛)의 다른 표현인 "이 나쁜 놈, 지금 죽으면 나는 어떻게 하란 말이야"고 "미움"(憎)썩인 목소리로 울부짖는다는 것이다. 사랑은 어찌나 이해할 수 없는지!

마지막 장면은 한기와 선화가 다시 만나, '사랑의 완성'으로 끝나는 것이 아니라, 트럭을 개조해 침대를 만들어 또다시 몸을 파는, 그런 길을 떠나는 것으로 끝난다. 마지막까지 철저히 인간적인-적어도 양심을 가졌다면- 기대를 저버리는 '나쁜 영화'로 끝나며, 한기는 끝까지 '나쁜 남자'로 남는 것이다. 그래서 감독이 다음과 같이 말하는 것은 아닐까?

"긴장된 도시 안에서 아무리 바르게 살려고 경계해도 어느새 나
는 생각지도 않았던 공간에서 나도 모르게 나쁜 인간으로 살아가고
있다. 여기 한 나쁜 남자가 있다, 그의 순수한 눈빛은 한 여자의 일
생을 불행으로 바꾼다. 나는 이것을 운명이라고 말하고 싶다"

라깡식의 역설 "내가 존재하지 않는 곳에서 나는 생각한다. 고로 내가
생각하지 않는 곳에 나는 존재한다."로 조작된 상징계의 운명에 빠진 인간
존재를 표현함인가? 아무튼 〈나쁜 남자〉의 주인공 선화는 자신 때문에 시
비가 벌어져, 한기가 싸움 중 벽돌로 맞을 때와 이후 유리로 가슴을 찔릴
때, 바로 앞에서 지켜보았다. 그것이 '나를 망친 남자'를 사랑하게 되는 계기
가 되었는지, 아니면, '남자가 존재의 올무에서 손 벌려 구원을 얻어야 할'
대상의 도식에서 의도되었든지 간에, 한기를 사랑하게 된다. 이름 그대로 선
(善)의 화신(化)이 차가운(寒) 이들(機)을 구원하는 것이다. 김기덕 감독의 폭
력의 미학이 종교적 승화를 획득하는 것이다.[16]

따라서 〈나쁜 남자〉의 선화는 '영원히 여성적인 것이며' 한기에게, 아니
우리들에게 죄를 깨닫게 하고, 신에게로 인도하는 신의 흔적이다. 따라서
'영원히 여성敵'[17]인 한기를 '영원히 여성的[18]인 선화는 이러한 신의 흔적에
대한 김기덕식 표현인 것이다.

2) 〈사마리아〉: 영원히 여성的인 것의 육화, 바수밀다

이러한 신의 흔적이 육화되어 재영으로 이 땅에 나타났다. 그것이 바로
영화 〈사마리아〉[19]의 의미이다. 영화는 방학 때 유럽여행을 가기 위해 돈을
모으려는 여고생 여진(곽지민 분)과 재영(서민정 분)의 원조교제로부터 시작

재영과 여진

된다. 여진이 남자들과 채팅을 하고 전화를 걸어 약속을 잡으면 재영이 모텔에서 남자들과 원조교제를 하고, 여진이 망을 본다.

육화된 신의 흔적인 재영은 낯모르는 남자들과 섹스를 하면서도 항상 웃음을 잃지 않는다. "잠깐 같이 있어도 같이 사는 거잖아. 그냥 섹스만 하면 심심하잖아!" 어쩌면 바수밀다를 의미하는 것이라고 말하는 감독의 시선은 영화 〈사마리아〉가 〈나쁜 남자〉의 후속작임을 잘 말해 주고 있다.

이런 여진에게 아버지(이 얼 분)는 어머니 없이 키우는 안타까움으로 순결의 이미지를 강조한다. 따라서 등굣길 차안에서 여진에게 들려주는 아버지의 이야기는 모두다 순결의 상징인 종교적인 이야기이다. '노틀담 성안에 썩은 나무 예수 상에서 싹이 난다'라거나, '테레사 수녀가 성녀로 인정되었다'는 등.[20]

아무튼 이러한 세뇌 덕일까? 여진은 재영이 원조교제 상대자와 친해지는 것을 싫어한다. 나아가 그들을 '미친놈' 취급한다. 재영과 원조교제를 한 음악가는 자신을 미워하는 여진에게 "너, 내가 더럽구나, 더럽지?"하며 묻는다. 그러자 여진은 "뭘 봐요? 나도 원해? 미친놈"하고 말한다. 재영이 "저 오빠 음악 하는 오빤데, 좋은 오빠다. 너 우리가 섹스만 하는 줄 아니? 오빠가 노래도 불러줬어"라며 감정이입을 말하나, 순결의 상징은 이를 받아들일 수 없다. 여진은 재영에게 말한다. "아름다운 걸 아무나 막 만지는 걸 싫어해" 재영이 웃는 얼굴로 말한다. "미안해. 앞으로 직업 같은 것 묻지 않고, 그냥 섹스만 할게" 자신을 바수밀다로 불러달라던 재영은 여진에게도 바수밀다인 것이다.[21]

바수밀다의 죽음이 가까이 오고, 새로운 부활의 시작인가? 감독은 하나의 사건을 집어넣는다. 경찰의 단속이 시작된 것이다. 경찰을 피해 창 위로 올라온 재영은 웃으면서 창밖으로 뛰어 내린다. 병원에서 재영은 음악가 아저씨가 보고 싶다고 말한다. 그 음악가는 자신을 불러왔던 여진의 몸을 탐내며, "빨리 하는 만큼 친구한테 빨리 가는 거야. 친구가 죽어가고 있잖아"고 말한다.

더군다나 행위가 끝난 후 병원으로 가려다 그는 자신의 차에 난 흠집에 신경을 쓴다. 마침내 찾아간 병원, 재영이 웃는 얼굴로 죽어있다. 전화벨이 울리고, 음악가가 전화를 받는다. "여보세요. 어? 병원! …아는 사람이 죽었어. 아니, … 확실히 아는 건 아니구…" 누구에게는 '아름다운 것'이고, 누구에게는 단지, '아는 것'인 재영, 진정 아름다움이란 무엇인가? 그토록이나 폭력의 역사를 온 몸으로 일구어온 남성들의 존재에 역겨움을 느끼는 그 순간, 바수밀다는 부활한다. 역겨움을 자신의 온몸으로 승화시키는 것이다.

재영이 죽은 후 여진은 이때까지 모아두었던 돈과 원조 교제하던 이들의 전화번호가 적혀있던 수첩을 불태운다. 불이 돈과 수첩을 삼키려할 때, 여진이 불을 끈다. 그리고 결심한 듯 이렇게 말한다. "재영아, 이 돈 내가 다시 돌려줄게. 그래야 덜 미안할 것 같아." 무엇이 미안한 걸까? 바수밀다라는 이름의 의미를 이해 못해서? 이제 바수밀다는 선한 사마리아인의 이미지와 겹쳐진다. 혹은 김 감독의 이전 작품인 〈파란대문〉에 나타난 김기덕식 역할 바꿈이 여기서도 등장하는 것이다. 이제 강도 만난 이가 아니라, 강도(?)를 여진이 찾아가는 것이다. 처음 재영과 함께 원조교제로 벌었던 돈을 가지고…

여진을 만난 중년의 신사는 "도덕이고 지랄이고 이런 게 행복 아니야? 십년은 더 젊어진 것 같아!"라며 좋아한다. 여진이 돈까지 돌려주자, 충격을 받은 그는 생각에 잠긴다. 이 남자를 거울 안의 모습으로 담은 미장센은 초라해진 남자의 모습을 잘 비추어준다. 그리고 영화는 친절하게도 이런 음성을 들려준다. "유진이니…? 아빠… 어디니? 학원…? 그냥 했어… 오랜만에 외식할까?" 착해지는 남자의 모습일까? 바수밀다의 재육화가 여기서 이렇게 재영을 거쳐 여진에게 이루어지는 것일까? 밟힘으로 남자를 빛으로 밝혀주는 구원의 역설이 여기에 이렇게 존재한다. 폭력 당한이가 폭력한 이를 미학적으로 승화시키는 것이다.

계속해서 여진은 이 보시행을 시도하는데, 어떤 남자는 이렇게 말한다. "고마워. 행복하게 해줘서. 다 걱정 없이 잘 살아야지." 더 나아가 여진이, "돈 돌려주면 편해지죠?"라고 말하자, 감격어린 눈망울로 이 남자는 "죽을 때까지 널 위해 기도할게!"라고 말한다. 이제 이러한 보살행에 속도가 붙는다. 여진은 이제 많은 남성들의 아픔을 싸매어 위로해 주며 바수밀다와 사마리아를 넘나드는 것이다. "빨리 와요. 제가 위로해 줄게요" "돈 안 받을게요. 지난번 돈도 돌려줄게요. 그럼 편해지죠?"

이제 영화는 새로운 주제를 보여준다. 살인 사건 현장에 나갔다가 우연히 앞쪽 모텔을 보게 된 여진의 아버지는 모텔에서 남자와 함께 나오는 여진을 보게 된다. 아내 없이 하나뿐인 딸만을 바라보며 살아온 그에게 여진의 매춘은 엄청난 충격으로 다가오고 걷잡을 수 없는 괴로움에 여진을 미행하기 시작한다.

하루하루 여진이 만났던 남자들을 만나는 아버지는 마침내 한 남자를

246

그의 집까지 쫓아가, 그 남자를 집 식구들이 보는 식탁 앞에서 모욕을 주며 뺨을 때린다. "개 좆도 그러지 않아" 체념한 그 남자는 아파트에서 뛰어 내려 죽는다.[22] 간음한 여인을 돌로 내리치려했던 예수 당시 유대인처럼, 아버지는 간음한 남성들을 찾아 심판을 하는 것이다.

이것은 더 나아가 적극적 살인으로 진행되는데, 여진과 만나 잠시 화장실에 들른 한 남자에게는 오줌을 싸갈기고, 수갑과 보도블록으로 때려죽인다. 감독의 유머가 드러나는 미장센이 곳곳에 등장하는데 여기서도 그러하다. 그 화장실 앞에 붙어있던 표어가 '당신의 미소는 보는 이의 행복입니다'인 것이다.

'죄 없는 자가 돌로 치라?' 아버지는 물로 자신의 온 몸을 정화시킨다. 처음 재영이 원조교재한 후에 물로 씻었듯이, 여진이 재영이 죽은 다음 물로 씻었듯이…[23]

영원히 여성적인 것의 육화로서 〈사마리아〉는 형식상 소나타 형식을 띠고 있다.[24] 제시부에 제1주제인 재영의 바수밀다 이미지와 제2주제인 여진의 선한 사마리아인의 이미지를 놓아두고 있으며 이는 발전부에서 서로 성격이 다른 2개의 주제가 부분적으로 상호 영향을 받게 되는 것으로 발전된다. 그리고 마지막으로 재현부에서 1주제의 변주인 변형된 아버지의 이미지, 그리고 2주제의 선한 사마리아인의 모험여정을 암시하며 끝이 나는 것이다. 그 소나타를 '소나타'로 제목 지어진 영화의 장면들을 통하여 들어보도록 하자.

먼저 김밥 마는 장면이 보인다. 그리고 여진과 아버지는 어머니 산소에 들른다. 김밥을 산소에 던져주고, 아버지는 김밥을 먹는다. 먹다가 언치고, 토하고, 켁켁거리고, 마침내는 서럽게 울고…

산소를 내려오는 중, 차가 돌더미에 걸려 앞으로 나가지 못하자, 아버지는 이내 포기해버린다. 멀리 보이는 산의 경치는 기우는 해와 더불어 암담한 미래를 보여준다. 그러나 쉽게 포기하는 아버지 대신 여진은 땀을 흘리며 돌을 다 치운다.

　　그 날 저녁 아버지는 여진에게 말한다. "답답한 것 있으면 다 풀어!" 말할 수 없는 여진, 밤에 혼자 밖에 나가 울고 있다. 다음날, 삶은 감자를 먹을 때, 아버지는 자기 감자만 까지만, 여진은 자기 감자를 까서 아버지를 먹여준다. 항상 여성성은 그래왔다. 남자를 구하는 것은 여성이니까! 그리고 이제 딸은 아버지의 딸로 존재의 위계가 정해지는 것이 아니라, 그 영역이 더욱 확장된다. 여진은 테레사로, 바수밀다로, 성서의 '고난 받는 종'의 모습으로 승화되는 것이다.[25]

　　아무튼 집으로 돌아오는 길, 아버지는 차를 호수가로 몬다. 다시금 정화의 제의를 마치고, 이제 이전에 그래왔듯이 김기덕식 결말을 보여준다. 딸 여진을 죽이는 아버지. 그리고 항상 아침마다 딸을 깨울 때처럼 죽은 딸의 시체에, 항상 그래왔듯이 CD기로 음악을 틀어준다. 그러나 이것을 꿈으로 처리해 김기덕의 그로테스크한 면을 정화시키고, 도려 새로운 시작을 알리는 장면으로 바뀐다. 김기덕식 폭력의 미학이 '미학적 폭력'으로 승격되는 것이다.

　　마지막에 운전을 가르치는 장면이 바로 폭력의 미학적 승화를 잘 말해주는데, '엑셀은 갈 때'를 말하고, '브레이크는 설 때'를 말한다. '노랑 선은 넘어가면 안 되는 선'이고, 이렇게 천천히 아버지는 딸에게 가르친다. '청소년들에게 성은 운전과도 같은 것이다?'는 교훈인가?

　　S코스, T코스. 그것이 상징하는 것은 단순히 청소년 선도의 차원은 아니다. 아버지는 여진에게 sex와 true를 가르치려 했음인가? 먼저 S자, sex, 그리고 T자, training(훈련), 혹은 True(진리)인가? 그리고 아버지는 떠난다. "여기서부턴 혼자서 가는 거야. 아빠는 이제 안 따라가!"[26]

　　자수한 아버지는 경찰차에 실려 가고 어수룩한 운전으로 여진이 아빠

테오-시네마

를 쫓아가는 장면으로 영화가 끝이 난다. 오리 떼들의 기우뚱한 모습이 명증하게 상황을 정리하여 보여준다. 이러한 미장센이 앞서 표어를 설치하는 것, 혹은 학교의 이름을 성락으로 한다든지 하는, 조금만 눈여겨보면 뻔한 수로 보이는 것일지라도, 전체적인 맥락에서 그리 촌스럽지 않음은 김기덕의 영화가 우리들의 생각과 다른 차원으로 자신의 맥락을 일관성 있게 유지시킨 것이기에 가능하다. 곧 미학적 결실이며 그리고 그것은 씁쓸한 웃음을 동반하는 것이다. 부인할 수 없기 때문에…

5. 밟혀서 밝혀주다.

성스러운 성(聖)과 속된 성(性)은 하나가 될 수 없는가? 밟히는 폭력의 희생은 밝혀주는 구원의 빛과 만날 수 없는 것일까? 원효 화쟁의 진속불이 (眞俗不二)를 이야기하지 않더라도, 김기덕의 영화는 性을 통해 聖을 표현한다.[27] 밟혀서 밝혀주는 구원의 메타포를 영상 이미지로 섬세하게 묘사하는 것이다.

그리고 이것은 앞서 언급한 엔도 슈사꾸의 종교성과 맥을 같이 한다. 그의 또 다른 작품인 『깊은 강』은 세속을 멀리 떠난 청초한 서구적인 성모 마리아의 이미지가 아니라, 인도의 고난을 함께 하는 볼품없는 여신 '차문다'를 신의 이미지로 묘사하고 있다. 초라하고, 심지어는 추하기만 한 인도의 여신 차문다는 인간의 추함에 대한 한없는 연민과 운명에의 연대감 때문에 자신이 초라하고 추해졌다는, 어찌 보면 '자신의 병은 중생의 고통 때문에 생기고, 그 중생의 병이 낳으면 자신의 병도 낳는다'(목정배)는 유마힐의 대자대비심(大慈大悲心)에서 비롯되었다는 점에서 유사함을 지닌다.

바수밀다와 관계되는 차문다에 관한 엔도의 말을 들어보자. 그리고 이것은 우리들에게 이사야53장, 신의 고난 받는 종의 모습에서 어렵지 않게 연상된다. 연상을 위해서 같이 인용한다.

차문다는 무덤에 살고 있습니다. 그래서 그녀의 발밑에는 새에게 쪼이거나 작은 늑대 같은 재규어에게 먹히고 있는 인간의 시체가 있는 것입니다. …그녀의 젖가슴은 노파처럼 이미 쭈글쭈글합니다. 그러나 그 쭈글쭈글한 시든 젖가슴에서 젖을 짜내 늘어서 있는 아이들에게 주고 있습니다. 그녀의 오른발이 문둥병으로 짓물러 있는 것이 보일 겁니다. 복부는 굶어서 움푹 파여 있는데, 또 그곳을 전갈이 물고 있는 게 보이시죠? 그녀의 오른발이 문둥병으로 짓물러 있는 것이 보일 겁니다. 그녀는 그러한 병고와 고통을 참으면서도 쭈글쭈글 시든 유방에서 젖을 짜내 인간에게 주고 있는 것입니다. …그녀는 …인간 사람의 모든 고통을 표현하고 있다고 합니다. 오랫동안 인도 사람들이 겪어야만 했던 병고와 죽음과 굶주림이 이 상(像)에 나타나 있습니다. 이 여신은 인간이 오랫동안 고통 받아 왔던 갖가지 병에 다 걸려 있습니다. …굶주려 헐떡이면서도 시든 유방에서 젖을 짜내어 인간에게 주고 있습니다.[28]

우리의 전한 것을 누가 믿었느뇨. 여호와의 팔이 뉘게 나타났느뇨. 그는 주 앞에서 자라나기를 연한 순 같고, 마른땅에서 나온 줄기 같아서 고운 모양도 없고 풍채도 없는, 즉 우리의 보기에 흠모할 만한 아름다운 것이 없도다. 그는 멸시를 받아서 사람에게 싫어버린 바 되었으며, 간고(艱苦)를 많이 겪었으며, 질고를 아는 자라 마치 사람들에게 얼굴을 가리우고 보지 않음을 받는 자 같아서 멸시를 당하였고, 우리도 그를 귀히 여기지 아니하였도다. 그는 실로 우리의

질고를 지고 우리의 슬픔을 당하였거늘 우리는 생각하기를, 그는 징
벌을 받아서 하느님에게 맞으며 고난을 당한다 하였노라. 그가 찔림
은 우리의 허물을 인함이요. 그가 상함은 우리의 죄악을 인함이다.
그가 징계를 받음으로 우리가 평화를 누리고, 그가 채찍에 맞음으로
우리가 나음을 입었도다(이사야 53:1-5).

목하, 아름다움은 낮아짐과 추함, 고통과 굶주림, 병듦과 죽음 그 연민
의 다른 이름인 것이다. 이처럼 김기덕의 미학은 밟혀서 밝혀주는 여성성을
드러내주고 있다. 김기덕의 영화에 여성은 남성에게 짓밟히고, 매매 당하고,
존재를 상실하고 찢기나, 그러한 모든 것들이 도려 밟혀서 밝혀주는 역설로
그의 영화에 존재하는 것이다. 폭력이 미학으로 승격되는 것이다.

이러한 여성에 대한 폭력이 오히려 구원의 미학으로 승격되는 작품으로
는 괴테『파우스트』를 들 수 있다. 마지막 장면, 신과의 내기에서 승리한 것
으로 착각한 메피스토펠레스를 방치한 채, 천사들이 파우스트의 영혼을 천
상으로 데려가는 것이다. 그리고 그레첸이라는 천사가 이들을 맞이하는 가
운데 다음의 대사로 끝난다.

바뀌는 것은 모두 비유들에 지나지 않는다. 땅 위에서 힘이 미치
지 못한 일이 이 하늘에서는 실현되고, 말로 형용할 수 없는 것이 여
기서 성취되었다. 영원한 여성(영원히 여성적인 것)이 우리들을 이끌어
올린다.[29]

어쩌면 영화 〈나쁜 남자〉와 〈사마리아〉는 '버린 사람'과 '버림받은 사
람', '밟은 자'와 '밟힌 자', '나쁜 남자'와 '선의 화신', '영원히 여성敵'인 것과
'영원히 여성的인 것'의 역설로서 종교적 진리를 내포하고 있는 것인지도 모

른다. 곧 김기덕 영화에 나타나는 폭력은 밟혀서 밝혀주는 종교적 진리를
보여주는 것이다.

09.

봉준호 감독의 사실·인식, 망각: 영화 〈살인의 추억〉, 〈괴물〉, 〈마더〉에 나타난 비도덕적 사회의 우발성의 유물론

1. 배치[1]1: 사실되기[2]2 - 우발성의 유물론

루이 알튀세르(louis Althusser, 1918~1990)의 자서전 『미래는 오래 지속된다』[3]3는 1976년에 쓴 『사실』이라는 제목의 첫 번째 자서전과 1985년에 쓴 『미래는 오래 지속된다』라는 제목의 두 번째 자서전이 하나로 합쳐져 알튀세르 사후에 출간된 것이다. 그리고 이 두 자서전의 중간에 알튀세르 삶의 결정적 비극, 곧 '끔찍이도 사랑했던 아내 엘렌을 목 졸라 죽인 사건'이 놓여 있다.

그러나 알튀세르는 여기에 마지막 한 장을 덧붙여 이 자서전을 문제의 저작으로 만들어 버린다. 앞서 살인 사건에 대한 수미일관한 과학주의적 해명에 도전함으로써 아내 살해 사건을 그 자체로 해명하지 못한다는 또 다른 설명을 제시한 것이다. 살인이라는 사건은 내적 필연성의 결과로만 볼 수 없고, 그 사건을 전후한 여러 우연적·우발적 요소들이 결부된 결과로 봐야 한다는 것이다. 바로 이 설명을 통해 이 자서전은 알튀세르 철학의 '인식론적 단절'의 한 국면을 보여준다. 명징한 과학주의를 주창했던 그는 말년에 이르러 과학적 법칙성·필연성으로는 설명되지 않는 우리 삶과 역사의 의외성을 '마주침(우연한 만남)의 유물론'으로 설명해 보려 했는데, 바로 그 사유의 전환을 이 자서전에서 보여주고 있는 것이다.[4]

사실 알튀세르의 유물론은 '기원'과 '목적'으로서의 철학에 대한 거부를 통해서 정립되게 되는데[5], 이러한 맥락 하에 알튀세르는 '우발적 유물론' 또는 '마주침의 유물론'에 관해 사유하고 있으며 이러한 유물론은 "주체(……)의 유물론이 아니라, 지정할 수 없는 목적이 없이 자기 발전의 질서를 지배하는 (주체 없는) 과정의 유물론"[6]이 되는 것이다.

1) 계열[7]1: 살인의 사실

아직도 범인이 잡혀지지 않은 화성 연쇄살인사건, 경기도 화성에서 발생한 이 살인사건은 10건이나 된다. 그 희생자들은 모두 여성들이고 성폭행을 당한 뒤 잔인하게 살해되었다. 건국 이래 최대의 미스터리였으며, 화성은 밤만 되면 '유령의 거리'로 변했고, "빨간 옷을 입은 여성들은 조심하라"는 유행어까지 남겼으나 끝내 범인은 검거되지 않았다.

영화는 이 연쇄 살인의 범인을 쫓는 전근대적인 형사 박두만(송강호 분)과 서울에서 화성까지 자원해 내려온 근대적인 형사로 "서류는 거짓말을 하지 않는다"는 서태일(김상경 분)이 각기 범인으로 오인된 백광호(류태호 분)와 박현규(박해일 분)를 추적하고 자백을 강요한다. 백광호는 진실을 보았으나, 진실의 인식이 인정되지 않아 인식이 추억이 되고, 그 추억의 발화를 위해 죽어 버리고 마는 우리들의 일그러진 근대성이며, 백현규는 "경찰은 거짓말한다."라고 말하며 시대성에 대한 도전으로 형사들에 의해 범인으로 오해되는, 그 시대 80년대의 실상이다.

그러나 중요한 것은 이것이다. 객관적인 살인 사건이 있었다. 즉 객관적인 사실이 존재하는 것이다. 그러나 사실에 대한 인식이 자신의 직감을 믿는 형사의 입장에서, 그리고 서류를 믿는 형사의 입장에서, 또한 정신적으로 정상이 아니라고 사회가 판단하는 모자란 피의자의 입장에서, 냉철한 비판적 이성의 입장에서 어떻게 이해되고 해석되는가이다!

2) 계열2: 괴물되기

들뢰즈는 "베이컨의 그림에서 동물과 인간은 하나가 된다."라고 말하며 동물-되기는 인간과 동물 "둘 사이의 공통의 사실"이라 한다. 이는 표피적 '닮음' 혹은 '유사'의 맥락이 아니라, "그것은 근본적인 동일화며, 모든 감정적인 동화보다 훨씬 깊은 비구분의 영역이다. 고통 받는 인간은 동물이고, 고통 받는 동물은 인간"이라 말하는데, 즉, "'동물-되기'는 그저 동물을 흉내 내는 외적 모방(imitatio)이 아니다. 카멜레온이 환경에 따라 제 몸의 색을 바꾸는 것과 같은 존재론적 닮기(mimesis)"라고 한다.[8]

그러나 이 글에서 괴물되기(마더되기도 마찬가지이지만)는 들뢰즈적인 '창조적 역행' 의미보다는 프로이트적인 '퇴행적' 의미로 쓰인다. 사실, 들뢰즈의 동물-되기는 프로이트주의(특히 외디푸스적 가족주의 삼각형)에 대한 비판과 맞닿아 있다. 들뢰즈가 보기에 프로이트의 정신분석학은 '퇴행'의 과정을 밟고 있는데, 가령, 꼬마 한스의 '말-되기'라는 증상에서 한스는 오직 아버지의 흔적만 찾고 있는 것으로 보인다. 따라서 프로이트의 "'동물-되기'는 진화의 방향을 거슬러 동물의 수준으로 돌아가는 퇴행"에 불과하지만. 들뢰즈는 이것을 "창조적이며 동시적인 역행"으로 해석할 것을 요청한다. '동물-되기'는 '아버지의 이름'이라는 상징적 기표에 갇힌 퇴행이 아니라, 차라리 "존재의 지평을 창조적으로 넓히는 것"이다. 그리고 이것이야 말로 앞서 언급한 베이컨의 그림에서와 같이 "인간이 예술적으로 존재하는 방식"이다.[9]

그렇다면 괴물되기의 괴물은 무엇인가? 이것은 영화 〈괴물〉에 등장하는 반미 코드 3가지의 의미를 물을 때, 정체가 드러날 것이다.[10] 첫째로 영화의 모티브는 주한 미군기지의 환경오염에 대한 이야기이다. 실제로 감독은 녹색연합에 미군 용산기지에서 한강에 무단 방유된 독극물 포르알데히드 사건인 '맥팔랜드 사건'을 취재했다고 한다. 실재 인물인 알버트 맥팔랜드(Mr. Albert. L. Mcfarland)는 군무원에게 독극물을 방유하도록 지시했으며 군무원의 자백으로 드러난 이 사건은 미 8군 사령관의 공식 사과와 책임자의 한국 법정 실형선고로 끝나긴 했지만, 지금도 미군 기지의 한반도 오염은 계속 되고 있다고 할 수 있다. 반미의 첫째 이유는 바로 여기에 있다. 삼천리 금수강산을 오염시키는 미국이 이 땅에 있어야만 하는가를 묻고 있다.

둘째로 미국의 거짓말을 들 수 있다. 이라크에 핵무기가 없다는데도 무력 침공한 미국, 바이러스는 없지만 박강두의 머리를 뚫어서라도 바이러스를 꼭 찾아야만 한다고 말하는 미국, 거짓말의 연속이다. 이러한 미국이 이 땅에 있어야만 하는가를 묻고 있다.

셋째로 의사소통 불가의 미국을 보여준다. 일방적인 의사소통의 나라 미국은 강두의 말을 듣는 척하다 뇌검사를 실시한다. 강두의 절규인 "제발 내 말 좀 끊지마, 내 말도 말인데, 왜 내 말을 안들어 주는 거야."는 일방적

테오-시네마

소통의 현실, 아니 명령의 현실을 잘 보여준다.

이것은 독극물 살포 때도 잘 드러난다. 영화에는 "미스터 김, 그냥 버려요. 한강은 크고 넓어요. 이건 명령이요."처럼, 명령으로 의사소통하는 미국에게 소통을 요구한다는 것은 너무 어리석은 일이다. 그러나 실제로 맥팔랜드는 이렇게 말했다고 한다. "Do what the fuck I tell you, are you stupid?"(내 말대로 하란 말이다. 이 바보 같은 놈아! 너 바보 아냐?) 현재 세계 곳곳의 분쟁에 미국의 일방적인 의사소통은 분쟁을 해결하기는커녕 더욱 악화시키고 있다. 한반도의 문제에 있어서도 그렇다. 이러한 미국이 이 땅에 있어야만 하는가를 영화는 묻고 있다.[11]

청교도들이 세운 사랑이라는 이념의 기독교 국가가 세운 아름다운 나라, 그러나 그 아름다움은 본국에만 해당이 되고, 거짓말과 의사소통 불가의 제국의 권력은 이제 괴물이 되어 버렸다. 그러나 포스트모던 시대에 그 괴물은 가슴 아린 모성으로 전환되어 우리 곁에 다가온다. 그것은 '괴물–되기'에서 '마더–되기'로의 시대적 전환이자, 제국의 변모이다.

3) 계열3: 마더되기, 모성의 실재

봉준호의 〈마더〉는 앞서 두 영화에 나타난 살인 사실을 이번에는 우발성으로 보여준다. 모든 살인은 진태(진구 분)의 말처럼 금전, 치정, 원한인데 이 영화는 그러한 요소들을 제외하고 우리들 삶과 역사의 의외성을 마주침의 유물론으로 설명한 것이다.[12] 알튀세르의 우발성의 유물론처럼[13].

따라서 여기서 〈마더〉의 '어머니(마더)되기'는 모성의 실재를 역설적으로 적나라하게 보여준다. 아들이 진범임에도 불구하고, 그것을 믿지 않고 증인을 살해하고, 다른 피해자를 범인으로 인정하는 모성은 아들을 살리기 위한 어머니의 살인기계–되기, 거짓말기계–되기로 마더–되기를 실현한다.

즉, 비도덕적인 사회 속에서 우리는 비도덕성과 함께 생성되는 것이다. 이를 인식한 들뢰즈는 일찍이 다음과 같이 말한 바 있다.

"퍼셉트(percept)가 자연의 비인간적 풍경이듯이, 어펙트(affect)는 인간의 비인간으로의 생성이다. 세잔느는 말한다, 만일 우리가 '그 순간이 되지 않는다면' '우리가 보존할'이 세계의 순간이란' 없다고. 우리는 세계 속에 있는 것이 아니라 세계와 함께 생성된다. 우리는 세계를 응시(contemplate)함으로써 생성된다. 모든 것이 바라봄이며 생성이다. 우리는 우주가 된다. 동물−되기, 식물−되기, 분자−되기, 영(零)−되기."[14]

창조적 역행으로서 긍정적인 '되기'를 말하는 들뢰즈와 달리 봉준호의 마더되기는 잉그마르 베리히만(Ernst Ingmar Bergman, 1918−2007) 감독의 〈가을소나타〉의 연장이다. 이 영화는 어머니의 모성본능을 잊어버려야 할 근원이라고 보는 영화이다.[15] 많은 이들이, 아니 많은 여성들이 어머니의 이름으로 길들여진다. '어머니이기 때문에', '아내이기 때문에', '며느리이기 때문에', 그러나 그 '때문에'를 벗어버리면 무엇이 나올까? 바로 디오니소스적 열정이다. 주인공 샤를로테(잉그리드 버그만)가 유명한 연주가로 자신의 연주생활을 위해 남편과 자녀들에게 소홀하고, 바람을 피우기도 하고, 어린 딸에게 큰 상처를 주어 장애인

가을소나타

테오−시네마

으로 만들고, 또 그런 불구의 딸을 버리는 것은 바로 그 '때문에'를 버린 디오니소스적 열정에 도취해 있기 때문이다. 그러나 샤를로테는 음악에 대한 열정이라도 있었지, 〈마더〉의 어머니는 오직 자식 하나 밖에 그 열정을 나누어 줄 곳이 없는(그러나 그 자식도 한때는 죽이려고 했던) 불행한 모성이었다. 그래서 마더되기, 모성의 그 실재는 어쩌면 디오니소스의 이면이며[16], 봉준호에게 있어서 목적도 없고 주체도 없는 과정, 혹은 생성으로서 마더되기이다.

2. 배치2: 미래는 오래 지속된다－'비'와 '굴', 봉준호 되기

알튀세르의 두 번째 자서전 '미래는 오래 지속된다'는 살인 현장에 대한 자기 목격에서 시작한다. 1980년 11월 16일 아침 정신이 든 자서전의 주인공은 자신의 아내가 죽어 있는 것을 발견한다. 그는 미친 듯이 외친다. "내가 엘렌을 목 졸라 죽였어!" 그는 곧 정신감정을 받게 되고 정신착란 상태에서 살인을 한 것이 인정돼 면소 판결을 받는다. 이 책은 아내 살해라는 이 비극적 사건의 기원을 해명하려는 시도라고 할 수 있다. 다시 말해, 자기 자신의 삶을 통째로 정신분석한 것이 이 자서전이다.

부모의 결혼과 출생에 얽힌 비밀을 이야기하는 대목은 이 자서전이 자기 자신의 정신분석임을 확연하게 보여준다. 알튀세르의 어머니는 루이라는 사랑하던 남자 대신 그 남자의 형 샤를과 결혼한 사람이었다. 제1차 세계대전에 참가한 루이가 전사하자 형이 대신 청혼한 것인데, 얼떨결에 청혼을 받아들인 여자는 곧 그 결혼을 후회한다. 동생과 기질이 전혀 다른 형을 그녀는 조금도 사랑하지 않았던 것이다. 이후 아들이 태어나자, 여자는 그 아들의 이름을 루이라고 붙여준다. 아들은 죽은 남자 루이의 대리물이었다! 따라서 어린 루이는 자신이 '존재하지 않는 존재', '가짜 존재'라고 느끼게 된다. "루이는 내 어머니가 사랑했던 삼촌이었지 내가 아니었다."

알튀세르의 이후 삶은 자기 존재의 이 태생적 결함을 메워보려는 헤겔적 의미의 '생사를 건 투쟁'(der Kampf um Leben und Tod)이었다.[17] 그는 어머니의 욕망을 실현시키려고, 어머니가 사랑했던 남자가 돼 그 사랑을 얻어내려 분투한다. 정신분석가 자크 라캉(J. Lacan)이 말한 그대로 '타자의 욕망을 욕망하는'[18] 삶이었다.

동시에 알튀세르는 그런 가짜 존재, 껍데기 삶을 벗어나 자기 자신으로 사는 진짜 삶을 열망하게 된다. 이 모순적 욕망은 그의 내부에 감당하기 어려운 두려움을 만들어낸다. 어머니의 욕망을 거역해 자기 자신이 되려는 욕망이 처벌로 이어지지 않을까 하는 두려움이다. 그 두려움이 일찍부터 그의 정신에 우울증이라는 질병을 심어놓는다. 이 자서전에서 알튀세르는 자신이 성인이 된 이후 열다섯 차례나 우울증 악화로 입원 치료를 받았음을 밝힌다.

이 우울증의 한 사례가 알튀세르 자신을 프랑스 마르크스주의 철학의 대표자로 끌어올린 저작 『마르크스를 위하여』[19]와 『자본론을 읽는다』[20]발간과 관련돼 있다. 1965년 가을 거의 동시에 발간된 이 출세작은 그를 지독한 우울증 상태로 빠뜨렸다. 이 자서전에서 그는 도발적일 정도로 솔직하게 자신이 마르크스에 대해 아는 것이 별로 없었으며, 자본론도 1권만 겨우 읽은 상태였다고 고백한다. 바로 그런 이유로 그는 책 발간 직후 그 책들로 인해 자신의 무식과 무지가 적나라하게 드러나고야 말 것이라는 생각 때문에 견딜 수 없는 두려움에 사로잡힌다. "그런 파국에 대한 두려움 속에서 나는 그 파국 속으로 스스로 뛰어들어 엄청난 우울증에 걸렸다."

두려움과 우울증의 이 변증법은 이후에도 계속 증폭됐는데, 마침내 그것이 아내 살해라는 극단적 행위로 나타났다고 자서전의 지은이는 해석한

테오—시네마

다. 온전히 자기 자신으로 살고자 하는 욕망과 그것을 근원적으로 부정하는 존재의 결핍감 사이에서 고통 받다가, 끝내 자기를 소멸시킴으로써 자기 존재의 근원적 부재를 증명하고 그 증명을 통해 고통에서 해방되는 길이 아내 살해였다는 것이다. 아내 살해는 자기파괴의 매개물이었던 셈이다.[21]

사실 1960년대 초 알튀세르가 그간의 사상적 침묵을 깨고 반인간주의, 반역사주의, 반헤겔주의적 입장에서 맑스주의의 개조를 꾀하는데, 이는 당시 헤겔주의와 청년 맑스로의 복귀를 내세워 맑스의 원래적인 사상인 '생산력' 대신 '소외'와 '사물화'를 맑스주의의 핵심으로 설정하던 인간주의적 맑스주의 이론에 대한 반항이었다.

헤겔주의는 주체가 시초의 통일에서 출발하여 자기 분열을 거쳐 소외된 인간 본질의 궁극적 회복으로 나간다는 역사의 여정을 설정했으며, 스탈린주의는 생산력이 계급투쟁의 매개를 거쳐 '부정의 부정'과 '양질 전화'를 통해 우월한 생산양식으로 관철되어 자신의 잠재력을 실현한다고 했는데, 이러한 헤겔의 소외와 목적에 기초한 이론과 스탈린주의의 경제주의적 도식과 같은 이론은 사회주의의 인간주의로의 후퇴에 불과하다는 것이다.[22] 따라서 알튀세르는 1960년대에도 여전히 공산당 내에서 혁명적 맑스주의로의 복귀가 가능하다고 기대했고, 맑스의 이론을 과학적으로 복원함으로써 공산당의 정치적 실천을 혁신하려고 했다. 맑스주의의 미래는 오래 지속된다는 것이다.

반면 봉준호의 영화에서 인식이 추억이 되고, 망각된 괴물이 망각의 춤으로 우리 사회를 휘몰아 칠 때, 영화의 미장센에 종종 나타나듯 굴 속에 갇힌 우리의 삶은 흘러내리는 비속에서 초라한 신세로 전락하는 것이다.[23] 따라서 소외를 이야기하는 인간적이지만, 오히려 반인간적인, 사물화를 이야기 하지만, 도려 괴물되기로 드러나는, 그리고 역사를 이야기 하지만, 제국의 역사가 되는 이러한 사회에 미래는 없는 것이다.

1) 계열1: 인식의 추억

정치를 인간의 복수성 개념과 연관하여 설명한[24] 한나 아렌트(H. Ar-endt)는 진리를 두 가지로 나눈다. 곧 합리적인 진리(rational truth)와 사실적인 진리(factual truth)이다. 합리적인 진리는 사변, 계시, 추론 또는 실험 등을 통해서 얻어지는 수학적, 과학적, 철학적 진리를 말하는 것이며 사실적인 진리는 집단적이든 개인적이든 우리의 경험과 기억에 의존하는 것이다.[25] 예컨대 일상적인 사건, 또는 우리의 의견 등이 바로 사실적인 진리이다.[26]

여기에 하나의 연쇄 살인 사건이 있다. 그것은 아렌트의 관점으로 보자면 사실적인 진리이다. 그리고 그 사실적인 진리가 합리적인 진리로 가는 과정을 이 영화 〈살인의 추억〉은 잘 보여주고 있는데, 사실적인 진리의 합리적인 진리화는 항상 '성급한 일반화'의 오류를 범하며, 차이를 인정하지 않는다. 따라서 영화는 근대적이고(서태윤), 전근대적인(박두만) 두 형사를 통해 사실적인 진리가 합리적인 진리로 갈 때 드러나는 오류의 위험성을 보여주며, 우리의 사실 인식이 얼마나 잘못된 편협한 오류인지 잘 보여준다.

그리고 이것은 우리들 인간의 인식론이 아직도 근대 경험론에 메달려 있음을 보여주고 있다. 따라서 그 근대성을 넘어버린 범인은 우리 인식의 레이다에 잡히지 않는 것이다. "내용 없는 사고는 공허하며, 개념 없는 직관은 맹목적이다"[27]는 칸트의 말은 경험을 하려면 먼저 경험할 수 있게 하는 이성, 즉 인식 능력이 있어야 한다. 따라서 경험을 통해 대상의 내용을 모르면 사고는 단지 겉돌 뿐이고, 사고가 개념으로 구성되지 않고 단순한 직관만으로는 어떠한 사실도 인식하지 못한다는 것이다. 따라서 우리 인간의 인식이란 대상(순수이성비판에 따르면 감성)과 인간의 인식 능력(오성)이 함께 만들어낸 산물인 것이다.[28]

80년대, 그 시대라는 대상과 형사들의 인식의 결합으로는 범인을 잡을

테오-시네마

수 없음은 그 시대의 한계가 아닐까? 따라서 이 연쇄살인 사건은 광주에서의 더 큰 살인 사건 앞에서 초라해 보이기도 하며, 그렇기에 큰 살인 사건을 숨기기 위해 부각되는 살인사건이 아닐까? 따라서 마지막 장면인 강두만의 살인의 추억을 인식하는 것은 인식의 추억으로 오래 지속되는 비도덕적인 미래로 남는 것이다. 그래서 추억의 인식은 비로 기억되고, 인식의 추억은 굴 속에 갇힌 우리 사회의 초상이 되는 것이다.

2) 계열2: 망각된 괴물

봉준호의 영화 가운데 그래도 희망을 엿볼 수 있는 영화가 바로 〈괴물〉이다. 세 가지 정도의 대상들을 통해 희망을 이야기 하는데,

첫째 시민단체와 대학생들의 시위이다. 철 지난 소리로 들릴 줄 모르겠지만, 대졸 백수인 둘째 박남일(박해일 분)의 화염병과 시민단체의 시위가 희망이 아닐까? 피아식별이 분명한 80년대식 적은 아군의 단합을 요구했다. 그러나 피아식별이 불가능한 거짓된 정보의 홍수와 언론의 물타기, 기득권자들의 교묘한 전략은 아군의 한 차원 깊은 단합을 요구한다. 시민단체와 대학생들의 데모가 이제 새로운 자기 개발이 필요함을 역설하는 것이다.

물론 박해일이 시너에 젖은 괴물을 향해 화염병으로 일격을 가하려는 순간, 어이없이 병 손잡이를 놓쳐버려 바닥에 산산이 부서져버렸던 화염병이지만, 그래서 화염병으로 상징되는 현실에 대한 직접적 저항이 이제는 무모하며 때로는 우스꽝스럽기까지 하다는 일부 지식인들의 인식은 일면 타당하나, 화염병이라도 없었으면 어떻게 되었겠는가! 남일이는 민주화 투쟁으로 제대로 취업 한 번 못해본 대졸 백수이다. 386세대 모두가 노무현 참여정부의 특혜를 받은 것은 아닌 것이다! 그들을 욕하지 말라! 그들에게 희망을 찾을 수밖에 없는 우리의 현실을 냉정히 돌이켜 보자.

둘째로 좌절에 굴하지 않는 이들이 또한 존재한다. 국가대표 양궁선수인 셋째 남주(배두나 분)는 결정적인 순간 시위를 놓지 않아, 결승 진출이 무산되고, 괴물에게도 일격을 당한다. 따라서 동메달에 머물고, 괴물의 일격으로 아버지도 잃고 만다. 그러나 이러한 좌절에도 굴하지 않고, 마지막 괴물의 몸에 불화살을 쏘아 좌절에 굴하지 않는 모습을 보여준다. "쓰러질지언정 무릎을 꿇지 않는다"는 박지성 선수의 말처럼 좌절에 굴하지 않는 이들에게서 우리는 희망을 발견한다. 그리고 실제로 괴물을 죽인 것은 이 세 남매의 좌절하지 않는 힘이었다.

마지막으로 미래에 대한 기대, 곧 미래는 그 어떤 희망으로 계속된다는 것이다. '서양 철학을 전쟁의 철학'이라고 비판했던 레비나스(E. Levinas)에 의하면 주체의 단독성과 고유성은 우리가 타인의 호소와 요청, 즉 타인의 지명과 선임을 받아들일 때 형성된다고 한다. 곧 우리가 타인의 호소와 요청을 받아들이면 받아들일수록, 내 안의 타자의 자리가 커지며, 동시에 나의 윤리적 자아의 크기도 커진다는 것이다. 쉽게 말하면 주체성은 데카르트식 '생각하는 자아' 같은 것이 아니라 '타자를 수용하는 그릇'인 것이다. 그리고 이 같은 윤리적 자아는 인질, 대속으로 표현된다. 대속은 타인의 책임까지도 책임지는 사람, 자기와 무관한 사람들의 몫까지도 책임지는 존재 그리고 타자에 의해 사로잡힌 존재이다.[29]

이러한 사유를 기초로 구축된 레비나스의 타자윤리학은 타자의 타자성과 접하면서 자아의 유한성을 넘어서는 관계를 설명하고 있다. 이것은 사랑이 가져오는 출산을 통해서 구체적으로 이해될 수 있다. 곧 유한한 자아(영화에서 박희봉, 박강두)는 사랑의 결실인 아이(박희봉-세 남매, 박강두-박현서, 고아 꼬마)를 통해서 미래의 무한성에 접하게 된다. 무한한 미래의 시간은 나의 지배를 벗어나 있지만, 나는 나의 아이, 곧 타자 안의 나를 통해서 무한한 미래로 연결되기 때문이다. 이 같은 점에서 미래의 무한한 타자성과

테오-시네마

주체는 불연속적 연속성을 띠게 된다.

아버지 박희봉(변희봉 분)의 괴물과의 대결에서 자식들은 보내고 혼자 괴물을 맞이하며 "어여가, 어여"의 모습은 자신의 자녀들을 통해서 무한한 미래가 연결되어 있음을 보았음인가! 역시 강두의 자식 사랑과 마지막에 고아 아이를 키우는 것은 레비나스의 출산 개념을 통해 설명할 수 있다. 출산을 통한 미래에 대한 기대가 이 영화에는 잘 나타나 있는 것이다. 그렇다면 우리나라의 미래, 그 미래를 어디에서 기대할 수 있을까?

고아와 노숙자와 바보 취급 받는 이 시대의 아버지(강두)들과 동메달까지 수상했으나 머리 들지 못하는 이상한 나라에서 포기하지 않는 딸(남주)들과, 청춘을 민주화 투쟁했으나 제대로 취업하지 못한 젊은 백수에게 있다고 영화를 읽고 싶은 것은 지금 우리의 삶의 자리에선 그것이 희망이 아닐까? 천만이 넘는 이 영화를 본 이들에게 함께 하자고 외치고 싶다. "괴물 같은 이 세상, 한번 바꾸어 보자"

3) 계열3: 망각의 춤

봉준호 감독의 로즈버드는 앞서도 언급했듯, '비'(rain)와 '굴'(동굴)이다.[30] 〈살인의 추억〉에서 〈괴물〉과 〈마더〉에 이르기까지 비는 그의 영상 이미지를 사상적으로 표현하는 매개체이다. 이것은 씻는 것이자, 공포이자, 새로운 출발이다. 또한 동굴은 인간 군상들의 피할 수 없는 운명의 구속 그 이미지의 표출이다.

일찍이 플라톤이 동굴의 우상에서 벗어나기 위해 참된 지혜를 추구하였지만, 봉준호는 아직 그 사랑하는 동굴을 떠나지 못한다. 왜냐하면 그도 알듯이 우리 사회는 아직도 비도덕적인 동굴로 존재하기 때문이다. 이러한 비의 로즈버드가 〈살인의 추억〉, 〈괴물〉이라면 굴의 로즈버드는 〈마더〉이다.

그리고 이 굴은 어머니의 모성의 굴이며[31], 아들의 분열증적인 정신적 동굴이며 사회의 비도덕적 동굴이다.

사실 모성의 굴에서 어머니는 자기가 기억하고 싶은 것만 기억한다. 그래서 이 영화는 기억의, 기억에, 기억을 위한 영화이다. 또한 도근이는 정신적 동굴 속에 사는데, 도근이가 5살 때 엄마가 자기를 죽이려고 한 것만 기억한다. 이러한 기억의 포획, 이미지의 편집, 경계의 확장(아들을 자신의 시선 안인 경계 안에 두려고 하는 어머니), 그리고 마지막의 망각의 춤!

이러한 촘촘한 자연(문화) 속 인간의 우발적 상황에서 경계지음으로 볼 것만 기억하는 인간의 인식 한계를 모성의 비뚤어진 사랑으로 들춰낸 영화인 〈마더〉의 마지막은 아들에게서 받은 사건의 물증이 될 수 있는 침을 자신의 허벅지에 놓으며 정신적으로나 신체적으로 안정이 되며 춤을 추는 것으로 끝난다. 그 흐린 화면 속의 춤들은 관광버스 안에서 망각의 춤을 추는 인간 군상들의 답없음을 보여준다.

3. 배치3: 살인-비도덕적 사회되기

1932년에 간행된 미국의 신학자 R. 니버(Reinhold Niebuhr)의 저서 『도덕적 인간과 비도덕적인 사회』(*Moral Man and Immoral Society*)는 미국 신학의 주류를 자유주의(自由主義)에서 신정통주의(Neoorthodoxy)로 전회하는 계기를 만든 저서이다.[32] '윤리 및 정치에 관한 연구'라는 부제가 붙어 있는 이 책은 개인 간의 분쟁과 집단 간의 분쟁의 상위를 예리하게 강조한다.

개인의 경우는 종교와 교육, 이성과 양심에 호소함으로써 분쟁이 해결되지만, 인종·민족·계급 등 사회적 집단 간의 경우에는 그 집단의 이기심으로 인해 이성과 양심이 소용없다고 보았다. 말 그대로 도덕적인 인간이 사회를 구성할 경우 비도덕적이 된다는 것이다. 따라서 개인 윤리와 사회 윤리를 구분해야 할 필요성을 서술하고 있는데, 이 책 서문에서 니버는 개인의 도덕이나 국가, 민족과 같은 사회적 집단의 도덕은 당연히 구별되어야 한다고 말하고 있다. 사실 도덕적인 개인들인 우리는 이 사회의 비도덕적인 사실을 인식한다. 그러나 그것을 또한 망각함으로 비도덕적인 우발적 사태를 견뎌내는 것이다. 봉준호의 영화에서 그 우발적 사실을 비도덕적 사회에 배치시키면 다음과 같은 세 가지 계열로 나타난다.

1) 계열1: 사실의 인식

서태윤의 '서류에 기초'한 근대적인 인식방법으로도 풀지 못한 사건, 박두만의 전근대적인 '무당눈'의 인식방법으로도 풀지 못했던 사건, 따라서 사실의 인식은 추억이 될 수밖에 없다. 곧 살인의 추억이 되는 것이다. 우리의 삶도 여기서 멀지 않다. 찾아야할 합리적인 진리는 우리 앞에 놓여 있으나, 사실적인 진리에 매달려 살아가고 있으며 멀리 아직 도달하지 못한 곳을 바라보고 사는 것은 아닐까?

그렇다면 범인은 도대체 누구인가? 원작 희곡 「날보러와요」의 김광림 원장의 착상에 나오는 외디푸스 신화처럼 나 자신, 우리들 자신이 아닐까? 칸트의 인식론처럼 인식대상은 우리 안의 인식틀인 오성의 전제에서만 이해되듯이, 그래서 마지막 장면에서 관객을, 아니 우리를 쳐다보는 박두만의 모습이 몸서리쳐지는 것이다. 왜냐하면 우리는 80년대에 그 역사적 진실의 인식을 외면한 추억이 있기 때문이다. 따라서 비도덕적 사회, 그것은 살인을 외면한 우리들의 초상이며, 그것은 비도덕적 사회되기의 시작이자, 끝이 되는 것이다.

2) 계열2: 괴물의 망각

〈괴물〉은 미국보다 더한 한국인의 초상을 잘 보여준다. 영화를 보며 서글픈 생각이 드는 것은 바로 그러한 초상 때문이다. 그 군상들의 면면을 살펴보자면, 첫째, 미국 말 잘 듣는 한국인들이 존재한다. 영화의 군무원 역시 명령이라 어쩔 수 없다지만 독극물을 방유하고 만다. 한국인 의사는 미군 의료 책임자에게 부동자세를 취한다. '기브미 초코렛또'의 슬픈 과거가 '아메리카 드림'으로 현재에 충만하고, 숭미(崇美)와 친미로 가득 찬 한국의 지식인들의 모습 속에서 한국인의 씁쓸한 초상을 본다. 이것은 미군 의료 책임자와 강두의 대화에서 통역을 하는 한국인의 꼬부라진 혀를 통해 씁쓸히 나타난다. 영어 발음을 좋게 하기 위해 어린아이의 혀 수술을 감행하는 한국의 학부모들, 조기 유학 바람으로 기러기 아빠가 늘어나고, 영어 마을이 생기고, 주체성과 자주를 내세우면 '또라이' 소리 듣는 우리의 슬픈 초상이다. 작전권 이양에 관해 왈가왈부하는 냄비 언론은 미국의 말 잘 듣는 한국인의 대표적인 모습이다.

둘째, 잘못된 정보가 판을 치는 초라한 한국의 자화상이다. 마지막 장면 TV에서 나오는 아나운서의 말은 '바이러스는 없다. 이는 잘못된 정보 때문'이라고 한다. 그리고 잘못된 정보의 출처는 어디인가? 한국이다. 왜 잘못된 정보가 판을 치는 것일까? 돈 밝히는 공무원, 썩어빠진 민중의 지팡이, 후배를 현상금 때문에 고발하는 운동권 선배, 어디에 희망이 있는가? 모두들 미국보다 더했으면 더한 한국인들인 것이다.

마지막으로 한국의 의사, 경찰, 군인, 정치인 등을 들 수 있다. 현서(고아성 분)가 폐수구를 탈출하기 전 꼬마에게 내가 가서 "의사, 경찰, 군인을 데리고 올게, 움직이지 말고 가만히 있어."라고 말한다. 그 말이 마지막 유언이 될 줄이야! 그러나 한국의 의사, 경찰, 군인, 나아가 정치인에게 희망이 있는가? 영화는 그들에게 희망이 없음을 보여주고 있다.

그렇다면 희망은 어디에 있는가? 괴물을 망각할 때, 그때 우리는 사실, 인식, 망각 기계의 배치로 비도덕적 사회가 된다. 〈살인의 추억〉에서 사실의 망각이 〈괴물〉에서 사실의 인식이 되었지만, 〈마더〉에서 다시금 망각의 춤으로 사그라 드는 것이다.

3) 계열3: 우발성의 놀이

그러나 영화 〈마더〉에서 비와 (동)굴을 통해 비굴한 비도덕적 사회를 직시하는 시선은 그리 절망적이지만은 않다. 사실, 전작 〈살인의 추억〉과 〈괴물〉에 이어 〈마더〉에까지 이어지는 감독의 시선은 도덕적인 인간이 비도덕적 사회에서 살 수 없음을 보여주며, 그러한 비도덕적 사회에서는 과학의 필연성이 지배하는 것이 아니라, 우연적인 요소들이 좌우하는 우발성의 유물론 시대가 개막됨을 알려주는 것이다. 그리고 마지막으로 이러한 우발성의 유물론 시대에는 기억과 망각이라는 인간 인식이 어떻게 정상과 비정상이라는 구분을 통해 필요에 따라 인정받고 또한 필요에 따라 폐기처분되는지를 잘 보여준다. 그리고 전작들이 보여준 사회문제에 대한 근거는 개인이 아닌, 사회 구조, 혹은 사회 전체라는 것을 다시금 보여준다. 쉽게 이야기 하자면'도덕적 인간과 비도덕적 사회'인 것이다.

가령, 〈마더〉를 보면 아들 대신 살인자 혐의를 받게 된 기도원 동팔이에게 엄마는 "부모(엄마) 없고?"라고 묻는다. 개인일 경우 도덕적이지만 마더되기를 통한 모성의 실재는 비도적적 사회를 만들어 내는 것이다. 그 비도덕적 사회의 흔적들을 찾아보자. 그것은 어쩌면 우발성의 놀이가 비도덕적 사회의 코스모스(질서)를 근원으로 하고 있음을 보여준다.

먼저, 살해된 여고생은 '쌀 떡순이'로 가난한 집안을 꾸려가기 위해 쌀을 받고 몸을 파는 아이였다. 여고생의 입장에서 보면, 살인은 우발적이지만은 않다. 살인자는 바로 도근이를 비롯한 사회 모든 것이 되기 때문이다. 더군다나 10대 청소년들조차 이 범죄에 가담한다. 〈살인의 추억〉에서 범인을 시대라고 표현한 감독의 예리함은 여기서 사회비판적으로 읽히는 것이다.

또한 5살 난 아들을 키우며 살아야 하는 미혼모, 아니 홀어머니의 심정은 어떨까? 아들도 죽이고 자신도 죽을 만큼 답답한 사회, 그것은 죽은 소녀가 살아가야할 사회이며 〈마더〉의 어머니가 살아 온 세월이다.

검은색과 흰색을 구분하지 못하는 도근이, 그러나 바보도 영어한다. 엄마가 "어디 맞았어?"물었을 때 사과, 애플, 애플(영어식 발음으로 혀를 굴리며), 그러나 비정상은 자신이 바보라는 것을 참지 못한다. 물론 이것은 엄마가 쇄뇌시킨 것이겠지만, 범인으로 몰린 기도원 종팔이는 비정상의 극치이며, 종교조차 그를 구원하지 못하는 사회의 자화상을 보여준다. 그리고 불행히도 그는 빗나간 모성을 가진 엄마도 없다. 비정상들의 지옥, 기도원은 답이 안된다. 도덕적 인간과 비도덕적 사회의 모습인가? 이것은 카메라가 인물을 잡는 몇 가지 장면에서 드러난다. 대자연, 혹은 거리, 혹은 풍경 속의 작은 인간으로 묘사하는 미장센은 '도덕적 인간과 비도덕적 사회'를 보여준다.[33]

그리고 범인인 시대(時代)에(참, 여기에는 형사도 들어가 있다) 속하지 못하는, 범인이 아닌 장애인이 범인으로 곡해되어 잡혀가는 현실. 우발성의 극치이다.

이러한 우발성의 잔인한 놀이를 감독은 정제된 시선으로 우리에게 보여주고 있다. 장례식장의 담배 꼬나문 임산부, 도근이의 변호를 맡은 변호사, 이름인 공석(公石), 검사와 병원장이 학연과 지연으로 연결된 공적 사회, 그리고 변호사의 전화벨 소리는 "영화로운 조물주의 오묘하신 솜씨를", 모성은 물론, 지역 모든 사회와 종교까지 비도덕적인 모습을 봉준호 감독은 예리하게 보여주고 있는 것이다. 따라서 이 영화를 '빗나간 모성'으로 보는 것은 영화에 대한 충분한 예의가 아니다.[34]

4. 재배치: '사실, 인식, 망각'에서 '망각의 인식으로 인한 사실되기'

봉준호의 3편의 영화를 기계의 사실되기, 괴물되기, 마더되기로 설정, 사실, 인식, 망각의 계열로 계열화하여 배치하였을 때 드러나는 비도덕적 사회의 우발성의 유물론이 이러한 절망으로 끝이 난다면 우리는 봉준호에게서 희망을 발견할 수 없다. 그러나 다행히도 봉준호는 자신의 로즈버드를, 그 한계를 인식하고 지속되는 희망의 미래를 예비해 놓고 있다. 그것은 바로 비도덕적인 사회 속에 사실을 망각하는 괴물이 출현하는 우발성의 유물론을 제시하는 것이며, 봉준호의 영화는 그러한 영화적 상상력을 알튀세르의 사상의 궤적을 따라 보여주고 있기 때문이다.

사실 도덕적인 개인들인 우리는 이 사회의 비도덕적인 사실을 인식한다. 그러나 그것을 또한 망각함으로 비도덕적인 우발적 사태를 견뎌내는 것이다. 그렇다면 대안은 없는 것일까? 그것은 바로 배치와 계열을 어떻게 만들어 가느냐에 달려있다. 곧 사실을 제대로 인식하지 않고, 망각에 빠져버리는 배치를, 망각을 인식으로 그리고 사실을 직시하는 비판적 정신을 기루는 것으로 대안을 세워가는 것이다. 그래서 봉준호의 로즈버드인 '비'와 '동굴'은 아직 다가오고 있지는 않지만, 동굴 밖의 태양을 기다리는 것으로, 지속되는 미래의 희망을 상징한다. 따라서 사실, 인식, 망각'의 배치를 '망각의 인식으로 인한 사실되기'의 배치로 바꿀 때 우리는 더 이상 비도덕적 사회가 도덕적 인간을 옭아 메지 않게 되는, 계속되는 희망의 미래를 발견할 것이다.

10.

이창동 영화의 비밀스러운 빛이 비추이는 〈오아시스〉에서 〈초록물고기〉가 물고 있는 〈박하사탕〉을 찾아서

이 글은 기초 교양교육으로써 인문학의 방향을 이창동 감독의 영화 4편을 통해 그 영화에 나타난 메타포를 가지고 분석해보려는 것이다. 곧 영화 제목을 메타포로 뽑아 설명하면 '비밀스러운 빛이 비추이는 오아시스에서 초록물고기가 물고 있는 박하사탕을 찾으려고 하는' 시도이다.

1. 기초교양교육으로써 인문학

인문주간 2012 개막식에서 격려사를 맡은 박영식 대한민국 학술원 회장은 이렇게 말한다.

"대학은 취업을 위한 실용학문(응용학문) 연구로 전락했다. 그러나 취업하고 사회생활하다 보니 긴 연차가 필요한 인문학의 필요성을 느끼게 되는 역설이 발생했다. 산업혁명 이후 산업화의 결과로 물질을 향한 경쟁사회가 되었고, 경쟁에 밀린 사람들의 마음의 상처를 치유하기 위해 필요한 것이 치유의 인문학이다. 인문학(문학–역사–철학)에는 치유의 기능이 있다."

첫째, 문학의 치유적 기능은 '시적정의(poetic justice)와 카타르시스(catharsis)'. 시적정의란 권선징악의 구현이며 이것은 문학의 목적이자 마음의 상처를 풀어준다. 또한 카타르시스란 아리스토텔레스에 의하면 비극을 통해 나쁜 감정들을 배설함으로 마음을 정화시켜주는 것으로 치유가 된다.

둘째, 역사의 치유적 기능은 '재해석'을 통한 역사의 '다시 해석 가능성'. 이것은 과거의 관심을 현재 문제를 해결하기 위한 것으로 재해석하여 역사를 새롭게 바라보며 현실의 문제와 상처를 치유할 수 있는 기능이 있다. 가령, 박노자의 『거꾸로 보는 고대사』(한겨레출판사, 2010)는 역사에 대한 재해석이 어떤 것인지를 잘 보여준다. 박노자는 이렇게 말한다. "단군은 실존 인물인지 아닌지도 알 수 없는 역사적 우연에 불과하다."

사실 고등학교 『국사』 교과서는 청동기 시대에 고조선이라는 나라를 건국한 '역사적 인물'로 단군을 보고 있다.

"환웅 부족은 태백산의 신시를 중심으로 세력을 이뤘고, 이들은 하늘의 자손임을 내세워 자기 부족의 우월성을 과시했다. 사유재산의 성립과 계급 분화에 따라 지배 계급은 농사와 형벌 등 사회생활을 주도했다. 신석기 시대 말기에서 청동기 시대로 발전하는 시기에

계급의 분화와 함께 지배자가 등장하면서 이전과는 다른 새로운 사
회 질서가 성립됐다. 새 지배층은 널리 인간을 이롭게 한다(홍익인간)
는 통치 이념을 내세웠다. 환웅 부족은 주위의 다른 부족을 통합하
고 지배해 갔다. 곰을 숭배하는 부족은 환웅 부족과 연합해 고조선
을 형성했으나 호랑이를 숭배하는 부족은 연합에서 배제됐다. 단군
은 제정일치의 지배자였다."

박노자 교수는 단군 신화를 다르게 해석한다. 가령, 기원전 2333년에
건국했다는 고조선의 단군 이야기가 3500년이나 지난 고려시대에 들어와
서야 일연(1206~1289)의 『삼국유사』에 실린 것에 주목한다. 박노자 교수는
단군신화가 고조선의 건국 이야기라고 가정한다면, 기원전 108년 고조선이
멸망한 뒤 단군 이야기는 평양 지방을 중심으로 구전됐을 것으로 추측한
다. 또 통일신라 말기까지 그 어떤 기록에도 단군 언급이 없다는 점을 볼
때, 단군 신화는 고려가 건국되기 전까지만 해도 한반도 남부 지방에서는
전혀 받아들여지지 않는 북부 지방만의 지역 신화였다는 것이다. 그런데 고
려시대에 일연을 통해 단군 신화가 갑자기 부각된 이유는 무엇일까?

1270~1280년대 고려가 몽골제국의 제후국이 되면서 몽골과 개성 사
이 한반도 북부 지역에 대한 인식이 고조됐다. 여기에 최씨 무신 정권 동안
지방에서의 국가 통합 의식 부족이 노출된 것에 대한 반성이 있었다. 1202
년 경주에서 신라 부흥 운동, 1217년 평양에서 고구려 부흥운동, 1237년
전라도에서 백제부흥 운동이 일어나는 등 고려왕조에 대한 지방민의 귀속
의식이 약했다. 따라서 과거의 삼국을 하나로 묶을 수 있는 어떤 표상이 고
려 중앙의 지배자들에게 절실하게 필요했다. 우연히 이 시기에 잘못하면 영
원히 잃어버릴지도 모를 평양 지역의 단군 전승을 일연이라는 승려가 한반
도 전체의 기원 신화로 부각시켜 고려 지배자들의 통치 이데올로기로 기능

테오-시네마

했다는 것이 박노자 교수의 해석인 것이다. 이처럼 역사는 재해석 기능을 통해 인문학의 치유 가능성을 보여준다.

랑케(Leopold von Ranke)의 실증주의 사관(역사란 '있는 그대로의 사실을 서술한 것')을 비판한 E. H. 카의 말처럼 "역사는 현재와 과거의 대화"이다. 그 것도 현재의 통치 이데올로기를 뒷받침할! 그러나 카의 참뜻은 다른데 있었 다. "역사는 점진적인 개선을 추구한 사람들이 아닌 기존 질서에 근본적인 도전을 감행했던 사람들에 의해 진보했다."라고 말한다. 그리고 그의 책 곳 곳에 칼 마르크스의 말을 인용하고 공감을 표했다.

셋째, 철학의 기능은 '비판'을 통해 새 세상을 열어 준다는 것이다. 과거 의 굴레에서 벗어나고, 신화적 사고(미신), 종교적 허상, 사회의 나쁜 인식(가 령, 노예제도, 가부장제 사회)에서 벗어나는 치유의 기능이 있다는 것이다.

그렇다면 인문학의 치유 가능성을 담지할 새로운 출구는 어디인가? 그 것은 기초교양교육을 실현할 제도적 측면으로 대학의 교과목이 실용적 전 공이 아닌, 기초 학문 전공으로 다시 돌아갈 때 가능할 것이다. 비록 전문대 학원 시대가 개막되었지만, 아직도 우리 사회는 인문학의 위기가 대학에서 사라지지 않고 있다. 인문학을 다시금 부활사켜야 할 것이다. 그러나 몇 가 지 유의점이 있다. 기초교양교육으로써 인문학은 첫째 윤리교육 및 인성교 육의 강화가 필요하다.

LG경제연구원은 2015년 10월 '평범한 사람이 1등 인재가 되는 길'이란 보고서에서 1등 인재가 되는 5가지 비결 가운데 첫째로 윤리의식을 꼽은 적이 있다. 엔론 사태에서 보듯이 부도덕한 윤리의식을 가진 사람이 운영하 는 기업은 결국 망한다는 것이다. GE는 직원평가 핵심가치 중 하나로 정직 과 성실성을 함께 평가하는데 아무리 업무 능력이 뛰어나도 이 부분의 기 준에 미달하면 해고한다.[1]

안드레이 타르코프스키의 영화 〈희생〉의 첫 장면을 보면 긴 시간동안 죽은 나무에 물을 주는 반복적인 행위를 보여준다. 이 장면이 TV 〈스펀지〉라는 프로그램에서 사람을 잠재우는 여러 방법 중 하나로[2] 설정되었다는 아이러니는 우리 인문학과 윤리의 수준이 어느 정도인지 잘 보여주는데, 굳이 아리스토텔레스의 행위의 반복인 습관을 통한 도덕을 이야기 하지 않더라도 반복과 습관의 중요성을 알 수 있다. 윤리와 도덕성이라는 것은 하루 아침에 생기는 것이 아니다. 곧 한 마리 제비가 왔다고 봄이 온 것은 아니다. 선조들의 삶의 지혜인 '세살 버릇 여든까지 간다'는 말이 가벼이 여길 말이 아닌 것이다. 이를 위해 대학의 기초교양교육은 전통적인 문헌의 반복 독해이다. 문(文), 사(史), 철(哲)의 회복인 것이다.[3]

둘째 학제 간 가로지르기이다. 생물학 시간에 철학 전공자가 강의하고, 철학 시간에 불문학 전공자가 강의하고, 역사 시간에 물리학 전공자가 강의하는 이러한 학제 간 대화가 이루어지지 않으면 더 이상 창의성을 발휘하기 힘들다. 또한 위계 질서적인 도식(들뢰즈의 트리구조)하에서는 상명하복을 통한 학문적 게토를 만들어낼 것이니, 수평적 구조로 변화해야 될 것이다. 전

셋째 대학 및 전문대학원의 입시 내용이 기초인문학적 소양을 묻는 것으로 바뀌어야 한다. 의, 치의학 전문대학원의 경우 선수과목 이수 여부나 학사교육 평점 평균, 외국어 능력, 사회봉사 실적, 면접, 기타 학교 특성에 따라 추가적으로 치루고, 법학전문대학원의 경우 법학적성시험을 위해 언어 이해, 추리논증, 논술로 구성되어있다. 물론 법학 지식은 평가 대상에 포함되지 않는다. 더 나아가야 한다. 선수과목의 경우 전통적인 인문학 과목(문 사철)과 수학, 물리학, 생물학 등 기둥이 되는 과목들로 배치가 되어야 하며 사회봉사 실적의 경우도 세분하여 진정한 인성을 갖춘 이로 선발하여야 할 것이다.

이러한 문제제기 하에 학제간의 실례로 대학의 기초교양교육의 방향을 모색하기 위한 방법론적 시도로 필자는 이창동 감독의 영화에 나타난 메타

포를 가지고 제시하고자 한다.

2. 이창동 영화에 나타난 기초교양교육의 방향; 인문학의 관점에서

1) 〈초록 물고기〉의 순수지향

영화의 제목은 영화 속에서 막동이(한석규 분)가 상대조직 보스(명계남 분)를 죽인 뒤 떨면서 공중전화부스에서 형에게 전화를 거는 장면에서 나온다. 그리고 이 초록 물고기야말로 영화 전체가 처음부터 끝까지 물고 늘어지는 하나의 중심축[4]인데 아래와 같다.

전화하는 막동이

"여보세요, 여보세요? 어 큰성이야? 큰성, 나야 막동이. 엄마는? 엄마 어디 갔어? 응, 어 나 잘 있어, 괜찮아. 큰성, 전화 끊지마, 전화 끊지마. 큰성, 생각나? 빨간다리, 빨간색 철교. 우리 어렸을 때 빨간 다리 밑으로 초록색 물고기 잡으러 간다고 갔다가 쓰레빠 잃어버려 가

지고, 큰성이랑, 형들이랑 쓰레빠 찾는다고, 놀지도 못하고 … 순옥
이 그 병신은 벌에 엉덩이 쏘여 가지고, 엉덩이 세 개 됐다고 둘째형
이 놀리고 그랬잖아 큰성, 그 때 생각나?"

영화 〈시민 케인〉의 로즈버드 썰매와 같이 〈초록 물고기〉(1997)란 어린
시절의 순수한 마음을 의미한다. 원래 막둥이는 순진한 사람이었지만 시대
에 의해 그의 위치로 인해 살인을 하게 되고 결국은 비극적인 결말을 맞이
하게 된다. 작가이자 감독인 이창동은 이런 막둥이의 비극적인 죽음과 그의
순수성을 공중전화박스에서 이 대사를 통해 극명하게 비교하였던 것이다.
실용주의가 판을 치는 세상에 우리가 돌아갈 순수는 어디인가? 실용주의
자와 낭만주의의 충돌을 그린 마크 트웨인(M. Twain)의 환상소설이자 우화
소설인 「아서왕 궁전의 코네티컷 양키」(1889)[5]에서 찾아보자. 내용은 이
렇다.
　어느 날 혼수상태에서 깨어난 후, 자신이 6세기 영국 아서와 시대로 돌
아가 있음을 발견하게 되는 19세기 미국의 공장기사 행크 아론의 이야기인
데, 이 소설은 미국의 실용주의와 영국의 낭만주의 사이의 갈등과 충돌을
풍자적으로 보여주고 있다. 이 소설에서 미국의 실용주의자 행크는 오늘날
대학의 개혁적 경영자들과, 그리고 중세의 영국기사들은 보수적 인문학자
들과 놀란 만큼 유사하며 서로 긴밀히 병치된다. 아서왕 궁전에 붙잡혀간
행크는 최첨단 테크놀로지를 통해 권력을 장악하고, 근대 실용주의 정신에
입각해 낙후된 중세 사회의 개혁을 시도한다.
　행크는 기계문명의 가능성과 역사의 진보를 믿었던 낙관론적 실용주의
자였고, 그런 그의 눈에 6세기 중세 영국은 위선과 가식과 형식주의가 지배
하는 비실용적인 사회였다. 행크는 우선 교육을 혁명의 수단으로 삼는다는
점에서 현대 개혁자들과 유사하다. 그는 자신이 귀족이 아니라는 이유로 인

정받지 못하자 교육을 통해 신분상승을 시도하며, 사람들의 인식을 변화시켜 자신을 추종하게 만든다. 행크의 최첨단 테크놀로지 앞에 멀린의 전통적 마법(예술)은 아무런 힘을 쓰지 못하고, 중세 기사들의 갑옷 역시 비실용적인 무용지물이 되고 만다.

그는 과학 기술로 마법사 멀린을 제압해 아서왕 궁전의 새로운 마법사로 군림하며, 기사들과의 마상 시합에서도 자신이 만든 사제 총으로 창을 들고 달려드는 기사들을 간단하게 물리친다. 그의 총알(기계, 테크놀러지) 앞에 기사들의 갑옷은 아무런 보호가 되지 못한다. 행크는 본질적으로 기술자이고 상인이다. 그가 코네티컷 양키로 설정되어 있는 것도 바로 그러한 이유 때문이다. 코네티컷 양키들은 초기 미국사에서 이민들의 정착지에 들어가 물건을 팔았던 유능한 장사꾼들이었고, 학교와 교회를 세워 처녀지를 문명화시킴으로써 대자연의 순수를 추구했던 진정한 아메리칸 드림을 오염시킨 사람들이었다.

그러나 행크의 장밋빛 성공도 결국은 실패와 악몽으로 끝날 수밖에 없다는 사실을 독자들에게 상기시켜 준다. 행크의 실패에는 여러 가지 요인이 작용하고 있다. 가령 모든 사람을 소비자로만 취급하는 행크의 태도는 결국 삭막한 인간관계를 초래했고, 사람들 사이에는 극도의 불신과 물신주의가 팽배하게 된다. 또 극도의 효율성만을 추구하는 그의 무한경쟁주의와 실용주의도 비인간화를 불러왔고, 그 결과 낭만적이고 인간적이던 중세사회는 파멸로 치닫고 만다. 마법처럼 경탄의 대상이 되었던 그의 최첨단 테크놀로지 역시 인간을 죽이는 살상 무기로 전락하고 만다. 그리고 행크의 중세 개혁 의지도 궁극적으로는 그의 시장 지배 욕구와 권력욕의 소산이었음이 드러난다.[6]

코네티컷 양키인 행크는 오늘도 다른 모습으로 부활하고 있지만, 우리는 초록물고기의 막둥이로 돌아가야 하는 것이다. 삭막한 인간관계를 초래하지 않는 기술, 사람들 사이의 불신과 물신주의가 팽배하지 않은 사회, 극도의 효율성만을 추구하는 무한경쟁과 실용주의의 비인간화가 없는 경제와 더불어 낭만적이고 인간적인 사회는 바로 그때 가능한 것이다. 그리고 그 가능성의 발생사적 연원은 인문학 교육과 기초교양교육에 있는 것이다.

2) 〈박하사탕〉의 손

이러한 순수지향은 손을 씻는 것으로부터 시작된다. 사실 인문학은 손 씻기에 다름 아니다. 그리고 이 손은 비록 기찻길 위에 나뒹굴게 되었지만, 우리에게 기초교양교육이 어떠한 역사인식과 지향점을 가지고 이루어져야 하는지를 잘 보여준다.

"나 돌아갈래"라고 외치는 영호

잘 아시다시피 영화 〈박하사탕〉(1999)은 손에 관한 영화이다.[7] 우리 사회의 소시민으로 살던 김영호(설경구 분)는 어느새 자신의 거덜 난 삶을 깨닫게 된다. 사회에 대한 적개심에 찬 그는 자신의 인생을 망친자들을 찾아 죽일 생각으로 권총을 구입한다. 그런데 자신의 인생을 파탄시킨 사람들이

의외로 많다. 그들 모두를 죽일 수도 없는 그는 잠시 부유한다. 이 와중에 첫사랑이었던 순임이(문소리 분)를 보게 되는데, 그녀의 목전에는 죽음이 임박해 있다. 영호는 처참한 심경으로 그녀와의 첫 만남 장소로 가서 자살한다.

제 아무리 고운 화장도 손의 이력은 숨길 수 없는데, 주인공의 손의 변화를 추적하는 것은 인문학의 위기를 추적하는 것과 동일하다. 그것은 곧 대학기초교양교육이 어떻게 이루어져야하는지를 반면교사로 보여주고 있다.

영화의 스토리적 시작은 강가 야유회에서 순임이가 영호의 투박한 손에 박하사탕을 건네주는 것이다. 주인공은 박하사탕을 별로 좋아하지 않았지만 그녀의 마음이 고맙고 따뜻했기 때문에 말없이 받는다. 그런 소박한 손이 군에서 영호의 실수로 한 여학생을 죽이게 되는 손으로 바뀐다. 소녀를 배려한 총탄이 오히려 그녀를 죽이는 결과를 낳은 것이다. 그는 자신의 운명에 절규한다. 그 후 그는 형사가 되어 시국사범 대학생을 고문하는 손으로 바뀐다. 인간으로서 할 수 없는 폭력을 가하는 그 손에 똥이 묻는다. 그 손의 똥냄새는 잘 가시지 않는다. 자신의 가슴에 남겨진 상흔처럼.

그러던 어느 날 첫 사랑 순임이 영호를 찾아왔다. 그는 그녀에게 보라는 듯 하숙집 딸의 엉덩이를 손으로 우롱한다. 그 손의 이력은 이제 더 이상 박하사탕을 받던 순진무구한 손이 아니다. 세상 풍파에 휩쓸리고 자신을 경멸하고 자학하는 손이다. 그 결과 결국은 권총을 쥔 채 분노하고 자조하고 허망해하는 손이 되었다. 다시 박하사탕을 사들고 첫사랑 순이를 만나러 갔으나, 이제 세월은 자신을 비웃는 듯하다. 이제는 애초의 그 순한 손으로 돌아갈 수 없다. 결국 그 손은 기찻길 위에 나뒹굴게 된다. 돌아가고 싶다는 메아리만 남긴 채.

순수하고 투박한 인문학의 손이 시대의 아픔에 사람을 죽이는 손이 되었다. 정권의 하수인이 되어 곡학아세(曲學阿世)하는 손이 되었다. 똥이 묻은 것이다. 사람을 우롱하는 손이 되었다. 돌이켜보니 이제 인문학의 위기라 자학하는 손이 되었다. 허망해하는 손이 되어 버린 것이다. 영화 주인공의 손은 다시 돌아갈 수 없어 기찻길 위에 나뒹굴게 되지만 인문학의 손은 자라나는 새 세대들에 의해 새로운 기회를 맞게 되는 것이다. 대학의 기초교양교육이 중요한 이유가 바로 여기에 있다.

순수하고 투박해야한다. 정직하고 성실해야 한다. 그것이 바로 인문학의 길이다. 정치에 휘둘리지 않고, 맘몬에 흔들리지 않고, "아침에 도를 들으면 저녁에 죽어도 좋다"(朝聞道夕死可矣)는 정신으로 돌아가야 한다. 사람을 위하는 손이 되어야 한다. 자학은 자신의 역할을 다하지 못했을 때 필요한 최후의 보루로 새로운 세대에게 아련한 박하사탕의 맛이 아니라, 쓰지만, 분명한 맛을 손에서 손으로 건네주어야 하는 것이다.

3) 〈오아시스〉 트리 해체와 리좀적 저항

이 영화는 음주운전으로 환경미화원을 치어 죽인 형을 대신해 감옥에 갔다 돌아온 약간 지능이 낮은 사회 부적응자 종두(설경구 분)와 그 피해자의 딸인 뇌성마비 장애인 공주(문소리 분)와의 사랑을 그린 것이다. 〈초록물고기〉와 〈박하사탕〉에서 '돌아갈 순수'를 그리워했다면 〈오아시스〉(2002)에서는 '다가올 순수'를 그리워하며 엔딩하게 되는데, 이 영화는 대학의 교양교육이 지향해야할 바를 이념과 방법 면에 있어서 분명하게 지적해주고 있다.

첫 장면에도 나와 있듯 공주는 자신의 방에 비치는 그림자를 무서워한다. 오아시스 스킬 자수를 가리는 그 나뭇가지는 두 사람의 사랑을 방해하는 그 무엇인가? 여하튼 종두는 마지막 장면에서 경찰서에서 도망하여 그

나뭇가지를 미친 듯이 잘라버린다. 공주 역시 호응하듯 라디오를 크게 틀어놓는다.[8]

들뢰즈와 가타리는『천개의 고원』서문에서 서구의 사상적 전통을 수목형 모델(트리)로 규정한다.[9] 나무(트리)를 보면 굵은 줄기가 하나 있고, 거기서 가지가 뻗어 나오고, 다시 가지에서 작은 가지가 뻗어 나온다. 이 나무모양의 조직이 철학을 비롯한 인간 사고와 사회 조직의 모델이라는 것이다. 대학의 행정조직체계는 물론 인문학의 체계 역시 이렇게 분화되어 있다.

이러한 수목형 모델인 트리(tree)를 비판하여 대안으로 이들이 제시한 것은 근경, 즉 리좀(Rhizome)이다. 리좀은 땅 속으로 뻗는 줄기를 뜻하며 스스로 뿌리이기도 한 식물이다. 중심을 갖지 않는 상호 이질적인 선이 서로 교차하고, 다양한 흐름이 방향을 바꾸며 뻗어나가는 것이다. 예컨대 인간의 뇌신경조직은 리좀이고, 스크럼, 패스, 펀트의 흐름으로 이루어지는 럭비나 크세나키스(I. Xenakis)의 '미케네ǎ'의 음계도 또한 리좀적이다. 이러한 리좀적 사고방식은 고정된 체계나 구조가 없고 중심이 없을 뿐만 아니라 비위계적이며 어떤 궁극적 근원이나 일자에 환원될 수 없는 다원성이 그 특징인데, 종두와 공주가 바로 리좀을 대표한다.

종두가 출감 후 찾아간 집, 형을 대신에 감옥에 들어갔지만, 형수의 말 한마디는 "삼촌 정말 미안한 말인데요. 삼촌이 안 계실 때는 집안이 편안했어요. 전 삼촌이 싫어요." 역시나 트리는 리좀의 분열성을 견디지 못한다. 그래서 싫어하며 정주적 안주를 즐기고자 하는 것이다. 전문대학원 시대에 인문학이, 나아가 교양교육이 이전의 트리적 사고 체계에 갇혀 리좀적인, 학제적인 사유를 하지 못하고 정주적 안주를 고집할 때 도태될 것이다. 그래서 결론은 이것이다.

공주의 방에 걸려있는 오아시스를 가리는 나뭇가지 그림자 때문에 그 나뭇가지를 짤라 버리는 종두를 정상과 이성, 합리성의 이름으로 뭉친 성숙된 어른, 이 사회에 적응된 우리를 향해 외치는 저항의 음성으로 깨닫는 것이다. 그것은 트리에 대한 저항이며 그래서 오아시스인 비정상의 유목의 세계를 지키는 세례요한인 종두를 받아들여야 하는 것이다.

공주의 방에 걸려있는 오아시스를 가리는 나뭇가지 그림자

그렇다면 공주는 어떤가? 라디오의 볼륨을 크게 하여 종두가 와있음을 안다고 외친다. 보는 것으로 이데아를 추구해왔던 이성주의자들인 트리에 소리로 화답한다. 몸 속 깊이 우러나는 소리로, 그 몸의 언어가 우리를 구원할 그때까지 공주의 외침은 우리의 눈에서가 아니라, 귀를 통해 온 몸의 구석구석의 세포에까지 새겨져야 할 것이다. 인문학과 교양교육은 너무 많이 보았다. 이제 몸으로 듣고 체득하여야 할 것이다. 인문학과 교양교육은 너무 홀로 살아왔다. 이제 몸으로 관계하며 소통의 장으로 나갈 때이다.

4) 〈밀양〉과 타자본위

구원은 저 공중이 아닌 수챗구멍에 있다는 것을 보여주는 영화 〈밀양〉(2007)은 기독교의 구원이 어떠해야하는지를 잘 보여주고 있다. 따라서

테오−시네마

비밀스러운 빛, 밀양이 신애를 비추고 있는 포스터

필자가 보기에 이 영화는 표면적인 면에서는 기독교 비판적으로 보이지만, 오히려 기독교의 핵심적인 진리를 잘 표현한 영화이다. 이것은 말씀이 육신이 되어 이 땅에 오신 성육신(incarnation)의 사건(Christmas)을 잘 보여준다. 강금실 전 법무부장관의 영화평을 들어보도록 하자.

낳은 자식에게 가해진 죽임이라는 극단의 고통과 시련, 상처와 용서의 문제. 사람에게 구원이 있는 것일까? 가능한 것일까? 도대체 구원이란 게 무어냐? …주인공 여인이 자기 자식을 죽인 살인자를 용서하려고 찾아갔는데, 그는 이미 하느님에게서 용서받았다고 이야기한다. 아니, 당한 내가 용서하기도 전에 하느님이 용서한다는 것이 있을 법한 일이냐, 이때부터 주인공 여인의 방황은 다시 시작되고 이야기는 이어진다. 이 감독의 이야기를 듣던 양 신부님께서 대뜸 구원에 관한 언급을 해 주셨는데 나에게는 죽비로 어깨를 때리듯 정신이 드는 의외의 말씀이었다. "대개 모든 것을 다 용서하고 순결해져서 세상을 극복해 떠나는 것이 구원 같은데, 다르게 해석하는 견해도 있어요. 스테인드글라스에 빛이 들면 그 무늬의 음영에 따라 밝은 부분은 밝은대로 어두운 부분은 어두운 대로 다채롭게 형상이 드러나듯이 구원은 빛과 그늘이 얼룩져 있는 그 상태대로의 것이라는 이야기도 있어요. 그 이야기 한번 읽어 보세요." 그날 이 감독의 이야기에서 가장 인상에 남아 있는 것은 아직 구상 중인 라스트 신이었다. 집 앞마당에서 여인이 앉아 머리를 자른다. 머리카락이 표표히 바람에 실려 날아다니다가 마당 한구석 수챗구멍 위로 쓸려가 내려앉는다. 그 수챗구멍 위에 희미한 한줄기 햇빛이 서린다. 구원은 저 공중에 있는 게 아니라 생활의 밑바닥 수채 속에, 모든 증오와 분노와 용서와 후회가 엉클어진 그 안에 조용히 숨어들어 서려 있는 것. 그 라스트 신에서 나는 시크릿 선샤인을 상상해 보았다.[10]

구원(불교적으로는 해탈)을 받은 사람은 어떠해야 하는지를 잘 보여주는 것이 선(禪)의 〈십우도〉(十牛圖)이다.[11] 존재에 이르는 가장 좋은 지름길이며 또한 가장 먼 길이기도 한데, 모두 10개의 장면으로 구성되어 있다. 그림에 나오는 소는 인간의 본성에, 동자나 스님은 불도(佛道)의 수행자에 비유된다. 중요한 것은 마지막 장면인데, 구원과 해탈은 자신만의 구원/해탈로 끝나는 것이 아니라 그 진리를 다른 이들에게 전하려고 하는 것이다. 마치 영화 〈매트릭스〉의 마지막 장면에서 네오가 매트릭스에 갇혀있던 인간들을 구원하기 위해 대화를 시도(전화)한 것처럼…

서구 정신사의 큰 기둥인 신과 역사, 자아와 책을 해체하고 산종(dissemination)과 방황(erring), 흔적(trace)과 텍스트(text)를 제시한 문화신학자

테오-시네마

마크 테일러(M. Taylor)의 타자본위(Altarity)[12]는 레비나스에게 있어서 윤리적 명령의 무조건성인 '타자가 나보다 높은 곳에 있다'는 생각을 그의 신조어로 표현한 것이다. 테일러에 따르면 타자본위는 레비나스(I. Levinas)의 '윤리적 무조건성'을 뜻하는 '인간 상호관계의 높은 곳으로의 고양'처럼 타자와 동일자의 새로운 관계 정립을 보여준다.

대학이 그 교육에 있어서 타자본위를 지키되, 또 다른 입시양성소가 아니라, 전문직 윤리교육을 통한 인문학적 기초 교양교육으로 나아갈 때 한국 대학의 지형이 창조적으로 변하지 않을까? 그것은 스테인드글라스에 빛이 들면 그 무늬의 음영에 따라 밝은 부분은 밝은대로 어두운 부분은 어두운대로 다채롭게 형상이 드러나는 것처럼 획일적 교육이 아니라, 그늘과 빛이 얼룩져 있는 그 상태대로의 것, 차이를 차별화하여 제거하는 것이 아니라, 다양성 그 자체를 인정하는 것, 우리 기초교양교육의 나갈 바는 바로 여기에 있다. 이것은 『이상한 나라의 앨리스』[13]에 나오는 '코커스 경주'처럼 모두가 자기 자리에서 승자가 되는 그런 교육이다.

3. 비밀스러운 빛이 비추이는 오아시스에서 초록물고기가 물고 있는 박하사탕을 찾아서

대학의 전공이 학제간으로 다양성을 확보하고, 동시에 전문대학원이 활성화됨으로 이제 동일학부출신의 한 직종에서의(법, 경제, 외교, 신학 등) 정치적 관계가 느슨한 정치관계로 바뀌고, 다양한 전공자들이 전문 직종에서 차이를 발견하고 차별이 아닌, 화이부동(和而不同)의 화음으로 울려 펴질 때 비밀스러운 빛이 비추이는 오아시스에서 초록물고기가 물고 있는 박하사탕을 찾을 수 있을 것이다. 생각해보건대 그것은 멀지 않다. 우리 모두가 힘을 모은다면.

아담아, 네 인생에 가을이 오면?

01.

영화 〈국제시장〉,
국내시장으로 전락한 골동품적 역사

영화 〈국제시장〉은 '국내시장'으로 전락한 골동품적 역사를 통해 '망각하지 않고 기억하는 개인의 무능'과 '기억하지 않고 망각하는 전체의 무지'를 잘 보여준다. 아버지 세대에게 바치는 윤제균 감독의 헌사가 국제적이 아니라, 2014-5년 불통과 편견의 국내적이라 안타깝지만 '기억의 힘'과 '역사와 해석'에 관한 우리의 생각들을 다시금 돌이켜 보게 만든다.

1. 세 종류의 역사

일찍이 니체(F. W. Nietzsche)는 역사를 세 종류로 정리한 바 있다. 곧, 과거에 매달리는 '골동품적 역사'와 미래의 비전을 정치적으로 고취시키는 '기념비적 역사', 그리고 마지막으로 '운명을 사랑(Amor Fati)'하는 마음으로 현재의 삶을 끌어안으려는 '비판적 역사'가 그것이다. 니체는 이 골동품적 역사를 비판하는데, 그것은 과거의 회상에만 매달려 지금 살아 있는 삶, 뛰는 심장과 흐르는 피, 대지와 자연과 맞서는 현재 거친 살결 속 주름의 의미를 가진 인간의 주체적 삶을 황폐하게 만들기 때문이다.

따라서 기억에만 매달리면 인간은 인간이기를 멈추는 것이다. '신은 죽었다'는 그 유명한 선언은 바로 이러한 맥락에서 그 의미를 온전히 회복한다. 곧, '기억의 뿌리', 혹은 '회상의 원인'이 되는 저 초월적인 모든 것(가령, 이데아적인 것)의 죽음이 바로 신은 죽었다는 명제로 표현되는 것이다. 다음의 니체의 말대로 인간은 망각을 통해 실로 인간이 되는 것이다.

> "뭔가 올바른 것, 건강한 것, 위대한 것, 뭔가 참으로 인간적인 것
> 이 성장할 수 있는 토대는 어느 정도는 망각할 수 있는 능력 속에 있
> 다. 그런 한에서 우리는 이 능력을 다른 무엇보다 중요하고 근원적인
> 능력으로 보아야 할 것이다. 망각을 부정한다면 삶 또한 소멸되고 만
> 다. 이 망각의 힘에 의해서 비로서 인간은 인간이 된다."

니체는 지금 이 시간을 살아가는 삶을 받아들이지 못하는 인간, 곧 과거에만 집착하거나 미래에만 매달리는 몽유적인 인간을 '역사적 인간'이라고 부른다. 그리고 이러한 역사적 인간들이야말로 이 대지에서 불행한 삶을 살아갈 수 밖에 없다고 말한다. 따라서 우리가 만일 행복해지려고 한다면

'망각하는 것'과 '사랑하는 것'을 갖추어야 한다. 망각한다는 것은 이미 없는 과거와 아직 없는 미래를 뜻하며, 사랑해야 하는 것은 현재의 삶이다. 그렇다면 과거의 잃어버린 시간을 찾는다는 것은 무슨 의미인가?

2. '잃어버린 시간을 찾아서'

프루스트의 『잃어버린 시간을 찾아서』에서 주인공 마르셀의 어머니는 어느 겨울날 추위에 떨고 있는 마르셀에게 따뜻한 차와 '마들렌'이라는 조그만 케이크 하나를 권한다. 마르셀은 마들렌 한 조각을 차에 담갔다가 차를 마셨는데, 마들렌 부스러기가 섞인 차 한 모금이 입천장에 닿는 순간 일찍이 느껴 보지 못한 '매혹적인 쾌감'을 경험하게 된다. 차에 섞인 마들렌 부스러기가 입천장에 닿는 순간 느꼈던 감각이, 어린 시절 아침 인사를 하러 레오니 숙모에게 갔을 때 숙모가 따뜻한 보리수꽃차에 마들렌 한 조각을 담가 준 일과 그 당시 콩브레(Combray; 소설의 공간적 배경)에서의 기억들을 연이어 떠올려 주었기 때문이다. 마르셀의 고백이다.

> "이윽고, 침울했던 그 날 하루와 내일도 서글플 것이라는 예측으로 심란해있던 나는 기계적으로 마들렌 한 조각이 녹아들고 있던 차를 한 숟가락 입술로 가져갔다. 그런데 과자 부스러기가 섞여 있던 그 한 모금의 차가 내 입천장에 닿는 순간, 나는 내 몸 안에 이상한 일이 일어나고 있음을 느끼곤 소스라쳐 놀랐다. 뭐라 형용하기 어려운 감미로운 쾌감이 나를 휘감았다. 그 매혹적인 쾌감은 사랑이 작용할 때처럼 귀중한 정수로 나를 채우면서, 즉시 나를 인생의 변전 따위에 무관심하도록 만들었고, 인생의 재난을 무해한 것으로 여

기게 했으며, 인생의 짧음을 착각으로 느끼게 했다. 나는 더 이상 나 자신을, 초라하고 우발적이며 죽어야만 할 존재라고는 느끼지 않게 되었다."

프루스트는 이러한 회상을 '무의지적 기억(mémoire involontaire)'이라고 불렀다. 마르셀을 매혹적인 쾌감에 빠뜨린 것은 무엇일까? 프루스트는 그 답을 3,000쪽이나 되는 방대한 장편소설(7부작)로 제시하고 있다. 곧, 소설이 진행되면서 부단히 반복되는 이러한 회상들을 통해 마르셀은 결국 잃었던 정체성을 회복하고 허무에 빠졌던 자기 자신을 구하게 된다. 자신을 열등한 존재, 우발적이고 죽게 마련인 존재라고 느끼고 결코 글을 쓸 수 없을 것이라고 생각하던 그가 다시 소설을 쓰려고 마음먹게 된다. 희망이 생긴 것이고, 결국 그의 삶이 구원을 받게 된 것이다.

그러나 영화 〈국제시장〉에서 윤제균 감독은 '의지적 기억'으로 주인공 덕수(황정민 분)를 오열에 빠지게 만들었는데, 그 답을 한국 근현대사를 관통하며 2시간 정도의 영상 이미지로 제시하고 있다. 그렇다면 망각과 기억 속에 인간 존재(와 사회정치)는 어떠한 위치를 점유해야 하는가?

3. 수많은 사건, 네 가지 기억

1950년 12월 한국전 당시, 중공군의 참전으로 주인공 덕수네 가족은 1.4후퇴, 곧 '흥남철수'때 피란을 떠난다. 그리고 아버지와 막내 동생 막순이와 흥남부두에서 생이별을 한다. '굳세어라 금순아'의 현인의 노래와 같이, '눈보라가 휘날리는 바람 찬 흥남부두'에서 목을 놓아 불러봤다, 찾아를 봤지만 아버지와 막순이를 찾을 수 없었다(첫번째 기억).

'피눈물을 흘리면서 일사이후 일가친척 없는 몸이 국제시장 장사치기' 가 되었다. 잡화점 '꽃분이네'를 운영하는 고모 일을 도우며 생활하게 된다. '영도다리 난간 위에 초생달만 외로이 떴'을 때, 고향꿈도 그리워한다. 이후 선장이 되고 싶었지만 공부 잘하는 남동생의 서울대학교 입학금을 벌기 위해 파독 광부가 되고(두번째 기억), 아버지가 꼭 찾아오겠다고 약속했던 삶의 터전인 잡화점 꽃분이네를 지키기 위해 대학입학을 포기하고, 기술 노동자로 베트남전에 참전한다(세번째 기억).

1983년에는 막내 동생 막순이를 찾기 위해 이산가족 찾기 방송에 출연하여 마침내 미국에 입양되었던 동생을 만나게 된다(네번째 기억). 수많은 현대사 중에서 이 네 사건들을 선택(혹은 기억)했다는 것은 그 자체로 전략적이며 우리네 어르신들의 역사에 골동품처럼 각인된 것이다. 그 역사는 바로 이것이다.

한국전 당시 중공군이 참전하여 후퇴했고, 미군이 우리를 도왔다. 전쟁 후, 분단 생활에 살기 힘들어 서독에 광부로 돈 벌러 갔지만 죽을 고비를 넘겼으나 결혼을 했고, 베트남 전쟁은 미국이 한국에 도움을 주었듯, 한국이 베트남에 베푼 호의로 병치되며 마침내 미국에 입양되었던 여동생은 미국의 도움으로 다시 만난다는 것이다. 이러한 근현대사의 네 가지 기억을 통해 덕수의 고된 삶이 현실의 사건과 오버랩 되며 그려지고 있다.

마지막 장면, 가족들이 모인 자리를 뒤로 하고 덕수는 "내 약속 잘 지켰지예, 이만 하면 잘 살았지예, 근데 내 진짜 힘들었거든예"라며 오열한다. 이런 덕수를 상상 속 아버지가 끌어안는다. "울지말라. 덕수야! 니 고생했는 거 다 안다. 니한테 고맙다. 내 못한 것 니가 잘해줘서 고맙다"는 가족애로 결론을 맺는다. 가장의 책임감을 역사를 통해 불러온 것이다. 험난한 역사의 소용돌이 속에 지극히 '가족적인 운명애'를 영화는 보여주고 있는 것이다. 그래서 "그 험한 일들을 우리 자식들이 아니고, 우리가 겪어서 다행"이라고 한다.

기억으로 불러온 과거의 덕수는 이렇다. 그리고 그 기억 속 덕수는 우리네 아버지의 표상이 된다. 그렇다면 현재의 덕수는 어떤가? 세상, 혹은 사람들과 불화하는 인물이다. 해외여행을 떠나며 손주들을 맡기고 떠나는 자식들에게 "우리도 여행 좋아하는데"라고 투덜대며, 삶의 터전인 국제시장에서는 이웃 상인들과 싸우고, 집 밖에선 외국인 노동자를 박대하는 고등학생들을 혼낸다(이 역시 자신의 서독 광부 경험으로 인한 것이다). '나훈나냐, 남진이냐'에 베트남전 당시 자신을 구해준 남진이 최고라며 외치는 그의 모습은 현재가 아니라, 과거를 살아가는 한 노인의 고집으로 보일 뿐이다.

국기에 대한 경례 장면

골동품적 역사의 험난한 발생사적 이면을 영화는 보여주었지만, '아모르 파티'는 발생사가 아닌, 지금 이 시간의 충실성을 문제 삼아야 한다. 현실에서 고집불통인 덕수를 이해하기 위해서 그의 과거를 들여다 볼 필요가 있다고 영화는 이야기하지만, 따라서 '아버지 세대를 이해하자'는 간단한 주제로 연결이 되지만, 이러한 현실적 '아모르 파티'의 부재와 골동품적 역사의 찬미에는 함정이 있다. 곧, 가족을 지키고 아버지란 이름을 갖기까지 덕

테오—시네마

수는 근현대사 속에서 철저히 사회정치적인 선택과 의견을 표출하지 않고 단지 생존을 위해 살아간 것이다. 그에게 미래는 가족의 상봉이고, 과거는 아버지의 유언을 수행하는 것이다. 자신의 삶이 없었던 주체의 부재, 아모르 파티가 없는 상징체계의 강화가 역으로 현실에서는 이데올로기적 기능을 하는 것이다. 부부싸움 중에도 국기에 대한 경례를 했던 것처럼, 혹은 조갑제가 "영화 〈국제시장〉은 한국 현대사를 있는 그대로 표현한 영화"라고 극찬했던 것처럼…

4. 기억의 날

이스라엘은 430년간 제국 애굽의 노예생활에서 하나님의 인도로 해방되었다. 출애굽기 12장은 유월절의 유래와 이스라엘 백성이 애굽 땅에서 나오는 장면을 잘 묘사해 준다. 그리고 애굽을 벗어나는 그 날을 잊지 않기 위해서 '여호와의 밤'이라고 부르며 기억하자고 한다.

> "이스라엘 자손이 라암셋을 떠나서 숙곳에 이르니 유아 외에 보행하는 장정이 육십만 가량이요. 수많은 잡족과 양과 소와 심히 많은 가축이 그들과 함께하였으며 그들이 애굽으로부터 가지고 나온 발교되지 못한 반죽으로 무교병을 구웠으니 이는 그들이 애굽에서 쫓겨나므로 지체할 수 없었음이며 아무 양식도 준비하지 못하였음이었더라. 이스라엘 자손이 애굽에 거주한 지 사백삼십 년이라. 사백삼십 년이 끝나는 그날에 여호와의 군대가 다 애굽 땅에서 나왔은즉 이 밤은 그들을 애굽 땅에서 인도하여 내심으로 말미암아 여호와 앞에 지킬 것이니 이는 여호와의 밤이라 이스라엘 자손이 다 대대로

지킬 것이니라(출애굽기 12:37-42).

인간에게 기억은 단지 잊었던 옛 추억을 떠올려 주는 것으로 끝나지 않는다. 과거와 현재를 나란히 겹쳐 놓음으로써 시간에 의해 분산된 여러 가지 상들을 모아 이전까지는 감춰져 있던 삶의 진실을 드러내 보여 준다. 프루스트처럼 잃어버린 자신의 정체성, 삶의 의미와 가치를 되찾아 주는 일을 하며 미래를 기대하게도 만들지만, 역으로 현실 권력의 정당성을 뒷받침하는 이데올로기적 기능을 하기도 한다.

〈국제시장〉이 '여호와의 밤'이 아니라, '제국 미군의 밤'을 외칠 때, 성서는 침묵한다. 〈국제시장〉이 골동품적 역사를 들려줄 때, 우리의 삶은 아모르 파티를 멈춘다. 〈국제시장〉이 조갑제의 극찬과 같이 국내용으로 머물 때, 우리의 삶은 비극으로 다시 돌아오는 역사의 순환에 또다시 고난을 맛보아야 한다.

다시 니체로 돌아가 보자. 니체는 골동품적 역사의 철저한 망각만을 주장하지는 않는다. 우리 삶을 위해, 지상의 삶을 사랑하기 위한 기억만은 인정하고 있다. 과거도 미래도 삶의 시간은 아니다. 현재, 지금 내가 대지를 디디고 선 순간을 기억하자는 것이다. 따라서 영화 〈국제시장〉을 보면서 아버지 세대의 역사를 단편적으로 기억하며 2014년의 냉혹한 현실과 2015년의 혹독할 현실을 '기억하지 않고 망각하는 전체의 무지'에 빠져서도 안되고, 그렇다고 국내시장으로 전락한 골동품적 역사를 통해 '망각하지 않고 기억해내는 개인의 무능'을 그 역사적인 맥락 없이 비판하는 오류도 범해선 안될 것이다. 그래서 영화 〈국제시장〉은 기억에 관한 기억을 떠올리게 한다. 마들렌 한 조각이 담긴 차 한 잔이 없어도.

테오-시네마

02.

내 인생에 가을이 오면?:
영화 〈동주〉

1. 사랑 네 가지

성 어거스틴은 네 가지 사랑을 이야기 하며 이 네 가지 사랑이 모두 합해져야 비로소 온전한 사랑이 된다고 한다. 첫째는 '위에 있는 신'이고, 둘째는 '우리 자신'이며, 셋째는 '이웃'이며, 넷째는 '아래에 있는 물질'이다. '자기 사랑과 물질 사랑'이 '신 사랑과 이웃 사랑의 공허함'을 해소하고, 신 사랑과 이웃 사랑이 '자기 사랑과 물질 사랑의 맹목성'을 바로 잡아주어야 한다는 것이다.

인간은 무상(無常)이라는 슬픈 운명을 지고, 영혼의 분열에 마음 앓는 존재라는 사실을 자각한 헤르만 헤세는 『지와 사랑』에서 신에게 종사하는 사색가요, 분석가요, 현명하고 통찰력이 예민한 나르치스가 미에 열중하며 몽상가요, 예술가요, 맑고 수줍은 동심의 감각과 영감을 지닌 천부적 예술가이자 자연인인 골드문트에게 "네가 너 자신을 발견하면 그 순간 너는 나보다 우월하게 되는 거야"라고 말하며 열등감을 표출한다. 그러나 작품의 결말을 통해 헤세는 나르치스의 '지와 정신(신 사랑과 이웃 사랑의 차원?)'과 골드문트의 '사랑과 자연(예술을 포함하여, 자기 사랑과 물질 사랑?)'의 조화, 인간 영혼 속에 깃든 정신적인 측면과 육체적인 측면을 조화시키고 있다. 그러나 만약 이들의 상황이 식민지 조선이었다면? 이준익 감독의 영화 〈동주〉(2016)는 '나르치스와 골드문트의 실존과 예술의 탐색'을 몽규와 동주의 '고통스런 시대적 상황에 처한 실존과 예술의 순수성'으로 보여주며 그 답을 내리고 있다.

2. 열등감의 양면: 순수성과 폭력성

아름다운 서정시로만 알려진 윤동주의 시들이, 식민지 시대의 고통을 온몸으로 겪으며 탄생되었다는 것을 알려준 영화 〈동주〉는 윤동주(강하늘 분)의 시도 새롭게 보게 하지만, 그의 곁에 송몽규(박정민 분)라는 혁명가가 있었음도 보여준다. 외사촌 형이 되는 송몽규의 천재적 자질에 열등감을 느끼지만(나르치스가 골드문트에게 느꼈던 것처럼), 자기만의 순수시를 완성하려는 동주는 이념으로 모든 것을 배제하는 혁명(해방)에 문학의 순수성을 외친다. 세상을 변화시키는 문학이 있을까? 동시에 서구 열강에 대한 열등감 덩어리이지만, 아시아를 구하겠다는 신념과 문명국이라는 명분으로 표출되는 일본의 폭력성은 조선의 독립운동을 탄압한다. 비열한 욕망을 숨길 수 없어 서구식 사법제도로 동주와 몽규를 살해하는 것이다. 항상 열등감은 이렇게 긍정적으로는 예술의 순수성(동주)으로, 부정적으로는 폭력성(일본)으로 드러난다.

3. 내 인생에 가을이 오면

나르치스 방식으로 살고 있는 나 역시, 골드문트(혹은 몽규)가 수도원 담을 넘듯이 나를 둘러싸고 있는 '담을 넘어 세상을 향해 달려가고 싶은 욕망(몽규에게는 조선의 독립)'을 간직하고 있으나, 아직 '이렇게 서 있는 것(동주의 예술적 감각)'은 어쩌면 골드문트나 나르치스가 서로 살아간 방향은 달랐지만, 결국 두 사람이 간 곳은 같기 때문이 아닐까? 예술의 순수성은 혁명의 그 어떤 구호 보다 강하다. (상황이 열악할 수록!) 동주의 '내 인생에 가을이 오면'이라는 시도 그렇다. "내 인생에 가을이 오면 나는 나에게 삶이 아름다웠느냐고 물을 것입니다. 그때 기쁘게 대답할 수 있도록 내 삶의 날들을 기쁨으로 아름답게 가꾸어 가야겠습니다."

지금 봄이 오고 있다. 가을 같은, 그리고 아름답게 가꾸지 못한 후회가 밀려든다. 영화를 본 백기완 선생도 이렇게 말한다.

"내가 불만스러워했던 건 윤동주의 삶에서나 문학에서나 기독교와 지식인, 중산층의 모습은 있어도 민중의 삶이 없다는 거였어. 이번 영화에서도 그 점은 마찬가지였지. 그런데 영화 마지막 대목에서 윤동주는 그런 자신의 삶을 뒤집거든. 시만 써서 부끄러웠고 좋은 시를 못 써서 부끄러웠다고 일본 형사한테 대들 때 윤동주는 자신

의 삶을 부정하는 게 아니라, 다시 태어나게 하는 거거든. 그 대목이
감동적이었어."

　나도 그렇다. 그러나 아직 늦지 않았다. 가을 같은 봄이지, 가을 혹은
겨울이 아니지 않는가!

03.

영화 〈명량〉과 누가복음 9장 예수의 수난예고

1. 예수의 수난 예고

누가복음 9장에는 예수님의 수난예고가 나온다. 9장 22절과 44절 두 구절의 말씀이다. 예수님은 십자가 수난과 죽음을 앞두고 12제자들을 파송하시며 하나님 나라의 복음을 전파하도록 하신다. 그리고 벳새다(고기잡이의 집) 빈들에서 5병2어로 굶주린 백성들을 배불리 먹이셨다. 이후 따로 기도하실 때 제자들에게 "너희는 나를 누구라 하느냐?"라는 질문을 하시는데, 예수님의 그 질문에 베드로는 "하나님의 그리스도"라는 고백을 한다.

이 때 예수님은 첫 번째 수난 예고를 하신다. "인자가 많은 고난을 받고 장로들과 대제사장들과 서기관들에게 버린바 되어 죽임을 다하고 제 삼 일에 살아나야 하리라(눅9:22)." 굶주린 백성을 배불리 먹이시고, 베드로로 하여금 '하나님의 그리스도'라는 자신의 정체성을 고백 받으신 후, 예수님은 자신의 수난을 예고를 하신 것이다. 그리스도의 길, 구세주의 길은 '남을 위한 죽음의 길'임을 역설한 것은 아닐까?

그러나 "이 말을 너희 귀에 담아 두라 인자가 장차 사람들의 손에 넘기우리라(44)"는 두 번째 수난 예고를 통해 우리는 예수님께서 인류를 위해 이 땅에 오셨지만 사람들의 손에 의해 고통을 받게 된다는 것을 알 수 있다. 그 상황에서 예수님은 제자도에 관해 말씀하신다. "누구든지 제 목숨을 구원코자 하면 잃을 것이요 누구든지 나를 위하여 제 목숨을 잃으면 구원하리라(24)", "손에 쟁기를 잡고 뒤를 돌아보는 자는 하나님의 나라에 합당치 아니하니라(62)." 그리고 우리는 하나님의 그리스도시나, 인류를 위한 '대속의 죽음', 곧 '타자를 위한 삶과 죽음인 십자가 수난'을 앞두고, 고민하시는 예수님의 모습을 볼 수 있다. "여우도 굴이 있고 공중의 새도 집이 있으되, 인자는 머리 둘 곳이 없(58)"는 그런 수난 전 상황이다.

우리는 이러한 예수의 '수난 예고'와 '제자도'에 관한 말씀, 감당할 수 없는 고통의 장벽 앞에 있는 이의 '고독'을 영화 〈명량〉(김한민 감독, 2014)의 이순신 장군을 통해 읽어 낼 수 있다.

2. 영화 〈명량〉은 명랑하지 않았다.

영화 〈명량〉의 소재가 되는 명량해전은 1597년(선조 30) 음력 9월 16일 (양력 10월 25일) 정유재란 때 이순신 장군이 지휘하는 조선 수군 12척이 울돌목(명량해협)에서 일본 수군 133척(총 참여 함선은 333척)을 물리친 조선 전사에 빛나는 해전이다. 그러나 명량해전은 이순신 장군의 다른 해전과는 다르다.

23전 23승의 승리가 보여주듯, 거의 대부분의 해전에서 이순신 장군은 일본 수군을 물리친다. 그것도 100년간 내전을 치른 '전쟁 귀신'과의 싸움에서 말이다. 부산에 상륙하자마자, 20일 만에 마라톤 하듯 한양까지 치고 올라간 이들이다. 이후 300여년이 지나, 1910년 8월 29일에는 대한제국을 식민지로 만들어 버리고[1]을 수정 해석하여 군사적 행사권역을 넓히려고 하고 있다.

일본 재무장에 대한 동남아 국가의 인식

아무튼 이때 이미 조선의 왕 선조임금은 백성을 따돌리고 도망을 갔다. 최악의 위기 속, 절대 열세의 전력으로 백성들이 7년을 견딘 임진년의 왜란이었다. 그 가운데 이순신 장군의 수군은 판옥선 1척도 잃지 않는 전승불패의 신화를 남겼다. 세계 해전사에 유례없는 일이다. 그것은 바로 판옥선(거북선 포함)과 화포의 위력, 그리고 이순신 장군의 리더십이었다.

영화 〈명량〉은 울돌목에서 이순신 장군이 단 12척의 배로 330척의 일본 해군과 만나게 되는 것으로 시작된다. 원균과 윤두수를 비롯한 일부 서인 세력의 모함을 받고, 이순신이 삼도수군통제사(三道水軍統制使)에서 파직당한 뒤 원균은 새로운 삼도수군통제사가 되어 일본 수군과 접전을 벌였으나, 칠천량 해전에서 대패하게 된다. 다수의 장병과 대부분의 전선을 잃고, 조선은 제해권을 상실하였다. 이에 선조 임금은 다른 선택의 여지가 없자, 이순신을 다시 복권하여 삼도수군통제사로 기용하였다.

판옥선 12척으로 수백 척의 세키부네(關船)를 맞아야 했던 상황이다. 심지어 경상우수사라는 자는 전쟁을 앞두고 탈영을 하고 임금은 "일이 다 그른 것 같으니 때려치우고 육군에나 합류하라"고 한다. 이러한 한심하기 짝이 없는 상황에서 이순신은 묵묵히 전투 준비에 몰두한다. 명량대첩 직전 날인 1597년 음력 9월 15일 이순신 장군은 이렇게 말한다. "병법에 이르기를 '반드시 죽고자 하면 살고 반드시 살려고 하면 죽는다(必死卽生 必生卽死)'고 하였고, 또 '한 사람이 길목을 지키면 천 명도 두렵게 할 수 있다(一夫當逕 足懼千夫)'고 했는데, 이는 오늘의 우리를 두고 이른 말"이라고 하며 울돌목으로 배를 몰았던 것이다.

김훈의 『칼의 노래』를 보면, 명량해전을 앞두고, 모순된 세상 앞에 놓인 이순신 장군의 독백이 나온다. "이 방책 없는 세상에서 살아 있으라고 칼은 말하는 것 같았다." 그렇다. 영화에도 보면 "신에겐 아직 열 두 척의 배가 남아 있다."는 호기로운 문장을 써내려 가던 그 순간에도, 피로와 쇠약함 때문에 떨리는 손을 간신히 부여잡아야 했던 이순신의 모습을 그려준다. 대책 없고, 의미 없고, 보람 없는 세상에 불안과 고독을 안고 전장에 나서는 이순신의 모습을 잘 그려주고 있는 것이다. 따라서 엄청난 승리의 해전인 명량은 결코 명랑하지 않는 것이다. 예수님의 수난이 결코 '부활의 승리와 기쁨'만으로 잊혀질 성질의 수난이 아니라, 오늘 우리가 따라야 하는 길인 것처럼 그리스도 신앙 역시 물질적, 영적 축복의 명랑한 길이 아닌 것처럼.

3. 세월호 침몰과 장군선을 구하는 백성

영화에 왜선을 급류로 끌어들여 싸움을 벌인 뒤 이순신 장군의 대장선이 급류에 휘말려 위기에 처한 장면이 나온다. 물론 감독의 영화적 상상력이다. 이 때 영화는 백성들의 도움으로 간신히 급류를 빠져나오는 장군의 대장선의 모습을 그려준다. 이 장면에서 객석의 박수 소리가 터져 나오기도 하였지만, 백성(아니, 어린 학생들)이 침몰하는 배에 갇혀 구조를 기다리며 죽어가는 '세월호'와 영화 〈명량〉에서 소용돌이에 빠져가는 이순신 장군의 대장선을 구조하는 '어선 속 백성들'을 보며 씁쓸함을 느낄 수 밖에 없을 것이다. 그리고 이 씁쓸함은 당시 전투에 참가했던 군사들의 말을 통해 비통함으로 다가온다. "후손 아그들이 우리가 이렇게 개고생 했는데 이걸 알까?"

한때 김보성(과 더불어 개그우먼 이국주)의 '의리'가 유행이 되었다. 영화 〈명량〉에서 이순신 장군은 '의리' 때문에 싸운다고 말하며 장수의 의리에 관해 이렇게 말한다. "장수의 의리는 충이다. 충은 백성을 향해야 한다. 백성이 있어야 나라가 있고, 임금이 있다." 영화 〈명량〉의 흥행에서 우리는 백성들의 마음을 읽을 수 있다. "나(백성)는 이(利)를 위하더라도 지도자는 그렇지 않기를" 바라고 있음을 살펴 볼 수 있는 것이다. 따라서 지도자의 사생활이 아무리 중요해도, 그것은 백성의 목숨보다 중요할 수 없다. 그리고 〈명량〉의 흥행은 많은 비판에도 불구하고, 현실에 없는 지도자를 갈구하는 자기 이(利)를 구하는 백성들의 양면성이기도 하다. 그래서 우리는 예수의 다음의 음성을 이순신 장군의 입을 빌어 읊조릴 수 있는 것이다. "누구든지 제 목숨을 구원코자 하면 잃을 것이요 누구든지 나를 위하여 제 목숨을 잃으면 구원하리라(24)."

04.

자본주의 좀비서사:
〈부산행〉과 〈이웃집 좀비〉를 중심으로

1. 좀비 영화와 좀비의 실체

좀비가 출몰하고 있다. 마니아층을 넘어 국내외 게임, 소설, 영화의 인기소재로 등장하고 있다. 공포영화나 문학의 하위 장르 주인공으로 여겨지던 좀비가 극장의 은막과 TV 채널, 서점가를 어슬렁거리고 있다. 영화 〈부산행〉(2016)을 통해 이제 서울과 대전을 점령하고 부산을 향한다.

좀비 영화 장르를 처음 정립한 조지 A. 로메로 감독의 데뷔작이자 '시체 3부작'의 첫 영화인 〈살아 있는 시체들의 밤〉(1968)에 나오는 좀비들은 혐오감을 주는 외형과 팔이 떨어져 나가고 다리가 부러져도 멈추지 않고 사람들을 물어뜯어먹기 위해서 다가오는 것으로 당시 관객들에게 큰 충격을 안겨 주었다. 비록 최근의 좀비처럼(2013년 작 〈월드워Z〉와 〈부산행〉) 속도감은 없지만 당시 미국인들에게는 이 흑백 영화의 좀비는 마냥 허구 속의 살아있는 시체가 아니었다. 미국은 외부적으로 소련과 냉전 중이었고 베트남에서 전쟁을 벌이는 등 '공산주의자들의 침략'에 맞서고 있었고, 내부적으로는 흑인 민권운동과 인종차별 반대, 전쟁 반대 시위로 뜨겁게 불타고 있었다.

따라서 좀비들은 공산주의자들과 노동자들의 모습으로 미국 사회를 습격하고 있었다(고 생각했다). 동시에 좀비 영화는 영화 내적으로는 복잡한 사회적 갈등과 정치적 현실을 투영하고 비판하는 고도의 우화장치들을 보여줌으로 호러물에 새로운 장르를 개척하였다.[1]

로메로 감독의 두 번째 시체 3부작인 〈시체들의 새벽〉(1979)은 좀비 영화의 전설이다.[2] 첫 번째 흑백 영화와는 달리 두 번째 영화에서는 총천연색과 환한 조명을 통하여 도심 한가운데 대형 쇼핑몰을 어슬렁거리는 좀비들의 모습을 자세히 보여주고 있다. 그리고 그 쇼핑몰을 어슬렁거리는 좀비들은 흡사 백화점을 쇼핑하는 인간들의 모습으로 투영된다. 현대 소비 자본주의 체제와 중산층에 대한 풍자와 비판을 읽을 수 있는 역작이다. 좀비를 통해 점점 더 난폭해지는 '자본주의의 세계화'와 '신자유주의적 개인주의'의 공포스러운 속성을 이미 예고하고 있었던 것이다.

3번째 시체 3부작인 〈시체들의 낮〉(1985)은 전작들에서 볼 수 있었던 강렬하고 복잡한 휴먼 드라마가 존재하지 않고 그저 캐리커처와 욕설, 살육만이 남았지만(가장 고어씬이 강한 작품), 좀비들을 학습시키려는 새로운 시도가 있었다(가령, '정중한 행동을 하면 보상을 받는다'라는). 사실 좀비는 주요 장기들을 다 제거했는데도(위가 없는데도) 먹을 것을 갈망한다. 따라서 문제는 뇌와 원초적인 본능인 것이다. 아무튼 조지 로메로의 좀비 영화가 잔혹

한 취향의 공포 장르였다면, 〈레지던트 이블〉 시리즈와 〈28일 후〉(2002), 〈월
드워 Z〉 등 최근 좀비 영화는 인류의 종말과 연결되는 바이러스 재앙 영화
로 진화해 버렸다.[3]

살아 있는 시체들의 밤

시체들의 새벽

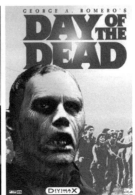
시체들의 낮

한국의 좀비 영화라면 2010년 개봉한 옴니버스 영화 〈이웃집 좀비〉(오
영두 감독 등)를 뺄 수 없다. 영화는 전 세계적으로 퍼진 '좀비 바이러스'가
서울 전역에서 발생하자 좀비 색출을 위해 비상계엄령을 선포한 정부와 '감
염자들'을 보호하기 위한 서민들과의 갈등을 다루고 있다(〈부산행〉처럼 좀비
를 폭력의 대상으로, 마동석의 '슈퍼파워~ㄹ!'로 무찌르는 것이 아니라[4]). 따라서
기존 헐리우드의 좀비처럼 무참히 찢겨지고, 총알받이가 되는 것이 아니라,
생긴 건 달라도 이웃사촌인 이웃집 좀비로 그려지고 있는 것이다. 그리고
자본주의 맘몬숭배 시대에 대형정당(새누리, 더민주), 대형마트, 대형교회, 대
형기업(재벌)이라는 골리앗이 존재하는 이때 좀비는 허구의 괴물이 아닌 실
체를 가진 작은정당, 구멍가게, 미자립교회, 중소기업의 이름으로 출몰하고
있는 것이다. 그리고 그 이름의 뜻은 '호모 사케르', '경계로 배제된 소수자'
이며 '감각적인 것을 나눠받지 못한 치안의 대상'들이다.

테오―시네마

2. 자본주의 좀비서사 하나: 호모 사케르

헤겔과 하이데거, 데리다로 부터 언어와 존재에 관해, 그리고 벤야민과 슈미트를 통해 역사와 법, 정치 신학을 수용하고, 아렌트와 푸코를 통해 전체주의와 생명정치를 사유한 조르지오 아감벤(G. Agamben)은 유기(遺棄)된 채로 존재를 드러내는 인간, 곧 호모 사케르(Homo Sacer)를 이야기 한다. 호모 사케르는 말 그대로의 성스런 인간(sacred man)이 아닌, 벌거벗겨진 생명(bare life)으로 살해는 가능해도 희생제로는 드릴 수 없는 것, 가령 소, 양과 달리 지렁이와 벌레 등을 뜻한다.

죽여버릴 수는 있어도 희생으로 쓸 수 없는 것. 사회학적으로 말하자면 사회로부터 보호받지 못한 벌거벗은 생명인 것이다. 물론 아감벤은 이 용어를 무젤만(Muselmann, 무슬림)으로 아우슈비츠 수용소의 인간 같지 않은 인간을 묘사하는 것으로 시작하고 있지만, 우리식으로 표현하자면, 이들은 사회로부터 어떠한 보호도 받지 못한 존재들이다. 가령 용산에서 불에 타 죽은 존재들로부터 시작하여 종군 위안부 할머니들, 쌍용자동차 정리해고 된 노동자들, 외국인 노동자들, 세월호에 갇혀 죽어간 아이들, 지하철 역 안의 노숙자들, 취업을 하지 못하고 거리를 헤매는 젊은이들, 재래시장 상인들, 지체 장애우 등으로 확장된다. 자본주의가 창출한 좀비들이며, 예수께서 친구로 부르며 함께 음식을 나누어 먹었던 생명의 동지들이다.

아감벤에 의하면 서양 정치의 근본적인 대당 범주는 '동지 – 적'(칼 슈미트의 구분처럼)이 아니라 '벌거벗은 생명 – 정치적 존재', '조에(zoē) – 비오스(bios)[5], '배제 – 포함'이라는 범주쌍이다. 따라서 서양 정치는 인간이 언어를 통해 자신에게서 벌거벗은 생명을 분리해 내며, 그것을 자신과 대립시키는 동시에 배제함으로 진행되어 왔다는 것이다.

인간이 좀비를 배제하듯 자본주의가 창출한 좀비는 자본주의의 혜택을 받은 대형 골리앗들(대형정당, 대형마트, 대형교회와 대형기업)에 의해 짓밟히고 있다. 그들에게 좀비는 배제하고 제거해야 될 대상이기 때문이다. 1960-70년대 전성기를 맞았던 좀비가 노동자 계급출신으로 묘사된 것이 바로 그 증거이다. 자유롭게 노동력을 팔면서도 사물로 변해버린 노동자의 형상은 좀비와 닮았기 때문이다.

이러한 배제의 전략은 호모 사케르에게 돌을 던지는 것이다. 놀라운 것은 같은 좀비가 이러한 자본의 '배제의 전략'에 포섭되는 것이다. 왜냐하면 '나도 그렇게 될지 모른다'는 두려움 때문이다. 보라! 정규직이 비정규직을 업주보다 더 탄압하는 시대의 참상을! 해고의 위험에 몸 사리는 노동자가 동료를 배신하는 것은 '나도 배제될 수 있다'는 두려움이 있기 때문이다.

시간 강사를 전임 교수가, 집주인이 세사는 이들을, 담임목회자가 부교역자를 대하는 것 역시 이러한 맥락의 확장이다. 그러나 이러한 배제의 전략을 아감벤은 '포용의 위력'으로 극복하고자 한다. 가령 호모 사케르를 포용하면, 자신도 언제든지 호모 사케르가 될 수 있기에, 그런 자신을 포용해 줄 수 있는 이들이 있다는 가능성을 깨닫게 되며, 나아가 호모 사케르가 될 것 같다는 공포감에서 해방을 가져다준다. 따라서 포용의 위력은 타자의 몸짓을 기대하게끔 이끄는 동시에 연대의 발생사적 연원이 되는 것이다.

그래서 예수의 기적은 이러한 포용의 위력에 기초한 '초자연적인 부가 현상'이라 할 수 있다. 이것이 확장되면 폭압적 정치권력에서도 자유로움을 느낄 수 있다. 포용을 통한 자유로움은 자유로운 공동체를 지향하며 이를 위해 개체들은 자신의 힘을 유지하며 연대를 도모하게 되는 것이다. 그리고 여기서 직접민주주의가 실현되는 것이다. "남을 지배하지도 않고, 혹은 남에게 지배 받지도 않는" 진정한 힘을 회복한 주체로 태어나는 것이다.

이러한 벌거벗은 생명, 곧 조에의 권리 주장과 해방의 잠재력은 매우 중요하다. 이를 위해 아감벤과 푸코는 '자유로운 공동체'와 '직접 민주주의의

테오-시네마

실현'을 이야기 하고 있으며, 유대인인 발터 벤야민(W. Benjamin)은 유대 전승에 따라 '메시야 요청'을 기대하고 있는 것이다. 따라서 참된 주님의 재림(parousia)을 기다리는 기독교인들의 올바른 종말신앙의 자세는 바로 여기에 있다.

3. 자본주의 좀비서사 둘: 경계, 소수자 배제의 정치학

안과 밖을 구분하는 경계는 금기의 시작이다. 이러한 금기의 시작인 경계가 세계 곳곳에 생겨나고 있다. 중동의 콘크리트 장벽으로부터 미국-멕시코 국경의 죽음의 장벽에 이르기까지, 아니 각 나라 곳곳에도 생기고 있다. 도시 내 게토와 도시 외곽의 빈민촌까지, 뉴타운과 달동네 사이에, 수도 서울과 지방 사이에, 도시교회와 농촌교회, 대형교회와 미자립 교회 사이에 이러한 경계는 확장되고 있다. 국경에서부터 우리 삶 곳곳으로! 사실 2009년 하반기의 화두였던 세종시 문제는 경계의 문제이다. 그리고 이 경계는 삶의 터전으로서 경계, 삶의 질로서의 경계를 뜻한다. 이것을 확장하느냐, 그대로 두느냐의 문제인 것이었다.

경계에 대한 사유 중 특이한 사상가인 에티엔 발리바르(E. Balibar)는 '해방과 변혁'이라는 근대 정치의 두 가지 틀에 동일성들과 경계들의 폭력을 대상으로 하는 '시민인륜'(civility)의 정치를 추가할 것을 주장한다. civility의 사전적 의미로는 '정중함, 공손함, 예의바름'이다. 원래 이 말은 라틴어 civilitas에서 나온 것으로 '사회 질서를 존중하는 공민(公民)에 걸맞은 행동양식'이라는 뜻이다.

발리바르가 시민인륜을 중시하는 이유는 국가가 시민의 인권과 공민권을 존중해야 하기 때문이다. 이는 경계를 극복할 시민의 도덕성이다. 사실 모든 제도화된 민주주의는 역설적으로 반민주적 조건을 내장하고 있고, 민주주의가 멈춰서는 '경계들'을 갖게 된다. 가령, 국가는 그 안에서 민주주의가 작동할 수 있는 유효한 조건이지만, 국민이 아닌 자들에 대한 차별을 제도화하고 민주주의를 무효로 만드는 야누스적 성격을 갖고 있는 것이다.

경계들의 이러한 폭발적 증식 속에서 우리가 목격하는 것은 우리가 '민주주의'라고 불렀던 것의 소멸이다. 어떤 이가 피부색을 이유로 검문당하고 강제송환되거나, 심지어 죽임을 당할 때 민주주의는 파괴된다. 곳곳에서 아파르헤이트(Apartheid)에 견줄 만한 제도적 인종주의가 출현하고, 과거 민주주의의 상대적 성과들이 소실된다. 이른바 '내국인들'은 초과착취되는 이주자들의 상황에 스스로 처하게 될 것을 두려워하면서 권리의 현저한 후퇴를 감내하거나, 자신의 경제적 곤궁에 대한 불만을 이주자들에 대한 증오로 투사하는 극우 포퓰리즘에 휩쓸린다(영국의 브렉시트를 보라).

영화 〈부산행〉처럼 좀비들과 함께 있었다는 이유로 주인공 석우와 일행이 정상인 사람들의 열차 칸에 합류할 수 없었던 것도 바로 이러한 경계의 문제이다.

발리바르는 이러한 상황에 대한 대안으로 '경계들의 민주화'를 제안한다. 이제까지 우리는 '경계 내에서의 민주주의'를 고민해 왔지만, 이제 본격적으로 '경계들의 민주주의'를 고민할 때가 왔다는 것이다. 이는 경계들을 단순히 철거하고 '세계 공동체의 단일한 시민권'으로 나아가자는 말이 아니다. 왜냐하면 경계를 제거할 때 더 많은 폭력이 발생할 수 있기 때문이다. 제거가 아니라 내부적 균열을 만드는 금을 긋는 것이다. 영화 〈부산행〉은 좀비들이 모여 있는 열차 칸에 내부적 균열을 만듦으로 경계를 해체한다(휴대폰 벨소리와 터널을 활용하는 것을 보라!).

예수와 바울의 전도여행도 그러하다. 배타적 경계에 금을 그은 것이다. 한곳에 머물지 않고 유목민처럼 떠돌며 경계의 내부와 외부의 소통을 위해

테오—시네마

힘썼다. 따라서 문제는 경계들을 형성하는 반민주적인 제도들을 변혁하고, 경계들의 내부와 외부가 민주적으로 소통하도록 하는 것이다.

상이한 정치공동체에 속하는 사람들이 자기가 거주하는 바로 그곳에서 더 이상 시민과 이방인으로 또한 '적'이 아닌, 평등한 권리를 누리는 '서로-시민들'(co-citizens)로 만날 수 있는 조건을 창출하기 위한 정치가 이뤄져야 한다는 것이다. 그리고 여기서 서로-시민들은 교회공동체의 전도 전략에 다름 아니다. 기독교 초창기 유대교에 의해 소수자로 배제된 교회공동체가 자신의 외연을 넓혀 '유대와 사마리아와 땅 끝'까지 서로-시민의 정신, 곧 포용의 위력을 보여 경계를 해체한 것처럼!

4. 자본주의 좀비서사 셋: 감각적인 것의 나눔

2008년 한국에도 방문한바 있는 프랑스 철학자 자크 랑시에르(J. Ranciere)는 『감성의 분할-미학과 정치』에서 미학과 정치를 주제로 삼고, 민주주의와 평등 개념을 둘러싼 '정치'의 개념을 재해석하고 있다. 가령 '치안'(la police)과 '정치'(la politique)를 구분하며 치안은 기존 사회 질서를 유지하는 것에 목표를 둔다는 것이다. 이해가 상충하는 개인, 집단 사이의 조정을 통해 합의를 끌어내는 것이 치안이며 이것은 진정한 정치가 아니라는 것이다.

그렇다면 랑시에르가 말하는 정치란 무엇인가? 이것은 배제된 자들의 '주체화'이며 여기서 주체화란 '지배질서 안에서 보이지 않고 들리지 않았던 배제된 자신들의 목소리와 존재를 보이게 하고 들리게 하는 것'이다. 곧 정치적 대화와 권력의 행사에서 정당한 상대자(파트너)로 서는 것을 말한다.

따라서 '감성의 분할'('감성 le sensible'보다는 '감각적인 것'으로, '분할 le part-age'보다는 '나눔share'의 의미로 받아들여야 불어의 원 뜻에 더 가깝다)이란 '볼 수 있고, 들을 수 있는 것'이 분할되어 배제되는 것을 말한다. 수도 서울의 재개발로 인한 뉴타운(및 타워 팰리스) 문제는 바로 이러한 측면이다. 그것은 뉴타운(및 타워 팰리스)에 입주하지 못한 이들을 비존재로 전락시키는 것이며 대형들이 누리는 정치권력, 시장의 자유, 종교 권력에 '분할', 곧 양질의 삶을 나눠 갖지 못하는, 말 그대로 감성의 분할이 제대로 되지 않은 것이다.

따라서 랑시에르에 의하면 미학과 정치는 이러한 비존재로의 배제를 뚫고 일어서서 자신의 언어를 되찾고 보이는 자리에 서는 것이다. 자기 몫을 가지지 못한 사람들이 각자의 몫을 주장할 때, 즉 기존의 감각적인 것의 나눔을 뒤흔들어 배제된 자들이 더 많은 몫을, 더 많이 공유하려고 할 때 비로소 정치가 시작된다는 것이다.

예수는 감각적인 것인 보고, 듣고, 맛보고, 느끼는 것을 배제당한 이들에게 다가가 새 세상을 보여주고, 하나님의 복음을 들려주고, 생명의 떡을 맛보게 하며 사랑의 연대를 느끼게 해주었다. 예수의 정치, 곧 하나님 나라의 진정한 정치가 자본주의의 치안을 넘어 제국의 평화를 넘어 시작된 것이다. 영화 〈부산행〉은 안타깝게도 치안을 통해 감성의 분할이 철저히 통제된 디스토피아를 보여주었다.

5. 사라지는 매개자

영화 〈이웃집 좀비〉는 2010년 바이러스로 인해 좀비로 초토화된 서울을 그리고 있다. 정부는 비상계엄령을 선포하고 좀비 감염자를 찾아가 제거한다. 그러나 시민들은 감염될 위험도 무릅쓰고, 가족이었던 좀비들을 숨겨주고, 먹여주며, 오직 함께 살아남기 위해 온갖 지혜를 모은다. 가령 두 번째 에피소드 인 '도망가자'에서는 좀비가 되어가는 남자와 그 남자를 사랑하는 여인을 보여주고 있다. 좀비 바이러스에 감염된 남자는 여자가 떠나주기를 원한다. 그러나 여자는 남자와 운명을 같이 하기로 한다. 좀비가 되어가는 사랑하는 사람을 지켜보는 안타까움과 차라리 그와 운명을 함께 하겠다는 고결한 사랑을 보여준다. "Love Conquers All"

이웃집 좀비

세 번째 에피소드인 '뼈를 깎는 사랑'에서는 사랑하는 어머니가 좀비가 되자 신고하지 않고 집에 가두어 자신의 신체를 희생하여(특히 자신의 손가락을 절단하는 장면을 보라) 어머니의 생명을 부지하는 딸의 사랑을 보여준다. 피를 먹어야 하는 좀비가 되었지만, 딸에게는 그 좀비는 어머니였고 지켜야 할 대상으로 그려지는 것이다.

결국 〈이웃집 좀비〉에서 인간들에게 좀비는 제거 대상이기 전에 사랑을 하고, 밥을 주고, 인정도 베풀어야 할 애인이며, 엄마이고, 이웃사촌이었다. 이웃집 좀비는 그렇게 탄생된다. 생긴 건 달라도 이웃사촌인 것이다.

레닌과 헤겔을 부활시키고 싶은 슬라보예 지젝(S. Zizek)은 『그들은 자기가 하는 일을 알지 못하나이다.』(인간사랑, 2004)에서 헤겔의 도움을 받아 '사라지는 매개자'라는 개념을 현실 분석의 도구로 사용한다. 이것은 서로 대립하는 두 개념 사이에 다리를 놓아주고 퇴장하는 개념을 뜻하는데, 지젝에 따르면 프랑스 혁명 때의 자코뱅이 '사라지는 매개자'라는 것이다. 왜냐하면 자코뱅은 구체제(Ancien Regime)를 부수어 새 체제의 기반을 만들었기 때문이다. 〈부산행〉의 석우(공유 분)와 상화(마동석 분)가 그렇지 않은가?

로메로의 〈살아있는 시체들의 밤〉이 주인공 벤을 죽임으로 정치적 현실과 사회적 갈등을 드러내었다면, 〈부산행〉은 석우와 상화의 사라지는 매개 역할을 통해 모성과 순수성이라는 한국적 감성으로 이끌며 관객 천만을 (불행하게도) 돌파한다.

예수의 죽음 역시 그의 부활을 기리는 이들에게 사라지는 매개자가 되었으며 동시에 성령의 등장을 이끄는 매개자였다. 대형들이 판치는 세상에 교회가, 교단 총회가, 교계의 어른들이, 소금이 짠맛을 음식에 남겨주고 사라지듯, 아니 상화가 그렇게 좀비가 되어가듯, 이웃집 좀비가 만연한 이 세상에서 사라지는 매개자가 되기를 바라는 것은 무리일까?

"너희는 세상의 소금이니 소금이 만일 그 맛을 잃으면 무엇으로 짜게 하리요. 후에는 아무 쓸 데 없어 다만 밖에 버려져 사람에게 밟힐 뿐이니라(마5:13)."

테오-시네마

05.

"엘리 엘리 라마 사박다니": 영화 〈판도라〉

1. 판도라 이야기

금단의 상자를 열어 인류에게 고통과 병, 그리고 죽음을 선물한 여인 판도라. 그러나 그녀는 원래 인류의 재앙으로 만들어진 인간이었다. 박정우 감독의 영화 〈판도라〉(2016)는 핵발전소를 바라보는 아이들의 대화로 시작 된다. "저 건물 안에 뭐가 들어있게?" "로봇", "밥솥"이라고 주장하는 아이 들과 달리, 어린 재혁(김남길 분)은 이렇게 말하고 주장한다. "건물 안의 상 자를 열면 큰일 난다."

그리스 신화 속 판도라

판도라 이야기는 구약성서의 아담과 하와의 선악과 이야기처럼 사람이 왜 죽어야만 하는지를 설명하는 그리스판 죽음의 기원 신화이다. 『신통기(神統記)』의 저자인 그리스 서사시인 헤시오도스(Hesiodos)에 의하면 원래 판도라의 상자는 고대 그리스에서 식품 보존을 위해 사용되었던 피토스(Phytos)라는 종류의 항아리였다. 항아리가 상자로 바뀐 것은 르네상스 시대 이후라고 볼 수 있다.

헤시오도스에 의하면 판도라 이야기는 거인 프로메테우스(Prometheus, 앞을 보는 자)와 신들의 왕 제우스 사이에서 일어난 싸움 속에 등장한다. 거인 프로메테우스는 신들 중에서도 특출한 지혜를 지닌 자이며 인간들의 편(혹은 인간을 창조한 자)이었다. 프로메테우스는 제물로 바쳐진 소의 몫에 대해 인간의 편의를 꾀하고, 제우스의 뜻을 거스르고 인류에게 불과 기술(문화)의 지식을 전달했다. 이로 인해 둘은 대립하게 되고 후에 프로메테우스는 카우카소스(Caucasus) 산봉우리에 결박되어 오랜 시간에 걸쳐 독수리에게 간을 갉아 먹히는 형벌을 받았다. 그리고 제우스는 불을 얻게 된 복만큼의 재앙을 인류에게 보내주려고 했다.

제우스의 뜻에 따라, 우선 대장장이의 신 헤파이스토스는 흙으로 꽃조차 부끄러워하는 처녀의 모습을 만들어냈다. 지혜와 기술의 여신 아테나는, 그녀에게 여성이 할 수 있는 모든 일에 관한 재능과 띠와 옷을 선물했다. 미

테오-시네마

의 여신 아프로디테는 그녀에게 사랑스러움을 주었다. 이처럼 신들이 계속해서 선물을 주고 마지막으로 제우스의 전령신 헤르메스가 그녀의 가슴에 거짓, 아첨, 교활함, 호기심을 채워주고 그녀에게 신들로부터 받은 '모든 선물'이라는 의미를 지닌 판도라(Pan-dora)라는 이름을 주었다.

헤시오도스가 "실로 판도라에게서 시작된 여성의 계보야말로 남자들에게는 최대의 재앙"이라고 말한 것처럼 판도라는 신들이 힘을 기울여 창조한 아름다운 재앙이었고, 남자가 결코 거절할 수 없는 매력적인 여성이었다. 제우스는 헤르메스에게 명하여 판도라를 프로메테우스의 동생 에피메테우스(Epi-metheus, '나중에 보는 자'로 형인 프로메테우스와 비교하면 다소 우둔) 앞으로 데려가도록 했다. 에피메테우스는 프로메테우스에게 "제우스가 보내는 선물은 인간에게 화를 미치기 때문에 받지 말고 돌려보내라."라는 말을 들어왔었다. 그러나 에피메테우스는 이 말을 잊어버리고 판도라를 아내로 맞이했다. 이름에 걸맞게 그는 나중에서야 실수를 깨닫게 된다.

한편 에피메테우스의 저택에는 항아리가 하나 있었다. 그 안에는 인간에게 해가 되는 온갖 것들이 봉인되어 있었다. 하지만 헤르메스에게서 호기심을 부여받은 판도라는 그 안을 확인해보고 싶은 유혹에 시달리다가 어느 날 결국에는 항아리를 살짝 열어보고 말았다. 그러자 그 안에서 죽음과 병, 질투와 증오 같은 수많은 해악이 한꺼번에 튀어나와 사방에 흩어지게 되었다. 판도라는 허둥대며 항아리를 닫았지만, 때는 이미 늦었다. 모든 해악은 풀려나와 버렸다. 유일하게 항아리 안에 들어 있었던 희망을 제외하고는. 이후 판도라의 호기심으로 말미암아 인간은 그때부터 지금까지 여러 가지 재앙으로 괴로워하게 되었다는 것이다.

2. 각자도생의 시대

박정우 감독의 〈연가시〉(2012)가 개봉되었던 4년 전, 영화는 시스템을 액면 그대로 신뢰하지 말고 개인의 자율적인 판단에 따라 재앙을 극복해야 한다는 각자도생의 가치관을 보여주었다. 그리고 그때나 지금이나 영화 속 인물들의 각자도생은 여전하다.

영화 〈판도라〉는 방사능과 망가진 시스템, 두 가지 재난 속에 원전 사태를 직접 마주하게 된 시설 직원들의 이야기와 재난을 대피하는 지역 주민들의 피난 상황, 그리고 (원전 사태가 자연이 아닌 인간이 만든 재앙이라는 것을 강조하기 위해 이 사태를 수습하지 못한 정부와 공기업의 무능함도 함께 보여주지만) 재앙의 순간을 막기 위해 고군분투하는 대통령과 정부의 이야기를 보여준다. 젊은 패기와 달리 정치적 압박에 시달리는 대통령, 사태 수습보다는 은폐에 집중하는 총리와 내각, 부서별 이익과 이해타산을 우선시하는 공기업과 행정부의 행태는 지금 대한민국의 현실과 별반 다르지 않다.

역대 최대 규모의 강진에 이어 원자력 폭발 사고까지 예고 없이 찾아온 초유의 재난 앞(이러한 재난을 묘사하기 위해 CG부분에만 2년에 가까운 시간을 투자했다고 한다. 영화 전체 2,419컷 중 CG 작업 분량만 1,322컷인데, 이는 영화의 60%에 해당된다.)에 한반도는 일대 혼란에 휩싸이고 믿고 있던 컨트롤 타워마저 사정없이 흔들린다. 방사능 유출의 공포는 점차 극에 달하고 최악의 사태를 유발할 2차 폭발의 위험이 다가온다. 어떻게 할 것인가?

철학자 칼 야스퍼스는 『죄의 문제: 시민의 정치적 책임』(엘피, 2014)에서 이렇게 말한다. "죄에는 4가지가 있는데, 첫째 법률가의 관심사인 법적인 죄, 둘째 인간의 운명에 공명하고 예술가적 인간에게 영감을 주는 형이상학적 죄, 그리고 윤리학자나 정치철학자들의 사유를 진작시키는 도덕적 죄와 정치적인 죄가 있다." 법적인 죄는 소수의 독일인 전범들, 정치적인 죄는 독일 국적자 시민 전체, 도덕적 죄는 나치의 만행을 방관한 독일인들을 포함한 유럽인들, 그리고 형이상학적 죄는 수용소 생존 유대인을 포함한 인류 전체로 넓어진다. 영화 속(지진이라는 자연 재해를 빼고) 공기업 직원들이 법적인 죄에 해당 될 것이고, 정치적인 죄는 총리를 비롯한 행정부, 그리고 도덕적 죄는 재혁의 어머니를 비롯한 대한민국 국민 전체, 그리고 형이상학적 죄는 재혁을 포함한 인류 전체라고 할 수 있겠다.

최악의 사태를 유발할 2차 폭발의 위험을 막기 위한 대통령의 대국민 담화문은 사람들이 떠난 텅 비어 버린 공간 속에서 저 혼자 떠든다. "살아서 나올 수 없는 곳으로 들어가라고 할 수 없습니다. 그러나 가족과 이웃을 살릴 사람이 필요합니다. 무능한 정부를 대신해서." 야스퍼스에 의하면 권력관계 안에서 살아가는 인간의 숙명 때문에 우리 인간은 '피할 수 없는 죄'를 지을 수밖에 없고, 이를 극복하는 것은 '정의와 인권을 실현하는 권력을 지지하는 것'이다.

따라서 정의에 봉사하는 의미에서 권력투쟁에 함께 나서지 않는 것도 '정치적인 근본 죄이자 도덕적 죄'가 된다. 따라서 야스퍼스는 이렇게 말한다. "'모두가 죄인'이라는 사이비 교리와 '나만 무죄'라는 속물적 윤리 모두를 배격한다. … 침묵하는 태도 또한 '가면'이다. …(죄와 책임을) 회피하는 태도는 반드시 경계해야 한다. 회피적인 태도에서 자라난 마음은 은밀하고 무해한 욕설로 해소되고, 냉혹한 불감증, 광적인 격앙, 표현의 왜곡을 통해 무익한 자기소모에 이른다." 따라서 영화 〈판도라〉는 무익한 자기소모를 넘어 '유익한 자기희생'을 보여준다.

3. 한 사람의 죽음

대통령의 호소로 발전소 직원인 재혁과 그의 동료들은 저장수조 바닥 균열공사를 위해 발전소 안으로 들어가기로 다짐한다. (이제부터 영화는 신파의 극치를 이룬다. 그러나 이러한 신파는 물론이고 영화의 완성도와 별도로 공감이 되는 것은 지금 우리의 현실이기 때문이 아닐까? "사고는 지들이 쳐놓고는 국민들 보고 죽으라고 하네."라고 말하지만 무익한 자기소모가 아니라, 유익한 자기희생의 길이다. 길섭(김대명 분)은 이렇게 말한다. "우리가 거기서 일하던 기술자에요. 우리가 딱 이잖아요. 우리 밖에 없잖아요." 재혁도 이야기 한다. "우리 가족들이 거리에 내팽겨 쳐져 있잖아요. 우리가 안 나서면 가족들이 다 죽어요. 억울하고 분하고 택도 없지만 우리가 해야 합니다. 우리 말고 들어갈 사람이 없잖아요."

원전 소장인 평섭(정진영 분)도 함께 들어간다. "소장님도 들어가나?"라는 질문에 "집주인이 안 들어가면 되나? 죽으러 가는게 아니라, 살리러 간다 생각해라."고 말한다. 이처럼 시민의 정치적 책임이 역설적으로 드러난 적도 없을 것이다. 그러나 저장수조 바닥 균열은 너무 심해, 바닥을 폭파하여 지하 창고 전체를 저장수조로 만들어야 제2의 폭발을 막을 수 있게 되었다. 그리고 직원 가운데 폭약을 다룰 수 있는 사람은 한명 뿐, 재혁이 바로 그였다. 이제 한 사람의 죽음으로 핵발전소의 폭발을 막아줄 것이며 인류는 구원받는가?

지하창고를 떠나려는 동료들에게 재혁이 이렇게 말한다. "우린 천국 갈 깁니다. 그죠? 내 먼저 갑니다. 천천히들 오이소." 폭파전 재혁은 어머니와 대화하고 싶어 한다. 재혁의 말이 (그 유명한) 'JTBC 화면'을 타고 가족들에게 들린다. "먼저 가서 미안하고 인사도 이래서 미안하고, 내 먼저 가가 아버지, 행님 잘 챙길게." "우리 삼촌 어디가는데?"라는 조카의 말이 관객을 울컥하게 만든다. "행복 하고 싶은 데, 그게 와 안돼나? 그게 뭔 큰 욕심이라고 내가 뭘 잘못했다고 이래 죽어야 하노? 이래 죽기 싫다. 억수로 무섭단 말이다. 엄마, 엄마 … 엄마?, 엄마! 무서워요."

십자가상의 예수의 절규

"엘리 엘리 라마 사박다니(나의 하나님, 나의 하나님 어찌하여 나를 버리셨나이까, 마태복음 27:46)" 부르짖는 예수의 외침이 제2의 선악과인 핵발전소 안에서 재혁의 외침으로 들린다.

"안 그럴라고 했는데, 찌질 하게 와 이라노? 잊지 마라, 기억해주라. 잘들 있으래이. 재혁아 산다꼬 욕봤대이." 라는 재혁의 이 마지막 말은 "다 이루었다!(요한복음 19:30)"는 예수의 선언과 같지 않은가? 바울은 이렇게 말한다. "한 사람의 범죄로 말미암아 사망이 그 한 사람을 통하여 왕 노릇 하였은즉 더욱 은혜와 의의 선물을 넘치게 받는 자들은 한 분 예수 그리스도를 통하여 생명 안에서 왕 노릇 하리로다. 그런즉 한 범죄로 많은 사람이 정죄에 이른 것 같이 한 의로운 행위로 말미암아 많은 사람이 의롭다 하심을 받아 생명에 이르렀느니라. 한 사람이 순종하지 아니함으로 많은 사람이 죄인 된 것 같이 한 사람이 순종하심으로 많은 사람이 의인이 되리라(로마서 5:17-19)."

4. 이름을 기억해 주세요.

> "이스라엘아 들으라 우리 하나님 여호와는 오직 유일한 여호와이
> 시니 너는 마음을 다하고 뜻을 다하고 힘을 다하여 네 하나님 여호
> 와를 사랑하라. 오늘 내가 네게 명하는 이 말씀을 너는 마음에 새
> 기고 네 자녀에게 부지런히 가르치며 집에 앉았을 때에든지 길을 갈
> 때에든지 누워 있을 때에든지 일어날 때에든지 이 말씀을 강론할 것
> 이며 너는 또 그것을 네 손목에 매어 기호를 삼으며 네 미간에 붙여
> 표로 삼고 또 네 집 문설주와 바깥문에 기록할지니라" (신명기6:4-9)

철학자 플라톤에 따르면 우리는 지각할 수 있기 때문에 기억할 수 있는
것이 아니라, 기억하기에 지각한다. 우리가 나무를 나무로, 꽃을 꽃으로 지
각할 수 있는 것은 나무와 꽃에 대한 원초적 기억인 산과 바다의 이데아
(idea)에 대한 기억이 존재하기 때문이라고 한다. 따라서 인간이 지식을 얻는
학습 과정은 영혼 깊숙이 숨겨져 있는 이데아가 밝혀지기 때문이고 지식은
순수한 영혼이 과거에 보았던 것을 우리 몸이 기억해내는 것이며, 새로운
것을 발견하는 것이 아니라 우리 안에 있는 것을 재발견하는 것이다. 이러
한 플라톤의 기억 이론인 상기론(anamnesis)은 인간 존재의 본질적 특성이
추억을 소환하며 기억의 귀환을 당연시하는 것임을 보여준다.

고대 그리스인들의 진리 개념인 알레테이아(a-letheia) 역시 마찬가지이
다. 망각(lethe)하지 않는 것, 잊어버리지 않고 기억하는 것이 진리이다. 예수
께서 "내가 곧 길이요, 진리요 생명이니(요한복음 14:6)"라고 한 것은 예수의
길, 예수의 삶을 망각하지 말고 기억(알레테이아)하는 것이 참 생명의 길임을
보여주는 것이다. 따라서 기억은 이 각자도생의 헬조선 시대에 화두가 된다.

테오-시네마

세월호 희생자들

　우리는 무언가를 기억하기 위해 기념비(전직 대통령들의 기념관 등)를 세우고, 기록보관소를 만들고(세월호 관련 저 엄청난 SNS상의 담론들을 보라) 기억의 조형물(위안부 소녀상처럼)들을 세운다.

야드바셈

　나치 정권에 학살당한 600만 명의 유대인들을 기억하는 예루살렘의 야드 바셈(Yad Vashem, 이름을 기억하라) 홀로코스트 기념비에는 '망각은 추방으로 이끌고, 기억은 구원의 비밀로 인도한다(Forgetfulness leads to exile, while remembrance is the secret of Redemption)'는 말이 기록되어 있다. 야드 바셈은

"나의 집, 나의 울 안에 그들의 송덕비를 세워주리라. 어떤 아들 딸이 그보다 나은 이름을 남기랴! 나 그들에게 영원히 지워지지 않을 이름을 주리라"는 이사야 56:5절 말씀에서 인용되었다. 이스라엘 안의 이방인들(특히 이사야 본문에 의하면 '고자'로 배척받는 이들로 이 세상에서 쫓겨난 사람들, 추방당한 사람들, 배제당한 사람들, 분배의 몫을 받지 못하는 사람들, 슬픔과 고통의 원인을 국가적 횡포가 막아 더 큰 아픔에 빠져 있는 사람들)을 부르시어 이스라엘의 아들과 딸들보다 더 나은 이름을 주며 '기억'하겠다는 하나님의 의지의 표명이자, 하나님의 기억의 귀환이다. 나아가 그리스도교 예배의 모든 절차는 기억의 귀환이다. 예수의 삶과 죽음, 그리고 부활에 관한 반복적 상기는 공통된 기억의 반복이며 이를 통해 신앙적 전통이 연결되는 것이다. 따라서 기억의 귀환은 신앙의 본질적 토대가 된다.

따라서 대표적인 그리스도교의 성례인 성찬에서 포도주와 떡을 통하여 예수 그리스도의 몸과 피를 나누는 것은 그의 삶과 죽음을 기억하는 것이다. 이러한 성찬을 통하여 예수 그리스도의 삶과 고난을 기억하고 우리를 위해 죽으신 예수 그리스도의 고난에 동참하는 것이 그리스도인의 삶일진대, 그렇다면 기억은 단순히 의지적인 머릿속 작용만이 아닐 것이다. 사실 기억은 기억하는 사람과 기억되는 대상 사이를 연결시킨다. '참여적 행동'으로 이끄는 것이다.

그리스도의 고난을 기억하는 이들은 그리스도께서 자신의 생명을 바쳐 사랑했던 이들의 고통과 고난을 외면해서는 안되는 것이다. 기억해야하는 것이다. 용산 참사, 밀양과 강정 마을, 세월호, 메르스 사태, 백남기 농민의 죽음, 최순실과 박근혜, 광화문과 서면의 촛불 등 잊혀져가는 것들이 너무 많다. 기억의 길이는 가슴으로 느낀 아픔의 길이와 비례하건만, 아직도 아픔은 망각의 강으로 떠날 줄을 모른다.

고대 이스라엘 공동체는 기억의 회상을 통해서 하나님의 백성으로 자

테오-시네마

신의 정체성을 지켜온 이들이다. 유대인들은 유월절에 쓴 나물을 먹으며 선조들의 출애굽과 광야에서의 고난을 후손이 기억하고자 한다. 따라서 유월절 식탁에서 자녀들은 쓴나물을 먹으며 부모에게 이렇게 질문한다. "왜 우리가 이 쓴 나물을 먹어야 합니까?" 부모는 이렇게 답한다. "조상들의 고난과 하나님의 인도하심을 기억하기 위해서!"

이 말은 기억을 통한 신앙의 본질을 잘 보여준다. 말씀을 마음에 새기고, 부지런히 가르치며, 강론할 것이며, 기록하라는 신명기 말씀도 여기서 그리 멀지 않다. 〈판도라〉에서 재혁의 숭고한 선택과 죽음 앞에 대통령은 "그 친구"라는 말로 재혁을 부른다. 그러자 소장은 이렇게 말한다. "그 친구가 아니라, 강재혁입니다." 대통령은 이렇게 말한다. "기억하겠습니다!" 이름을 기억해야 하는 이유가 여기에 있다. 이름은 사건이고, 사건은 아픔이고, 아픔은 희생이고, 희생이야말로 구원으로 이끄는 역설적 진리이기 때문이다.

5. 두 번째 선악과

아담과 하와

다시 판도라의 이야기로 돌아가 보자. 후대의 많은 사람들은 왜 희망이 나쁜 것들과 함께 항아리에 봉인되었을까를 질문했다. 희망이라는 것은 어느 때에도 인간을 버리지 않으며 이것을 품고 있는 한 밑바닥까지 추락하는 일이 없을 거라고 생각했을까? 그 결과 헤시오도스의 원작에 후세 사람들은 제각각 이 이야기에 수정을 가했고, 현재 폭넓게 통용되고 있는 판도라의 주제는 이렇다.

'마지막으로 남겨진 유일한 희망'은 곧 '무슨 일이 있어도 인간을 버리지 않는 유일한 구원'으로 인식되고 '재앙을 초래한 여자 판도라'라는 이미지를, '마지막 희망을 안고 일어서는 기특한 여인 판도라'로 변화시켰다. 영화 제목이 〈판도라〉인 것은 희망을 말하고자 함인가? 신파조로 어머니의 눈물과 사랑을 보여주며 희망은 거기 있다고 말하고자 함인가? 그러나 현실은 영화보다 더 비극적이다.

에스키모인들은 늑대를 잡을 때 칼을 잘 갈아서 날카롭게 만든 다음 칼날에 동물의 피를 흠뻑 묻혀 얼린다. 그리고 날카로운 칼날이 위쪽으로 오도록 향하고 땅속에는 칼의 손잡이를 박아놓는다. 그러면 피냄새를 맡은 늑대들이 와서 칼날을 핥는다. 얼어서 무감각해진 늑대의 혓바닥은 어느새 날카로운 칼날에 혀를 베이게 되고 늑대는 자신의 피맛에 끌여 더욱더 빠른 속도로 칼날을 핥는다. 죽음에 이를 때까지 말이다. 피냄새에 이끌려 이성을 잃는 순간 늑대의 일생은 끝나게 되는 것이다.

후쿠시마의 경고에도 불구하고 박근혜 정부는 2035년까지 원전을 현재 23기에서 최소한 39기 이상으로 늘리는 핵발전소 정책을 펼치는 것을 뼈대로한 에너지 정책을 공식화했다. 늑대가 생각이 난다. 유럽연합 등 선진국들은 세계 최고의 핵 기술과 안전시스템을 자랑하는 일본의 후쿠시마 사태를 심각하게 받아들이고 있지만, 정작 일본의 이웃 나라인 대한민국은 태연하다. 국가권력과 야만적 기업가들에 의해 지속되는 핵발전소는 희망이 들

테오-시네마

어있는 판도라의 상자가 아니라, 인류가 손에 넣어서는 안 되는 두번째 선악과이다.

따라서 후쿠시마 원전 사고(와 경주 지진)는 인류에게 보내는 하나님의 경고요, 지구생명의 경고이며, 칼 날에 묻은 자신의 피를 핥는 어리석은 늑대와 같은 우리 대한민국에게 들려주는 마지막 음성이다. 다행스럽게도 2017년 6월 19일, 문재인 정부 들어 고리원전 1호기가 영구정지 됐다. 건설 중인 신고리 5,6호기도 잠정적으로 건설을 중단하고, 사회적 공론화를 거쳐 진행 여부를 결정하겠다고 한다. 그나마 탈원전 기조로 돌아선 것이 다행이다.

사실 뉴스가 취재하고, 다큐가 비판하며, 행정부가 밝히고, 정치인들이 경계할 일을 영화 〈판도라〉가 '신파조의 영상'과 '뛰어난 CG'로 수행했다. 영화 〈내부자들〉이 현실이 되었듯이, 〈판도라〉도 현실이 되지 않기를 기도하지만, 실재 현실은 결코 판도라와 같은 희망은 없다. 물론 영화는 재혁의 말로 희망을 이야기한다.

> "핵발전소가 싫은게 아니고 무서운 거다. 낡아 가는데 걱정도 없고 관심도 없다. 나 몰라라 하는 거다. 우리가 아니라 민재 같은 아이들을 위해서. 우리 아이들한테 잘사는 세상 물려주고 싶나? 안전하고 편안한 세상 물려주고 싶나? 무섭다고 겁먹지 마라. 판도라에 희망도 있다."

따라서 두 번째 선악과에는 한사람의 또 다른 숭고한 죽음이 필요한 것이 아니라, 그 죽음을 망각하지 않고 기억하는 다수의 사람들이 필요한 것이다. 바로 이 글을 읽는 당신을 포함해서!

06.

영화 〈7번방의 선물〉과
동행의 주

"평강의 주께서 친히 때마다 일마다 너희에게 평강을 주시고 주께서 너희 모든 사람과 함께 하시기를 원하노라. 나 바울은 친필로 문안하노니 이는 편지마다 표시로서 이렇게 쓰노라. 우리 주 예수 그리스도의 은혜가 너희 무리에게 있을지어다."(데살로니가 3:16-18)

1. 거울, 역사, 사람

자신에게 온갖 직언을 마다하지 않은 충신 위징이 죽자, 당나라 2대 황제인 태종 이세민은 다음과 같이 슬퍼했다. "구리로 거울을 만들면 의관을 단정하게 할 수 있고, 고대 역사를 거울삼으면 천하의 흥망과 왕조 교체의

테오-시네마

7번방 동료들

원인을 알 수 있으며, 사람을 거울로 삼으면 나의 득실을 분명하게 할 수 있다. 나는 일찍이 이 세 종류의 거울을 구비하여 나 자신이 어떤 허물을 범하게 되는 것을 방지하였다. 지금 위징이 질병으로 세상을 떠났으니, 거울 하나를 잃은 것이다."

일찍이 중국의 수나라는 남북으로 분열된 위진남북조 시대의 중국을 통일했으나, 대운하 같은 대규모 토목공사와 고구려 침략 등 전쟁을 일으켜 국력을 소모했다. 그리하여 민심이 흉흉해지고 각지에서 반란이 일어났다. 이러한 혼란을 수습하고 들어선 나라가 바로 당나라이다. 당태종은 세 개의 거울 가운데 사람을 가장 중시했다. 당태종은 말하기를, "항상 간언하는 자가 하는 말이 내 생각과 일치하지 않아도 그가 나를 범하였다고는 생각하지 않겠소. 만일 그 즉시 질책한다면, 의견을 말하는 사람은 전전긍긍하며 내심 두려워할 것이오. 그러면 어떤 사람이 감히 다시 간언을 할 수 있겠소."했다.

흩어진 민심을 다독이고 통합하는 일에 주력했던 당태종! 그가 통치했던 24년(626~649년) 동안 정치, 경제, 문화·예술, 군사 등 여러 방면에서 중국은 황금시대를 누렸다. 이를 후대 역사가들은 그의 연호를 따 '정관의 치'

라고 칭송했다.

오랜만에 부부동반으로 동창회에 참석한 한 친구가 모임 내내 아내를 "허니야", "자기야", "달링"등, 느끼한 말로 애정을 표현하자, 다른 친구들이 왜 짜증나게 그렇게 부르냐고 물었다. 그러자 그 친구가 말하기를, "사실, 3년 전부터 아내 이름이 기억이 안 난다네."

인생에 소중하고 아름다움 사람과 동행하는 것이 얼마나 소중한 것인가!, 또한 자신을 비춰줄 소중한 친구와 동행하는 것이 얼마나 소중한가! 그러나 우리는 그 소중한 동행의 의미를 잃어버리고 있다. 물론, 주님과 동행하는 기쁨도 잊어버리고 있다.

2. 동행의 주

데살로니가 후서 3장은 바울이 서신의 끝에 성도들을 위해 복을 비는 말씀이다. 서신서가 각 교회의 문제를 해결하기 위함이라 문제해결과 교훈, 권면도 귀하고 중요하지만, 말미에 이렇게 축복하는 것도 너무나 소중한 말씀이다. 바울은 성도들에게 "평강의 주께서 친히 때마다 일마다 너희에게 평강을 주시고, 주께서 너희 모든 사람과 함께 하시기를 원하노라"(3:16)고 전한다.

여기서 '주께서 너희 모든 사람과 함께 하시기를 원하노라'는 말에서 '함께(meta)'라는 말은 대격과 함께 쓰일 때는 'after'로, 속격과 함께 쓰일 때는 'with'로 번역되는데, 본문과 관련하여 좀 더 세분하면 '첫째, 돕는다. 둘째, 같이 싸운다. 셋째, 함께 먹는다'로 확장 해석해 볼 수 있다. 이는 곧 '도우시는 주', '같이 싸우시는 주', '함께 먹으시는 주'로 평강의 주가 고백되는 것이다.

테오-시네마

3. 도우시는 주

대북 포용정책인 햇볕 정책에 관해 김대중 전 대통령은 일찍이 이렇게 비유하였다. "흥부가 제비 다리 고쳐주니 복이 쏟아지는 박씨를 물어왔듯이 지금의 북한 돌보기는 우리 민족에게 대운을 가져올 것이다. 되로 퍼주고 말로 퍼올 것이 분명하다. … 그냥 퍼주는 것처럼 보여도 이를 통해 북한의 인적자원, 천연자원을 활용하고 '철의 실크로드'를 구축한다면 오히려 남는 장사"라고 하였다.

〈국민의 정부〉인 김대중 대통령 때 대북지원정책이었던 햇볕정책을 이회창 당시 야당 총재는 '퍼주기'라고 했으나, 김대중 전 대통령은 '퍼오기'라고 반박했다. 그러나 국민의 정부가 끝날 무렵 북한은 핵확산금지조약(NPT)를 탈퇴했다. 〈참여정부〉인 노무현 대통령 때도 '포용정책'을 계속했다. 그러나 북한은 1차 핵실험을 강행했다.

〈이명박 정부〉인 이명박 대통령 때와 〈박근혜 정부〉인 박근혜 대통령은 '안주기'를 선택했다. 이명박 대통령은 '비핵·개방·3,000'이란 정책을 통해 "북한 주민의 소득이 3,000달러가 되게 해주겠다. 단, 조건이 있다. 먼저 핵을 포기하라"고 했다. 그 결과 북한은 2009년 장거리 로켓을 발사하고, 2차 핵실험을 했으며, 유엔 안보리가 제재에 나서자, 3년 만인 지난해 은하 3호 발사에 성공했고, 2013년 2월 12일 고농축우라늄(HEU)으로 추정되는 3차 핵실험을 강행했다. 북한 핵문제의 발생사적 연원은 무엇일까?

그것은 바로 김일성의 욕망이다. 김일성은 히로시마 원폭 투하에 핵의 위력에 눈을 떴다. 또한 정권 수립과정에서 지원을 받은 소련과 중국의 영향권에서 벗어나고자 핵에 대한 열망을 갖게 되었으며, 권력 승계 및 권력 강화에 핵무기가 도움이 될 것으로 생각했다. 김정일과 김정은 역시 핵무기를 대외 협상카드로 취급하기보다는, 핵을 통해 '자국의 정체성'과 '안보계획'의 핵심 요소로 간주하였다.

브루스 커밍스도 말했듯이, "북한이 결국 핵무기를 가지게 된다면, 그 무기에 대처하기 위해 미국이 할 수 있는 일이란 거의 없다. 그러므로 그것은 부시가 만들어준 무기(Bush's Bomb)라고 불러야 할 것"이라는 말은 타당하다. 따라서 북한의 3차 핵실험은 우리들에게 새로운 과제를 던져 주었다. 인하대 정외과 김용호 교수는 말하기를, "첫째, 협상이나 제재를 통해 북한의 핵무기 개발을 저지하려는 기존 방식이 제대로 작동하지 않았다는 것, 둘째, 북한이 제재를 피하기 위해 일시적으로 대화에 나온다 하더라도 진정성이 의심스럽고 오히려 핵무기 개발 수준을 향상시키기 위한 '시간벌기'용이라는 것, 셋째, 북한의 핵 위협은 한반도를 넘어 미국을 겨냥하는 것"이라고 한다.

그러나 북한이 스스로 밝힌 바, '핵 억제력을 확보했다'고 하는데, 핵 억제력은 보복능력으로 상대의 핵공격을 자제케 하는 것이다. 그러나 억제는 일방적이 아니라, 상호적이다. 내가 핵무기로 공격하면 상대도 핵무기로 보복공격을 한다는 것, 그 결과는 '상호확증파괴(Mutual Assured Destruction)', 곧 말 그대로 미친 짓(MAD)이다.

그렇다면 해결책은 무엇인가? 북한이 근본적으로 국가의 생존이나 번영이 핵무기의 지속적인 보유에 달려 있다고 믿지 않는 다른 유형의 체제나 지도자가 나타나야 만이 북한에게는 다른 미래가 올 것이다. 가령, 남아프리카 공화국이 핵을 포기한 이유와 같다. 민주화와 더불어 국제사회에 참여하기 위해서 남아프리카 공화국은 스스로 핵을 포기했다. 북한이 남아프리카 공화국의 절차를 밟기에는 '극장 국가 체제'인 북한에게는 너무 힘든 일이라 할 수 있다.

남한은 무엇을 해야 하나? 핵 억제력을 강화해야 하는가? 핵무장을 하고, 전술핵을 재배치해야 하는가? 서로 핵을 동원해 겁주기 게임을 지속해

테오-시네마

야 할까?

해답은 영화 〈라이프 오브 파이〉에서처럼 호랑이와의 '적대적 긴장관계와 책임감'이다. 영화에서 호랑이는 주인공 소년이 긴 표류를 견디게 하는 힘이 되었으며 이 소년이 호랑이와 더불어 살아남게 한 건 그의 종교적 심성이었다. '적대적 공존의 관계'를 유지하는 '북한이라는 호랑이'와 '남한이라는 소년'이 어떻게 '한반도라는 보트'에서 살아남는가! 그것은 남한이라는 소년의 '냉정한 신중함'과 '생명을 사랑하는 종교적 심성'이다. 거기에 한민족의 미래가 달려 있다. 물론 영화에서처럼 호랑이는 구조된 후 뒤도 돌아보지 않고 떠나듯 북한은 뒤도 돌아보지 않을 것이다. 그럼에도 불구하고 소년은 생명의 길, 냉정한 심중함의 제 길을 가야 한다. 주께서 오늘도 우리를 도우신다. 평화의 길로, 생명의 길로 꾸준히 제 걸음을 걷는 자들에게 주님의 평강이 임하실 것이다.

파이와 호랑이 파커의 긴장관계와 책임감

4. 같이 싸우시는 주

영화 〈7번방의 선물〉의 해답은 사랑이다. 고리타분하지만 그것이 진실이다. 억울하게 강간, 살인 누명을 쓴 지적 장애인 사형수와 그의 애교 넘치는 딸 사이의 절절한 사랑은 돌처럼 딱딱해진 사람들의 마음을 변화 시킨다. 그들의 사랑은 교도소 7번방의 교활하고 흉악한 죄수들이 천진난만한 동심을 회복하도록 만들고, 그들의 사랑을 가로막았던 냉혈 인간 보안과장까지 감동시킨다.

그래서 그들은 이 억울한 사형수를 구명하기 위해 백방으로 힘쓰지만 정작 이 지적장애인을 변호하고 구해낼 최종 책임이 있는 경찰청장과 국선 변호사, 그리고 법원의 판사는 결국 그를 사형으로 몰아간다. 그러나 아버지의 사랑을 가슴 속에 소중하게 간직한 딸은 세상에 대하여 분노하기보다, 자신의 아버지처럼 억울하게 피눈물 흘리는 사람들을 보호하는 사람이 된다.

예수는 우리를 위해 죄 없이 십자가에 못 박혀 돌아가셨다. 그러나 예수를 따르는 제자들은 세상에 대해 분노하기보다, 죄 없이 죽어가는 이들과 함께 죽어가는 길을 택했다. 예수의 싸우시는 방법이 바로 그것이다. 평강의 주께서 우리와 동행하시면 우리와 함께 악을 선으로 갚으시는 싸움에 함께 하시는 것이다.

'민주주의자' 고 김근태 선생의 1주기 추모를 맞이하여 김삼웅 전 독립기념관장은 이렇게 말했다. "유신에 이어 전두환 군사독재까지 민주주의가 유린되고 많은 지식인이 침묵과 보신에 급급할 때 고인은 금단의 벽에 도전했다. 제적-강제징집-지명수배-위장취업-노동운동-민주화운동-투옥-고문 등 한 시대의 고난을 온몸으로 겪었다."

민청련을 조직할 때는 두꺼비를 그 상징으로 삼았다. 뱀에게 잡아먹히면서도 자신의 독성으로 끝내 뱀의 생명을 빼앗고, 그 뱀을 자양분 삼아 뱃속의 새끼들이 알을 까고 나오게 하자는 각오였다. 그렇게 5공의 철벽을 뚫었다"

테오-시네마

세상은 평화 원하지만, 전쟁의 소문은 늘어가는 이 흑사년 뱀의 해에 두꺼비도 필요할 것이다. 뱀의 뱃속에서 나오는 새끼들이 뱀새끼가 아니라, 두꺼비 새끼가 되어, '2012년을 점령하라'는 못 다 이룬 고 김근태 선생의 유언이 이제 정치가 아니라, 언론에, 문화에, 철학에, 사상에, 종교, 마침내 통일 문제에 꽃피기를 소원한다. 그것은 도우시는 주와 같이 싸우시는 주가 이루시는 평강이 이뤄질 때까지 지속될 것이다.

5. 함께 먹으시는 주

칼릴 지브란의 『선구자』라는 시집을 보면 '거울 속에서 나온 사나이'라는 시가 실려 있다.

.

임금이 잠을 자다가 꿈을 꾸었다. 임금의 침실에 걸려 있는 침실에서 한 사나이가 나타난다. 임금 앞에 나온 이 사나이는 정장도 하지 않고 벌거벗은 몸으로 나타난다. 임금은 사나이를 향하여 어떤 놈이 이런 밤중에 무엄한 모습으로 나타났느냐고 호통을 치려고 하였다. 그런데 오히려 이 사나이가 임금에게 "너는 무엇 때문에 임금이 됐느냐?"고 물었다. 이 물음의 위세가 얼마나 당당한지 임금이 꼼짝을 못하고 생각한 끝에 "내가 다른 사람보다 잘나서 임금이 되었다."고 하였다. 그러자 이 사나이는 임금에게 "네가 정녕 다른 사람보다 잘난 것이 무엇이냐. 말해보라"고 몰아세운다. 당황한 임금은 곰곰히 생각하다가 "나는 다른 사람보다 현명하고 실력이 있어서 임금이 되었다"고 대답하였다. 사나이는 다시 임금에게 몰아붙이기를 "네가 진정 이 나라에서 가장 현명하고 실력 있는 사람이냐? 실력으로

따지면 너보다 뛰어난 사람이 얼마나 많으냐? 그렇다면 너는 이 자리에 있을 수 없을 것이다"고 하였다. 그때 임금은 땅에 주저앉아 가슴을 치며 "내가 다른 사람보다 잘난 것도 아니고, 현명한 것도 아니고, 실력이 좋은 것도 아니라면 나는 도대체 누구이며 무엇이란 말이냐?"라고 외친다. 그때 벌거벗은 사나이는 큰 황금 면류관을 임금의 머리에 씌우고 거울 속으로 사라진다. 임금은 비로소 잠에서 깨어나서 거울 앞에 섰다. 거울에는 사나이는 보이지 않고 전과는 다른 모습으로 연약하고, 부족한 모습의 자신의 면류관을 쓰고 있는 것을 보았다고 한다.

나와 함께 먹으시는 주는 나의 무능과 부족을 느끼며 겸손히 주를 섬길 때 나와 함께 동행하시며 함께 먹으실 것이다. 구리 거울이 의관을 단정하게 하며, 고대 역사를 거울삼으면 오늘의 문제를 알 수 있으며, 사람을 거울삼으면 나의 허물을 방지할 수 있다는 당태종의 말은 도우시고 함께 싸우시고 같이 먹으시는 주와 동행할 때 그 통찰이 더욱 빛을 발할 것이다.

07.

사극 드라마 속의 왕의 모습

용의 눈물

왕건

이산

1. 사극 드라마 속의 왕의 모습

사극 드라마, 혹은 영화가 인기가 있다. 사극의 형태를 빌려 현실정치의 코드를 풀어내는 영화와 드라마는 늘 시청자의 많은 사랑을 받아왔다. 이러한 사극 드라마와 영화의 인기는 영화 내용에 당대 대중의 욕망이 들어가 있기 때문이다. 이렇게 사극 작품 속에서는 현실 정치의 사례를 풍자하고 그것을 간접적인 코드로 녹여낸 사례가 많다. 따라서 사극에는 시대별로 늘 큰 흐름이 있다(이하, 이털남 198회 문화평론가 하재근, 〈영화·사극 속의 정치코드 분석〉 참조).

1980년대까지는 권력을 잡기 위한 암투와 치정이 사극의 주된 내용이었다. 힘센 자가 권력을 잡고 그렇지 못하면 당연히 죽게 되는 구조를 그려, 당시 군부 권력의 쿠데타 등을 정당화 하였다. 이후에는 변하기 시작했다. 1990년대 말 유행했던 〈용의 눈물〉(1996~1998)이라는 사극은 그 당시 난립하던 수많은 대권을 잡으려는 잠룡을 빗댄 작품이었으며 2000년대에는 권위주의가 어느 정도 타파되면서 사극을 통해서 국민의 정치적 열망이 드러나게 되었다.

〈왕건〉(2000~2002)이라는 드라마는 김대중 정부 시절 지역감정 회복이라는 주제를, 노무현 정부 때는 정조 왕과 이순신 장군이 박정희 시대(그때 전국 초등학교에 이순신 장군이 세워졌다. 장군의 이미지와 자신을 결합하려는 의도였다)와는 다르게 역설적으로 부각되었다.

가령, 〈불멸의 이순신〉(2004~2005)이라는 작품은 여소야대로 정책 추진을 제대로 이뤄내지 못하던 노무현 전 대통령을 떠올리게 했고, 강력한 개혁 군주 정조의 이야기를 담은 〈이산〉(2007~2008)이라는 작품은 노무현 정부 말기부터 이명박 정부가 들어서기까지 엄청난 인기를 얻었는데, 당시 국민이 보기에 노무현 대통령이 거대 야당인 한나라당 때문에 아무것도 못 하고 있으니 연약해 보인다고 생각했다. 강력한 개혁 군주였던 정조의 모습은 그의 비극적인 운명과 함께 노무현과 오버랩 되었고, 대중은 강력한 CEO대통령을 갈구했다.

따라서 직선제 도입 이후 사상 최대 득표차로 당선된, 강력한 실용주의적 지도자 이미지의 이명박 대통령의 등장은 사극의 판단이 옳았음을 보여준다. 그러나 이명박 정부는 시간이 지날수록 국민의 기대에 부응하지 못했고, 지지율은 바닥을 쳤다. 비록 윤리적으로 하자가 있을지언정 강력한 지도자인 이명박 대통령이 우리 고통을 씻어주겠거니 했는데, 대중은 국민과 소통하지 않고 편협한 인사, 일방적인 정책운영에 실망하게 된다.

따라서 이명박 정부에서는 세종대왕이 강력하게 조명됐다. 백성의 삶을 억압하지 않고 잘 어루만져 주는 온건한 관리자의 상이 화제가 된 것이다. 이것은 웰빙(wellbeing)이 아니라, 힐링(healing)으로 시대적인 화두가 바뀐 것을 잘 보여준다. 따라서 이 당시에는 〈대왕 세종〉(2008), 〈뿌리 깊은 나무〉(2011) 등 세종대왕을 주인공으로 한 사극이 인기를 끌었다.

재미있는 것은 이명박 정부 시기의 사극에서 반드시 나타나는 '토론'이라는 코드이다. 가령 〈선덕여왕〉(2009)의 미실과 덕만도, 〈뿌리 깊은 나무〉의 밀본의 수장과 세종도 꼭 토론을 하는데, 이처럼 소통을 통해 국정을 운영해 나가는 지도자 상이 인기를 끌었던 것은 당시 이명박 정부의 불통이미지 때문이라 할 수 있다.

2012년 대선을 앞두고, 사극들에 나타나는 지도자들은 자신을 세일즈하는 양상으로 나타난다. 〈신의〉(2012)라는 작품을 보면 최영 장군과 신진사대부들조차 공민왕에게 "내가 왜 당신 신하여야 하는지"를 묻는다. 그러면서 왕과의 대화를 통해 설득당하여 왕의 편이 하나둘씩 늘어난다. 작품 안에서 지도자가 되어야 하는 정당성을 설명하는 과정이 동반되는 것이다.

또한 〈대풍수〉(2012)는 조선의 태조 이성계를 우스꽝스럽고 즉흥적이고 가벼운 성격으로 묘사하지만, 호탕하고 의리가 있어, 자신을 지지하는 현자들의 말을 듣고, 지도자로서의 운명을 받아들이고 위화도 회군을 결심하는 이로 그리려 하고 있다. 결국 대부분의 사극은 영웅들 이야기이고, 국가를 다스리는 이야기이니 리더십의 이야기가 될 수밖에 없는 것이다. 따라서 사극을 통해서 국민들이 원하는 리더십의 방향, 지도자의 상이 자연스럽게 나타나게 되는 것이다.

2. '신-왕' 예수

그렇다면 성서는 어떤가? 요한복음의 저자인 요한공동체는 당시 로마 제국의 '신-왕 일치' 사상에 '신-왕 예수'에 대한 깨달음과 믿음이야말로 하나님에 대한 올바른 이해라고 생각하였다. 즉, 요한공동체는 자신들의 신앙의 대상인 예수를 신이며 왕으로 고백하였다. 로마 제국의 신-왕 일치 사상이 제국의 통일성을 확보하기 위한 식민 통치 이념의 일환이었다면, 요한공동체의 신-왕 일치 사상은 로마 제국에 대한 저항적 의미를 갖고 있는 것이다. 영생은 제국 로마가 주는 것이 아니다. 오직 예수를 믿는 이들에게 하나님은 영생을 허락하는 것이다.

따라서 요한공동체가 전하는 예수는 "하나님이 세상을 이처럼 사랑하사 독생자를 주셨으니 이는 그를 믿는 자마다 멸망하지 않고 영생을 얻게 하려 하심이라. 하나님이 그 아들을 세상에 보내신 것은 세상을 심판하려 하심이 아니요. 그로 말미암아 세상이 구원을 받게 하려 하심이라."(3:16-17) "오직 이것을 기록함은 너희로 예수께서 하나님의 아들 그리스도이심을 믿게 하려 함이요. 또 너희로 믿고 그 이름을 힘입어 생명을 얻게 하려 함이니라"(20:31)에 잘 나와 있다. 그러나 이 말씀들을 로마라는 세상 제국을 배제하고 읽는다면 말씀의 구체적인 의미를 상실한다.

요한공동체는 세상(로마제국)에 대해 적대적이었다. 가령, 요한복음에서 현저하게 사용되고 있는 '영광'이나 '은혜', '진리', '길', '이름', '자유(롭게 하다)', '생명'과 같은 단어들은 당시 그리스-로마 사회에서 로마 황제를 표상하는 언어였다. 그러나 요한공동체는 이러한 용어들을 비교급이나 최상급으로 사용하여('은혜와 진리가 충만', 1:14, '은혜 위의 은혜', 1:16, '참으로 자유롭게 하다', 8:36 등) 황제보다 비교 우위로 표현함으로 로마에 대한 저항 의지를 우회적으로 드러내고 있다. 거짓된 세상 제국과의 대결, 거짓된 종교를 벗어

테오-시네마

나 참된 생명이신 예수 그리스도를 믿어야만 진정한 영생을 얻을 수 있다는 것이다.

이러한 예수의 이미지는 요한 18:36절에 두 번이나 반복되는 '내 나라는 이 세상에 속한 것이 아니다'라는 언급으로 인하여 정치적 함의를 갖지 않은 것으로 오해되어 왔다. 그러나 이는 당시 아우구스투스의 연설문과 비교하여 "너희는 세상 왕국(kingdom on earth)의 백성이다"와 비교하여 읽어야 한다. 따라서 예수의 말에서 '내 나라'는 초월적인 나라를 의미하는 것이 아니라, 이 세상인 로마에 대한 소속을 거부한 것이라 할 수 있다.

이러한 거부는 이적 사건에도 나타난다. 가령, 예수는 '보리떡 다섯 개와 물고기 두 마리'로 오천 명을 먹임으로써 황제의 급식을 능가한다(요 6:1-15). 북한에서도 김일성이나 김정일 생일 때, '이밥과 고기국'을 인민들에게 베푸는 것처럼 로마는 새로 황제가 즉위하면 백성들에게 급식을 나눠준다. 그러나 예수의 급식은 황제보다 양이 많고, 남은 것이 열두 바구니였다.

이러한 비교는 예수의 십자가 처형에도 나타난다. 요한공동체는 로마황제의 대관식 장면과 예수의 죽음을 빗대어 묘사하는 것으로 예수의 정치와 로마 황제로 대표되는 세상 권력의 정치를 대조한다. 로마 황제가 '로마의 머리 언덕'(카피톨리노)에서 세상 제국의 황제 자리에 등극했듯, 예수도 '예루살렘의 머리언덕'(골고다)에서 죽음과 부활을 통해 온 우주의 황제 자리에 등극하였다. 이를 〈표 1〉로 만들어 보자.

〈로마 황제의 대관식 장면〉

1. 근위대(6천 명)가 황제의 관저에 모인다. 차기 황제가 근위대 중앙으로 인도된다.
2. 근위대가 쥬피터 신전에서 '자줏빛 예복'을 가져와 차기 황제에게 입힌다.
3. 근위대가 큰 소리로 환호성을 지르며 차기 황제를 승리자로 맞이한다.

---

4. 근위대가 거리에서 행진을 시작한다. 중앙에는 차기 황제가 따라간다. 그의 뒤로는 황제의 판테온 입성을 죽음으로 기념할 희생 제물인 황소 한 마리가 끌려간다. 황소 옆에는 도살용 도끼를 든 노예가 따라간다.

5. 행렬은 로마에서 가장 높은 언덕인 카피톨리노스 언덕(머리 언덕)까지 이른다. 이 언덕 위에는 유피테르 신전이 있다.

6. 차기 황제는 신전 제단 앞에서 노예로부터 몰약이 섞인 포도주 잔을 받는다. 황제는 황제직을 수락한다는 의미로 포도주 잔을 받았다가 그냥 돌려준다. 그러면 노예도 그 잔을 마시지 않고 제단이나 황소에 뿌린다. 포도주를 뿌린 직후 황소는 희생 제물로 도살된다.

7. 차기 황제 오른쪽으로는 제국의 2인자가, 왼쪽으로는 제국의 3인자가 붙어 선다. 황제는 그들과 함께 쥬피터 신전의 보좌로 올라간다.

8. 군중이 새롭게 왕위에 등극한 황제에게 환호를 보낸다. 이때 신들이 승인의 징표로 비둘기 떼나 일식 같은 신호를 보낸다.

〈예수의 죽음〉

1. 예수가 예루살렘에 위치한 로마 총독의 관저로 끌려가신다. 그곳에는 (약 200명 정도의) 로마 근위대가 운집해 있다.

2. 로마 근위대가 예수에게 가서 '왕관과 홀(낡은 막대기)과 자줏빛 옷'을 준다.

3. 근위대는 예수에게 "유대인의 왕"이란 호칭을 부르며 조롱하는 방식으로 경의를 표한다.

4. 예수의 처형을 위한 행진이 시작된다. 황소 대신 예수가 직접 제물이 되기 위해 걸어간다. 근위대가 구레네 사람 시몬을 붙잡아 예수를 매달 십자가를 짊어지게 한다.

5. 예수가 골고다 언덕(머리 언덕)에 오른다.

6. 근위대는 예수에게 신 포도주를 먹이려고 하나 예수는 거절한다.

7. 예수를 처형할 때 오른편과 왼편에 한 명씩 두 강도가 함께 처형된다.

8. 예수가 운명할 때 하늘이 어두워진다.

〈표 1〉 로마 황제와 예수의 비교

　　여기서 예수가 빌라도 심문 당시 입었던 '자색 옷'과 가시'관'은 황제의 복장과 금관의 상징으로, 당시 도미티안(Domitian A.D 81-96년) 황제가 대중들 앞에 나갈 때 자신을 쥬피터(Jupiter, 그리스의 Zeus) 신으로 드러내기 위해 입었던 의상이다. 따라서 권력의 상징인 자색을 황제가 아닌 다른 사람이 입을 경우는 처벌당하기도 하였다. 특히 금관은 로마 황제들이 일반적으로 착용하지 않았던 것으로 신적 표상을 담고 있다.

마가도 '자색 옷'이라 하고 있으나(막15:20), 마태는 '주홍색 옷(홍포)'으로 기록하여 왕적 표상을 손상시키고 있으며(마27:28, 31), 누가는 이러한 보도를 아예 생략하여 예수의 왕적 표상을 드러내는데 소극적이다. 이러한 상이한 관점은 각각의 복음서를 산출한 공동체들이 당면하였던 다양한 정황과 그들 나름대로의 정체성 추구와 관련이 있다. 곧 공동체는 자신들의 삶과 신앙의 핵심이었던 예수에 대한 고백 안에 자신들이 처한 정황에 대한 그들의 의지를 투사함으로 그들만의 사회적 세계를 구성하였고, 자신들의 독특한 정체성을 추구해 나간 것이다.

3. 예수의 정치, 교회의 정치

로마 황제로 대표되는 세상의 정치는 한 사람의 정치적 욕망을 위해 모든 사람의 생명과 권리를 짓밟고 제거하는 식의 무한 경쟁에서 승리한 방식으로 나타나는 것이라면, 예수의 정치는 모든 이의 유익과 복지를 위해 자신의 존재 전체를 십자가의 희생 제물로 바치는 것이다. 예수의 정치, 곧 예수를 머리로 고백하는 교회의 정치란 타자의 유익을 위해 끊임없이 자신의 욕망과 이익을 부인하며 자신을 제물로 바치는 정치라 할 수 있다.

08.

사극 영화 속의 왕의 모습

광해 왕이 된 남자 　　　　　 관상 　　　　　 사도

1. 사극 영화 속의 왕의 모습

한때 서울 강남 학부모들이 아이들을 데리고 영화 〈사도〉(2015)를 관람하러 가는 것이 유행이었다고 한다. 사춘기랍시고 부모 말 안 듣고 공부를 등한시했다간 비참한 최후를 맞이한다고 협박하기에 안성맞춤인 영화가 〈사도〉이기 때문이란다. 그러나 영화 〈사도〉의 기표는 일자리(왕좌)를 놓고 부모와 자식 간의 대결을 다룬 것으로 현재 청년 일자리에 대한 부모세대의 양보를 요구하는 정부의 요청이 기의로 깔린 것은 아닐까? 아무튼 영화와 드라마는 현실의 반영이라고 볼 수 있다.

테오-시네마

박근혜 정부 탄생인 2012년부터 사극 영화 속에 나타나는 왕의 모습은 어떤가? 〈광해, 왕이 된 남자〉(2012)를 통해 '가짜'라도 좋으니 '백성의 아픔에 공감하는 공의의 왕', '강대국 사이에 실리 외교를 펼친 왕'을 바라는 민심이 영화 〈관상〉(2013)에서는 이제 폭군(수양대군)을 막기 위해 그의 얼굴 관상까지 바꾸려고 했으나 어쩔 수 없이 폭군을 맞을 수밖에 없는 조선의 운명을 그려준다.

따라서 〈명량〉(2014)은 이제 왕(선조)에게 의지하지 말고 왕이 아닌 다른 사람에게 의지하라고 한다. 왜구의 침입 때 조선의 왕 선조 임금은 백성을 따돌리고 도망을 갔으며 저 살자고 도망간 임금 대신 백성은 이제 이순신 장군을 따르게 되는 것이다. 왕이 아닌 다른 영웅을 백성은 갈구하고 있다.

이제 왕은 자신의 왕좌를 백성을 돌보는 자리가 아닌 신하들과 경쟁하고, 맘에 맞는 자식(〈사도〉에서는 손자)에게 물려주는 '내 입의 금수저'가 되어 버렸다. 서울 강남 학부모들의 〈사도〉 열풍은 이런 맥락 하에 그 의문이 풀리게 되는 것이다. 곧, 금수저-은수저-동수저-흙수저 등의 수저론을 견고히 하고자 하는 것이다.

2. 다윗 왕과 솔로몬 왕에 대한 두 가지 시선

고대 근동의 모든 역사가 지배자의 입장에서 이루어졌다면(따라서 앗시리아, 바벨론, 이집트 등의 역사는 왕들이 전쟁을 하거나 또는 이웃 나라를 정복한 이야기로 가득 차 있다) 이스라엘의 역사는 밑에서부터 위로 이야기가 이어진다.[1] 그리고 구약성서 안에는 '신명기 역사서(Deuteronomistic History: 신명기, 여호수아, 사사기, 사무엘서, 열왕기서)'와 '역대기 역사서(Chronicler's History: 역대기, 에스라, 느헤미야)'가 있다.

이스라엘의 역사가 족장시대부터 시작된다고 하는 올브라이드(Albright) 학파와 달리 사사시대부터 시작된다는 알트(Alt) 학파의 마틴 노트(Martin Noth)는 '4경설(창세기-출애굽기-레위기-민수기)'을 주장한다. 따라서 모세 5경에서 신명기를 떼어 낸 뒤 나머지 뒷부분과 연결하여 이를 신명기 역사서(신명기, 여호수아, 사사기, 사무엘서, 열왕기서)라고 부른다. 이 역사서의 최종적인 형태는 바벨론 포로기 때 형성되었으며 이러한 포로기에 이스라엘 백성들은 자신들의 과거를 돌이켜 보면서 그들의 역사를 재정리하였다는 것이다.

그들은 "왜 우리가 야훼의 선언으로 가나안 땅을 유업으로 받았다면 지금 그 땅에서 쫓겨나야만 하는가?", "야훼는 정말 창조주인가? 아니면 바벨론의 마르둑이 위대한 하나님인가?", "야훼와 마르둑이 싸우면 누가 이기겠는가?", "정말 야훼는 죽었는가?", "정말 우리는 야훼로부터 버림 받았는가?" 등의 질문에 대한 해답("아니오")이 바로 신명기 역사서인 것이다.

그렇다면 포로가 된 이유는 무엇인가? 바로 이스라엘이 야훼를 배신하였고, 야훼가 화를 내어 잠시 동안 바벨론으로 쫓아냈다는 것이다. 그리고 어느 정도 시간이 지나면 다시 이스라엘을 가나안 땅으로 불러 올 것이다. 이러한 신명기사가의 대표적인 역사철학의 관점은 다음에 잘 나타나있다. "네가 지금 이 성전을 건축하니 네가 만일 내 법도를 따르며 내 율례를 행하며 내 모든 계명을 지켜 그대로 행하면 내가 네 아버지 다윗에게 한 말을 네게 확실히 이룰 것이요. 내가 또한 이스라엘 자손 가운데에 거하며 내 백성 이스라엘을 버리지 아니하리라 하셨더라(왕상6:12-13)."

또한 신명기 사가의 관점이 잘 반영된 것이 사사기와 열왕기서이다. 사사기는 원래 사사들의 행적에 관한 고대 전승에 신명기 역사가가 재편집하면서 '배신-징벌-회개-구원'의 도식을 적용시킨 것이며 열왕기서는 역대 왕들의 평가 기준으로 신명기 역사서의 관점을 적용시킨 것이다. '예루살렘

테오-시네마

성전 제의'와 '시내산 계약의 충실'인 신명기 사가의 입장에서 시내산 계약을 잘 지키면 복을 받고 계약을 지키지 않으면 벌을 받는다는 인과응보적 입장에서 역사를 해석한 것이다.

따라서 다윗 왕에 대한 평가도 이러한 가치 기준으로 해석한다. 사무엘하 11장에 나오는 다윗과 밧세바, 그리고 우리아에 대한 이야기(12장의 나단의 책망과 다윗의 회개에 이르기까지)는 위대한 왕 다윗도 '배신-징벌-회개-구원'의 도식에서 빠져나올 수 없다는 역사가의 입장이다. 즉 순종하면 복을 받고 불순종하면 징계와 저주를 받는다는 것이다. 솔로몬 왕도 마찬가지이다. 이방 여인들과 결혼을 하고 그들의 영향을 받아 점차 야훼 종교에서 멀어지는 솔로몬의 악행(왕상 11:1-3)을 신명기 사가는 잘 지적하고 있다.

그러나 역대기 역사서는 포로에서 귀환한 공동체가 새로운 희망과 비전을 제시하려고 기록한 것이다. 따라서 포로에서 돌아온 사람들은 하나님께 순종하여 온전한 '성전예배를 드리는 신정사회'와 '이상적인 왕국의 건설(다윗 왕조 선택 사상)'을 위하여 역사를 재해석한다. 그들은 다윗왕조를 야훼가 다스리는 왕조라고 높이며, 예루살렘성전 제의를 유일하고 합법적인 예배라고 표현한다. 따라서 다윗(은 물론이고 솔로몬 조차)을 이상화했을 뿐만 아니라, 북 이스라엘 왕국의 역사를 기록에서 삭제하기도 하였다. 사무엘하 11장의 다윗의 범죄는 삭제되었으며, 솔로몬 왕의 범죄도 삭제한다. 왜냐하면 솔로몬은 경건한 성전 건축가요 현명한 통치자라는 인상을 길이 남기고 싶었던 것이다.

3. 다양성 찬미

신약성서는 3가지 기둥이 있다. 복음서의 기둥을 통해 예수님의 생애를, 서신서의 기둥을 통해 교회를, 계시록의 기둥을 통해 하나님 나라를 안내하는 것이다. 따라서 신약성서의 핵심은 '예수님 잘 믿고 교회 생활 하다, 이 땅에서 하나님 나라를 살다가 저 영원한 하나님 나라에 가는 것'이다.

그리고 복음서의 기둥으로 들어가는 문이 4가지가 있다. 그것은 각각 마태, 마가, 누가, 요한의 문이다. 그리고 그들은 각각 다른 예수의 모습을 전하고 있다. 왜 예수의 이야기가 각각 다를까? 다양성이야말로 진리를 보여주는 방편이기 때문이다. 초대교회에 타티안(Tatian, 120년경 출생)이라는 교부가 170년경에 〈디아테싸론Diatessaron〉(문자적으로는 'through the four', 곧 사복음서의 조화)라는 책을 통해 사복음서들의 자료들을 종합하여 하나의 연속된 이야기로 엮은 적이 있다. 그러나 이 책은 얼마 지나지 않아 사라지고 만다. 예수에 관한 하나의 획일적인 이야기는 독자들에게 흥미를 끌지 못했기 때문이다. 곧 다양성이 진리를 더 잘 보여주는 것이다.

철학자 지젝(Slavoj Zizek)이 포스트모던의 다양성을 '시차(parallax)'라는 천문학적인 용어로 설명하며 '역동적인 공존'을 이야기한바 있다. 쉽게 이야기하면, 인간이 세계를 보는 관점이 다양한데, 이러한 인간의 조건을 획일적으로 통합하는 것은 폭력이라는 것이다. 시차적 관점 그 자체를 인정해야 진리를 제대로 볼 수 있다는 것이다. 그렇게 되면 서로 모순되는 것들이 더 큰 맥락에서는 하나의 통일적 세계관을 구성하게 된다는 것이다.

가령, 부산에서 내가 보는 금성의 위치와 시카고에서 친구가 보는 금성의 위치는 다르지만, 그 다름으로 인해 금성의 거리를 측정할 수 있는 시차, 그 다양성과 차이가 사물의 실체를 좀 더 명확하게 드러낸다는 것이다. 따라서 차이를 강조하면 할수록 진리는 더욱 선명하게 드러난다는 것이다.

근대 회화의 아버지 세잔(Paul Cézanne)의 화법이 그렇다. 세잔의 정물화는 대상(과일과 같은) 하나하나에 시점들이 들어있다. 이러한 다양한 시점들이 전체 정물화를 구성하는데 이 정물화는 '시점들의 다원성' 속으로 사라지지 않고, 팽팽한 긴장감 속에서 하나의 통일적 세계로 드러난다. 4복음서의 다양성이야말로 예수 그리스도의 참 모습을 제대로 보여주는 것이다.

4. 획일적 역사관의 위험성

진리를 위해 죽을 수 있는 자를 경고한 움베르토 에코의 『장미의 이름』의 다음 인용은 지금 우리가 어떻게 신앙의 선배들이 살아왔고 읽어왔던 성서를, 그리고 우리가 살아갈 현실(특히 교과서 국정화 논란으로 역사전쟁이 벌어지고 있는)을 바라봐야하는지를 잘 말해준다.

> "우리는 숨을 죽이고 불타는 교회를 바라보았다. 수도원은 오래전부터 아비규환의 지옥이었다. '오늘 우리는 적 그리스도의 얼굴을 보았다. … 요르게 영감의 얼굴 말이다. 철학자에 대한 증오로 일그러진 그 얼굴에서 나는 처음으로 적그리스도의 얼굴을 보았다. 적 그리스도는, 그 사자(使者)가 그랬듯이 유대 족속에서 나오는 것도, 먼 나라 족속에서 나오는 것도 아니다. 적 그리스도는, 지나친 신심에서 나올 수도 있고, 하느님이나 진리에 대한 지나친 사랑에서 나올 수도 있다. 이단자가 성자에서 나오고 신들린 자가 선견자에서 나오듯이 아드소, 선지자를 두려이 여겨라. 그리고 진리를 위해 죽을 수 있는 자를 조심하여라. 진리를 위해 죽을 수 있는 자는 대체로 많은 사람을 저와 함께 죽게 하거나 저보다 먼저, 때로는 저 대신 죽게 하는 법이다. 요르게가 능히 악마의 대리자 노릇을 할 수 있었던 것은, 저 나름의 진리를 너무 사랑한 나머지, 허위를 타파하는 일이면 물불을 가리지 않을 수 없기 때문이다. … 우리가 상상하는 질서란 그물, 아

니면 사다리와 같은 것이다. 높은데 이르면, 거기에서 찾아낸 것이
유용한 것이든 무용한 것이든 일단 올랐으니 사다리는 치워야 한다.
… 유용한 진리는, 언젠가는 버려야 할 연장과 같은 것이다.'"[2]

박근혜 정부의 교과서 국정화 논쟁은 이미 신명기 사가와 역대기 사가
의 다윗, 솔로몬을 보는 관점으로 성서 안에 다 나와 있다. 그리고 사극 영
화는 그 마지막을 연도별로 잘 보여주고 있는 것이다. 참 진리는 예수의 십
자가처럼 자신을 부정하는 것이라 성서는 말하고 있으며 유용한 진리는 언
젠가는 버려야 할 연장과 같은 것이라고 에코는 말하고 있다.

테오-시네마

09.

탈경계적 '장소'로서 욕망의 윤리: 〈새는 폐곡선을 그린다〉

1. 탈경계적 장소로서 욕망

 세익스피어(W. Shakespeare)의 4대 비극의 공통점은 주인공의 내적 분열로 인한 비극이다. 오델로는 질투 때문에, 햄릿은 자신의 우유부단한 성격 때문에, 리어왕은 독선 때문에, 맥베드는 야망 때문에 비극을 초래한 것이다. 이렇듯 인간은 살아 있는 한 무언가를 바라며, 그것에 애착을 갖고 독선적이며, 질투하고 자신의 판단에 흔들리고 존재이다. 이러한 인간 존재를 사회 존재론의 측면에서 투영하자면 '욕망하는 존재'로 볼 수 있는데, 욕망은 우리 인간을 가장 인간적인 존재로 만들어 주지만, 문명이라는 이름의 우리 사회는 욕망을 억압하는 것을 도덕이라는 고상한 이름으로 위치설정한다. 이런 맥락에서 니체의 '도덕은 흡혈귀'라는 말은 타당하다.

이 글은 영화 속 욕망의 이해를 통해 욕망의 윤리를 구성하고자 하는 것이다. 그것은 탈경계적 인문학적 관점에서 '탈경계적 장소'로 욕망을 위치 지우는 것이며 종교적으로는 욕망을 신의 춤이 이루어지는 신체성의 증정으로 보고자 하는 것이다. 사실 〈새는 폐곡선을 그린다〉에서 욕망의 벗어날 수 없음을 그렸다면, 〈셀위댄스〉는 승화된 욕망의 구현 장소로 몸의 의미를 되새겨 준다.

2. 욕망의 문화사상사

죽음과 성, 폭력을 통해 인간의 욕망에 관해 매우 날카롭게 분석한 노마드(nomad)적인 시인 박청륭은 이렇게 말한다.

"나는 등단 이후 줄곧 죽음에 대한 관심으로 일관해 왔다. 물론 그것은 인간의 본성은 근원적으로 악하다는 생각에서 비롯된 것이다. 그래서 극한 상황 속에서 인간의 행동과 죽음이 어떻게 찾아오는가를 알기 위하여 죽음이 널려 있는 전쟁터와 시신이 있는 곳이면 어디든 찾아다녔다. … 다음은 성(性)에 대한 도전이다. 터부시하여 내놓고 말하기 어려워하는, 그러기에 숨어서 온갖 짓거리, 범죄를 저지르는 인간 본능의 바탕이 되는 성에 대한 집착이 두 번째 관심의 대상이다. 인간이 타고난 마성의 근원이 억제치 못한 욕망에서 비롯되며, 구천에 떠도는 저주받은 영혼의 태반이 성폭력에 관련된 악령

테오-시네마

들이다. 살인과 질투, 끝없이 질척거리는 진창의 밑바닥엔 성이 있는
것이다. 세 번째는 인간의, 인간 자신에 대한 폭력이다. 고독한 자신
의 영혼에 대한 저항이다. 이는 신에 대한 도전이고 저항일지 모른
다"[1]

　박청륭의 시어는 탈주와 헤맴을 통해 자신의 진정한 무의식을 발견하
고 태초의 소리를 들으려 하며, 생성의 원초적 에너지로 내뱉는 한 줄 언어
로 처참하게 짓눌려진 우리 존재의 파편에 태초의 빛을 스며들게 한다. 그
태초의 빛은 욕망의 발생사적 근원이 되며 지금 이곳에 비춰이고 있다.
　욕망은 따라서 영화에 있어서도 주요한 소재가 된다. 욕망에 관해 사유
한 영화들은 대부분 겁 없이 라캉식 상징계의 규칙들을 해체한 영화들이다.
가령 오시마 나기사의 〈감각의 제국〉(1976), 이마무라 쇼웨이의 〈붉은 다리
아래 따뜻한 물〉(2001), 페데리코 펠리니의 〈8과 1/2〉(1963), 프랑수아 트뤼
포의 〈여자들을 사랑한 남자〉(1977), 장 뤽 고다르의 〈주말〉(1967), 끌로드
샤브롤의 〈의식〉(1995), 미켈란 젤로 안토니오니의 〈욕망〉(1966), 폴 베호벤의
〈사랑을 위한 죽음〉(1973), 비르지니 데팡트의 〈베즈 무아〉(2000)등이며 피
에르 파올로 파졸리니의 영화와 샘 페킨파, 데이비드 린치, 에밀 쿠스트리
차, 조지 로메로, 라스 폰 트리에, 데이비드 크로넨버그의 영화들이 그 목록
에 들어갈 것이다.
　그러나 철학과 윤리학의 역사는 욕망 억압의 역사에 다름 아니다. 철학
은 역사가 이어지는 동안 계속하여 욕망을 지혜(sophia)의 올가미에 가두어
놓으려고 하였다. 윤리학의 역사는 어떤가? 욕망을 제어하기 위한 도덕 덕
목들을 가르쳐 온 역사이며, 동시에 정주민적 가치관의 안식처였다. 플라톤
과 아리스토텔레스, 칸트 최근의 매킨타이어 등이 이러한 위치를 점유하고
있으며 반면 에피쿠로스에서 스피노자, 프로이트, 라캉, 들뢰즈/가타리, 사

드의 욕망 이해는 유목민적 가치관을 대변한다. 연구자의 견해로는 플라톤을 이어오는 흐름을 라캉의 RSI^{2}적 도식에 따르면 상징계로 스피노자에서 사드의 흐름은 상상계로 그리고 이와는 다르게 욕망을 이해한 두 종류의 사상가(첫번째 부류는 헤겔과 지라르이며 두 번째 부류는 크리스테바와 이리가라이이다)를 실재계에 속하는 학자로 분류하고자 한다.

먼저 상징계에 속하는 학자들 가령 플라톤에 의하면 도덕교육의 핵심적인 과제는 욕망을 어떻게 잘 길들이고 다스리느냐 하는 것이었다. 욕망을 잘 다스려서 항상 이성의 통제 아래 두게 되면 우리가 우리의 올바른 판단에도 불구하고 나쁜 욕망에 이끌려 나쁜 짓을 하게 되는 경우가 없다는 것이다. 우리의 이성이 우리의 욕망을 잘 다스리는 상태가 바로 플라톤에 있어서 영혼의 정의이다. 그리고 이러한 상태에 있는 사람은 바로 자율적인 사람이다.

역시 아리스토텔레스에 있어서도 마찬가지이다. 그에 의하면 덕 있는 사람은 단지 올바른 행동을 하는 사람일 뿐만 아니라 올바른 욕망을 가진 사람이라는 것이다. 마음 속에 나쁜 욕망이 가득 차 있는데도 불구하고 그것을 억제하고 올바른 행동을 하는 사람은 아리스토텔레스가 볼 때는 덕이 있는 사람이 아니다. 덕 있는 사람은 욕망도 항상 좋은 욕망을 하고 있어야 한다는 것이다. 따라서 학자들은 우리 인간들의 수많은 욕망들에 절제의 윤리를 들어 설명하였다.

칸트 역시 인간의 욕구를 억제하고 인간 안의 선험성이나 정신을 의욕할 것을 주장한다. 따라서 칸트는 필연적이고 보편적인 정언명법을 제시한다. 인간 안에는 선험적 도덕이 존재하나 이것은 인간의 욕구와 경향성 때문에 인간 안에서 완전히 실현될 수 없다. 그럼으로 인간은 항상 이런 선험적 도덕을 의욕하며 경향성과 욕구를 억제하고 정언명법을 추구해야 한고 주장한다. 이러한 칸트의 사상을 동기주의로 평가하는데, 이는 상징계의 아

테오-시네마

버지의 이름으로 시작된다. 곧 자신의 행위가 특정한 결과를 바라거나, 개인적 욕망이 들어갔을 때는 참다운 도덕행위가 아니고 오직 자신 안에서 진정으로 도덕법칙을 의욕하고 행위 할 때만이 참다운 도덕적 행동이라고 말하는 것이다.

훌륭한 인격과 미덕을 일차적인 도덕 개념으로 본 매킨타이어도 역시 상징계에 속하는 학자라 볼 수 있다. 그의 덕윤리학은 도덕 판단의 대상을 인간의 성격 혹은 쉽게 말해서 마음 씀씀이에 둔다. 다시 말해 좋은 욕구 혹은 참다운 욕구를 가지고 그것을 충족시킬 때 생기는 적정한 감정과 정서를 중시하는데 이것을 덕이라고 한다. 매킨타이어는 바람직한 도덕은 어떤 추상적인 이유로 역사적 맥락을 떠나서도 적용될 수 있는 그 어떤 것이 아니라 주어진 전통과 공동체가 요구하는 그리고 인간의 본래적 욕망과 관련된 것으로 실천과 제도를 통해서 습득되는 것이라 보고 있다.

둘째 상상계에 속하는 학자, 그 시작으로 상정하는 에피쿠로스는 육체의 욕구가 건전하고 절제되었으며 생명에 관한 것이라는 것을 인정하고 자연의 질서 속에 위치한 육체의 자리를 회복시켰다. 그리고 욕망(désirs)을 부질없는 욕망(vains)과 본성적인 욕망(naturels)으로 나누고 다시 본성적인 욕망은 필수적이 아닌(non nécessaires) 욕망과 필수적인(nécessaires) 욕망으로 나눈다. 물론 필수적인 욕망은 행복을 위해 필요한 욕망과 육체의 지속적인 안정을 위해 필요한 욕망, 그리고 생명 자체를 위해 필요한 욕망으로 세분한다.

이후 스피노자는 욕망을 체계적으로 탐구하게 된다. 쇼펜하우어의 '생의 의지'와 니체의 '권력의 의지' 개념의 선구가 되는 '코나투스'(conatus)는 자기를 보존하려는 힘이다. 즉 자기보존의 힘, 혹은 충동으로서 욕망은 코나투스의 다른 이름이며 욕망은 인간의 현실적 본질이 되는 것이다. 그리고 더 나아가 욕망의 존재인 인간이 어떻게 해야 덕 있는 삶을 살 수 있는가를 탐구한다.

여기에 프로이트는 무의식적 욕망을 인간의 존재론적 본질이라고 선언하게 됨으로 인간심리의 새로운 차원을 개척하고 동시에 철학적 인간이해에도 새로운 지평을 열게 된다. 가령 프로이트는 그의 여러 저작에서 'trieb'라는 독일어를 사용했는데, 이것은 영어로 '본능'(instinct) 혹은 '충동'(drive)이지만 오히려 합성어로 '본능적 충동'(instinctive drive)이라고 할 수 있는데, 성적 목적은 성의 본능적 충동이 추구하는 궁극적 목적이며, 성적 대상은 그것을 달성하기 위한 수단적 목적이기 때문이다. 프로이트는 그의 이론이 범성론으로까지 취급되는 비난을 받고 있음을 시인하면서도 '인간의 행동은 어느 정도 성적 충동에 의해 결정된다'는 사실을 지적한 쇼펜하우어를 인용하며 자신의 입장을 고수한다.

프로이트의 정신분석 이론을 언어학적 관점에서 재해석한 라캉의 '무의식은 언어처럼 구조화'되어있다는 관점을 주장하며 정신분석학의 새로운 영역을 개척한다. 라캉에 따르면 욕망은 그 안에 3가지 종류를 가지고 있는데, 욕구(need)는 '식욕, 성욕 등 1차적인 충동과 만족을 추구하는 것'이고 요구(demend)는 '사회적으로 용인될 수 있는 욕구'이며 욕망(desire)는 '욕구와 요구 사이의 격차로 인해 생기는 것'이다. 그리고 욕구는 언제나 요구를 통해서 표현되고 충족되어야 한다.

'어머니와 자고 싶다'는 욕구(외디프스 콤플렉스)를 요구하는 일은 불가능하기 때문에 욕구와 요구 사이에는 메울 수 없는 간극이 존재한다. 그리고 이 간극으로 인해 욕망이 생기는 것이다. 그럼으로 '욕망은 결핍'이라는 라캉의 말은 이런 문맥에서는 정당하다. 결핍은 자신의 욕망을 메우기 위해 그 대상을 찾아 나선다. 그러나 만족되지 않기에 끝없이 치환되어 버린다. 곧 욕망의 환유연쇄가 이루어지는 것이다.

환유연쇄는 거세 콤플렉스와 함께 무의식이 존재하는 방식이다. 무의

테오—시네마

식이란 다른 사람, 혹은 사회적 용인과 사회적 질서와 같은 타자의 인정을 받고자 하는 인정 욕망, 즉 타자의 욕망이 된다. 그럼으로 '나는 존재하지 않는 곳에서 생각한다. 생각하지 않는 곳에서 존재한다'는 데카르트 뒤집기는 엄정한 주체로서 나를 해체한다.

반면 들뢰즈는 욕망을 자본주의 분석의 도구로 사용한다. 가령 자본주의 경제 특유의 역동에 따라 해방된 욕망의 에너지를 보다 정의로운 사회를 실현하는 원동력으로 삼고 있는 것이다. 오늘 우리 사회의 유목론(nomadology) 논쟁은 이러한 연장선에 있다. 우리사회의 편집증적 주체[3]가 세기말의 시대적 분위기와 함께 분열증 사회로 변환되면서 21세기에는 분열증적 주체[4]와 같은 새로운 삶의 양태가 봇물처럼 쏟아져 나오고 있다. 이것을 욕망의 다양한 선으로 이해하며 들뢰즈와 가타리는 『앙띠 오이디푸스』에서 분열분석을 통해 다양한 방향으로 뻗어나가는 욕망의 선들을 끌어내었으며 『천의 고원』에서 이 욕망의 선들이 구성하는 네트워크를 포착한다. 그래서 분열증 분석은 미시정치로 미시정치는 다시 유목론으로 이어진다.

따라서 탈현대적 분열주체(schizo-subject)를 만들어내기 위해 '욕망하는 생산'을 가로막는 모든 이론적 제도적 장벽을 허무는 데 이들의 이론의 중요성이 있다. 이정우도 지적했듯이 들뢰즈와 가타리의 철학이 철학적 침구학이 되는 이유이다. 신체-기계에 침을 놓음으로써 기의 흐름은 신체 부위들을 가로지른다. 이러한 흐름은 응어리진 부분들을 풀어주며 신체 내부의 새로운 흐름을 만들어 내는 것이다.

사드(M. de Sade)는 미덕을 위해 악덕에 탐닉했던 작가였다. 그는 윤리학과 문학 비평, 그리고 문화사를 연구하는 사람들에게 많은 것을 제공해 준 혁명적인 사상가이다. '도착(inversion)', '위반(transgression)', '전복(subversion)', '초월(transcendence)'과 같은 용어는 심리학뿐만 아니라 현대 인문학에서 핵심적인 주제어가 되고 있다. 앞서의 이러한 대조되는 욕망 이해와는 이 둘을 통합하며 상상계와 상징계에 해당되는 사상가로 헤겔과 지라르를 들 수 있다. 헤겔에 따르면 욕망이야말로 인간을 인간으로 만드는 원리로 취급한다. 욕망이 있어야만 인간은 자의식을 갖게 되는데 자의식이 없으면 인간은 결코 인간다울 수가 없기 때문이다. 곧 헤겔에게 있어서 욕망은 인간생성적, 역사형성적 원리이며 욕망으로 인해 인간이 인간다워지고 또 역사가 형성될 수 있다는 것이다.

헤겔의 욕망 이론을 다음과 같이 정리해본다. ① 동물에게 최고 가치는 생명이며, 모든 동물의 욕망은 생명보존의 욕망이다. ② 인간은 동물적 욕망에서 벗어나 자신을 인간으로 인정받고자 하는 욕망이 있다. ③ 인간은 타자가 자신의 가치를 인정해 주기를 욕망하며, 동시에 자신을 자립적 가치로 인정해 주기를 욕망한다. ④ 모든 인간적 욕망은 인정에 대한 욕망이다.

지라르의 이론 역시 욕망에 관한 새로운 의견을 제시하는데, 그는 욕망은 심리적, 사회적인 것일 뿐만 아니라 종교적인 것으로 분석하고 있다. 욕망은 폭력을 낳고, 폭력은 종교를 낳는다. 그 수태, 분만의 과정이 지라르에겐 너무나 자명하고 투명한 것이다.

하퍼(R. Harper)가 정리해 놓은 지라르의 사유는 ① 인간이 대면해야 하는 중심문제는 폭력이다. ② 폭력은 어떤 사람을 모방하려는 경쟁상태에서 생겨난다. ③ 오래 전부터 인간은 폭력이 모방 욕망처럼 끝이 없다는 것을 보아왔다. ④ 희생양이 발견되어 바쳐지면 폭력은 일시적으로 끝이 난다. ⑤ 이 희생양이 성화된다. ⑥ 그것이 종교적 제의의 시작이다. ⑦ 재판은 그것의 연장이다. 폭력만이 폭력에 끝장을 낼 수 있다. 이러한 지라르의 욕망 이론은 삼각형 구도이다. '주체-욕망을 가능케 하는 매개체-욕망의 대상'이 삼각형 구도로 되어 있다. 예를 들면 보봐리 부인은 삼류소설을 매개로 연인을 욕망하게 되며, 돈키호테는 아마디스라는 기사를 매개로 이상적인 기사를 욕망하게 된다는 것이다.

이러한 측면에서 또 하나의 상상계와 상징계에 해당되는 욕망 이해를 하고 있는 여성학자들이 존재한다. 남성적인 관점과 달리 크리스테바의 욕망 이론은 여성의 관점에서 설명해 나간다. 가령 페노텍스트나 제노텍스트의 개념으로 의미작용의 메커니즘을 찾으려 했던 크리스테바의 실험은 필연적으로 주체가 어떻게 구성되는가, 또는 언어에 의해 어떤 식으로 형성되는가라는 문제로 연결된다. 그리고 이것은 주체는 근원을 거부함으로써 형성된다는 결론으로 나아간다.

뤼스 이리가라이는 서구 철학과 정신분석학에서 나타나고 있는 동일성의 개념과 본질을 페미니스트적 관점에서 본격적으로 연구함으로써, 이와 같은 동일성의 철학에 의해 일관되게 억압되고 있는 '여성적인 것'을 해방시키고자 노력하는 최초의, 그리고 최고의 페미니스트 이론가로 인정받고 있다.

그녀의 박사학위 논문이자 주저인 『여성의 타자성에 대한반사경』(*Speculum de l'autre femme*, 1974)에서 보여 지는 것처럼, 이리가라이는 이 같은 동일성의 철학을 비판하기 위해, 누구보다도 프로이트의 여성성 이론에 대한 맹렬한 비판을 시작으로, 플라톤에서 헤겔에 이르기까지 서구 철학 전반을 정신분석 한다. 이러한 입장이 욕망에 대한 남성 학자들과 다른 측면들을 제시해 줄 것이다. 이를 〈표 1〉로 살펴보자.

	상상계	상징계	실재계
비평	▶모든 것이 통제되고 조절될 수 있다고 믿는 허구의 세상	▶마음대로 되지 않는 세상에 던져질 때	▶우리 안에 있는 미지의 세계
	▶모든 것은 정답이 있으며 편하고 쉬운 해결책이 존재(어머니의 치맛자락, 마마보이, 걸)	▶우리의 마음이 세상의 균열을 받아들이고 그것을 견디며 자신의 욕망을 이야기 할 수 있게 되는 지점 ▶논리적이고 합리적인 규칙(아버지의 이름, 법, 규칙)	▶합리적인 계산을 넘어서는 무엇인가가 있다는 생각

		쾌락원칙	현실원칙	
프로이트		밤(무의식)	낮(의식)	밤낮
라캉		주관적 착오와 오인의 질서(1930년 프로이트의 거울단계를 통해 발견)	객관적 언어, 법칙의 질서(1950-60년대)	언어적 기록 뒤에 남은 잉여(1970년대)
		Sade	Kant	Kant with Sade
지젝		미켈란젤로 〈모세상〉의 십계명의 미끄러짐	움켜진 십계명	미끄러지는 십계명과 움켜진 손사이 (기관의 에너지)
권택영		음(陰)	양(陽)	▶무위(無爲) ▶음이며 동시에 양인 것 ▶삶 속에 들어와 있는 텅빈 공간
		상상계에 갇히면 정신병	상징계에 갇히면 도착증	주체와 타자의 연결고리, 음양의 조화
최병학		자기중심적 나르시시즘	아버지의 이름	나르시시즘과 아버지의 이름사이
	사상적 측면	욕망	윤리	탈경계적 장소
		에피쿠로스, 스피노자, 프로이트, 라캉, 들뢰즈/가타리, 사드	플라톤, 아리스토텔레스, 칸트, 매킨타이어	시즈미 히로시, 니시다 기따로, 야기 세이이찌
		헤겔, 지라르, 크리스테바, 이리가라이		
	윤리적 측면	도덕해체	제국의 도덕	도덕해체와 제국의 도덕

〈표 1〉 라캉의 RSI의 적용

3. 〈새는 폐곡선을 그린다〉에서의 욕망의 한계

욕망에 관해 사유한[5] 영화들은 대부분 겁 없이 라캉식 상징계의 규칙들을 해체한 영화들이다. 가령 오시마 나기사의 〈감각의 제국〉(1976), 이마

주인공 '김'의 날개짓

무라 쇼웨이의 〈붉은 다리 아래 따뜻한 물〉(2001), 페데리코 펠리니의 〈8과 1/2〉(1963), 프랑수아 트뤼포의 〈여자들을 사랑한 남자〉(1977), 장 뤽 고다르의 〈주말〉(1967), 끌로드 샤브롤의 〈의식〉(1995), 미켈란 젤로 안토니오니의 〈욕망〉(1966), 폴 베호벤의 〈사랑을 위한 죽음〉(1973), 비르지니 데팡트의 〈베즈 무아〉(2000)등이며 피에르 파올로 파졸리니의 영화와 샘 페킨파, 데이비드 린치, 에밀 쿠스트리차, 조지 로메로, 라스 폰 트리에, 데이비드 크로넨버그의 영화들이 그 목록에 들어갈 것이다.

　이 글에서는 한국의 전수일 감독의 〈새는 폐곡선을 그린다〉(1999)를 살펴보고자 한다. 사실 정신분석의 주체는 자신의 욕망을 이해하고 이에 따라 선택하며 그에 대한 책임을 지는 사람이다. 이것이 가능해지려면 자기 자신의 생각과 느낌을 믿을 수 있어야 한다. 그리고 이것을 만드는 것이 정신분석의 일인 것이다.

　전수일 감독의 영화 〈새는 폐곡선을 그린다〉(The bird who stops in the air)는 지방대학교의 연극영화과 교수인 주인공 '김'(설경구 분)이 학생들에게 "영화란 자신의 이상을 펼쳐보이는 무대"라고 가르치는 것으로 시작된다. 이러한 자신의 이상을 펼치는 것을 형상화 하면 새의 모습인데, 현실은 그 이상을 꿈꾸게만 내버려두지를 않는다.

신문 값이 없어 벨소리에 놀라고, 딸아이는 아프다고 하고, 아내는 언제 돌아오느냐고 묻는다. 또한 자신이 가르치는 학생들은 학교를 졸업하면 갈 곳이 없어 막막한, 그런 현실에 직면하고 있다. 이러한 상황에서 김은 학생들을 가르치는 일도, 영화를 만드는 일도 자신의 존재를 무겁게 만들기만 한다는 것을 깨닫는다.

이런 김에게 영희(김소희 분)라는 중학교 과학교사인 애인이 있다. 휴식처 같은 그녀는 유부남인 김을 사랑한다. 이 둘의 관계는 서로 구속되지 않는 관계로 지속될 것 같았으나 영희가 가족에게 김을 소개시키길 원하자 김은 이런 상황들을 부담스러워 한다. 마침내 영희의 고향집으로 내려가는 도중 김은 영희를 홀로 남겨두고 떠난다.

다시 돌아온 김은 영화도, 사랑도, 자신마저도 구원하지 못하는 현실에서 어릴 적 어렴풋이 기억하고 있는 새의 이미지를 떠올린다. 그래서 주인공은 자신이 갈망하는 이상과 답답하고 고단한 현실 사이에서 느끼는 괴리감, 그리고 거기에서 벗어나고 싶어 하는 욕망을 새의 이미지에 담아 영화에 표현하려고 한다.

자신의 갑갑한 현실을 벗어날 수 있는 유일한 수단인 것처럼 새의 이미지에 집착하는 김은 자신의 어린 시절, 새와 가장 가까이 있었던 주남저수지 근처를 찾아가지만, 새는 사라지고 불타서 낡아버린 건물만 삭막하게 남아 있다. 김은 다시금 영희에게 전화를 한다. "영희야, 영희야 …"

야콥슨은 모든 언어에 내재하는 공통된 어떤 보편적 구조(메타구조)를 발견하려 했다. 만약 공통적이고 보편적인 질서가 존재한다면, 그것을 가능케 하는 공통되는 보편적 사고구조가 있을 것이기 때문이다. 라캉 역시 이러한 맥락에서 외디푸스적 욕망의 금지라는 구조를 상정하게 된다.

366

영화에서 주인공 김은 이러한 외디푸스적인 욕망을 벗어나고자 가족을 떠난다. 물론 주인공의 아버지는 영화에 나오지 않지만, 또한 주인공에게 아들이 아닌 딸이 있지만, 가족은 '아빠-엄마-나'(papa-mama-me)라는 신경증적 외디푸스의 삼각형이다. 즉 가족은 외디푸스기를 성립하는 모태인 것이다. 이러한 외디푸스적 삼각형인 가족을 떠나 지방의 대학으로 부임받아 영화에 몰두하며 이 사회가 그어놓은 현실의 삼각형인 '외디푸스적 욕망의 억제'를 벗어나고자 한다. 아니, 이 벗어남은 굳이 외디푸스적 삼각형에만 머무는 것도 아니다. 더 나아가 외디푸스적 욕망을 금지하며 이루어진 사회적 법과 규칙과 규범, 혹은 윤리와 도덕의 틀을 벗어나고자 하였다고 말한다면 어떨까? 다시 말하면 김은 상식적인 인간이면 억압해야 할 최초의 것, 원초적인 규칙이요 법인 외디푸스 콤플렉스를 벗어나고자 날개짓하는 한 마리 새인 것이다. 그러나 새는 폐곡선을 그리는 것일까? 감독의 말처럼?

라캉을 구조주의로 보는 사상사의 시선은 그가 다시금 구조를 상정하였기 때문이다. 곧 외디푸스적 욕망의 금지를 통해 문화가 발전하였다는 새로운 구조를 제시하였기 때문인데, 영화에서 외디푸스의 삼각형을 벗어나고자 날개짓을 한 김은 다시금 "영희"를 부르며 새로운 외디푸스의 삼각형에 편입하려 한다. 새가 폐곡선을 그리고 마는 것이다. 'Stop in the air' 하는 것이다. 그러나 앞서 복선을 깔았듯이 '새는 자기가 새긴 길만 날아간다'는 주인공의 말은 폐곡선을 '보편적 구조'로 인식하는 감독의 라캉 따라하기, 혹은 구조주의의 추구는 아닐까? 그렇지 않다면 이상의 『날개』처럼 옥상 위에서 한번 날아보거나, 이카로스처럼 비록 지중해의 저 검푸른 바다에 빠져 죽을지라도 그 찬란한 태양을 향해 날개짓을 하는 것이다.[6]

외디푸스적 욕망에 대한 금지를 통해 사회적 법과 규칙 속으로 들어감으로써, 혹은 사회문화적 규칙을 통해 욕구를 억압함으로써 생기는 것이 있다. 바로 무의식인데 무의식이 언어처럼 구조화되어 있다고 말하는 라캉의 천명은 무의식의 표현되는 방식이나 조직되는 방식이 언어와 동일하다는 말이다.

프로이트 사상의 도움으로 은유[7]와 환유[8]를 이야기하는 라캉의 도식으로 보자면 영화에서 주인공 김은 현실의 구속을 벗어나려는 무의식의 갈망을 (라캉의 도식, S/s에서 's:기의'인 무의식) 의식의 영역에서 영화 만들기로 은유하며(도식에서 'S:기표'인 의식), 영화 만들기는 '새의 날기'로 다시금 환유된다. 즉 김의 무의식의 심리가 기표로 나타난 '영화 만들기'와 '새'에 갈급하는 모습에서 우리는 다시금 라캉의 말을 되새길 수 있는 것이다.

그러나 만약 무의식이 언어처럼 구조화되어 있다면, 나라는 정체성은 나와 다른 독립적인 질서와 체계의 구조로 이루어져 있다는 말이 된다. 즉 무의식에 '타자'(Autre)의 담론이 개입되는 것이다. 그리고 이러한 타자의 담론이란 질서가 개개인에게 내면화되는 메커니즘, 즉 개개인의 질서로 편입되는 메커니즘을 무의식이라고 한다면 '무의식은 타자의 욕망(desire)이다'

라캉에 따르면 욕망은 언제는 그 안에 그 안에 3가지 종류를 가지고 있는데, 욕구(need)는 '식욕, 성욕 등 1차적인 충동과 만족을 추구하는 것'이고 요구(demend)는 '사회적으로 용인될 수 있는 욕구'이며 욕망(desire)는 '욕구와 요구 사이의 격차로 인해 생기는 것이다. 그리고 욕구는 언제나 요구를 통해서 표현되고 충족되어야 한다. '어머니와 자고 싶다'는 욕구(외디푸스 콤플렉스)를 요구하는 일은 불가능하기 때문에 욕구와 요구 사이에는 메울 수 없는 간극이 존재한다. 그리고 이 간극으로 인해 욕망이 생기는 것이다. 그럼으로 '욕망은 결핍'이라는 라캉의 말은 이런 문맥에서는 정당하다.

결핍은 자신의 욕망을 메우기 위해 그 대상을 찾아 나선다. 그러나 만족되지 않기에 끝없이 치환되어 버린다. 곧 욕망의 환유연쇄가 이루어지는 것이다. 환유연쇄는 거세 콤플렉스와 함께 무의식이 존재하는 방식이다. 무

테오-시네마

의식이란 다른 사람, 혹은 사회적 용인과 사회적 질서와 같은 타자의 인정을 받고자 하는 인정 욕망, 즉 타자의 욕망이 된다. 그럼으로 '나는 존재하지 않는 곳에서 생각한다. 생각하지 않는 곳에서 존재한다'는 데카르트 뒤집기는 엄정한 주체로서 나를 해체하는 것이다.

영화를 보면 김은 예술영화를 찍어야 된다는 강박관념이 있다. 교수들과의 술자석에서 '돈 되는 영화를 찍으라'는 동료 교수의 말에 껄껄 웃으며 '그래요, 포르노 말이죠, 껄껄'하며 답하는 모습을 볼 때, 자신은 그런 감독들과 다르다는 것이 은연중에 나타난다. 그러나 어쩌랴! 라캉의 눈으로 보면 김은 '타자의 욕망'을 욕망하고 있다는 것을. 예술영화를 욕구하지만, 자신의 능력이나 재정적 뒷받침 등 사회적으로 용인되지 않는 요구로 인해 그 격차가 생기므로 욕망하지만, 그 욕망마저도 타자의 인정을 받고자 하는 동시에 예술감독이 되려 하는 '타자의 욕망'인 것을 …

그래서 욕망은 폐곡선을 넘지 못한다. 김에게 아니 감독에게 부탁하건데, 마지막 장면을 "영희야"를 부르는, 혹은 새 한 마리 없는 쓸쓸한 주남저수지가 아니라, 그리고 어린 시절 자신의 이미지인 소년이 맨발로 주인공과 반대방향으로 가는 것이 아니라 새들이 제각기 하늘로 날아오르는 장면으로만 찍었다면, 아니 그 맨발의 소년에게 신발을 신겨주는 것으로 끝났다면 적어도 영희에게 전화라도 하지 않았다면 주체를 구성하는 타자가 질서의 체계가 오직 '아버지-어머지-나'라는 외디푸스 삼각형 내부에서만 정의되지 않고(혹은 상징계에 국한되지 않고), 그리고 타자의 욕망으로만 남지 않고 '욕망은 생성'이라는 들뢰즈적 의미로 라캉의 구조주의를 넘어설 수 있었을 텐데 말이다. 그래서 타자의 욕망, 그 욕망은 폐곡선을 넘어설 수 없는 것일까?

들뢰즈는 욕망을 자본주의 분석의 도구로 사용한다. 가령 자본주의 경제 특유의 역동에 따라 해방된 욕망의 에너지를 보다 정의로운 사회를 실현하는 원동력으로 삼고 있는 것이다. 오늘 우리 사회의 유목론(nomadology) 논쟁은 이러한 연장선에 있다. 우리사회의 편집증적 주체[9]가 세기말의 시대적 분위기와 함께 분열증 사회로 변환되면서 21세기에는 분열증적 주체[10]와 같은 새로운 삶의 양태가 봇물처럼 쏟아져 나오고 있다.

이것을 욕망의 다양한 선으로 이해하며 들뢰즈와 가타리는『앙띠 오이디푸스』에서 분열 분석을 통해 다양한 방향으로 뻗어나가는 욕망의 선들을 끌어내었으며『천의 고원』에서 이 욕망의 선들이 구성하는 네트워크를 포착한다. 그래서 분열증 분석은 미시정치로 미시정치는 다시 유목론으로 이어진다.

따라서 탈현대적 분열주체(schizo-subject)를 만들어내기 위해 '욕망하는 생산'을 가로막는 모든 이론적 제도적 장벽을 허무는 데 이들의 이론의 중요성이 있다. 이정우도 지적했듯이 들뢰즈와 가타리의 철학이 철학적 침구학이 되는 이유이다. 신체-기계에 침을 놓음으로써 기의 흐름은 신체 부위들을 가로지른다. 이러한 흐름은 응어리진 부분들을 풀어주며 신체 내부의 새로운 흐름을 만들어 내는 것이다.

욕망은 폐곡선을 넘어설 수 없을까? 라캉의 말대로 넘어서도 만족하지 않고 끝없이 환유연쇄하는 것이라 결코 넘어설 수 없을까? 그러나 미야자키 하야오 감독의 영화들은 욕망의 환유연쇄를 넘어선 그 어떤 희망을 보여준다. 상징계의 억압에 굴하지 않고 내 안의 실재계를 찾아내어 거친 세상을 향해 발돋음 하는 것이다.

4. 욕망의 윤리학

언제나 그러하듯 새로운 작품은 한 시대를 앞선다. 기존의 윤리나 도덕

테오-시네마

에 만족하지 않는다. 문화와 환경, 그리고 시대가 다름에 따라 도덕적 신념과 행동양식은 달라진다. 다시 말하면 도덕적 신념은 어떤 절대적 가치기준에 기초한 것이 아니라, 한 사회가 그 주위환경에 적응하여 생존하는데 도움이 되는 의지의 표현인 것이다. 따라서 당시대의 윤리나 도덕의 예술적 수용으로 작품을 쓰는 이들이 있는 반면에 새로운 윤리나 가치관의 확립을 위해 기존 윤리나 도덕, 그리고 인습을 파괴하는 이들도 존재한다. 이러한 이율배반적인 두 리듬이 항상 공존하고 있다. 라캉식으로 말하면 상상계와 상징계가 동시에 존재하는 실재계, 프로이트 식으로 말한다면 쾌락의 원칙과 현실의 원칙이 반복되는 밤낮인 것이다.

여기에 욕망의 윤리학은 이 두 리듬 위에 걸쳐 항상 탈주하는 것이다. 당시대의 윤리적 가치에 놓여 있으나 머물지 않고 이동하려하는 긴장, 이러한 긴장 가운데서 유목적 사유를 통해 탈주와 헤맴을 통해 자신의 진정한 무의식을 발견하고 태초의 소리를 들으려 하며 생성의 원초적 에너지로 내뱉는 한 줄 언어를 통해 처참하게 짓눌려진 우리 존재의 파편에 태초의 빛이 스며들도록 하는 것이다.

10.

영화 〈그 후〉: 권해효는 '아버지'의 이름을 찾았으나, 홍상수는 '김민희'로 이름을 찾았나

영화에도 나오듯, '공과 사를 구분'해서 글을 쓴다. 물론 홍상수의 영화는, 특히 이번 영화 〈그 후〉는 권해효의 말대로, '감독이 이전의 자기에게 보내는 편지'라고 할 수 있지만, 영화 〈그 후〉는 홍상수의 그 후가 아니라, 영화 〈그 후〉로만 읽어본다.

1. 영화 〈그 후〉

홍상수 감독의 21번째 장편영화 〈그 후〉(2017)는 아침 식사를 하는 봉

테오—시네마

완(권해효 분)에게 아내 해주(조윤희 분)가 말을 걸면서 시작된다.

> 아내: "자기, 요즘 이상해."
> 남편: "내가 이상해, 뭐가?"
> 아내: "전보다 표정이 달라졌어."
> 남편: "내가 표정이 달라졌어?"
> …
> 아내: "자기 요새 여자 생겼지?"
> 남편: "뭐라는 거야, 지금."
> 아내: "자기 여자 생긴 거 아냐? 이상해. 좋아하는 여자 생겼어?"

출판사 사장이며 문학평론가인 봉완은 오늘 신입 직원이 오는 날이라, 잠을 이루지 못하고, 새벽부터 집을 나선다. 새벽에 식사를 하는 남편에게 아내(조윤희 분)는 표정이 달라졌다고(물론 남편은 늘 그대로라고 하지만) 말하며 외도를 의심한다. 영화는 바람을 피운 봉완과 이를 눈치 챈 아내와 내연녀 창숙(김새벽 분) 사이에서 겪는 진퇴양난을 그리고 있다.

그런데 정작 봉완의 아내로부터 오해를 사서 따귀를 맞고, 봉완에게 회유당하고, 창숙의 곱지 않은 시선을 견디는 건 그날 첫 출근한 아름(김민희 분)이다. 비록 봉변을 당하지만 아름은 영화 속 다른 인물들과 달리 자신에게 당당하고, '하나님을 향한 믿음'에서 비롯한 확고한 믿음을 가지고 있으며, 봉완의 가식을 꾸짖을 줄 아는 여성이자 관찰자가 된다.

나쓰메 소세키의 소설 『그 후』[1]에서 제목을 빌려온 이 영화는 아름과 만나면서 봉완의 민낯이 드러나는 하루 동안의 코믹한 해프닝을 보여준다. 그리고 그 사이로, 봉완을 사로잡고 있는 창숙과의 만남이라는 과거, 그리고 이 하루 동안 아름을 유혹하려는 봉완의 갈등, 그리고 이 하루 동안의 소동과 봉완-창숙의 관계가 끝난 후의 어느 하루의 시제가 뒤섞이는 영화이다.

감독의 말대로 "일어난 시점은 과거지만 그게 지금에 영향을 끼치고, '소화되지 않았고', 계속 기억되는 것이라면 현재 시점의 인물의 의식과 감정에 그 과거와 지금의 행위들이 같은 실체적 힘으로 존재합니다. 그걸 그대로 표현한 것"이기도 하고, 홍상수 영화에 나타난 다층적 분열과 시간의 가역성이기도 하다. 늘 그래왔듯 홍상수 영화를 이야기할 때 빼놓을 수 없는 것이 '시간'이라는 개념이다. 시간이 흐르면 우리는 무언가를 잊거나 잃고, 동시에 생산한다. 사랑과 쾌락, 아픔과 슬픔 모두 시간이 지나면 다른 것들로 뒤바뀔 수 있는 것이 인생이다.

따라서 주인공 각자의 시간을 차이 나게 살아가며, 시간은 같은 공간, 같은 장소이지만 차이의 반복으로 시간의 비가역성을 보여준다. 그리고 흑백의 카메라는 그 어느 때보다 인물들 가까이 클로즈업되며, 그렇게 붙어선 카메라 사이로 공간을 꽉 채우는 것은 말들의 잔치인데, 그것은 바로 '실체에 대한 해석'과 '믿음의 유무'이다.

2. 보편논쟁[2]

보편논쟁이란 종(種)과 류(類)라는 '보편(universalia)'이 '객관적 실체로 존재하는가', 아니면 '인간의 사고 속에만 존재하는가'에 대한 문제를 놓고 일어난 중세 스콜라철학자 사이의 최대 논쟁이다. '보편의 객관적 실재성을 인정'하는 실재론(實在論, Realismus)과 "보편은 명목(名目, nomina)에 불과하다"는 유명론(唯名論, Nominalismus)의 대립이 있고, 이 양자를 조정하려고 나선 개념론(概念論)[3]이 있다.

실재론에 따르면 보편은 시간적, 위계적이며, "보편은 개별사물에 앞선다(Universalia ante res)"고 하여, 보편의 객관적 실재성을 인정하는 입장한다. 따라서 사고하는 세계와 외부적 세계는 엄밀한 의미로 평행관계를 이룬다. 즉 '1대 1의 대응관계'가 성립하는 것이다. 이러한 측면에서 '진리, 정의, 덕, 인간성, 사랑'과 같은 보편 관념은 인간정신의 소산에 불과한 것이 아니라, 경험세계에 존재하는 실체라고 할 수 있다. 나아가 인간의 추리능력에 의해 자연에 존재하는 통일성과 법칙을 발견할 수 있으며, 자연법도 긍정할 수 있다.[4]

영화 속 아름이는 이름 그대로 '아름다움'의 의미, 더 나아가 신과 실체에 대한 믿음으로 실재론의 입장에 선다. 반면 봉완은 모든 실재에 대한 것은 개념과 말이며, 실체는 없다고 주장한다. 따라서 "사랑한다."라고 발화하면서도 사랑하는지 헷갈리고, 자신의 실체도 정확히 인지하지 못하고, 주체성 혼돈으로 살아간다. 실체에 대한 확신이 없다.

유명론에 따르면 보편이란 다만 명칭에 불과하거나 사유의 추상적 소산이며, "보편은 개물 뒤에 존재(Universalia post res)"하는 것으로 이들은 보편의 실재를 부정한다. 따라서 자연에서 실제로 존재하는 것은 감각을 통한 관찰, 지각으로 포착되는 개별적 사물뿐이며, '일반화, 분류'는 외부적 자연에는 존재하지 않는다는 것이다. 보편적, 추상적 표상도 개별화만이 지배적 원리가 되는 실체계를 반영하지 못하며 직접적 지각과 구체적 관찰을 통하여 증명되지 않는 것은 존재하지 않는 것으로 본다. 자연의 본체에 대한 파악능력에 회의를 나타내며, 윤리적 상대주의, 법실증주의의 경향을 보인다.[5] 봉완의 입장이라고 볼 수 있다.

따라서 영화는 봉완과 아름이 실재를, 혹은 실체에 관한 논쟁을 벌이는 말의 잔치로 관객을 초청한다. 봉완에 따르면 "실체가 말로 잡히냐? 실체를 알 수 없으면 사실은 없는 것이다."고 말한다. 그러나 아름은 "없는걸

안다고 전제 하는게 거짓말이다." 말로 정리가 안돼지만, 실체를 느낄 수 있다는 것이다.[6]

3. 아버지의 이름을 찾은 권해효(봉완)

실체를 잃어버리고, 자신의 주체를 혼돈한 봉완은 영화의 마지막에서 자신의 실체와 주체를 '아버지의 이름' 혹은 부성에서 찾는다. 물론 영화는 새벽에 집을 나설 때, 봉완의 뒤에서 "아빠"라고 부르는 소리를 삽입한다. 고개를 돌아보는 봉완. 홍상수 감독이 영화에서나마 가정을 지켰다는 것을 암시하는 것은 아닐까? 물론 봉완은 창숙과의 갈등 가운데서도 항상 딸아이의 사진을 보여준 적이 있다. 그리고 창숙과의 한 달간의 외도에서 다시 가정으로 돌아간 것은 딸아이에게 아내가 '영국식 파란 코트'를 입히고 새벽에 창숙의 집에 찾아왔기 때문이었다.

봉완은 아름에게 그때의 일을 설명하며 이렇게 말한다. "마음이 바로 결정이 되었다. 아이를 위해 살자. 내 인생을 포기하자. 마음을 결정하는데 1초도 안되었다." 봉완에게 '사랑'은 '부성'에 그 자리를 양보한다. '부성'의 이름은 '수컷(혹은 남자)'의 이름을 넘어서는 것일까? '아버지의 이름'이 이전 홍상수 감독의 영화와 달리 귀환하는 것이다.

융이 설립한 국제분석심리학회 회장을 지낸 분석심리학자 루이지 조야는 '서구 사회, 나아가 오늘날의 인류 전체가 아버지 상을 잃어버림으로써 거대한 공황 상태에 처했다'[7]고 생각한다. 조야는 역사적, 심리학적, 문화적 관점에서 아버지의 발생사적 연원을 추적하지만, 핵심은 '심리학적 관점'이다. '원형', '집단무의식' 같은 융의 심리학 개념을 근거로 서구 사회 집단무의식 안에서 발견되는 아버지 상의 원형을 찾아 서구 문화의 시원으로 들어간 뒤 거기서부터 역사를 밟아 내려온다.

1단계, '선사시대'에 아버지가 탄생했다. 여기서 조야는 아버지 곧, '부성'과 '남자'를 구분한다. 남자가 생물학적 속성이라면, 부성은 사회적·문화적 구성물이다. 따라서 남자라고 해서 다 아버지가 되는 것은 아니다. 남자는 파괴적이고 공격적인 충동과 욕구에 직접적으로 지배받는다. 그러나 아버지는 충동과 욕구를 제어하고 인내, 의지, 지성으로써 삶을 계획하고 끌어가는 존재라고 할 수 있다. 따라서 책임감이야말로 부성의 핵심 특징이 된다. 조야는 이렇게 말한다. "원시 인류가 진화의 어느 단계에 이르러 이런 특성을 지닌 아버지를 탄생시켰고, 그 탄생은 문명의 출발과 다르지 않았다."

2단계, '고대'에서는 '문화적 형성물인 아버지'는 그 내부에서 '원시적 남성성'과 다툼을 벌일 수밖에 없다. 이러한 다툼을 신화적 장대함으로 보여주는 것이 바로 고대 그리스 서사시인 호메로스의 『일리아드』와 『오디세이』이다. 그리스의 트로이 정복을 그린 『일리아드』의 경우, 부성과 남성의 대결은 트로이의 왕자 헥토르와 그리스의 영웅 아킬레우스의 싸움으로 나타난다. 헥토르는 가족을 걱정하고 자식을 염려하는 전형적인 아버지의 모습이다. 반대로 아킬레우스는 남성적 힘의 분출 욕구만을 따르는 거친 전사라고 볼 수 있다. 『일리아드』에서 헥토르는 아킬레우스에게 패배하는데, 남성이 부성을 이겼다는 사실은, 부성 내부의 남성이 지닌 힘의 파괴성을 잘 보여준다.

트로이 함락 후 오디세우스의 귀향을 그린 『오디세이』 역시 부성과 남성 사이의 대결 드라마라고 볼 수 있다. 여기서는 '고향에 돌아가려는 오디세우스'와 '한없이 충동에 이끌리는 오디세우스'의 대비로 부성과 남성의 대결을 볼 수 있다. 이러한 싸움은 거인-괴물 퀴클롭스와 오디세우스의 싸움으로 나타나기도 한다. 오디세우스의 부하들을 산 채로 잡아먹는 퀴클롭스가 원시적 남성성을 상징한다면, 지략을 발휘해 퀴클롭스를 제압하고 탈출하는 오디세우스는 부성적 존재를 가리킨다. 그리고 오디세우스는 기나긴 유혹과 충동의 항해를 끝내고 마침내 고향으로 돌아온다. 이것은 아버지의 귀환이며 남성에 대한 부성의 승리라 할 수 있다. 조야는 이렇게 말한다. "그리스 문화의 이런 아버지 승리는 동시에 어머니의 패배를 뜻하는 것이다." 부성은 남성을 제압함으로써 여성도 함께 종속시켜 가부장제를 확립했다.[8]

3단계, '중세'에는 이렇게 확립된 아버지의 권위는 기독교라는 저항에 부딪혔다. 기독교는 천상의 신만을 아버지로 섬기고 지상의 아버지를 부정함으로써 부성적 권위를 뿌리부터 흔들었다. 이러한 지상의 아버지를 부정하고 남은 것은 '형제 관념'과 '평등 관념'이었다.

4단계, '근대'에는 18세기 계몽사상과 프랑스혁명을 통해 아버지는 숙청당했으며, 산업혁명은 아버지들을 공장으로 밀어 넣어 무력한 존재로 만들었다. 우울증 걸린 아버지들은 술에 찌든 불량한 아버지가 되어 남은 권위마저 잃어버렸다.

5단계, 아버지의 상실은 그 자리를 대신할 다른 것을 찾게 되는데, 이때 등장한 파시즘이 무력한 아버지들을 규합하고 국가주의를 외치며 텅 빈 아버지의 자리를 대신했다. 조야는 이렇게 말한다. "파시즘이 겉보기에는 가부장적 권위의 발현 같지만, 실은 부성 상실의 반작용이었다." 게다가 포스트모던의 부친살해는 현대의 질환을 더욱 그 극단으로 몰아가고 있다. 파시즘이 부성 상실을 폭력적으로 해결하려 했다면, 포스트모던은 해결이 아니라 무덤까지 이장하여 삭제시켜 버린 것이다.

그리하여 오늘날 문명의 위기는 '모성의 부활'인가, 아니면 '부성의 새로운 자리 비워주기인가?'가 되었다. 사실 조야도 "부성 상실 문제는 오늘날 더욱 깊은 문화적 질병으로 산재해 있으며, 그 질병을 극복하려면 잃어버린 아버지를 되찾아야 한다. … 집단무의식 속의 아버지 향수는 사라지지 않는다."고 말한다. 현대 문명의 질환을 치유하려면 아버지를 되찾아야 할 것인가? 어머니를 되찾아야 할 것인가? 홍상수의 〈그 후〉는 부성의 부활을 보여주는 것으로 자신의 삶과는 다른 자리를 보여준다. 그리고 이 모든 것은 '하나님의 뜻'이다.

4. 김민희(아름)의 신앙 "모든게 하나님 뜻대로"

봉완과의 대화에서 아름은 자신이 믿는 것을 세 가지로 이야기 한다. "첫째, 자신이 주인, 주인공이 절대로 아니라는 것, 둘째, 언제든 죽어도 된다. 괜찮다. 셋째, 모든 것이 다 괜찮다는 것을 믿는다. 다 아름답다. 영원히. 이 세상을 믿어요." 신이라는 실체를 인정하고 믿음으로 살아가는 사람이다.

아름이 이상한 하루(아름의 말대로 액땜을 하게 된 날)를 보내고 집에 돌아가는 택시에서 하늘에서는 눈이 퍼붓는다. 이때 아름은 기도한다. "기도합니다. 모든게 하나님 품안입니다. 하나님 뜻대로 하소서. 하나님 마음대로 하소서." '모든 게 다 괜찮다는 걸 믿어요', '모든 게 다 아름답다는 걸 믿어요.' 이 아름다움에 대한 대사는 감독과 배우의 스캔들에 대한 변명과도 같지만, 타자(관객들)에게도 자신들의 사연이 그리 나쁘지만은 않은(괜찮고 아름다울 수 있는) 것임을 알아달라고 호소하는 듯 느껴지기도 했다. 그리고 이 장면은 영화에서 가장 아름다운 장면이었다. 시종일관 흑백으로 연출된 장면들 속에서 대다수의 공간이 흰 빛으로 채워지는 이 장면은 아름(엄밀히 표현하자면 김민희)의 아름다운 얼굴과 함께 더 아름답게 다가온 것이다. 게다가 "모든게 하나님의 뜻대로"라고 하지 않는가!

그리고 홍상수는 '다 괜찮다'라며 모든 것을 하나님의 뜻대로 자기 합리화하며 현실과 영화 속을 교차하며 열린 결말을 보여주는 것이다.

로버트 브랜덤(Robert Brandom)은 미국의 사상가로 리처드 로티 밑에서 배웠고 로티가 사망하자 실용주의의 부흥에 매진했다. 그러나 브랜덤의 실용주의는 '이유를 주고받는 게임'이라는 화용론을 통해 합리주의를 주장한다. 가령 코앞에 있는 붉은색 천을 보고 인간과 앵무새가 "이건 붉은색이다."라고 말하는 경우, 둘 차이는 무엇인가? 브랜덤에 따르면 인간은 앵무새와 달리 '이유를 주고받는 게임'을 할 수 있다는 것이다. 인간은 상대에게 이유를 주거나 상대에게 이유를 구하는 존재이기 때문이다.

만약 누군가가 "왜 붉은색이지?"하고 물으면 "그야 그건 빨가니까"라고 대답할 수 있다. 그런데 앵무새는 "이건 붉은색이다."라고 되풀이해서 말할 수는 있어도 '이유를 주고받는 게임'을 할 수는 없다. 아름이 처럼 믿음이라는 이유로 살아가지는 않을지라도, 봉완처럼 부성으로 회귀하는 것으로 끝나지만은 않을 것이라는 기대(겸 우려)하는 것은 어쩌면 영화 제목이 '그 후'이기 때문이다(사실 생애 많은 부분들을 내려놓은 듯한 홍상수를 영화를 통해서 보게 된다). 그래서 홍상수의 다음 영화가 기대되는 이유이다.

5. '공과 사'를 구분하지 않으면 …

20세기 지식인들의 지식인이었던 장 폴 사르트르는 "지식인은 자신과 무관한 일에 쓸데없이 참견하는 사람"이라고 말한다. 여기에 '계몽적 지식인'과 '유기적 지식인'을 첨가하면 참다운 지식인은 세 종류가 된다.

첫째, '참견하는 지식인'은 자신의 전문영역에서 쌓아올린 명성, 곧 상징자본을 세상을 바꾸는 데 사용하는 지식인이라고 할 수 있다. 가령, 1898년 드레퓌스 사건의 한복판에서 에밀 졸라가 소설 쓰기를 제쳐두고 "자퀴즈!"(J'accuse!) 곧 "나는 고발한다."라고 외치고 나섰을 때, 반드레퓌스 우익세력들은 한목소리로 '작가가 왜 쓸데없이 남의 일에 끼어드느냐'고 비난의 화살을 쏘았는데, 그 화살이 날아가는 순간 현대적 의미의 지식인이 탄생했던 것이다.

둘째, '계몽적 지식인'은 소위 '지혜를 사랑하는 사람'이란 뜻에서 스스로 철학자라고 불렀던 지식인들, 곧 (프랑스로 한정하여) 볼테르, 루소, 디드로, 달랑베르를 들 수 있다. 이들은 18세기를 계몽주의 시대로 만들었다. 중세적 교회권력에 맞서 미몽의 세상에 빛을 끌어들였던 참 계몽적 지식인들이었다.

셋째, '유기적 지식인'은 일찍이 안토니오 그람시가 말했던 바, '사회 계급의 신경 노릇을 하는 지식인'이다. 노동자계급의 유기적 지식인이야말로 그람시적 지식인의 본령이라고 할 수 있다.

이러한 세 부류의 지식인은 당대 피억압자를 대신해 그들의 대표자, 대변자 구실을 했다. 곧 대중 위에서 대중을 대표하고 대변하는 지식인인 것이다. 여기에 홍상수식 지식인을 하나 더 추가한다면, '일상성의 지식인'을 추가 할 수 있겠다. 사실 '지식인의 고향', '지식인의 태반'이었던 대학이 대기업과 대자본의 하청업체가 된지 오래다. 대학은 '죽은 지식인들의 묘지'가

되어 버렸다. 앞으로도 더 극심해질 이러한 세상에 사르트르적 지식인의 '불온한 기운'이 부활해야 하고, 계몽적 지식인이 권력에 맞서 미몽의 세상에 빛을 밝혀야 하지만, 그리하여 이 땅의 수많은 소외받는 이들과 함께 '불의에 대한 저항'의 꿈을 꾸어야 하지만, 그래도 홍상수식 '일상성의 지식인'은 필요하다. 왜냐하면 그의 영화가 보여주는 뭔가 석연찮은 느낌, 현실 같은 현실 아닌 현실의 이미지, 그것만으로도 홍상수는 지식인의 반열에 들 것이기 때문이다. 게다가 영화 〈그 후〉는 어느 정도 '계몽적 지식인'의 흉내를 내고 있지 않은가!

테오−시네마

11.

〈군함도〉: '사회적 복종'과 '기계적 예속' 속 헤게모니와 반변증법 전략

1. 영화 〈군함도〉

〈군함도 The Battleship Island, 2017〉의 첫 장면은 1944년 11월 일제강점기, 군함도에서 탈출하는 아이들을 보여준다. 그리고 곧 잡히는데, 일본 군인들은 그물을 던져 아이들을 바다에서 익사시켜 죽이고, 시체를 군함도로 가져간다. 포상을 받는 것이다.

장면은 바뀌어 1945년 2월 7일 경성 명동의 반도호텔. 징용 축하공연을 하는 이강호 악단(황정민 분)과 소희(김수안 분)의 노래를 들려준다. 그러나 이강호는 여자를 잘못 건드려 도망자 신세이다. 뒤를 봐주는 경찰이 이렇게 말한다. "조선인들도 일본에서 돈을 벌 수 있다." 이 말에 속아 강호는 악단을 데리고 시모노세키로 향한다.

1945년 2월 12일 관부연락선 시모노세키 항. 강호는 물론, 종로 일대를 주름잡던 주먹 최칠성(소지섭 분)도 일본에 도착했고, 일제 치하에서 온갖 고초를 겪어온 말년(이정현 분)도 꿈을 안고 일본에 왔다. 하지만 그들이 도착하여 끌려간 곳은 다름 아닌 지옥섬, 군함도였다. 그곳은 조선인들을 징용해 석탄 노동자로 착취하고 있었던 곳이다.

군함도는 대일본 건설을 위해 석탄을 공급하고 있으며, 소장 시마자키(김인우 분)는 징용된 조선인들에게 기숙사를 제공하고, 건강보험, 퇴직적금 등을 들어주었으나 뒤로는 조선인 윤학철(이경영 분)과 결탁하여 임금을 착취한다. "같은 조선인 끼리 싸우는 것은 일본인들이 원하는 것이다."라며 징용 조선인들의 지도자 역할을 하는 윤학철은 일제가 항복한 후, 조선을 다시 세우기 위해 해방 조선에 필요한 인물이라 광복군에서 구출하려고 하는 조선의 지도급 인사이다. 변절자의 얼굴을 감추고 친일파이지만 민족의 지도자 역할을 하는 것이다. 또한 어린 소희가 시마자키 소장 앞에서 살기 위해 부른 군가 '동기의 벚꽃'은 가미가제 특공대의 군가이자 서글픈 조선의 운명을 잘 보여준다. 살기 위해 변절하거나, 살기 위해 충성을 맹세하거나…

장면은 바뀌어 1945년 7월 중국 광복군 OSS 훈련장, 이범석 장군은 탁월한 작전 수행 능력과 신념을 지닌 인물인 박무영(송중기 분)을 군함도로 보내 윤학철을 구출하라고 한다. 이후 일본 전역에 미국의 폭격이 시작되고 일본의 패색이 짙어지자 일본은 군함도에서 조선인들에게 저지른 모든 만행을 은폐하기 위해 조선인들을 갱도에 가둔 채 폭파하려고 한다. 이러한 계획에 시마자키와 손잡고 민족을 배신한 윤학철을 처단한 무영은 강옥, 칠

테오-시네마

성, 말년을 비롯한 모든 조선인들을 데리고 군함도를 빠져나가기로 결심한다.

어쩌면 드라마가 부족한 류승완 감독이 액션으로 그 부족분을 메우려고 했으나, 황정민을 신파로 너무 활용해 버려 〈국제시장〉도, 〈귀향〉도 아닌 어정쩡한 영화가 되었고, 소지섭과 영화의 남성미를 너무 살리다 보니 〈베테랑〉의 그늘이 보이며, 송중기를 천하무적 류시진 대위로 그려 너무 어색했으나, 영화에서 '지도자란 무엇인가?' 그리고 '지도자 하나가 바뀌면 세상이 어떻게 변하는지'를 너무나 잘 보여주는 것 때문에 위안을 삼을 수 있는 영화이다. 그리고 언제나 이정현은 감독의 부족한 연출력에 그나마 힘을 보탠다.

아무튼 영화는 헤게모니를 통한 '사회적 복종'과 '기계적 예속'의 모습을 제국주의와 자본주의가 축적된 군함도라는 섬을 통해 너무나 잘 보여주고 있다. 사실 일본은 군함도를 2015년 근대산업문화유산(방파제 안 섬에는 아파트 같은 건물들이 가득하다)으로 유네스코에 등록했다. 근대산업문화의 상징은 아파트이며 자본이 아닌가? 그리고 석탄은 바로 그 출발이다.

근대성의 상징인 아파트가 가득한 군함도 섬

2. 사회적 복종과 기계적 예속

들뢰즈와 가타리(G. Deleuze & F. Guattari)에 따르면 자본주의는 '사회적 복종'과 '기계적 예속'이라는 권력장치를 통해 주체성을 만들어낸다. 사회적 복종은 성, 신체, 직업, 민족성 등 특정한 정체성을 할당해 이분법에 기반을 둔 '개체화된 주체'를 만들어낸다. 따라서 개인이나 인권, 시민사회, 정치적 대표, 이데올로기와 억압 등이 사회적 복종에 해당된다. 기계적인 예속은 인간은 물론 비인간적인 요소들을 시스템의 부품처럼 배치해서 관리, 제어하는 것이다. 가령 주가지수나 통화, 방정식, 다이어그램, 컴퓨터 언어, 국민 계정, 기업 회계 같은 것들이 이에 속한다. 영화에서는 탄광 속은 '기계적 예속'에 해당되고, 그 외 모든 공간은 '사회적 복종'에 해당되는 것이다.

"자본주의는 자동차 산업이 새로운 자동차 라인을 출시하듯 새로운 주체성 모델을 출시한다."라는 가타리의 말은 '주체성' 생산이야말로 자본주의 체제의 핵심이며, "자본은 기호로 움직인다."라는 말은 자본주의가 언어를 주된 수단으로 삼아 인간중심적으로 세계의 구조를 파악하고자 했음을 잘 드러낸다. 이러한 자본주의가 인간의 주체성을 생산하는 구조가 무엇인지를 파악했던 이탈리아 출신의 자율주의(autonomism),[1] 이론가 마우리치오 라차라토(Maurizio Lazzarato)는 '주체/대상, 자연/문화의 대립'을 의심하고 무효로 만들어야 된다고 말한다. "기계는 기술의 부분집합이 아니라 인간 본질에 참여한다. 실제로 기계는 기술의 전제 조건"[2]이며 이런 관점에 서면 "공공 기관, 미디어, 복지국가 등의 장치도 … 인간, 절차, 기호계, 기술, 규칙 등"[3]을 배치하는 기계가 된다.

따라서 군함도는 탄광의 석탄을 캐기 위한 기술에 인간본질을 투여하여(물론, 조선인에 한해서) 식민지적 억압과 자본에 착취당하는 비인간적인 '인간-기계'를 그려준다. 라차라토에 의하면, "비인간들은 인간들만큼이나 행동의 틀과 조건을 규정하는 데 기여한다. 사람들은 기계들, 객체들, 기호들이 자기 자신과 동일한 "행위자"로 존재하는 배치 속에서, 또는 집합체(collective) 속에서 언제나 행동한다."[4]

따라서 언어처럼 인간의 의식에만 대응하는 '기표적 기호계'로는 인간과 비인간을 아우르는 기계적 작동 방식을 제대로 파악할 수 없다. 여기서 라차라토는 '비기표적 기호계'라는 틀의 중요성을 강조한다.

> "다른 모든 존재에게 없는 것, 즉 언표행위와 표현의 역량이 인간에게 있다고 말하는 것은 일종의 '제국주의적' 주장이다. 그러나 이런 제국주의적 역량이 사라진다고 해도 인간에게는 또 다른 표현 수단이 존재한다. '비언어적 수단' 말이다. 언어적인 언어의 기호들은 비언어적 언어의 기호들, 특히 행동 언어를 번역한 것에 지나지 않는다."[5]

그렇다면 자본주의 체제를 극복하기 위한 정치적 주체를 어떻게 발명해야 하는가? 사회적 복종에만 대항해 민주주의에 근거한 평등을 요구하는 차원에 멈춰 버리는 것이 아니라, 기계적 예속에까지 대항해 인간중심주의에서 탈피한 새로운 주체성을 발명할 수 있는 실존 양식을 고민해야하는 것이다. 정치적 행동은 노동의 사회적 분할에 따라 특정한 지위와 역할을 할당하려는 사회적 복종의 명령을 거부해야 하며, 동시에 정치적 행동은 기계적 배치, 달리 말해 세계와 그 가능성을 구축하고 문제화하며 변형해야 하는 것이다. 군함도를 탈출하는 조선인들이 바로 이러한 새로운 정치적 주체를 잘 그려주는 것이다. 사회적 복종을 탈피하고 기계적 예속을 벗어버리는 것, 그것은 바로 그 시간과 그 공간의 벗어남이다.

3. 헤게모니: 지도자 하나가 바뀌면 세상이 변한다.

안토니오 그람시(Antonio Gramsci)는 단순한 물리적 강제와 힘으로 지배하는 것에 더하여 '피지배자의 동의 혹은 합의에 기반을 두는 지적, 도덕적 지도력'을 첨가하여 헤게모니(hegemony) 개념을 발전시켰다. 곧 물리적 힘과 지적 합의가 결합될 경우 정상적인 헤게모니가 나타나는 것이다. 지배가 강제와 힘이라면, 헤게모니는 지적, 도덕적 지도력에 의한 자발적 합의가 본질인 것이다.

그람시에 의하면 적대집단은 '지배'하고 자신의 동맹집단은 '지도'한다. 일본이 일본 자국민과 조선인들을 항구에서 탄광에서 어떻게 지도하고 지배하는지 〈군함도〉는 너무나 잘 비교해서 보여준다. 폭력은 적에게만 사용하고 동맹집단은 포섭의 대상이며 그들의 열정과 지원을 필요로 하기 때문에 지도력을 계속 발휘해야 한다. 윤학철을 폭력이 아닌 포섭으로 삼은 것은 조선인들을 장악하기 위한 헤게모니 전략이다. 그람시는 헤게모니를 구축할 수 있는 계급을 '기본계급(부르주아지 또는 프롤레타리아트)'만으로 보았는데, 그 이유는 헤게모니는 경제적 토대에서 출발하기 때문이다. 윤학철과 시마자키의 결탁은 기본계급의 헤게모니 전략을 너무나 잘 보여준다. 그들은 경제적 이유 때문에 한명은 민족을 배신하고, 한명은 인간성을 말살한다. 따라서 석탄과 전쟁, 경쟁 인물간의 대립, 그리고 경제에 기초한 군함도의 상황은 헤게모니가 어떻게 작동되는지를 잘 보여준다.

'힘으로 지도력을 발휘'하려는 최칠성과 송종구(김민재 분), 힘이 아닌, 지식인의 권위로 지도력을 발휘하는 윤학철, 개인이 아닌 집단지성의 토론으로 지도력을 발휘하는 박무영과 부성(아버지)으로 인한 사랑 때문에 지도력을 발휘하는 이강옥을 그려주고 있다. 게다가 광기의 지도자인 야마다(김중희 분)도 있다. 군함도를 탈출하는 조선인들을 죽이며 야마다는 이렇게 외친다. "왜 조센진들은 고마움을 모르나. 조센진! 조센진!! 조센진!!!" 이렇게 짜증 썩인 목소리에는 조선에 대한 증오와 멸시가 깃들어 있다. 이유 없는 멸시와 증오, 그 뒤에는 광기가 있는 것일까? 아무튼 지도자 하나가 바뀌면 세상이 변한다. 아니, 적어도 딸아이 인생 하나는 변화시킬 수 있다.

4. 바디우의 윤리와 반변증법적 전략

알랭 바디우(Alain Badiou)는 『윤리학(*L'ÉTHIQUE*): 악에 대한 의식에 관한 에세이』에서 오늘날 '윤리'라는 말이 각광을 받고 있는 데 주목한다. 확실히 생명윤리, 윤리 위원회, 기업윤리, 인권의 윤리, 동물윤리, 사이버윤리, 커뮤니케이션 윤리 등 우리 주변에 윤리가 넘쳐난다. 기본적으로 차이를 인정하고 타자를 인정하는 이러한 윤리는 '관용(tolerance)' 정신이 그 근본일 수 있다. 바디우도 이렇게 말한다.

> "윤리란 '타자에 대한 인정'(타자를 부정하는 인종주의에 반대하는) 또는 '차이의 윤리'(이민자들을 배제시키고자 하는 민족주의 또는 여성 존재를 부정하려는 성차별주의에 반대하는) 또는 '다문화주의'(행동과 지성의 통일된 모델을 부과하는 것에 반대하는)라고. 또는 단순히 타자들이 자신과 다르게 사고하고 행동하는 것을 불쾌하게 여기지 않는, 그 훌륭하고 오래된 '관용'이라고."[6]

그러나 바디우는 여기서 더 나가 비판적으로 윤리를 검토한다. 따라서 바디우는 '윤리'가 사람들을 관리하고 지배하기 위한 이데올로기라고 폭로한다.

"윤리의 군림은 필연적인 것에 대한 주저와 순전히 부정적이고 게다가 파괴적이기도 한 의지 사이의 고유한 조합이 지배하는 세계에 대한 징후이다. 그러한 조합은 허무주의라고 지칭되어야 한다."[7]

결국 이데올로기로서 윤리는 '서구적 질서'를 선택하게 했고, '자본주의 경제'와 '의회 민주주의'를 옹호하게 하여 결국 보수주의, 보신주의로 이끌었다는 것이다. 이러한 '보편적인 윤리학'은 정치, 사회, 문화, 경제 등 모든 것에 예속되었다. 결국, 우리가 아는 통념적인 윤리학은 승자들의 윤리학이며, 승자들에게 유리한 윤리학이다. 따라서 바디우는 이렇게 말한다.

"윤리학은 따라서 '계속하시오!'라는 정언명령(칸트: 그 자체가 선인 명령)하에서 식별의 자원(시뮬라크르에 말려들지 않기 위해서)과 용기(양보하지 않기 위해), 그리고 유보(총체성의 극단성에 휩싸이지 않기 위해)를 결합시킨다."[8]

박무영은 윤학철을 식별했으며, 군함도에서 조선인들을 탈출시키는 것을 양보하지 않는 용기를 보여주었으며, 자신의 의견을 총체성의 극단성에 휩싸이지 않기 위해 유보하며 집단 지성을 발휘했다(혹자는 이 장면이 촛불집회를 상징한다고 하며 감독을 비판하지만, 오히려 영화는 이 장면 때문에 바디우의 윤리학을 정확히 보여주는 것이다).

바디우는 나치즘을 '생각의 형식'이 아니라고, 곧 "야만은 생각하지 않는다."는 믿음이야말로 지적 헤게모니의 착각이라고 한다. 곧, '정치'는 생각할 수 있고, '야만'은 생각하지 않는다는 전제야말로 '자본주의적 의회주의의 야만성'을 은폐하는 것이라고 한다.[9] 따라서 바디우는 나치즘도 정치이

테오-시네마

윤학철의 실체를 드러내는 박무영과 집단지성

자 생각이라고 말한다. 사실, 나치즘을 '생각하지 못하는 악'(한나 아렌트의 '생각없음'과 유비 가능하다)으로 말하기는 쉽지만, 그 경우 대안은 '무기력한 신학적인 판단' 이외에 할 수 있는 일은 없게 된다. 유대교의 메시아니즘이 그 경우인데, 신의 심판과 그 종말적 도래만이 인간이 기댈 수 있는 마지막 희망이 된다.

따라서 특정 정치적인 문제를 도덕적인 판단으로 손쉽게 대체한다면 나치즘과 민주주의의 공모관계라는 진실을 밝혀내지 못해 역설적으로 향후 되풀이될 전체주의의 출현을 막을 수 없을 것이다.[10] 따라서 왜 우리가 일제에 대해 역사적 반성을 요구하며 위안부 문제, 독도 문제, 군함도 문제에 관해 지속적으로 관심을 가져야 하는지를 잘 보여준다. 게다가 감독이 상투적으로 일본인보다 더 지독한 조선인을 배치한 이유가 바로 그것이다.

일제가 '생각의 형식'이 아니라, '야만'이며 '야만은 생각하지 않는다.'는 것은 오류이며 여기에는 조선인도, 바로 우리 자신도 해당된다는 것이다.

　그렇다면 바디우의 전략은 무엇인가? 『세기』에서 '통합과 융화를 지향하는 변증법'에 대해 반(反)변증법을 내세운다. 곧 모순을 폭로하고 대립을 격화시키는 것이다. 물론 바디우는 현대의 포스트모던 상황에 맞선 투쟁을 통해 낡은 질서를 해체하고 '새로운 인간'을 낳으려고 한다. 젊은 시절 심취한 마오쩌둥(毛澤東)의 '조반유리(造反有理)'[11] 사상이 바디우 안에 잠재되어 생생하게 고동치고 있으며(그런 면에서 바디우는 '현대의 가장 위험한 철학자'이다) 박무영은 조선인들과 함께 군함도 안에서 반변증법을 실현한 것이다. 그리고 이 반변증법은 지금도 계속되고 있다. 군함도에서, 한반도에서, OOO에서…

12.

〈택시운전사〉:
창조적 욕망과 불편함을 주는 친구

1. 니체의 『도덕의 계보』로부터: "살다 보면 억울한 일이 얼마나 많은데 그냥 무시해버려"

1980년 5월의 어느 날 서울 도심지, 터널을 벗어나는 초록 택시가 노래를 부른다. 원조 오빠, 조용필의 '단발머리'이다.

"그 언젠가 나를 위해 꽃다발을 전해주던 그 소녀 오늘따라 왜 이렇게 그 소녀가 보고 싶을까. 비에 젖은 풀잎처럼 단발머리 곱게 빗은 그 소녀 반짝이는 눈망울이 내 마음에 되 살아나나네. 내 마음 외로워 질 때면 그날을 생각하고 그날이 그리워질 때면 꿈길을 헤매 는데 우~ 못 잊을 그리움 남기고 그 소녀 데려간 세월이 미워라."

이윽고 택시는 시내의 데모 현장에서 차가 막히는 상황을 보여준다. "유신잔당, 비상계엄 해체하라."는 피켓을 든 대학생들과 터지는 최루탄 연기 사이로 초록 택시의 운전기사 만섭(송강호 분)은 이렇게 이야기 한다. "오늘은 그냥 넘어가나 했다. 데모하러 대학 갔나. 배가 불러 저런다." 혀를 차며 코에 치약을 짜 바른다. "우리나라가 얼마나 좋은 나라인데. 사우디 가서 살아봐라." 만섭에게 대학생들의 데모는 피땀으로 일군 나라에 반기를 드는, '군기 빠진' 젊은이들의 배부른 소리이다.

하루 일과를 마치고 사글세 독촉하는 주인아주머니와 주인집 아들에게 얻어맞은 딸이 있는 집에 돌아와서도 딸의 하소연에 이렇게 말한다. "살다 보면 억울한 일이 얼마나 많은데 그냥 무시해버려." 넉살 좋게 이야기하는 만섭의 말은 그저 먹고살기 바쁜 80년대 우리들의 초상을 잘 보여준다. 친구 집에 얹혀살며 밀린 사글세 걱정, 어린 딸 걱정하며 살아가는 평범한 소시민의 전형이다.

영화 〈택시운전사A Taxi Driver, 2017〉는 이처럼 지극히 평범한 80년대를 살아가던 보통의, 아니 속물 같은 택시 운전사가 바라본 단 이틀간의 광주의 모습을 보여준다. 그리고 이를 통해 변해가는 한 인물의 감정선을 통해 당시 우리가 보지 못한 1980년 5월의 광주를 보여주며 그날의 뜨겁고 처절한 온기를 관객들에게, 혹은 우리 역사의 쓰라린 한 페이지로 기억되게끔 만들어준다.

알랭 바디우가 사건에서 진리가 발생한다고 했던가?(사실, 바디우에게 사건이란 간단히 말해 "상황·의견 및 제도화된 지식과는 '다른 것'을 도래시키는 것이

테오―시네마

다.") 영화에서 사건은 "광주까지 다녀오면 10만원을 준다."라는 외국인이 있다는 얘기를 듣고 바로 그 외국인 손님을 가로채 광주로 향하는 만섭을 통해서 일어난다. 만섭이 태운 외국인 손님은 위르겐 힌츠페터(토마스 크레취만 분)라는 독일 기자인데, 계엄령이 선포되고 모든 연락이 끊긴 광주에 사건이 있음을 짐작하고 취재를 하러 들어온 것이다. 이렇게 광주로 향했던 만섭은 자신을 몰랐다. 니체는 『도덕의 계보』에서 이렇게 말한다.[373]

> "우리는 자기 자신을 잘 알지 못한다. (…) 우리는 필연적으로 우리 자신에게 이방인이다. 우리는 우리 자신을 이해하지 못한다. 우리는 우리 자신을 혼동하지 않을 수 없다. '모든 사람은 자기 자신에 대해 가장 먼 존재이다.'라는 명제는 우리에게 영원히 의미를 지닌다. 우리 자신에게 우리는 '인식하는 자'가 아닌 것이다."

우리는 왜 자기 자신을 잘 알지 못할까? 니체에 의하면 자신이 원하는 것이 무엇인지 알기 위해 한 번도 자신을 탐구해 본적이 없기 때문이다. 그리고 자신을 탐구하려고 하면 '도덕'이라는 것이 우리를 가로 막기 때문이다. "살다 보면 억울한 일이 얼마나 많은데 그냥 무시해버려."라는 만섭의 말은 어쩌면 상황의 억압, 그 이상으로 도덕적 가치의 내면화가 아닌가? 그저 하루를 소시민으로 살아가며, 하루 밥벌이에 만족하는, 따라서 니체는 이렇게 말한다. "'도덕에, 지금까지 지상에서 도덕으로 찬양되어 온 모든 것'을 의심해야 한다. 그리하여 자기가 누구인지, 자기가 좋아하는 것이 무엇인지를 감추고 있는 도덕적 편견을 걷어 내야 한다."

따라서 니체의 도덕의 계보는 당시의 도덕이 과연 누구에게 가치 있는 것인지, 그 기원을 따져 들어간 책이다. 곧, 도덕적 가치의 기원에 관한 니체의 사유를 담은 것이다. 우리가 무심히 좋다고 받아들이고 추구하는 '가치'

가 과연 누구에게 좋은 것인지를 따져 보고, 나아가 '나'에게 좋은 가치를 만들기 위해 어떻게 해야 하는지를 묻고 있다. 광주에서 광주의 역사적 진실을 두 눈으로 확인한 소시민 만섭은 이렇게 자기 자신을 발견한다.

딸아이의 구두를 사고 서울로 돌아오는 길, 광주를 등 뒤로 하고 떠나오는 길, 손님을 버려두고 역사의 아픔을 그저 가슴 속에 묻어버리고 도망쳐 오는 길, 억울하지만 어쩔 수 없다고 위안하며 돌아오는 길, 만섭은 혜은이의 '제3한강교'를 불렀다. 만섭의 이 노래는 니체의 도덕의 계보를 노래한 것이나 다름없다. 소쉬르의 표현을 빌어 도덕의 계보는 기의이고, 제3한강교는 기표이다. 무시하지 않고 자신을 발견한, 그리고 동시에 도덕의 계보를 뒤집어 버린 분기점이었다. 거기에 창조적 욕망이 있다.

2. 창조적 욕망을 발견하며: "아빠가 손님을 두고 왔어"

욕망은 어떤 것이 부족한 상태여서 그 '부족한 것을 메우기 위한 욕망'이 있고, 부족함과는 관계없이 어떤 것이 '그 자체로 좋고 가치 있게 느껴져서 원하는 욕망'이 있다. 전자는 '부족함의 관점에서 바라본 욕망'이고, 후자는 새로운 가치를 추구하고 이전에는 없었던, 혹은 이전과는 다른 새로운 가치를 추구하고 새로운 삶을 낳는다는 뜻에서 '생산의 관점에서 본 욕망'이라고 할 수 있다.

니체는 자신에게 진짜 좋은 것이 무엇인지, 그리고 이렇게 자신이 원하는 것이 인생을 걸 만한 것인지 아닌지를 알기 위해 자신에게 두 번 물어볼 것을 권한다. 한 번은 "네가 원하는 것이 무엇이냐, 진정 그것이 네게 가치 있는 것이라고 생각하느냐?"를 묻는 것이고, 또 한 번은 "네가 원하는 대로 살았던 결과를 받아들일 수 있느냐?"를 묻는 것이다. 이러한 두 번의 물음에 모두 '예'라고 대답할 수 있다면 그것은 진정 그에게 좋은 것이고 그가 추구해도 되는 가치라고 한다. 광주로 다시 핸들을 돌리는 만섭은 니체의 이 두 물음을 노래로 물었다.

> "강물은 흘러갑니다. 제3한강교 밑을. 당신과 나의 꿈을 싣고서 마음을 싣고서.
> 젊음은 피어나는 꽃처럼 이 밤을 맴돌다가 새처럼 바람처럼 물처럼 흘러만 갑니다.
> 어제 다시 만나서 다짐을 하고 우리들은 맹세를 하였습니다.
> 이 밤이 새면은 첫차를 타고 행복 어린 거리로 떠나갈 거예요"

'당신과 나의 꿈을 싣고서 마음을 싣고서 행복 어린 거리로 떠나갈 거예요.' 광주의 고난의 현장이 행복 어린 거리로 대체되며 당신과 나의 꿈을 이룰 맹세로 딸아이와 자신의 소시민적 행복을 대체한 것이다. 따라서 딸아이에게 전화했던 말 "아빠가 손님을 두고 왔어."는 니체의 진정한 삶의 물음에 만섭의 기의를 감춘 답이 되는 것이다.

3. 신화적 폭력: "모르겠어라, 우덜도 우덜한테 와 그라는지…"

보통 폭력이라고 하면 '법'과 대립하여 '법'에서 벗어난 행위라고 생각한다. 따라서 폭력을 법으로 단속한다. 그러나 독일의 문예비평가 발터 벤야민(W. Benjamin)은 '법' 안에 '폭력'이 잠재되어 있다고 말한다. 그리고 폭력을 두 가지로 구분하는데,「폭력 비판을 위하여」(1920)에서 "폭력에는 '신화적(mythisch) 폭력'과 '신적(göttlich) 폭력'이 있다. 신화적 폭력의 '신화'는 그리스 신화를 가리키고, 신적 폭력의 '신'은 유대교의 신, 곧 야훼를 가리킨다."라고 말한다. 그리고 신화적 폭력에는 다시 '법 보존적 폭력'과 '법 정립적 폭력'이 있다고 한다.

벤야민은 신화적 폭력의 일례로 그리스 신화 속의 '니오베 이야기'를 사례로 든다. 테베의 왕비 니오베는 아들 일곱과 딸 일곱 명을 두었는데, 그들을 무척 자랑스러워했다. 그러나 니오베는 불경죄를 저질렀는데, 자신이 레토(Leto) 여신보다 더 훌륭하다고 뽐냈던 것이다. 레토에게는 아들 아폴론과 딸 아르테미스 한 명씩 밖에 없었다. 따라서 화가 난 레토는 아폴론으로하여금 니오베의 아들들을 죽이게 하고, 아르테미스는 딸들을 죽이게 하였다. 자식을 모두 잃은 니오베는 울며 세월을 보내다 돌이 되고 말았다. 여기서 레토의 분노가 바로 신화적 폭력이라는 것이다.

광주 시민들은 공수부대가 광주 시민들을 학살하는 것을 보고 이렇게 말한다. "모르겠어라, 우덜도 우덜한테 와 그라는지…" 그러나 전두환은 지금 법 정립적 폭력과 법 보존적 폭력을 법이라는 이름으로 행사하고 있는 것이다. 법 안에 폭력이 내재되어 있고, '법 보존적 폭력'으로 계엄이라는 법을 유지하기 위해서 폭력을 행사하는 것이다. 그리고 동시에 '법 정립적 폭력'으로 박정희 암살 이후의 혼란기에 쿠데타로 군사력을 의지하여 폭력적으로 정부를 전복시켜서 법을 새로 설정한다. 5공화국의 탄생과 민정당, 이후 민자당, 신한국당, 한나라당, 새누리당, 자유한국당의 신화적 폭력의 터전을 마련한다. 따라서 법 정립적 폭력과 법 보존적 폭력, 두 가지는 모두 '신화적 폭력'으로 상호 의존하며 끊임없이 계속되고 끝나지 않는다. 가령, 혁명(영화에서는 군사쿠데타)에서는 '법 정립적 폭력'이 요구되고, 일단 혁명이 완성되면 '법 보존적 폭력'이 필요한 것이다. 계엄령 선포와 광주 시민 학살이 바로 그것이다.

벤야민은 이러한 온갖 신화적 폭력을 종식시키는 폭력을 '신적 폭력'이

　　　　　　　　　　　　　　　　　　　테오-시네마

라고 한다. 여기에는 벤야민의 '메시아주의'가 깃들어 있는데, 그에 따르면 마르크스주의의 역사적 유물론(유물사관)은 '신학적인 메시아주의'에 따라 보완되어야 한다는 것이다. 따라서 신적 폭력의 사례를 구약 민수기의 '고라의 반역'에서 찾는데, 고라는 모세의 사촌이었으나, 지휘관 이백오십 명과 함께 모세의 지도력에 반기를 들었다. 모세가 교만하고 독선적이라는 것이 반기의 명분이었으나, 사실은 같은 레위지파 후손으로서 모세에게만 영광이 돌아가는 데 대한 질투가 숨어 있었다. 그러나 모세에 대한 반역은 모세에게 권위를 준 야훼에 대한 반역이다. 따라서 모세가 야훼의 공정한 심판을 요청하자, 땅이 갈라지고 불길이 솟아 고라의 무리는 한꺼번에 소멸당했다.

> "땅이 그 입을 열어 그들과 그들의 집과 고라에게 속한 모든 사람과 그들의 재물을 삼키매 그들과 그의 모든 재물이 산 채로 스올에 빠지며 땅이 그 위에 덮이니 그들이 회중 가운데서 망하니라. 그 주위에 있는 온 이스라엘이 그들의 부르짖음을 듣고 도망하며 이르되 땅이 우리도 삼킬까 두렵다 하였고 여호와께로부터 불이 나와서 분향하는 이백오십 명을 불살랐더라."(민수기 16:32–35)

이것이 신적 폭력이다. 그렇다면 '신화적 폭력'과 '신적 폭력'의 차이는 무엇인가? 벤야민은 "신화적 폭력이 법 정립적이라면, 신적 폭력은 법 파괴적이고, 신화적 폭력이 경계들을 설정한다면, 신적 폭력은 경계를 파괴한다."라고 말한다. 곧, 신화적 폭력이 법을 정립하고 보존하는 폭력, 다시 말해 지배를 구축하고 유지하려는 폭력인 데 반해, 신적 폭력은 그런 법을 파괴하고 해체하는 폭력인 것이다. 벤야민은 이 신적 폭력을 '순수한 폭력'이라고 옹호하였다. '신화적 폭력이 생명체를 희생시킴으로 자족(레토 여신의 경우를 보라)하지만, 신적 폭력은 폭력의 종식으로 전혀 새로운 상황을 설정하는 것이다(고라 사건 이후의 출애굽 공동체의 모습을 보라). 영화에서는 주인공 만섭의 변화가 벤야민의 메시아니즘의 흔적을 아주 살짝 보여준다. 메시야는 미래에 오는 것이 아니라, 현재 그 어떤 때(성서에서는 '카이로스'라고 한다)에 도래하는 것이기 때문이다.

가령, 전태일이 자신의 목숨에 불을 붙였을 때, 그것은 1970년대 모든 '생명'을 구원하는 것이었으며, 광주도청의 마지막 총성이 울렸을 때 그것은 1980년대의 전체 '생명'을 구원하는 폭력이 그곳에서 일어났던 것이다. 따라서 벤야민의 신적 폭력을 통한 구원은 시간이 지나 역사를 되새길 때 이해되는 그런 폭력이다. 그리고 메시아는 언제나 신화적 폭력을 행사하는 '적그리스도들'의 극복자로서 도래한다.[1]

4. 불편함을 주는 친구: "형씨가 뭐가 미안해. 나쁜 놈들 저기 따로 있구만"

니체는 욕망이 작동하는 특정한 방향을 '의지'라는 개념으로, 욕망의 능력을 '힘 혹은 권력'이라는 개념으로 표현한다. 따라서 욕망은 의지와 힘혹은 권력이라는 두 요소로 이루어져 있고, 이 두 요소가 짝이 되어 움직일 때 욕망에 따른 삶이라 할 수 있다. 의지는 있는데 능력이 없는 경우, 능력 자체를 기르는데 의지를 집중하는 것을 '힘에의 의지'라고 한다. 곧 자기를 실현할 수 있는 능력을 만드는 것에 의지를 쏟는 것이 힘에의 의지이다.

따라서 니체는 욕망을 따라 살아가기 위해서 첫째, "사회를 지배하고 있는 가치나 정서들과 맞설 수 있어야 한다."라고 말한다. 만섭은 물론, 광주의 택시 운전사 황태술(유해진 분)이 이를 잘 보여준다. 만섭이 광주를 벗

테오—시네마

어나도록 도와주며 마지막 순간 쫓아오는 군용 지프차로 후진하는 장면이 너무 눈물겹게 아름답다. 화면에 황태술의 후진하는 택시가 오른쪽에서 왼쪽으로 지나가고, 도로가에 펼쳐진 초록의 풀들을 카메라가 비춰준다. 도로는 고요했고, 차바퀴 소리가 고즈넉하고, 그리고 브레이크 밟는 소리와 "쾅"하는 소리…

만섭이 핸들을 돌렸듯이, 태술이 후진하는 것은 모두 군부독재의 질서에 맞서는 행위였다. 그러나 대부분은 후진하지 못한다. 핸들을 꺾지 못한다. 만섭은 광주를 벗어나 순천에 와서 사람들의 이야기를 듣는다. "대학생들이 데모해서 군인들이 죽었다. 깡패, 빨갱이들. 뉴스에 나왔다. 신문에도 나왔다 아이가." 언론개혁의 필요성을 보여주지만, 사회를 지배하는 가치와 정서, 그 질서에 맞서는 것이 얼마나 힘든가를 잘 보여준다.

둘째 "자기에 대한 오만, 연민, 집착 등을 버려야 한다." 미안해하는 만섭에게 태술은 이렇게 말한다. "형씨가 뭐가 미안해. 나쁜 놈들 저기 따로 있구만. 날씨 지랄 맞게 좋구만. 나중에 딸과 함께 놀러오소. 아기랑 소풍가게." 욕망을 따라 살기 위해서는 이러한 연민을 벗어버려야 한다. 만섭이 '제3한강교'를 부르며 광주를 벗어나다 핸들을 꺾은 것은 바로 연민에서 벗어나는 행위였다. 오만과 집착을 벗어버리고, 자기 결정적 창조적 욕망의 분출이었던 것이다.

셋째 "습관을 버려야 한다." 욕망에 따라 사는 사람은 낯선 것과의 만남을 통해 기존의 자기를 극복하고 새로운 자기로 나가려 한다. 이에 반해 독단적인 사람은 낯선 것을 배격하며 이미 결정된 것이 변하는 것을 경계한다. 낯선 사유, 낯선 상황, 낯선 세계, 이런 것들과 자신을 부딪치게 하는 중요한 계기 중 하나를 니체는 친구라고 한다. "야전 침대처럼 불편함을 주는 존재가 친구"라는 것이다. 낯선 것, 즉 익숙하지 않은 것에 맞닥뜨렸을 때 느끼는 불편함을 주는 존재가 바로 친구인 것이다. 따라서 니체에게 친구란 죽이 잘 맞아서 놀기에 좋은 존재가 아니라, 자신의 사유와 감각, 생활을 좀 더 넓어지게 하는 계기가 되어 주는 존재이다.

만섭에게 기자가, 기자에게 만섭은 서로의 사유와 감각, 생활(게다가 언어까지)을 넓어지게 했다. 『차라투스트라는 이렇게 말했다』 서문에서 니체는 이렇게 말한다. "창조하는 자가 찾고 있는 것은 친구다. 무리나 추종자가 아니다. 창조하는 자는 더불어 창조할 자, 새로운 가치를 새로운 판에 써넣을 친구를 찾는다."

따라서 영화는 창조적 욕망을 넘어 친구에 관한 이야기도 된다. 장훈 감독의 작품 대부분은 '두 남자'에 집중한다. '두 남자'의 갈등을 통해서 이야기를 이어가는 것이다. 따라서 장훈 감독은 브로맨스(Bromance)[2]의 장인이라 불린다. 〈영화는 영화다〉(2008)의 소지섭-강지환, 〈의형제〉(2010)의 송강호-강동원, 〈고지전〉(2011)의 신하균-고수, 〈택시운전사〉의 송강호-토마스 크레취만 등.[3] 특히 〈택시운전사〉는 새로운 가치를 서로에게 써 넣어 주었던 진정한, 불편한 친구에 관한 영화이다.

5. "아저씨 광화문 가요": 미국(美國)은 결코 아름다운 나라가 아니다.

그렇다면 주인공 송강호가 영화 〈택시운전사〉를 통해 하고 싶은 말은 무엇일까? 그는 이렇게 말한다.

"아픈 역사를 다루는 영화지만 그 당시 사람들이 비극적인 현실을 어떻게 극복했고 어떤 희망을 노래했는지를 전달하고 싶었어요. 영화의 주인공인 김만섭은 거창한 정치적 구조나 사상을 이야기하

테오-시네마

는 사람이 아닙니다. 인간으로서 최소한의 도리를 할 뿐이죠. 특별한 사람들이 아니라 평범한 사람들이 역사를 바꾸는 모습을 보면서 관객들도 희망을 느꼈으면 좋겠어요."

그러나 희망은 절망의 원인이 무엇인지 정확하게 인지할 때 가능한 것이다. 송강호는 몰랐지만, 장훈 감독은 알았을까? 영화의 마지막 2003년 12월 택시 운전사 김만섭(김사복)은 손님을 태우고 광화문으로 간다. 그해에 무슨 일이 있었을까? 〈2003년을 자주와 평화의 새해로! 미군재판 무효! 살인미군 처벌! 부시공개 사과! SOFA 전면개정! 100만 촛불 평화 대행진〉이 있었던 날이다. 주최는 '미군 장갑차 고 신효순, 심미선 양 범국민대책위원회'였다. 광주 대학살 뒤에, 전두환 뒤에, 미군이 있었음을 마지막에 보여준 감독의 센스가 고맙다.[4] 진정한 창조적 욕망은 이처럼 말미에 살짝 고개를 내밀고, 우리를 불편한 야전침대로 초대한다.

3부 신학 2.0: 자아의 소멸과 생명윤리

01.

마크 테일러(M. Taylor)의 자아의 소멸과 흔적의 종교성

마크 테일러

1. 자아의 탄생과 소멸

에코의 사랑을 거부한 나리시스, 마침내 네메시스의 형벌을 받아 샘물속의 자신의 모습을 사랑하다 죽어갔던 그, 샘물의 요정에게 물어보았다. 나리시스가 날마다 죽어갈 때 너는 무엇을 했느냐고? 샘물의 요정이 하는 말, "나는 어떤 아이의 눈동자 속에 있던 나의 모습을 바라보느라고 그 아이를 제대로 못 보았어요"

샘물에 비친 나리시스의 모습, 샘물에 비친 자신의 모습을 너무 사랑해 날마다 날마다 죽어갔던 나리시스, 나리시스의 눈동자 속에 비친 샘물의 모습, 그 모습을 바라보느라 나리시스가 죽어가는 것도 못 본 샘물, 자기애는 모든 존재의 구성요소인가?

데카르트(R. Descartes)의 위대함은 경험적 인식이든 관념적 인식이든 모든 인식 내용들의 근저에 그 인식을 수행하는 사유 주체인 자아 자체가 명증적으로 존재한다는 통찰이었다. 따라서 '신의 양태로서의 자아'를 이야기하는 스피노자(B. Spinoza)나 '모나드로서의 자아'를 이야기하는 라이프니츠(G. W. Leibniz) 등은 개체적 자아에서 출발하여 그 안에 보편적 존재의 근거, 혹은 존재 원리를 찾는 흐름으로 진행되어 서양 합리론을 대표한다. 반면 이기적 욕망의 주체로서 자아를 이야기하는 홉스(T. Hobbes)나 관념의 다발로서 자아를 발견한 흄(D. Hume)은 경험론의 입장에서 자아 내의 보편성이나 무한성을 부정하고 인간 자아를 철저하게 경험적 차원에서 살펴보고 있다.

독일 관념론 철학으로 넘어오게 되면 칸트(I. Kant)식 '현상을 구성하는 초월적 자아'에서 '무한과 유한 사이에서 유동하는' 피히테(J. G. Fichte)식의 자아, 마침내 헤겔(G. W. F. Hegel)에 이르러 '보편을 실현하는 개체로서의 자아'로 해답을 찾은 듯 하였다. 물론 헤겔적 자아의 바벨탑 옆에 포이에르바하(L. A. Feuerbach)식 '감성적 자아'와 니체(F. Nietzsche)식 '초인으로서의 자아'가 존재하긴 하지만 말이다.

그러나 중요한 것은 현대철학의 흐름은 이러한 니체나 포이에르바하식의 자아 개념이 좀 더 확장된다는 점이다. 곧 '세계 구성의 지향적 주체로서의 자아'를 이야기하는 후설(E. Husserl)이나 '신체성의 자아'를 말하는 메를로-퐁티(M. Merleau-Ponty), 마침내 '실존과 탈존의 자아'를 이야기하는 하이데거(M. Heidegger)에서 '형성된 욕망의 주체로서의 자아'를 이야기하는 라캉(J.

테오-시네마

Lacan)에 이르면 데카르트의 전제가 하나의 편견이었음을 깨닫게 된다.

이 글은 자아에 대한 또 다른 편견을 상정하고 시작되는 글이 될 수밖에 없으며 동시에 홉스, 혹은 경험론자들의 사유와 포스트모던적 사유의 틀에서 자아의 사유를 새롭게 구상해보고자 한다. 그리고 자아에 대한 단지 형이상학적인 철학적 사유, 혹은 존재론적 사유를 지양하고, 종교적으로 자아가 타자와의 관계 속에서 어떻게 이해되어야 하는지에 관점을 두고 논의를 진행할 것이다.

1) 자아의 탄생

인간의 자아는 언제 등장하는가? 이름을 소유하고 동시에 이름에 의해 소유되면서 자아는 등장한다고 해체주의 문화 신학자 테일러(M. Taylor)는 말한다.

> "자아는 이름을 소유하고 동시에 이름으로 인해 존재한다. 왜냐하면 자아는 처음 이름불리워짐(호명, nomination)을 통해 존재하기 때문이다. 이러한 호명은 축복과 저주를 동시에 지닌다"[1]

바로 이름짓기에서 자아가 탄생하는 것이다. 신이 인간을 부름으로 인간의 자아는 하나님의 형상에 대한 모방이 시작되었고, 그 신의 형상은 주체성을 인간에게 부여한다. 따라서 신과 인간의 관계에 대한 사색은 신의 이름과 인간의 이름 사이의 분리할 수 없는 관계로까지 나아간다. 즉 자아의 소멸은 천직으로 지명된 '소명의 축복과 저주'라는 양 측면을 가진다.

이러한 인간의 자아가 잘 표현된 것은 자서전이다. 기독교 신학에 있어서 자서전으로서의 신학을 이야기했던 이는 어거스틴(Augustinus)이다. 그의

『참회록』[2]은 고전 시대 철학의 형식에 획기적인 변혁을 불러왔는데 인간이 자신의 내면을 탐구하면서 신을 만나고자 한 글쓰기라고 말할 수 있다. 그리고 이러한 글쓰기는 인간 의식의 메커니즘의 분해서인 헤겔의 『정신현상학』에 이르러서 완성을 보게 된다. 테일러는

> "고백록은 신에게 드리는 고백이다. 어거스틴은 자기 자신을 무소부재한 신에게 현전시킴으로써 자기를 자기 자신에게 현전시킨다. 지배적인 창조자로서의 신은 모든 현전의 근거이고 근원이다. 어거스틴으로부터 헤겔에 이르기까지 신은 절대적으로 자기-현전적인 자기-지식을 가능케 해주는 요소에 대한 이름이었다."[3]

라고 말한다. 즉 인간의 자기는 신의 이름을 부름으로써만 자기 자신의 이름을 부를 수 있는 것이다. 그러나 인간이 신의 이름을 부를 때 자신의 존재가 '이름짓기'를 통해 드러난 것처럼, 역설적이게도 우리들 인간은 서로를 '이름짓기', '구역정하기'를 통해 욕망의 흐름을 통제하며 인간 존재를 위계화 시킨다. 이러한 위계는 현재의 신비와 재현을 감추며 이름을 하나의 위(位)로만 만들어 버린다. 이러한 이름이 자리와 접목이 될 때 인간 세계에서 새로운 자아의 모습이 형성된다.

곧 인간은 '자리-이름'(位) 체계 속에서 자아를 형성하는 사회적 동물이다. 위(位) 속에서 보다 높은 자리를 잡으려고 하고, 그렇게 해서 상당히 높은 자리를 잡았을 때, 그것을 출세(出世)라고 부르며 자신의 위가 세상에 드러나 위가 격상되기를 바란다. 그리고 자신이 사회에 의해서 어떤 '자리-이름'을 부여받았을 때 그 '자리-이름'을 자신의 정체성과 동일시한다. 그래서 그 '자리-이름'이 A라면 "나는 A다"는 명제로써 스스로를 규정한다.[4]

들뢰즈와 가타리(G Deleuze & F. Guattari)는 국가 장치들이 홈을 파는

기능에 의해 욕망의 자유로운 흐름을 포획한다고 말한다. 가령 인간에게 이름이 주어지고 그 이름으로 불려지듯, 빗물 역시 지붕의 홈을 따라 흐르고, 사회의 여러 흐름들은 곳곳에 파여 있는 홈을 따라 흐르는 것이다. 그곳에는 흐름의 방향과 속도를 규제하는 각종의 규칙들이 존재한다.

가령 쉬운 예로 장애인은 이러한 자본주의의 홈의 최대 피해자이다. 차도를 따라 흐르는 자동차는 인도로 뛰어들어서도, 정해진 속도와 신호를 위반해서도 안 된다. 학생들은 집, 학교, 학원을 잇는 길 위에서 자신이 홈 속의 존재임을 알게 될 것이다. 역시 선거 결과를 보여주는 무수한 그래픽들은 지역을 가르고 있던 거대한 홈을 가시적인 형태로 보여준다. 면접시험에서 여성 혹은 지방대 출신이 느끼는 장벽은 아마도 어떤 홈통의 벽일 것이다. 정도의 차이는 있지만 우리는 누구나 그런 홈들에 고통 받는다. 하지만 존재 자체로 그런 홈들을 증명하고 고통 받는 보편적 현상이 있는데 그것은 바로 장애인들이다.

일반인들은 '어떤 곳'이 홈 파여 있음을 느끼지만, 장애인들은 '모든 곳'에 홈이 파여 있음을 느낀다. 그들은 불과 5센티미터도 안되는 문턱 앞에서 좌절하는 사람들이다. 일반인들은 '어떤 곳'에서 장애인이 되지만 그들은 '모든 곳'에서 장애인이 된다. 그들은 사회 곳곳에 설치된 장애물에 걸려 넘어진 사람들이다. 버스 정거장, 지하 계단, 대학 입시 장소, 공장의 작업대, 심지어 그 주인권리를 행사하는 투표장에서까지 사회는 장애인들을 생산한다.[5]

이러한 인간 존재의 홈, 혹은 코드는 이름짓기(지음 당하기)와 마찬가지로 인간이 당면한 최대의 딜레마가 된다. 따라서 자아의 탄생은 욕망의 자유로운 흐름을 포획하듯이 이름불리워짐으로 탄생하며, 그것을 거부하는 무위(無位)의 여정을 시작으로 그 소멸의 카운트다운을 시작하는 것이다.

2) 자아의 소멸과 해체적 무/신학의 근거로서 흔적

이름을 부름으로 일차적으로 재현되는 것은 자기 자신이지만, 그 자기는 궁극적으로는 '신 앞'(coram Deo)에서 자기이기 때문에 최종적으로 남는 것은 신의 자기, 즉 궁극적인 재현의 대상인 신의 현전만이 나타나게 된다. 따라서 반성적인 주체인 자기는 공허를 발견할 수밖에 없다. 테일러는 "그러므로 반성적 주체는 섬뜩한 공허를 발견한다. 그리고 그 공허를 통해서 주체는 사라져 버린다."[6] 즉 자기 반성의 정점에 이르게 되면 자기는 자기성이 완전히 상실된 흔적일 뿐이라는 역설에 다다르게 되는 것이다.

> 자기성을 향한 여행은 위험한 여행이었음이 드러난다. 그것은 바로 십자가의 길이다. '자기 자신에 대한 재현에서 주체는 감금되고 개방된다' 주체의 감금은 흔적에 의해서 등록된다. 흔적은 '일반적인 첫 번째 외면성의 개방이고 사랑있는 자의 타자에 대한 불가사의한 관계이고, 내면의 외면에 대한 관계이다. 그것은 공간내기이다' 언제나 '현전하는' 부재, 언제나 내면적인 외면은 죽음 자체이다. 살아있는 현전자는 언제나 죽음에 의해 낙인이 찍혀 있다. 그리고 이 죽음, 이 영원한 죽음은 현전을 영원히 위태롭게 하는 섬뜩한 것이다. 흔적의 공간 안에서 자기의 소멸의 위치를 표기하는 십자가가 새겨져 있다.[7]

따라서 이름짓기를 통해 시작된 자아는 현전하는 부재와 자기소멸의 십자가를 통해 자아의 소멸로 진행하며 흔적을 남긴다. 그리고 그때에 만이 총체적인 서구 형이상학, 곧 '신-역사-자아-책'의 해체 작업이 완성되고 되고 흔적이라는 새로운 메타포를 통해 우리의 사유는 포스트모던 해체주의 이후의 사유를 시작할 수 있는 것이다.

이러한 맥락에서 테일러의 해체적 무/신학(A/Theology)는 모더니즘적인 전통신학과의 단절에서 시작된다. 흔적의 사유의 출발점이기에 무/신학에 관해 좀 더 살펴보자. 전통신학에서는 시작과 종말이 있으나 무/신학에서는 시작과 종말이 없다. 무/신학은 흔적의 환원불가능성을 주장한다. 그래서 무/신학은 완고하게 비목적론적이고 비종말론적이다. 신적인 길의 무한한 놀이 안에서 기다림은 최종적으로 지는 게임이다. 사실 기다림 자체는 저주이다.

흔적은 결단코 치료되지 않는다. 흔적은 비종결이 선언됨으로써만, 열려짐으로써만 성취된다. 극단적 무/신학의 비목적론과 비종말론은 개방성을 열리게 하고, 모든 표시가 치료되지 않는 것으로 본다. 그럼으로써 전통적 존재신학의 모든 종말 게임을 끝낸다.

시작과 종말의 사라짐과 더불어 되어감은 모든 계기 속에서 정당한 것으로 나타난다. 순수한 기원은 결코 없었고 완전한 종말도 없을 것이다. 확고한 중심은 없다. 기원, 중심, 종결의 사라짐은 흔적의 유포적 모험(the semina adventure of the trace)을 가리킨다.[8]

그리고 이 모험은 항상 이미 시작됐다. 방랑자는 그의 동일성을 알지 못한다. 왜냐하면 그는 동일성이 없기 때문이다. 방랑자는 중심의 상실과는 다르게 비중심을 천명한다. 이렇게 천명된 비중심이란 바깥으로 도는 그릇됨의 의미를 함축한다. 이 탈선은 일시적인 이탈이 아니라, 끊임없는 이탈이다. 방황의 끊임없음은 그것의 불가피한 무목적성을 드러내는 것이다.

그럼으로 되어감은 과거나 미래의 지시에 의하여 정당화될 필요가 없고 매 계기 속에서 정당화된다. 여기서 방랑자는 법을 깨뜨린다. 그러나 이러한 탈선은 죄과와 죄를 양육하지 않는다. 이런 경우 무법성은 은총과 불가분리적이기 때문이다. 이 은총은 신과 자아가 죽고 역사가 지나갔을 때만

도래하기 때문이다.[9]

3) 방황

자아의 소멸이 방황의 시간을 맞이할 때 무법적인 방황의 땅은 선과 악의 피안이다. 사막에 지도가 필요없듯이 방황하는 자아는 소멸된 자아의 뒤안길로 디오니소스의 열정을 내재한다. 곧 방황하는 자아는 디오니소스의 한정적 세계를 축제로서 맞아들이는 것이다. 디오니소스는 모든 방랑자를 축제로 초대한다. 우주는 끊임없이 생성과 소멸을 반복하는 시바(Shiva)의 춤이다. 따라서 우주라는 텍스트는 어쩌면 흔적이 춤추는 무대가 되는 것이다.

이렇듯 무/신학은 자유롭게 방황의 놀이를 한다. 여기서 신은 놀이의 창안자이다. 동시에 놀이는 신의 죽음, 자아의 소멸과 역사의 종말을 연출하는 무한한 게임이다. 놀이는 목적이 없으며, 무의미하며, 비이성적인 것으로 특징지워 진다. 놀이가 어떤 의미와 목적을 추구할 때 이 놀이는 끝나는 것이다.[10]

따라서 놀이는 무목적적이고 전적으로 천박하게 나타난다. 놀이는 투쟁과 조화, 필연과 조화, 생명과 죽음, 분절과 어조, 자연과 문화의 반복과 교차이다. 이 반복과 교차가 놀이이다. 놀이는 바로 텍스트인 이 세상의 놀이다. 이 놀이에 주객의 구분이 없다. 주인이 손님이 되고 손님이 주인이 된다. 주인과 식객의 끝없는 탄생과 소멸이 세상의 끝없는 놀이인 것이다.

이 세상 배후에 신이 있지 않다. 신의 죽음은 자유로운 놀이의 그릇된 천박을 풀어낸다. 놀이는 초월적 신의 부재를 축하하는 것이다. 이 부재는 놀이의 무제한성을 함축한다. 그리고 전통적 존재신학을 파괴한다. 그러므로 이 놀이는 무/신학의 변두리를 확장한다. 놀이는 현전과 부재의 역설적

테오—시네마

인 놀이이다. 카니발은 거리, 관계, 유비와 배제할 수 없는 대립을 내포하고 있다. 그러므로 본질적으로 반논리적이다. 놀이의 역동성 이해는 글의 무한한 새김을 조명한다. 자유로운 놀이의 유통은 영구히 지속되는 흐름이다.[11]

카니발의 참가자는 행위자와 관객이다. 그러나 카니발 안에서 주체는 무로 환원된다.[12] 성스러운 것은 속화되고 속된 것은 성스러워진다. 어리석은 자는 지혜로운 자이다. 모든 것은 전체에서 구속되고 긍정된다. 어리석은 놀이자는 그가 더 이상 부정하지 않는 신앙 속에서 자유로운 영이 된다.

무/신학은 이러한 신앙을 디오니소스의 이름에 대한 신앙이라고 한다.[13] 술취한 해방은 생산적이며 파괴적이다. 디오니소스 안에서 창조와 파괴, 삶과 죽음은 영원히 결합된다. 신의 죽음 속에서 진정한 파라다이스는 우리가 상실한 파라다이스만이 아니다. 유일하게 얻은 파라다이스는 파라다이스 자체의 최후적 상실이다. 그리고 이 상실이 은총인 것이다.[14]

여기서 테일러는 역설적인 파라다이스를 말한다. 파라다이스의 최종적 상실로서 유일하게 얻은 파라다이스란 극단적 허무주의를 말한다. 해체신학은 술취한 해방으로 들어가고 무 속에서 자유로운 영이 되는 허무주의에 빠지는 것이다.

"궁극적 대답을 지니지 않는 사유자, 언제나 새로운 우주 속에서"[15]라고 『방황』(Erring)의 마지막에서 테일러가 말한 것이 바로 이러한 맥락 하에 있다. 즉 '신-자아-역사-책'의 연쇄망을 해체하고 '글쓰기-흔적-방황-텍스트'로서 해체주의가 추구하는 것은 깊이와 높이에 대한 향수가 아니라 표면 위에서의 끝없는 유희인 것이다.[16] 물론 이것은 새로운 '신의 길'로 여정을 계속한다.

2. 글쓰기로서 새로운 '신의 길'

테일러는 '경계를 추적하고 변두리를 재추적 하려는 글쓰기'를 방황이라고 부른다. 그것은 '이리저리 돌아다니기', '헤메기'이다. 그것은 어디에도 정착하지 못하는 유목민의 사유이고, 존재 양태이다. 따라서 그것은 결코 명사화되고 실체화 되어서 고정될 수 없는 영원한 술어일 뿐이다. 방황은 일체의 수직적인 초월을 거부하는 연기요, 시간적인 초월을 뒤집는 무시무종(無始無終)의 무/존재론에서나 가능하다. 다음은 테일러의 묵시적인 말이다.

> "이러한 의미에서 무/신학은 '유목적 사유'라고 규정할 수 있다. 방황하는 유목민은 절대적인 시초를 뒤돌아보거나 궁극적인 종말을 향해 앞을 쳐다 보지 않는다. 그의 작업은 완결된 책이 아니라, 열려진(아마도 중단된) 텍스트이다. 텍스트는 실제로 시작하는 일도 끝나는 일도 없다. 무/신학의 말들은 중간에 떨어지고 만다. 그들은 언제나 중간에 있다. 무/신학적 텍스트는 끝없는 실짜기에 의해서 짜여진 천이다. 이러한 현기증 나는 언어의 유희는 십자가의 역설적인 비이원론적인 (무)논리를 가르킨다. ··· 말의 길은 물론 골고다로 가는 고난의 길이다. 절대적인 길에 이르는 문턱으로써 십자가는 승천과 음부행의 교차를 가리킨다. 그리고 이 교차는 '하늘과 지옥의 결혼'이다."[17]

무/신학은 동일성과 차이의 역설 구조를 가지고 있다. 대립의 구조 안에서 동일성은 자기와 동일한 차이로 나타난다. 왜냐하면 차이는 동일성이 아닌 한 자기 자신과 동일하기 때문이다. 역설적인 테일러의 말이다. "동일성은 차이다. 왜냐하면 동일성은 차이와 다르기 때문이다. 역으로 차이, 혹은 순수하고 절대적인 차이는 동일성이다."[18]

동일성과 차이의 공동 함축은 '글의 이중성'(duplicity)을 보여준다. 동일성과 차이의 이중적 상호놀이는 모든 현존 속에서 부재를 드러낸다. 여기서 테일러는 알타이저의 글을 인용한다. "구현(embodiment)은 현전이다. 그러나 그것은 전체적 동일성의 실제적 부재인 현전이다. 이러한 단어 속에서 현현하고 글 속에서 화육하는 사라짐은 다름 아닌 신의 죽음이다."[19]

이러한 부정성의 과정은 '힘의 관념'(the notion of force)으로 접근할 때 더욱 잘 이해된다. 여기서 힘은 다양한 힘들의 상호 교환이다. 이 상호 놀이는 각자가 타자를 통하여 있기 때문이다. 텍스트에는 안과 밖의 차이가 있다. 그러나 그것은 대립의 관계가 아니고 보탬과 모자람의 상호보완하는 안의 밖이요, 밖의 안이다. 이들은 서로 얽혀 있고 서로 보충대리한다.

텍스트의 직물 세계 안에서 하나의 텍스트는 데리다에 의하면 "다른 텍스트의 읽기 속에 전적으로 타 없어지면서도 어떤 방식으로든 자기 자신의 문제로 되돌아가는"[20] 운동과 힘을 가지고 있다. 그러므로 이런 힘이기에 텍스트는 구조이지만 구조 이상이다.

동시에 힘은 '해체적'이다. 글의 해체적인 힘은 있으며, 그리고 있지 아니한 모든 것의 보편적인 중심(universal medium)이다. 초월적인 힘 대신에 힘은 항상 갈라져 있으며 차이에 무관하지 않는 차이성의 놀이이다. 그러므로 로고스는 없고, 오직 신성한 글만이 있다. 이런 상황에서 글은 일어나고 사라지는 것으로 읽혀질 수 있다. 여기서 글은 신적인 길, 즉 신의 길인 것이다.[21]

이러한 신의 글은 글의 무한한 단어 놀이 속에서 해소된다. 따라서 글 속의 단어 놀이 속에서만 신의 길에 관하여 말할 수 있다. 글은 모든 것의 비기원적 기원을 형성하는 차이성의 강력한 놀이이다. 글의 창조적/파괴적 부정성은 동일성으로 구성된, 차이성이 일어나는, 영원히 다시 일어나는 드라마이다. 글쓰기에 대한 테일러의 언급은 "글쓰기는 무시무종(無始無終)한 '영원한 순환'(eternal recurrence)이다. 이것은 그 자체가 시작하거나 끝나지 않는 반복의 역설적인 운동"[22]처럼 단순 명료하다.

무/신학은 무한과 유한, 영원과 시간, 사이의 대립의 일치를 강조한다. 무/신학은 상식적인 이해를 도치시킨다. "유한의 존재는 그 자신의 존재만이 아니라 무한의 존재이다."[23]

여기에는 역설의 논리가 지배적이다. 유한은 단지 무한의 타자이며 무한에 대립될 뿐만 아니라 실제로 무한의 내면적 차원이다. 양자의 복합적 관계는 무한과 유한이 서로 배척하거나 대립되지 않고 서로 타자를 통하여 자기 자신이 된다. 무한과 유한은 각기 타자를 통하여 그 자체가 되는 끊임없는 놀이를 만든다. 영원한 순환은 항상 굽어 있고, 휘감기고, 순환적이고, 부정직하고, 돌아간다. 그릇된 놀이를 반복적으로 정립함으로써 영원한 순환은 무한한 그릇된 길을 새긴다.

방황이 영원한 것으로 파악될 때 중심은 어디나 있다.[24] 여기서 중심이란 중심일 뿐 아니라 매체를 가리킨다. 중심이 도처에 있을 때, 중심은 센터이기보다는 중간(Millieu)이다.[25] 그러기에 신적인 길은 명료한 개념으로는 재현될 수 없다.

> "부정성은 차이에서 나오는 힘이고, 이 힘은 만물을 비실체화한다. 상호연관성은 해체적이다. 차이는 실체적 자기를 해체시키면서 동시에 자기는 전체를 구성한다. 따라서 차이는 해체적이면서 동시에 구성적이다. 이러한 글쓰기는 서구 신학의 이분법적 근거를 해체시킨다. 신의 부정은 글쓰기에서 수육된 말씀으로 나타난다."[26]

신의 길이란 고전적 논리의 용어들 내에서가 아니라 비약서(the graphics

테오-시네마

of the pharmakon)안에서만 이해된다. 여기서 테일러는 파르마코스(pharmak-os)를 이야기한다. 파르마콘은 약이자 동시에 독이며, 축복이자 동시에 저주라고 할 수 있다. 파르마콘은 좋은 약도 아니나, 독약만도 아닌, 야누스처럼 두 얼굴을 가지고 있는 괴물이요, 애매모호한 이중성을 가지고 있다. 파르마콘은 관념적 동일성을 가지지 않으며 양자적(혹은 양가성ambivalence)인데 이러한 것이 바로 신의 길이라고 테일러는 말한다.[27]

이처럼 신의 길이 양자적이고 애매모호하다면, 아니 중간 길이라면, 다시 말해 중심이 도처에 있다면, 테일러에게 있어서 무상과 통로는 더 이상 짓눌릴 필요가 없는 것이다. 따라서 일어남과 지나감은 생산적이고 파괴적 힘이며 영원한 창조인 것이다.[28]

이러한 중심의 도처에 있음을 테일러는 불교의 무와 연기를, 그리고 데리다의 산종[29]을 통해서 더욱 심화시키고 있다.

"글쓰기는 모든 것들의 철저한 관련성을 이루는 차이의 끝없는 유희이다. 이러한 복잡한 상호관계의 그물은 신적인 중간 길이다. 이러한 비전체적인 전체성에서 무(nothing)는 스스로 그 자체가 된다. 왜냐하면 모든 것은 이러한 힘의 상호작용을 통하여 나타나고 사라지기 때문이다."[30]

테일러는 글을 자기 비하과정(kenosis process)이라고 하며, 또한 글은 절대적인 자기-동일성을 비우게 하고 자기-현전을 완성한다고 한다. 여기서 테일러는 용수를 인용한다. 성서를 끊임없이 십자가에 못박는 것처럼 무는 홀로 있을 수 없으며 모든 것은 서로 의존하여 발생한다. 연기(Codependent originality)는 절대적인 근원을 지우는 비근원적 근원이다.[31]

글은 그것이 기초 지우는 차이성에 의하여 기초된다. 글은 항상 다른 단어 속에 있다. 단어는 구현된다. 단어는 현전과 부재, 동일성과 차이의 일치를 구현한다. 때문에 단어는 사라짐으로써만 나타난다. 그리고 차이성에 기초를 두는 비근원적 근원이 관계성을 이루는 것처럼, 글쓰기는 근원 자체의 개념을 안에서 그리고 밑에서 뒤집는다.[32]

따라서 화육한 단어는 초월적이지도, 자기 파생적이지도 않지만, 반대로 신적인 길은 근거 지우면서 근거지워 지는 근거(grounded ground)[33]이다. 글의 무한한 차이성의 놀이 속에서 근거와 근거됨은 극단적인 상호의존의 관계 속에서 분리되고 결합된다.

불교적인 의미로 좀더 설명하자면, 연기란 서로가 서로에 대해 술어가 됨으로 자신의 존재를 형성하지만, 또한 이러한 사실 때문에 모든 존재자는 자신의 자성(自性)을 가지지 않는 공이라는 종교적 자각이 들어 있다. 그래서 글은 자기 비하의 과정이 되는 것이며, 그럼으로 테일러에게 있어서도 글은 신적인 글이 된다는 것이다.

> "글쓰기는 만물의 비근원적 근원을 형성하는 차이들의 힘있는 유희이다. 글쓰기는 현전의 형이상학에서 표상된 전적타자나 순수한 초월의 흔적을 지운다. 따라서 신의 죽음은 '신에 대한 글쓰기'(writing about God)의 구조를 깬다."[34]

이러한 멈출 수 없는 상호작용을 풀어서 설명하면 로고스를 항상 뿌려진 로고스(Logos Spermatikos)로 이해하며 산종에 의해 끊임없이 전해진다고 볼 수 있다. 산종은 씨앗을 흩뿌리는 것인데 이 단어적 유례를 통해 말씀의 산종을 테일러는 '흩뿌리다'(spreading), '어수선하게 뿌리다'(scattering), '산만'(diffusion) 또는 'publication'(간행)으로 이해한다.[35]

그리고 말씀의 산종은 지금은 아니라고 말하며 테일러는 성서의 씨뿌

테오—시네마

리는 농부의 비유(막 4:3-8)를 든다. 말씀은 씨이다. 씨를 뿌리고 나면 그 씨를 뿌린 농부는 즉시 사라진다. 즉 씨뿌리는 사람은 부재하는 것이다. 그럼으로 로고스는 해체되어 산종되며, 신적인 것은 산종 속에서 무한한 다(多)의 진리를 표방하는 것이다. 그래서 텍스트는 희생(text as victim)이다.[36]

이 희생을 테일러는 다음과 같이 말한다. "신적인 것의 화육은 신의 죽음인 반면 단어의 산종은 개별적 자아를 십자가에 못박음이다."[37] 다시 말하면 동일성을 언표하는 로고스는 단어의 산종 속에서 차이성을 갖게 된다는 것이다. 그리고 이것은 동일성의 부정을 말하며 동시에 로고스는 차이성의 산종 속에서 사라진다. 사라진 흔적이야말로 자아의 소멸 이후 드러나는 종교적 메타포의 완성이다.

3. 흔적의 종교성

1) 무와 장소 그리고 흔적

불교에서는 부처의 인격적인 면을 보신(報身)이라 하고 비인격적인 면을 법신(法身)[38]이라고 한다. 도가의 도(道), 주자의 리(理)나 기(氣), 에크하르트의 신성(神性)같은 개념이 법신에 유비될 수 있을 것이다. 보신이 부처님의 몸이라면 법신은 그 몸마저 여의고 없는 것이다. 보신이 유일신을 예배하고 객관화시킨다면 법신은 그런 유일신을 초월한다. 즉 법신에서 보신(기독교적 유일신)이 나타난다.

모세가 시내산(산은 유일신과 같은 초월자가 머무는 곳)에서 내려왔을 때 그는 전형적으로 보신적 신의 계시를 가지고 내려 왔다. 그가 타는 가시덤불에서 만났던 신은 창조주인 아버지 하나님, 즉 인격적 신이며 유일신인 것이다. 모세가 산에서 내려왔을 때 평균적 인간들이 예배하던 신은 자연신, 다신, 성적인 감정의 신, 마술적인 '태모'였다. 바로 무(巫)적인 응신(応身)적인 종교였다. 그러나 모세는 금송아지로 상징되는 태모를 부셔버리고 야훼신의 승리를 선포한다, 무적 종교의 종말을 선언한 것이다.

그러나 예수에게 와서는 '나와 아버지는 하나'[39]라는 선언은 절대 타자로서 보신인 야훼를 믿어오던 모세의 추종자들의 비위를 상하게 했던 것이다. 보신(神)에서 법신(神性)으로 옮김은 종교발전의 순리이다. 그러나 이러한 옮김은 쉽게 이루어지지 않는다. 최수운은 '사람이 하늘이다'(人乃天)라고 하다가 순교를 당했고 예수가 같은 말을 했다가 유대인들에게 잡혀 십자가에 처형당하고 말았다.

예수의 모세 종교에 대한 비판은 그것이 틀렸기 때문이 아니고 부분적이었기 때문이다. 저쪽 타자로 존재하는 유일신 야훼와 예수는 '하나'라고 했기 때문에 '네가 사람이 되어 자칭 하나님이다'[40] 하니 참람하다고 돌을 들어 치게 된 것이다. 주/객의 이원론으로 남아 있는 모세의 신에서 주/객이 하나로 없어지는 새 신관을 예수는 선포했던 것이다.

이러한 신과 신성을 서양신학이 구별하지 못한 이유는 두 가지이다. 그 첫째는 '신을 넘어선 신'(God beyond God)을 말하는 것이 두려웠기 때문이고[41], 둘째로 교황청과 교부들이 신과 신성을 함께 말해야 완벽한 신관이 될 수 있다는 것을 알았음에도 불구하고 창조주 한 분 하나님과 자기들의 교권을 일치화 시켜 놓았기 때문에 '하나님을 넘어선 하나님'을 말한다는 것은 자기들의 교권의 권위를 흔드는 것으로 판단, 신성을 말하는 사람을 이단으로 처형했던 것이다.[42]

서양 기독교는 한 번도 이 경계를 뛰어넘으려 하지 않았다. 그 결과 즉 창조주와 피조물, 신과 인간, 자연과 인간을 '하나'로 보지 않았기 때문에, 보신적 종교가 빚어낸 결과는(神이 無를 외면한 결과는) 바로 예수의 십자가

테오-시네마

상의 죽음인 것이다. 그리고 서구문명은 인간과 자연의 균열에 의해 공해문제, 인간의 정신과 육체의 균열에 의한 정신질환과 같은 인류멸종과 인격파멸의 위기에까지 오게 된 것이다.[43]

아마도 금세기에 들어와 보신적 신관을 극복하고 법신적 신관수립에 최대한 공헌을 한 학파는 일본의 교또 학파(Kyoto School)[44]일 것이다. 니시다는 교또 학파의 창시자로 기독교의 인격신과 불교의 절대무(絶對無)를 대화시키려고 시도했는데, 세계와 분리된 인격신은 참다운 신이 아니라고 보았다. 그는 화이트헤드(A. N. Whitehead)와 비슷하게 '하나님이 세상을 짓는다면 세상도 하나님을 짓는다.'라고 한다. 하나님과 세상 사이에는 일촌의 틈도 없다. 그래서 니시다는 하나님이 세상을 무에서 창조해 놓은 다음 세상을 떠나 초월해 있다는 전통적 기독교 신관을 비판하고 있다. 그에게 있어서는 '나'도 없고 '하나님'도 없는 절대무(絶對無)만 존재한다.[45]

'아버지와 나는 하나이다.' 절대무는 모든 것이 혼동되는 것이 아니고 '절대무가 있기에 산은 산이고 물은 물이며 존재자는 존재자이다.' 절대무는 전분별(前分別)의 상태가 아니고 초분별(超分別)의 상태[46]이다. 절대무 속에서 아버지는 아버지가 되고 나는 내가 된다. 또한 교또 학파에서는 오직 공(空)의 장(場), 즉 만물과의 일상적 만남을 넘어선 곳, 그러면서도 신이나 이데아가 아닌 그 자신의 '리얼리티'와 만남이 이루어지는 곳에서 만이 만물은 궁극적으로 진실한 모습을 갖는다. 따라서 장 개념은 무 또는 공(동양에서 존재의 기초라고 생각하는)의 개념과 분리될 수 없다. 이렇게 신비주의로 충만한 무의 사상을 장소라는 관념을 통해 개념적이고 논리적으로 정립하는데 성공한 것이 바로 니시다의 업적이다.[47]

테일러는 니시다의 제자인 니시타니 게이이찌가 언급한 불교의 중관사상(the middle way)을 'neither/nor'라는 개념을 풀어낸다.[48] 그리고 아래는 『무』(Nots)의 표지에 나오는 중관사상에 테일러 나름대로의 이미지적인 풀이라고 할 수 있다.[49] 흔적이 자아소멸 이후 무와 장소의 관념을 통해 부활하는 것이다. 그리고 이러한 교또 학파에 관심을 가진 테일러가 블랑쇼에 관심을 가지는 것은 당연하다.

o

o

o

n0 n0t

n0t no

n0 n0t no

o

o

(k)n0(w) n0t

n0t (k)n0(w)

(k)n0(w) n0t (k)n0(w)

o

o

o

2) 흔적, 텅비고 꽉찬 장소 …

블랑쇼는 『무한한 대화』(*L'Entretien infini*)[50]에서 글쓰기를 일종의 '질문하기'(questionner)로 보면서 두 가지 질문을 구별한다. 주체가 삶에서 죽음을 끌어안음으로 모든 것을 전체성의 체계 안에서 고정적인 개념으로 설명하고자 하는 헤겔의 변증법과 관계된 질문과 다른 하나는 문학 작업을 주체가 모든 것을 설명하고 개념화시키는 것이 아닌 주체의 망각과 기다림을 통해 변증법이 극복하지 못한 간극의 잠재적인 것을 이해하는 것으로 보는 것이다. 물론 블랑쇼는 후자의 입장인데, 테일러는 『타자본위』(Altarity)에서 블랑쇼를 무(Nots)라는 장으로 다루고 있다.

이러한 블랑쇼의 책읽기는 독특하다. 가령 언어의 투명성으로 시작된 그의 책읽기는 점차 '표현 불가능한 것'인 극단의 모호성으로 접근해간다. 그리고 그는 이것을 다른 것으로 대치시키지 않고 있는 그대로를 인정한다.

그렇게 함으로써 우리의 이성적 사고가 불가능한 곳, 푸코(M. Foucault)의 말처럼 '중성적 공간'(l'espace neutre)으로 이끌고 간다. 이 공간은 사유하고 말하는 존재 자체를 지워버림으로써 그 텅 빈 자리를 나타나게 할 뿐이다. 즉 발화 주체가 사라지는 그러한 바깥으로 독자를 이끌고 간다.[51]

주어가 배제된 언어를 향한 돌파구, 테일러의 흔적의 사유는 여기서 시작된다. 이것은 블랑쇼가 개성을 지워버리는 독특한 형식으로 인식주체를 와해하는 것과 같은 맥락이다. 인식주체의 흔적은 개성 없는 흔적의 파편이다. 따라서 저자는 읽힘으로써 와해되고 독자는 읽는 과정 속에서 다시는 자신으로 돌아가지 못하므로 와해된다. 따라서 작품은 꿰뚫어 볼 수 없으므로 그 자체로 남고, 저자와 독자만이 해체되는 것이다. 흔적을 통하여 저자와 독자는 해체 이후의 관계적 사유로 전환하는 것이다. 테일러도 언급한 바, "문학은 예술이 일하지 않을 때 예술의 일을 하는 것이다. 블랑쇼에 의하면 '문학의 이념은 무(nothing)를 말하는 것이다. 무를 말하기 위해 외치는 것이다' 문학은 이 이념을 오직 '존재와 비존재, 현재와 부재, 현실과 비현실의 사이를 미끄러지는 것(slipping and sliding)"[52]이며

"아브라함의 후손인, 저자는 '세상에서 버림받은 자'(Ishmaelite)[53]이다. 이미 추방되었으며 그의 예술적 방황은 중성(neuter)의 현재하는 부재를 새기고 있다. 죽음 안에 있는 이 재미있는 틈은 영원한 시간보다는 영원한 시간의 부재에 대한 중요한 표시이다. 작가의 망상은 붙잡을 수 없고 불가피한 그런 것이다. 글쓰기는 강박적으로 끊임없이 계속되는 것이다. 그러나 항상 차이를 가지고 계속되는 것이다."[54]

무한한 무의 공간을 바깥(dehors), 혹은 중성적인 것(neutre)이라고 부르

는데, 이렇듯 중성의 현재하는 부재를 잘 표현한 것이 블랑쇼의 글쓰기이다. 그의 언어는 형태를 이루기보다 형태를 파괴하고 있으며 전복 그 자체이다. 그것은 긍정과 부정의 중간 부분, 곧 '중성적인 것'(le neutre)의 영역을 끊임없이 탐험하는 정신적 여정이다. 윤종범의 표현을 빌리자면, "부재함으로써 언어 속에서 다시 존재하는 그의 모습은 변모 그 자체이다. 불가능의 것을 완전히 표현할 수 있는 '미래의 책'(le livre à venir)에 대한 이끌림 속에 자신을 내던지는 인물, 그가 블랑쇼이다. 그러나 이러한 거북함, 혼돈의 뒤에는 언제나 자유의 그림자가 길게 드리워져 있다."[55]

그리고 이것은 『나를 동반하지 않았던 자』(Celui qui ne m'accompagnait pas)[56]에서의 주체를 그 무한한 무의 깊이로 이끄는 자로서 동반하지 않는자(Celui)이며 글을 쓰는 주체는 무의 깊이 속으로 무한한 방황(errance infini)에 내맡겨지는 것이다.

사실 블랑쇼에게 있어서 주체로서의 존재가 부재중인 상황에서 존재하는 것은 순수한 언어라고 말 할 수 있다. 이는 언어만의 절대적 존재 공간을 상정했던 말라르메(S. Mallarme), 혹은 주체 자신이 글쓰기를 통해 새로운 언어로 재창조됨을 이야기한 니체와 동일한 맥락이다. 앨런 메길(A. Megill)은 다음과 같이 말한다.

"블랑쇼에 따르면 니체는 '단편의 발화'를, '단편적 글쓰기'(écriture fragmentaire)를 실천한다. 즉 텍스트 이외에는 아무 것도 말하지 않으며, 자체의 언어유희를 즐기고 '진지한 정신'을 뒤엎고, 일관된 철학적 메시지를 전달하는 체하는 텍스트 자체의 또 다른 측면, 즉 '철학적 담론'을 손상시키기까지 하는 글쓰기를 실천하게 된다"[57]

사실 문학이란 주체가 사라진 그러한 '텅 빈 장소'에서 성립한다는 블

테오-시네마

랑쇼의 말은 흔적의 사유와 그리 멀지 않다. 이것은 레비나스(I. Levinas) 처럼 타자와의 관계를 통해 일종의 윤리학을 세우고자 하지 않고, 광기와도 같은 무지(innocence)를 버리지 않는 중성의 글쓰기를 고수하는 것이다. 어쩌면 부정, 혹은 무의 '텅 빈 장소'는 니시다의 장소, 나아가 야기의 장의 개념으로 흔적이 꽉찬 공간을 말하는 것이다. 동시에 흔적은 텅빈 장소이다. 블랑쇼를 가로지르면…

3) 흔적의 격상, '타자본위'(Altarity)로 드러나다

수학의 집합론에서 '부류의 부류의 부류의 …'(class of class of class …)와 같이, 혹은 '요원의 요원의 요원의 …'(element of element of element of …)와 같은 '…의 시리즈'(of-series)를 만들어 가면, 부류의 시리즈이든 요원의 시리즈이든 그 상향과 하향은 끝이 없게 된다. 이것을 철학적으로 비유하자면 상향은 '이데아의 이데아의 …'와 같은 제3의 것이 계속해서 존재해야하는 요청을 하게 되는 것이며 반면 하향은 무정부 상태를 만들게 된다.

불교에서는 이러한 부류의 부류의 부류 … 시리즈가 만들어져 '이데아' 나 '신' 같은 존재가 만들어지는 오류를 '상주의 오류'(常住의 誤謬, fallacy of eternalism)라고 하며, 요원의 요원의 요원의 … 시리즈가 만들어져 무정부주의적 상태에 빠지는 오류를 단멸의 오류(斷滅의 誤謬, fallacy of annihilation-ism)라고 한다.

사실 불교의 깨달음이란 결국 이 두 악순환의 오류에서 벗어나자는 것이다. 즉 전자는 공(空)에 빠지는 오류이고, 후자는 색(色)에 빠지는 오류이다. 결국 불교는 공즉색(空卽色), 색즉공(色卽空)으로써 이 양대 오류를 벗어나려 했던 것이다.[58]

흔적의 사유가 단멸과 상주의 오류를 벗어나려면 흔적이 격상되어야 한다. 시스템 속에 있는 기원의 기원을 추구하는 것, 혹은 시스템이 없는 기원의 기원, 흔적의 흔적을 추구하는 것은 혹시혹비(或是惑非) 공에 빠지거나 색에 빠지는 오류가 되기 쉽기 때문이다. 그렇다면 흔적의 격상은 색과 공이 만나는 '시/공점'(時空点)[59], 초월성과 내재성, 나아가 내재된 주관성 상호 간에 관계되는 것으로 이루어지지 않을까?

색은 자신의 질료를 흔적에 남김으로 공으로 향하며 공은 자신의 형상을 흔적에 남김으로 색에게 만남의 접촉점을 제공하는 것이다. 물론 객관성의 내재화를 통해 초월적 가치관의 육화로 종교적 근거는 정언명령을 갖게 되며, 또한 주관성의 소멸로 드러나는 관계성은 자기비움의 종교적인 근거가 된다.

이러한 인식론적인 장소의 이해와 더불어 신체성의 차원에서 다시금 살펴보자. 레비나스에게 있어서 나와 타자의 '평등적·대칭적 관계' 속에서는 성립하지 않는 이러한 윤리적 관계는 테일러에게 있어서 윤리적 명령의 무조건성으로 타자가 나보다 높은 곳에 있다는 '비대칭적 관계'를 좀 더 선명하게 '타자본위'(Altarity)라는 신조어로 잘 표현하고 있다. 타자의 흔적이 타자본위를 통해 격상되는 것이다.

테일러에 따르면 타자본위는 데리다의 차이(différence)와 차연(différance)의 관계처럼 타자성(Alterity)[60]과 타자본위(Altarity)로 유비되는 신조어이다. 그리고 그 의미는 '높은 장소'를 뜻하는 라틴어 altāre에서 파생된 altar(제단)와 타자성의 조합으로 독특한 주체인 타인을 우선시하는 '타자성과 제단'의 겹쳐짐이다.[61]

이러한 테일러의 타자본위라는 생각은 레비나스의 윤리적 무조건성을 뜻하는 인간 상호관계의 높은 곳으로의 고양처럼 타자와 동일자의 새로운 관계 정립을 보여준다. 그리고 아브라함이 모리아 산으로 향했던 그 여정처럼 자아의 물음이 높은곳, 제단에 위치한 타자로 나아가 신으로 향할 수 밖

테오-시네마

에 없는 우리의 여정을 잘 말해 주고 있는 것이다.

그러나 타자본위는 아브라함과 신의 계약처럼 신이 발하는 합리적인 명령(살인금지 같은)을 배반해야만 한다. 무한한 타자의 그 음성에 응답하는 것은 합리적인 명령을 넘어서는 그 어떤 것이기도 하기 때문이다. 그렇다면 윤리의 딜레마는 이렇게 반복되는 운명을 갖고 태어난다. 따라서 모리아로의 여정은 아브라함의 운명처럼 신의 흔적을 타자본위를 통해 가름하는 것이다.[62]

데리다를 따르며 흔적을 불교적인 사유와 접목하여 관계론적으로 이끌고 있는 테일러에 의하면 해체신학은 주체[63]를 실체적으로 파악하지 않고 항상 변천하는 관계의 복합적인 특징으로 파악한다. "주체는 생성하는 상호작용이다. 이러한 관점에서 표면상으로 원초적인 주체는 우연한 놀이 안에서 효과적으로 사라진다."[64] 따라서 자아는 고독한 개인으로 존재하는 것이 아니라 자기 자신과 관계하는 것이다. 그리고 자아가 맺는 것은 타자와의 관계이다. "주체는 … 고립된 모나드(monads)가 아니라, 항상 호혜적으로 연결된다."[65] 따라서 신의 죽음은 유일한 개인과 초월적 자아의 상실을 표시한다. 고독한 자아에 대하여 단어의 무한한 놀이 내에서 새겨지는 것은 죽음이다. 이러한 죽음으로서 단어의 산종은 모든 중심을 활동케 하며 모든 주관을 비중심화하는 메타포이다.

이처럼 해체된 주체는 다양하게 변천하는 관계의 중심에 위치해 있어서 관계의 연결망으로 서로 교차하는 선과 부호와 전선들의 짜임에 의하여 형성되는 것이다.[66] 그럼으로 언어는 서로 엮어진 차이의 끊임없는 놀이로 해석되는 것이며 주체는 비실체화(desubstantialize)되고 탈개인화(deindividualize) 되는 것이다. 여기서 주체는 언어 속에 새겨진다. 그런 의미에서 주체는 언어의 기능이라 말 할 수 있다. 그리고 탈개인화된 주관은 상호관계적이고 상호의존적이다.[67]

자기동일적인 자아의 사라짐은 동시에 차이의 영원한 놀이에 의하여 형성되고, 훼손되고, 재형성된 주체의 출현인 것이다. 그리고 테일러에 의하면 이러한 출현의 표시는 흔적이다. 즉 표시하는 것은 흔적을 남기는 것이다.[68]

흔적은 자신을 남기면서 자신을 지운다. 흔적은 생명을 기록 속에 새겨두면서도 피라미드처럼 죽음의 집을 짓는다. 흔적은 다른 것과의 차이와 동시에 그 다른 것을 여운으로 간직하고 있는데서 생긴다. 그리고 글자는 흔적에서 온 것이다. 따라서 주체도 흔적이다. 주체성도 흔적의 남김이다. 자아는 본래적으로 관계적인 것이라면 흔적은 동일성과 차이성, 현전과 부재가 반복적으로 서로 만나는 장소를 표시하는 교차(cross)에 의하여 표상될 수 있다.

따라서 항상 변천하는 관계 속에서 지속적으로 한가운데 있는 흔적은 불가억압적으로 제한되고 항상 방황한다. 흔적은 근접, 직접성, 현전이라는 단어가 의미하는 것을 수수께끼로 만든다. 그러면서 흔적은 전통적으로 해석된 존재론적 자아의 종말을 표시한다.

또한 흔적은 현존하는 것이 아니나, 그렇다고 없는 것도 아니다. 흔적은 무가 아니다. 흔적은 현전과 부재의 대립을 넘어서 있다. 흔적은 자신을 지우면서 다른 것을 지시한다. 이 세상에 모든 것은 현존적 존재의 실체가 아니고 각인이 찍혀 있음의 연쇄요 체계일 뿐이다.[69]

각인이 찍혀있음은 다른 것과의 관계 속에서 자기일 수밖에 없다. 저작 속에 새겨진 흔적의 놀이는 순수한 자아 동일성의 만족이 도달할 수 없도록 만드는 원래의 차이를 드러낸다. 조화로운 기원이란 모든 것 속에 실제로 내재한 긴장을 설명하기 위해 창조된 환상으로 밝혀진다.[70] 따라서 "기원의 소멸은 동시에 끝의 '끝'이다"[71] 이러한 기원의 소멸에서 모리아의 여정은 타자 앞에서 신을 위한 타자본위인 것이다.

테오-시네마

4. 결론

자아에 대한 서양 철학사의 기나긴 여정 가운데 이 글은 자기애의 존재로서 자아가 소멸되어 흔적으로 남아, 타자를 위한 삶을 실천하는 흔적의 종교성을 조망하고자 하였다. 그리스로마 신화 나리시스(Narcissus)의 예에도 나와 있듯이 인간의 자기애는 철저한 자기중심적다. 그러나 이러한 자아가 소멸되고, 지도없는 사막에서 방황을 통해 신의 길로 진행된다면 종교적인 방향 설정을 내다볼 수 있을 것이다. 그 신의 길은 중심을 갖지 않으며 테일러에 따르면 파르마콘처럼 관념적 동일성을 가지지 않으며 양가성(ambivalence)을 띤다. 이처럼 신의 길이 양자적이고 애매모호하다면, 아니 중간 길이라면, 다시 말해 중심이 도처에 있다면, 흔적은 관계론적으로 윤리적 함의를 지니게 되며 이것은 나아가 종교적인 상징이 되는 것이다. 곧 자기애를 극복하는 단초가 되는 것이다.

이러한 중심이 도처에 있음을 테일러는 불교의 무와 연기를, 그리고 데리다의 산종을 통해서 더욱 심화시키고 있다. 이 글에서는 이러한 자아의 소멸과 흔적의 종교성을 무, 텅비고 꽉찬 장소, 타자본위로 불교와 일본의 교또 학파, 블량쇼와 데리다를 테일러의 사상을 중심으로 가로지르며 자아의 소멸과 흔적의 종교성을 제시하여 보았다.

곧 존재를 흔적으로 이해하면 현존적 존재를 실체로 파악하는 것이 아니라, 타자와의 각인의 연속으로 보고 그때 불교의 무와 연기는 흔적에서 만나고, 기독교신학의 해체적 무/신학의 의미가 불교의 사상과 연결되어 있음을 알 수 있는 것이다. 이러한 관점에서의 종교 간의 대화는 차후 과제로 남겨두고, 이 글은 흔적이라는 메타포를 통해, 그 종교성을 통해 우리가 사유하여야 할 사상이 이제 새롭게 개막되고 있음을 알리고자 하는 것이다.

02.

포스트모던 시대의 사이버 스페이스와 영지주의의 부활

영화 〈다빈치 코드〉의 한 장면

1. 포스트모던 시대의 영지주의 조망

댄 브라운의 『다빈치 코드』(The Da Vinci Code)[1]가 영화화(동명으로 론 하워드 감독에 의해 2006년 5월 개봉됨)되어 프랑스 칸영화제에서 개막극으로 상영 되었고, 이틀 후 전 세계적으로 동시 개봉되었다. 이 때문에 세계 각 국의 기독교계가 반대운동을 전개하였는데, 이 영화와 책, 모두 예수에 대한 새로운 해석을 하고 있다. 곧 예수는 결혼한 사람이요, 여권신장주의자(feminist)이며, 죽음을 면할 수 없었던 선지자라는 것이다.

댄 브라운에 따르면 예수가 십자가에 죽은 다음 막달라 마리아와 그녀의 딸 사라(Sarah)는 길리아(Gaul)로 가서 메로빙 왕조를 세웠으며 이 왕조는 패망했으나, 아직도 '시온 수도회'라는 비밀 조직의 형태로 명맥을 유지하고 있으며 그 대표적인 인물로는 레오나르도 다 빈치, 아이작 뉴턴, 빅토르 위고 등을 들 수 있다고 한다. 이러한 시온 수도회에 속한 군대 조직이 '성전기사단(聖殿騎士団)'으로 이 기사단이 발굴한 마리아의 사체(死体)와 역사적 기록들이 신비 속에 은밀히 묻혀있다는 것이다.[2]

자신의 자궁 속에 예수의 혈통을 간직했던 여인, 즉 막달라 마리아의 사체가 바로 성배로, 예수는 막달라 마리아가 교회를 이끌기를 희망했으나, 베드로는 이것을 못마땅하게 여겨 결국 교회는 그녀를 '창녀'라고 선언하고 그녀에게서 지도자의 역할을 박탈하였다는 것이다.[3] 가톨릭 교회는 독신 남성을 성직자로 세우고 여성의 역할을 영원히 제거하려 했기 때문에 마리아는 아기를 데리고 자취를 감추었다가 길리아에서 그 모습을 다시 나타냈다. 따라서 오늘날에도 예수의 후손이 살아 있을 가능성이 있다는 것이다.

댄 브라운은 외경의 하나인 「빌립복음서」(the Gospel of Philip)를 기초로, 지금까지 기독교에서 창녀로 매도된 막달라 마리아를 예수의 수제자이자, 예수의 신부로 '부활'시켰던 것이다. 이 「빌립복음서」는 제도권 교회(가톨릭)와의 싸움에서 밀려 이단으로 몰린 영지주의자들이 신봉하던 복음서이다.

더욱이 예수와 12명의 제자 가운데 예수를 배반한 제자 가룻 유다와의 관계를 새롭게 조명해 볼 수 있는 고문서 「유다복음」(The Gospel of Judas)의 내용 중 일부가 2006년 4월 6일 처음으로 공개됐고 최근에는 완역되었다. 미국 내셔널 지오그래픽지(誌)가 공개한[4] 유다복음은 1,700년 전인 서기 300년 이집트 콥트어로 파피루스에 쓰인 것으로 지난 1970년대 이집트 사막에서 발견돼 방사성 탄소연대 측정법으로 진본임이 확인된 것이며 공개된 유다복음은 마태, 마가, 누가, 요한복음 등 신약성경의 기존 4대 복음서와는 달리 예수의 요구에 의해 유다가 예수를 배반한 것으로 돼있어 많은 논란이 되었다.

유다복음은 서기 180년경 프랑스 리옹의 이레네우스(Ireaneus) 주교가 이 복음서를 처음 언급했으나, 주류 기독교 내용과 다른 꾸며진 얘기로 비판했었다. 아무튼 "예수와 유다가 계시에 대해 나눈 비밀스런 이야기"라는 말로 시작되는 유다복음서는 신약성경과는 전혀 다른 내용을 담고 있다. 가령 성경은 유다가 돈을 받고 예수를 고발한 배신자로 묘사하고 있지만 유다복음서는 유다의 배신은 예수의 요청에 따른 것이라고 기록하고 있다.

또한 유다복음에서 예수는 유다에게 "너는 다른 제자들을 능가할 것이다. 인간의 형상을 빌린 나를 희생시킬 것이기 때문이다"고 말한다. 베드로를 예수의 수제자로, 교황을 베드로의 후계자로 보고 있는 가톨릭의 입장에서는 받아들일 수 없는 견해이다. 동시에 유다복음는 유다가 자살하지 않은 채 사막에서 평생 수도자의 삶을 살았다고 기술하고 있다.

마빈 메이어(M. Mayer)어 따르면 "이 복음서는 예수를 배반한 사악한 제자라는 유다의 일반적인 인식을 바꿔줄 수 있을지도 모른다"고 말하며 엘레인 페이겔스(E. Pagels)도 "예수를 대리한다고 주장했던 주류 교회나 사도들과 논쟁을 벌인 사람이 쓴 글"이라고 한다. 중요한 것은 유다복음서가 기독교의 정통 교리와는 전혀 다른 내용을 담고 있는데 서기 3세기경 기독교의 이단분파인 영지주의(靈知主義, Gnosticism)에 의해 쓰여진 것으로 대부분의 신학자들은 보고 있다는 것이다.[5]

곧 대부분의 복음서들이 예수 사후 50-80년 사이에 저술된 것에 비해 '유다 복음'은 이보다 뒤늦은 1-2세기 사이에 이단인 영지주의의 한 분파인 가인파(Cainites)에 의해 만들어진 것으로 보고 있다. 유다복음 발견 이전에도 이른바 '외경'을 둘러싼 논란은 적지 않았다. 지난 1947년 중동지역 사해의 한 절벽에서 양치기 소년들에 발견된 영지주의 계열의 '사해문서' 역시

테오-시네마

요한·마가·마태·누가복음 등 '정경'과는 다른, 예수의 행적을 전해줬다. 사해문서는 정경과 구분해, 외경으로 불리면서, 예수 당시의 진실을 보완할 수 있는 획기적인 자료들로 기대됐으나, 지금까지 적극적으로 조명되지 못한 상태이다.[6]

한국 신학계의 반응을 살펴보면, 채수일은 "정경으로 채택된 네 복음서만 보더라도 예수는 혁명가로서, 비폭력 운동가로서 양면의 삶이 병존하고 있다"며 "결국 선택은 독자의 몫"이라고 말하는데, 유다복음서 역시 예수의 한 측면을 보여주는 것으로 그리 중요한 파급효과를 미치지 않을 것이라고 말한다. 이정배 역시 "유다복음대로 예수와 유다가 정반대가 아니라, 십자가 사건을 '함께' 만들었다면, 예수의 죽음도 유다와 함께 로마에 항거하는 하나의 방식으로 분석될 수도 있다"고 말하며 당시 로마의 제국주의에 항거하기 위한 측면에서 수용하기도 한다.[7]

아무튼 동양과 서양의 놀라운 조화를 이룬 고대 문화의 재발견을 통해서 포스트모던 시대에 영지주의가 그 실체의 근거를 사이버 스페이스[8]라는 새로운 장소의 공간을 그 존재의 근거로 삼고, 선악과의 빈자리를 채워나가고 있다. 그것은 나아가, 철학사의 고전적 명제인 영혼과 신체의 구별을 해체하며 몸을 부정하는 경향으로 나아가고 있다. 그리고 최근의 철학적 화두인 기호와 과잉실재(hyperreality)를 근거로 새롭게 부활하고 있는 것이다.

프랑스의 철학자 보드리야르(J. Baudrillard)는 기호가 자연적 실재를 능가하는 과잉실재가 산출되는 과정을 시뮬라시옹(simulation)이라고 부르고 그 시뮬라시옹의 결과로 시뮬라크르(모조, simulacre)[9]를 파악했다. 그는 이처럼 우리가 살고 있는 포스트모던 사회를 모조의 시대로 규정한다. 모조의 시대는 실재에 기초한 이미지가 재현되는 것이 아니라, 실재와는 전혀 상관없는 이미지만이 끊임없이 생산된다. 이처럼 지시 대상을 지칭하지 않는 이미지가 모사품(simulacrum)인데, 이것은 하나의 허구나 거짓과는 다르다.

모사품은 부재를 실재로 제시할 뿐만 아니라, 상상을 실재로 내보임으로써 실재를 상상 속으로 흡수해 버린다. 이렇게 함으로써 상상과 실재와의 구별은 와해되는 것이다.

이렇듯 약호와 이미지 그리고 과잉실재가 주도하는 소비 사회는 가짜가 진짜처럼 느껴지는 시대라고 해도 과언이 아니다. 그러나 결코 조작된 이미지는 오래가지 않는다. 최근 들어 물질 만능과 소비 만능주의의 시대에 식상한 사람들이 늘어나서 영적이며 성스러운 것을 동경하는 현상이 증가하고 있다. 따라서 가짜가 진짜로 행세하는 포스트모던 시대에는 진짜에 대한 향수와 동경이 더욱 강력해지는 것이다. 바로 이것이 영적인 추구를 가능하게 했는데, 많은 서구인들이 동양 종교, 특히 불교에 관심이 있는 이유가 바로 여기에 있으며[10] 영지주의가 포스트모던 시대에 다시금 자리 매김하는 것도 바로 이러한 연장선상에 있다. 따라서 몸의 부정이라는 측면에서는 비판적이지만, 물질만능과 소비 만능주의 시대 참된 영적 과제를 추구한다는 측면에서 영지주의는 역설적이지만, 포스트모던 사이버 스페이스 시대에 새로운 인간 삶의 대안으로 보이는 것이다.

영지주의란 말은 '지식'을 의미하는 헬라어 '그노시스'(gnosis)에서 유래하였다. '그노시스'는 일반적 지식을 의미하기도 하지만, 특히 신비적 합일을 통한 지식, 친밀한 결합을 통한 앎을 의미한다. 이것은 일종의 '영적인 지식'을 뜻하기에 어원적으로 볼 때 영지주의는 신비적 지식을 통해 구원을 성취하려고 한 종교 운동이라고 볼 수 있다.

이러한 영지주의는 2세기에 널리 유포되었던 기독교 이단을 의미하는데, 이레네우스, 터툴리안, 히폴리투스 같은 교부들은 영지주의를 단순히 기독교 이단으로 간주했으며 이것은 이레니우스로부터 시작하여 하르낙(A. Harnack)에 이르기까지 서구전통적인 기독교의 견해였다. 사실 이레네우스는 영지주의자들을 '탈선한' 그리스도인으로 간주하였는데 그들은 교회에 위협이 될 만큼 교회에 가까이 있었기 때문이다. 그러나 역설적인 것은 많은 영지주의자들이 스스로 기독교인이라고 주장하였다는 것이다.

불트만(R. Bultmann)은 바울과 영지주의 사상에 공통되는 인간 실존의 이해가 존재한다고 보는데, 특별히 영지주의는 바울의 기독론에 중대한 영향을 주었으며 '영지주의의 변형된 특징들'이 바울의 로마서에서 발견된다고 말한다.[11]

오늘날에도 고대 영지주의의 근본적 사상을 부흥시키려는 경향이 나타나고 있다. 이것은 동양 사상에 대한 현대의 관심과 비교 종교학의 지나친 응용 때문이기도 하겠지만, 사이버 스페이스의 등장은 영지주의자들의 현실적 타당성을 검증하는 시대가 된 것이며 동시에 사이버 스페이스는 그 철학적이고 사상적인 근원을 영지주의에서 찾게 되는 새로운 시대가 개막이 된 것이다.

사실 시뮬라크르의 참과 거짓의 혼재가 이어질 21세기는 종교에 있어서 새로운 기회인 동시에 심각한 위협이 될 것이다. 테크놀로지의 발달은 인류의 오랜 숙원인 이원론적 차별을 극복할 수 있다는 전망으로 나오고 있으며, 이는 로봇 공학, 나노 공학, 유전자 공학 등의 발달로 인간과 기계의 구분이 무의미해지고 가상과 현실의 구분 자체가 의미 없는 시대, 바로 그때 플라톤 이후 서양 인식론의 기본 공리로 군림해왔던 현상과 실재의 이분법은 새로운 지평을 맞이하는 것이다.

이러한 측면에서 포스트모던 사이버 스페이스와 영지주의의 관계에 대한 근본 물음은 기독교의 정체성과 변화된 상황에 어떻게 대처할 것인가 하는 문제의식을 낳게 한다. 왜냐하면 영지주의 역사와 기독교의 역사는 함께 진행되었으며 기독교와 영지주의는 서로 영향을 주고 받고 사이버스페이스야 말로 영지주의의 환상이 실현되는 공간이고, 포스트모던 사이버 스페이스의 발생사적 근원이 된다.

현재 포스트모던 문화의 현상을 살펴볼 때 사이버 스페이스에 관한 이해 없이는 문화를 이해하지도, 나아가 극복하지도 못할 것이며 더욱이 고대 영지주의의 전이해 없이 표피적으로 사이버 스페이스를 다루는 것도 어리석은 일이다.

이상과 같이 다빈치 코드의 「빌립복음서」, 영지주의 문서인 「도마복음서」와 「유다복음서」, 현대판 영지주의의 부활인 대중문화의 흐름과 사이버 스페이스의 발전은 오늘 기독교의 정체성에 많은 도전을 주고 있다.

아무튼 현대 포스트모던 시대에 사이버 스페이스를 통한 네트워크의 디지털 테크놀로지는 기독교의 핵심사상인 성육신을 지상에서 구현하게 된다고 해체신학자이자 문화철학자인 테일러(M. Taylor)도 말하는바, 그때 신학자의 소명도 완성되리라고 확신한다. 그리고 이렇게 새롭게 개막된 사이버 스페이스는 포스트모던 문화의 대표적 특징이며 동시에 영지주의는 신체성 상실이라는 견지에서 사이버 스페이스와 의사소통 가능하며 기독교의 정체성의 문제를 새롭게 정립하라고 외치고 있는 것이다. 사실 기독교 문명은 서구문명의 근간이기에 영지주의의 도전은 2-3세기의 문제만이 아니라, 오늘의 인문학과 철학의 문제인 것이다.

2. 영지주의의 부활

영지주의는 기원전부터 발생하였고, 제 종교들과 철학사상을 혼합하여 체계화시킨 종교혼합주의운동(syncretism)이다.[11] 이러한 영지주의는 여러 전통 종교로부터 영향을 받았고, 또 영향을 주었지만, 초대 기독교에 가장 심오한 영향을 미쳐 기독교회는 교회법, 신조, 주교(감독)조직이 발생하게 되었다. 즉 기독교 교리의 발전은 영지주의를 반박하기 위한 것이었으며 교리 신

테오-시네마

조를 작성하고 신약성서를 정경으로 확정하게 된 계기가 되었다.[12]

영지주의는 이란의 배화교(조로아스터교)와 바벨론의 종교, 유대교와 헬라철학과, 기독교 사상들을 혼합시킨 혼합주의적 종교철학으로 학자들은 대개 이 사상의 기원을 4가지 정도로 보고 있다. 먼저 헬라 기원설이다. 곧 플라톤 철학자들의 알레고리적 이원론에 기초하며, 둘째 유대 기원설은 유대교 신비주의자들의 묵시사상에 기초한다. 셋째, 동방종교 기원설은 이란의 종교적 이원론을 기초로 하며 넷째 기독교 기원설로 나눌 수 있다. 여기에 이집트인들과 메소포타미아인들의 사상에서 기원을 찾는 것이 추가되기도 한다.[13] 이 장에서는 영지주의 역사와 주요사상을 살펴보고 문학작품 속에 어떻게 드러나는지를 아니, 어떻게 부활했었는지를 살펴볼 것이다.

1) 영지주의 연구사

영지주의 연구는 1945년 나그함마디 문서(the Nag Hammadi Library, 이하 NHC로 약호)[14]의 발견이 촉진제가 되었음은 누구도 부인할 수 없을 것이다. 이 문서의 출판은 영지주의에 대한 일반적인 지식에 막대한 영향력을 행사하였다. 2세기 중반 이후 변증적인 문서 안의 피상적인 영지주의 모습은 불가피하고 단편적이고 왜곡될 수 밖에 없는데, 이 문서의 발견으로 초대 기독교의 모습을 좀 더 잘 파악할 수 있게 된 것이다.

아무튼 영지주의의 기원에 관해서는 영지주의의 본질을 결정하는 문제와 얽혀 있는데[15], 튀빙겐 학파의 선구자이며, 헤겔학파에 속하는 바우어(F. C. Baur)가 1835년 기독교 영지주의에 관한 책[16]을 출판함으로 영지주의에 대한 근대의 비판적인 연구의 효시가 되었다.

이 책에 따르면 초대교회에는 베드로적인 유대교적 기독교(Ebionismus)와 율법으로부터 자유로운 바울적 이방 기독교가 서로 상치하고 있었는데,

이 두 기독교의 종합으로 생성되는 것이 바로 초기 가톨릭 교회라는 것이다. 곧 베드로적 유대 기독교와 바울적 이방 기독교 사이의 통합으로 기독교가 더 높은 단계로 발전을 이루었으며 여기에 영지주의적 경향을 띤 요한의 중재적 기독교가 지평융합되어 오늘날의 기독교가 되었다는 것이다. 여기에는 그가 영향을 받은 헤겔의 발전사관이 전제되어 있으며, 변증법이 내재된 역사이해라 할 수 있다.[17]

더욱이 바우어에 따르면 영지주의의 사고체계에 있어서 중요한 주제는 인간인데, 인간은 육체적인 존재일 뿐만 아니라, 영적인 존재로 다루어져야 하며[18] 영지주의에서 인간의 존재를 영적인 존재와 육적인 존재로, 그 차이를 인정하기는 하지만 영적인 존재의 정체성을 절대 정신에 대한 인식에 두고 있음으로 보아 영지주의와 헤겔의 종교철학과의 연계성을 보여주려고 하고 있다.

바우어 이후 영지주의에 대한 연구는 19세기 후반의 아돌프 폰 하르낙으로 이어진다. 하르낙은 바우어가 시도한 교리사 서술과 그 업적에 대하여는 칭찬과 역사적 가치를 인정하지만, 바우어의 방법론과 자신의 방법론 사이에 거리를 두고 있다. 그의 질문은 이것이다. "고대 교회의 교리(Dogma)가 어떻게 발생하였는가?" 교리 형성에 관한 하르낙의 결론은 3세기에 이르러 교리가 형성되었다는 것이다. 그리고 이러한 주장의 전제에는 교리라는 것이 기독교의 헬레니즘화의 산물이라는 전제가 깔려 있다. "교리의 구상과 형성은 복음의 토대 위에 그리스 정신의 한 작업이다"[19] 그는 영지주의 운동을 '기독교의 첨예한 희랍화'(the acute hellenization of Christianity)라고 규정하며[20] 영지주의는 희랍 종교철학에 의해 규정되어야 하며, 고대 근동지방(the Eastern Mediterranean world)의 지적인, 철학적인 삶에 그 근거를 두고 있다고 한다.

이러한 신학적 입장은 하르낙이 속한 그 시대 루터파와의 단절을 뜻하

테오—시네마

는 것이며 동시에 신학적으로 리츨(A. Ritschl)의 입장을 따르는 것이었다. 그리고 교리란 시대에 뒤떨어진 것으로 세 가지 방향으로 발전해 온 것으로 파악하고 있다. 첫째 동방에 관한 것으로 정통교회가 다메섹의 요한(John of Damascus)때까지 교리가 발전하다가, 그 다음은 기독교가 고착화되었는데, 이 교회의 생명은 종교적 의식에 있는 것이다. 둘째는 로마 가톨릭 교회인데, 이 교회는 희랍적인 교리가 어거스틴의 체계를 통해 수정받기는 했으나, 결국 교황의 권위에 예속되어 버렸다. 셋째는 개신교 개혁자들의 경우인데, 이들은 희랍적인 교리를 물려받았으나, 이런 교회의 교리들이 자신의 원리와는 모순되었기에 기독교의 교리는 언제든지 수정받아야 한다는 것으로 특히 독일의 루터는 그들이 교리적 기독교(Das Dogmatische Christentum)에 집착하게 된다는 것을 지적한다. 결국 하르낙에게 있어서 교리의 역사는 종국적으로 교리의 소멸이라는 것이다.[21]

하르낙은 2세기 영지주의자들을 기독교를 완전히 희랍화했던 철학자들로 이해한다. 그들은 히브리적인 사상의 맥락 하에 있던 기독교를 히브리 사상과는 다른 희랍의 문화, 종교, 철학의 토대 위에 살고 있던 사람들을 이해시키기 위해 기독교를 희랍화했다. 그것이 바로 영지주의 운동이었다. 즉 그들은 기독교를 희랍의 철학과 문화 위에 토착화했던 것이다.[22]

바우어에게 있어서 변증이나 철학은 신학에 있어서 극히 중요한 요소 중의 하나지만, 하르낙은 변증과 철학은 신학에서 제거되어야 할 요소로 취급한다. 따라서 하르낙에게 있어서 영지주의를 연구하는 주된 목적은 기독교가 희랍의 철학과 문화에 토착화되기 이전에 있던 순수한 '복음'(the Gospel)을 찾는 것이다. 그럼으로 그는 영지주의 운동과 정통 교부신학을 다 같이 비판한다. 전자가 기독교를 희랍화 함으로 예수가 선포한 복음을 잃어버린 반면, 후자는 그것을 유대교, 즉 구약화 함으로 잃어버렸다는 것이다.[23]

따라서 하르낙의 주된 연구방법론은 기독교의 영적 핵심(the spiritual

kernel)을 덮고 있는 영지주의 철학과 종교라는 껍데기를 제거하는 것이다. 이러한 연구방법은 결국 불트만의 비신화화의 연구방법론에 그 길을 터 준다.

루돌프 불트만의 영지주의 화두는 "영지주의적 구원자 신화"(the Gnostic redeemer myth)이다. 이 구원자 신화가 마니교(摩尼敎, Manichaeism)[24] 사본들에서 나오고 있다. 이 사본들은 요한복음에 나오는 구원자 신화와 병행을 이룬다. 불트만은 마니교 사본들에 나오는 구원자 신화를 근본적으로 영지주의적 신화로 규정하며, 요한복음의 구원자 신화보다 역사적으로 앞서있다고 결론을 내린다. 즉 마니교 구원자 신화가 기독교 영지주의에 나오는 구원자 신화에 영향을 미쳤다는 것이다.

그래서 마니교 영지주의 구원자 신화는 기독교 이전의 영지주의(pre-Christian Gnosticism)를 대표한다. 더 나아가 불트만은 요한공동체가 "어쩌면" 만데인 소종파(the Mandaen sect) 운동의 한 부류일 가능성이 있다고 보았다.[25] 그는 하르낙과 달리 기독교 자체를 종교적 혼합주의(the religious syncretism)로 이해한다. 이미 시작부터 기독교는 혼합된 종교였다는 것이다.

그럼에도 불구하고 불트만은 "순수성"(purity)의 가능성을 열어 놓는다. 비신화화(demytheology)라는 도구를 가지고 그는 영지주의와 기독교를 해석한다. 이 비신화화를 이끄는 근본적인 핵심은 "비교"(comparison) 라는 단어이다.[26]

만일 기독교와 영지주의를 비교해 보면 결국 인간실존의 순수하고, 독특하며, 새로운 교훈(doctrine)이 나온다는 것이다. 원래 기독교는 혼합된 종교가 아니었다. 처음에 순수한 또는 진실한 기독교가 있었다. 만일 기독교로부터 영지주의를 분리시키면, 기독교의 핵심을 가질 수 있다는 것이다. 하르낙이 말한 것처럼, 불트만 역시 기독교의 핵심, 즉 케리그마라는 "핵"(the kernel)을 영지주의라는 껍데기(the husk)로부터 분리시키고자 한다.

테오—시네마

또한 불트만은 영지주의가 근본적으로 케리그마, 즉 예수가 원래 선포한 복음의 핵 또는 내용을 가지고 있지 않다고 이해했다. 영지주의가 영과 육의 이원론을 강조하다. 결국 세상으로부터 또는 구체적인 삶의 현장인 역사로부터 분리해 나갔기 때문이다. 그러나 기독교는 모든 역사적 실존의 가치를 긍정하며, 구체적인 삶의 현장에 남았다. 그래서 기독교와 영지주의를 비교하면 기독교로부터 케리그마를 얻을 수 있다는 것이다.

그러나 불트만이나, 하르낙은 고대 근동지방의 역사적 시기에서 영지주의가 일직선적 발전의 산물이라고 주장한 반면, 한스 요나스(H. Jonas)는 다양한 사회, 정치적 발전의 스펙트럼을 보여주고 있다고 생각한다. 요나스는 영지주의가 단 하나의 단순한 역사적 시기에 나타난 운동이 아니라, 다양한 역사적 시기와 다양한 사회적, 정치적 상황으로부터 나타난 운동이라고 정의한다.

요나스는 근본적으로 종교사학파(the history of religions school)의 실존주의적 영지주의 이해에 대한 입장에 서 있으나, 불트만이나 여타 다른 종교사학파에 속해 있는 학자들과는 다른 연구방법을 취한다. 그는 고대 근동지방의 영지주의 운동을 영지주의자들이 처해있던 삶의 실존, 즉 사회, 정치, 종교, 문화적 실존에서 해석한다. 영지주의 운동은 결국 이 세상으로부터의 격리(alienation)로부터 오는 실존적 경험에 그 뿌리를 둔다[27]는 것이다.

고대 근동지방의 지식인층들이 느꼈던 정치적 박탈감은 세계로부터 분리를 보여주는 이원론(dualism)을 만들어 낸다. 영지주의는 그리스 문화와 철학, 기독교 신학, 유대교에 대해 강하게 부정적이다. 강한 희랍화(Hellenization)로 인한 정치적, 문화적 박탈감은 고대 근동지방의 지식인층들로 하여금 세계를 부정적으로 보게 했다. 이 상황이 영지주의를 일으킨 주된 요인이다.

단순히 불트만처럼 종교적 현상을 통해 영지주의가 태어난 것이 아니다. 고대 근동지방의 지식인층들에게 거대 로마제국의 군사력, 정치력, 자본을 통해 힘을 얻은 희랍화는 한마디로 지배자의 문화였으며, 문화적, 종교적 혼합주의에 다름 아니다. 이러한 희랍화를 통해 고대 근동지방의 문화, 정치, 사회, 종교는 결국 로마제국에 흡수되며, 통치를 받는다. 영지주의자들은 이러한 거대한 희랍화로 지배받는 세상을 악한 데미어리지(조물주: Demiurge)가 만든 것으로 이해한다. 영과 육의 이원론, 세상과 영원한 천국, 악한 신과 선한 신, 선과 악, 이러한 영지주의 개념들[28]은 바로 이러한 정치, 경제, 사회, 종교, 문화의 상황에서 나온 철학적, 신학적 산물들이라는 것이다.

위에서 언급된 학자들은 영지주의를 연구해 왔던 대부분 독일 학자들이었다. 그들은 거의 독일 종교사학파의 거성들이었다. 그러나 영미 영지주의 학자들은 대부분 독일 종교사학파 영지주의 학자들과 달리, 탈정치적이며, 탈사회적인 특징이 뚜렷하다. 즉 영지주의가 나온 배경을 종교적으로 해석한다는 것이다. 그 대표적인 학자가 바로 마빈 메이어이다. 그는 영지주의 복음서인 「유다복음서」(the Gospel of Judah) 번역을 이끌고 있으며 최근 영지주의 성서(the Gnostic Bible)[29]에서 영지주의의 역사적 뿌리가 신구약 중간사에 있다고 생각하며 그들은 지식과 지혜를 찾았으며, 신적 통찰력을 얻고자 노력했다는 것이다.

사실 영지주의 문서들은 근본적으로 이집트, 메소포타미아, 조로아스터교, 모슬렘, 불교의 철학과, 사상, 신학들을 담고 있다. 영지주의자들은 그들이 누구였으며, 어디로부터 왔으며, 어디로 가는지를 알고자 노력했다. 영지주의 문서인 나그 함마디 문서들은 거의가 이러한 사상들을 추종하고 있다. 그들은 영과 육의 이원론을 담고 있으며, 악한 신(세상을 만든 신)과 선한 신(플라톤의 선한 신)을 나누며, 육은 영의 감옥(soma sema)으로 생각했다. 그들은 초월적 신에게 갈 수 있는 유일한 방법은 자신들을 영적 존재로 만드는 것이었다.

테오-시네마

또한 이 문서들의 특징은 '영지주의 구원자' 또는 '계시자'가 항상 등장한다는 것이다. 그들은 언제나 육을 감옥으로 입은 영들을 깨우친다는 것이다. 따라서 신약성서의 구원자 예수는 그들에게 굉장한 호감을 주었다. 또한 신구약 중간사, 즉 기독교 이전의 영지주의자들은 지혜(Sophia)를 초월적 하나님으로부터 오는 계시자로 인격화 되지만, 신약성서와 주후 2세기 영지주의자들, 그리고 나그 함마디 문서들(대략 주후 3세기와 4세기)은 예수를 구원자 혹은 계시자로 이해한다.

이 지혜 사상은 이미 유대 묵시문학에서 잘 표현되어 나오고 있는데, 하르낙과 불트만 이후의 독일 종교사학파에서 다루어지던 정치적이며, 사회적인 영지주의 특징들이 영미 영지주의 학자들, 특히 마빈 메이어는 이러한 맥락에서 다루지 않는다. 왜냐하면 영지주의 운동의 뿌리는 종교와 종교의 만남에 있다고 생각하기 때문이다.

2) 영지주의의 주요 사상

서구 지성사 속에서 영지주의는 인본주의적 종교철학과 심리학의 한 가능성으로서 라이프니츠의 모나드론, 융의 심리학에 영향을 끼쳤으며, 헤르만 헤세는 그 자신이 영지주의자였을 뿐만 아니라, 그의 소설인 『데미안』에서는 알을 까고 나오는 자아에 대한 이미지, 아브락사스 등의 개념들을 통해 영지주의적인 언어와 개념들을 보여주고 있다.

또한 영지주의 공동체 안에서 여성들은 교사와 지도자로 활약하였으며 영지주의 공동체 안에서 제의적 관행에 있어서는 여성들과 남성들이 동등한 위치를 차지하였다. 이 때문에 최근 여성신학적인 관점에서 영지주의 문헌은 주목받고 있는데[30] 영지주의의 어떤 사상과 개념들이 이렇듯 영향사적으로 끊임없이 서구 지성사에 지속이 될 수 있을까? 그것은 바로 '영

지', 곧 하나님에 관한 지식으로서의 자각과 '이원론적 세계관'이라 할 수 있다.[31]

먼저 영지에 관해 살펴보면, 사실 대부분의 영지주의 문서들은 이 영지에 관한 물음으로 시작된다. 도대체 영지주의의 지식은 무엇을 말하는가? 지오바니 필로레모(G. Filoramo)는 다음과 같이 그러한 영지주의 지식을 규정한다.

> "영적지식(Gnosis)은 완벽한 방식으로 초이성적인 지식(meta‒rational knowledge)을 표현하기위해 쓰여진 하나의 중요한 단어이다. 그러한 지식은 신적 선물이며, 그 지식을 얻는 사람은 구원의 길에 이른다."[32]

그렇다면 그 초이성적인 지식은 무엇인가? 그것은 바로 영의 여행(journey of the soul)이다. 우리는 누구인가? 우리는 원래 어디에 있었던가? 어디로부터 우리가 왔는가? 우리는 어디에 속해 있는가? 어떻게 우리는 성화될 수 있는가? 우리는 어디로 가고 있는가? 나그 함마디 문서인 「진리의 복음서」(the Gospel of Truth)는 그러한 지식을 "따라서 만일 누군가가 지식(Knowledge)을 가진다면, 그는 위로부터[33] 온 자이다. 이러한 방식으로 지식을 가지고 있는 자는 그가 어디서 왔고 어디로 갈지 아는 자"[34]라고 말한다.

영지주의자들에게 가장 중요했던 것은 인간 자신이 어디서 왔고, 어디로 가야 하는가에 대한 지식이었다. 이러한 지식을 이미 바울은 로마서 10장 2절에서 언급하고 있는데, "내가 증언하노니 그들이(영지주의자들이) 하나님께 열심이 있으나 올바른 지식(epignosis)을 따른 것이 아니하였느니라." 여기서 epignosis는 gnosis와 같은 의미의 헬라어이다. 둘 다 영적 지식을 이야기하는 것이다.

이제 유비쿼터스(Ubiquitous)를 통해 '언제어디서나 접속 가능한 시대'가 되고 있다. 지식의 보고인 웹은 노하우(knowhow)가 아니라, 노웨어(knowwhere)를 통해 인간들에게 새로운 지식 혁명의 구조를 보여준다. 가령 윌리엄 미첼(William J. Mitchell)은 이전 아날로그 시대와 디지털 혁명 이후의 시대를 집중에서 분산으로, 엿보기에서 나서기로, 서가에서 서버로, 법에서 규약 조건문으로, 면대면(face to face)에서 접면(interface)으로, 이웃에서 머드[35]로, 사회관습에서 네트워크 규범으로, 유형자산에서 지적자산으로, 이동되는 물질에서 처리되는 정보로, 감시에서 전자 중앙감시 원형감옥(panopticon)으로 바뀔 것이라고 예측한다.[36]

이제 하나님에 대한 지식, 신 존재 증명도 서버를 통해 이루어지는 것이다. 목하 사이버 스페이스 하나님 나라, 사이버 예수, 사이버 신이 부활하고 있는 것이다. 이것이 사이비(似而非)가 될지는 영지주의의 부활인 이 사이버 스페이스를 어떻게 설명하고 읽어내느냐에 달려 있는 것이다.

그러나 사이버 스페이스와 관련하여 더 중요한 것은 영지주의의 이원론적 세계관(Gnostic dualism)인데, 이러한 영지주의 이원론은 요한복음에 잘 나와 있다. 곧 빛과 어둠, 생명과 죽음 등이 바로 그것이다. 이러한 영지주의 이원론에서 가장 중요한 핵심 포인트는 바로 세계관(the world view)이다. 영지주의는 세계를 하나의 극복되어야 할 대상에 불과하다고 이해한다. 그런 의미에서 영지주의는 과거의 전통적인 세계관(유대사상과 고대 헬레니즘)과의 결별을 의미한다.

유대사상과 고대 헬레니즘에서 세계는 하나의 신적인 피조물(the divine creature)로 구성되어 있다. 구약에서 이 세상의 창조자 야훼는 창조물에 대해 만족하며, 플라톤의 사상에서 신적인 피조자(the divine Demiurge)는 세계를 선하게 만든다.

그러나 영지주의는 여기 이 세상에서의 삶은 허구이며, 단순히 다가올 미래의 진실한 빛의 세계에 대한 거울과 같은 것이라고 한다. 몸으로 이루어진 이 세계는 악한 영들로 가득 찬 고난과 고통의 장소이다. 2세기 영지주의자인 바실리데스(Basilides)는 이러한 악한 영들의 층을 365층으로 되어있다고 주장한다.[37]

따라서 이제 더 이상 세상과 연결되어 있는 신은 진실한 신이 아니며 이러한 영지주의 세계관에서 구약의 야훼와 그리스 로마 신화 (Greco-Roman Myth)에 나오는 신들은 이 세상을 지배하고 있는 악한 영들의 한 부분을 차지하고 있는 것이다.

더욱이 영지주의 이원론은 근본적으로 '반 물질적 세계관'(the anti-cosmic world view)을 내포하고 있다.[38] 영과 육에 대한 이원적 이해에서 이 둘은 서로 적대적인 존재이다. 육은 단순히 벗어야할 존재이며, 없어질 무의미한 것에 불과하다. 사이버 공간에서 육이야말로 거추장스러운 것이다. 그러나 영은 구원받아야할 대상이며 네트워크 속 존재야말로 육을 벗어나 영혼의 해방인 것이다. 이러한 이원론을 「도마복음」 어록 21은 다음과 같이 말한다.

> "그가(예수) 말했다, '그들은 어떤 땅에 살고 있는 작은 아이들과 같다. 그 땅은 그들의 것이 아니다. 그 땅의 주인들이 올 때, 그들은 다음과 같이 말할 것이다: 우리의 땅을 우리에게 다시 돌려 달라. 그들은 그것을 다시 돌려 주기위해 그들의 옷을 그들[39] 앞에서 벗어놓고, 그들에게 땅을 돌려준다.'"

옷과 땅은 무엇을 의미하는가? 옷은 바로 우리의 육을 의미한다. 따라서 영지주의에서 육은 벗어야할 것이며, 이 땅은 영지주의자들에게 사라질 것에 불과한 것이다. 사이버 스페이스의 숨겨진 얼굴을 우리는 이렇게 포스트모던 시대에 고대 사상을 통해 엿볼 수 있는 것이다.

테오-시네마

3) 문학작품 속의 영지주의

영화 〈천국보다 아름다운〉(1998)의 다음에 나오는 대사는 플라톤의 관념론에 기초한 인간의 모습을 잘 보여준다. 아니 오히려 영지주의의 실현이며 그 가능성은 사이버 스페이스의 도움이 아닐까?

"크리스(주인공) :   이게 진짜 나요?

교수 : 나란게 뭔데? 자네 신체?

크리스 : 어쩌면 …

교수 : 그럼 신체가 없으면?

크리스 : 그래도 나죠.

교수 : 어째서?

크리스 : 생각은 할 수 있으니까.

교수 : 생각 역시 우리 몸의 일부인 뇌를 통해서 하는데?

크리스 : 하지만 … 생각이란 무형의 것으로 나를 존재하게 해 주죠.

교수 : 바로 그거야. 존재에 대한 믿음. 그게 해답이야.

크리스 : 세상에 … 진짜야

교수 : 더 이상 아무 것도 필요 없어. 생각만 하면 되. 생각이 현실이
고, 몸이란 환상이야 …, 아이러니컬하지 않아?"

여기서 인간이란 몸은 삭제되고 정신만 있는 관념적 존재가 된다. 몸의 구속을 받지 않고 끊임없이 자기를 확장해 나갈 수 있고, 현실의 불안과 한계를 극복하여 사멸하지 않는 세계를 찾아 나선 인간의 탐구 열정이 바로 사이버 스페이스를 창출하기에 이른 것이다. 물론 고대의 플라톤의 이데아(idea)로부터 그 발생사적 연원을 찾을 수 있겠지만…

그러나 영지주의는 이보다 더 넓은 외연을 서구 문화사에 갖고 있다. 낭만주의적 상상력과 실존주의적 세계관의 기조이며 해체주의의 선구이자 모범이며 포스트모던 정신의 중요 양상이 바로 영지주의인 것이다.

더욱이 영지주의자들의 면모에는 프로메테우스적 반항과 우상파괴적인 영향, 나아가 의도적인 도덕비판과 나르시시즘, 귀족적 분리주의 등이 복합되어 있다. 따라서 미국의 60년대 반문화, 반체제 운동에서 고대 영지주의자들의 혼을 읽을 수 있는 것은 당연하다.

실존주의에서도 그러한데, 카프카(F. Kafka)의 작품에서 그의 우화적, 신화적인 작품세계는 어느 작가보다도 진한 영지주의적, 비관론적 구조를 갖고 있다. 카뮈(A. Camus)는 금세기 작가 중 드물게 자연과의 친화를 보여주고 절제와 균형의 시선을 느끼게 하는 작가이다. 그의 작품 『표리』, 『적지와 왕국』, 『이방인』, 『전락』 등은 제목부터가 영지주의적 이원론의 구도를 제시하고 있으며 영지주의적 이미지도 풍부하다. 사르트르(J-P. Sartre)의 경우 그의 유명한 표어들인 '존재의 잉여성', '그것에 대한 구토', '타자의 시선이 만드는 지옥', '부르조아지의 자기기만의 삶', '쓸모없는 수난', 등의 개념은 영지주의적 세계관을 표현한다. 그리고 그 기조 위에 사르트르는 『존재와 무』의 이원론적 변증법을 전개한 것이다.

괴테의 『파우스트』는 어떠한가? 주인공 파우스트는 그 당시의 모든 학문을 두루 공부하고 최고의 학위를 취득했으며 또 대학 강단에서 연구하고 가르치며 스승의 지위를 누렸다. 그가 철학, 법학, 의학, 신학을 공부하여 스스로 사물에 대한 편견이 없다는 점에서 자부심마저 느끼고 있었다. 학문적인 차원에서 보면 그는 완벽한 사람이다. 그런데도 불구하고 그는 학자로서 불만스럽다. 파우스트는 이 세계를 그 가장 깊은 곳에서 총괄적으로 지배하고 있는 것이 무엇이며, 그 지배하는 힘의 근원을 알고 싶어 한다. 그가 알고자 하는 것은 우주를 지배하는 근원적 힘인 영지인 것이다.

테오-시네마

이러한 우주의 근원적인 힘, 곧 영지를 탐색하다, 절망한 파우스트는 악마 메피스토와 결탁하여 마법에 몸을 맡긴다. 영지주의자들은 구원은 육체의 죽음을 통해서만 가능하다고 생각한다. 육체는 가상적 존재이며 영혼이야 말로 본래적 자아인데, 이러한 차원에서 육체는 철저한 향락을 통해 쾌락을 취하거나, 학대해도 구원과는 아무런 상관이 없는 것이다.

따라서 파우스트는 철저히 향락을 추구하여 아주 가혹한 죄악의 삶을 살았는데, 가령 그레첸과 관계를 맺고 그녀 모친의 죽음을 유도하고 그녀의 오빠를 살해하며 그녀로 하여금 영아 살해범이 되게 만들며 언덕 위에 살고 있는 노부부와 그 집의 손님을 불태워 죽였다. 마녀의 주방에서 만들어 준 탕약을 마시고 회춘하여 끓는 피에 놀아난 발푸르기스의 밤의 섹스 파티는 그 광란의 절정이었다.[40]

그리고 마지막으로 파우스트의 영혼은 구원의 천사들에 의해 악마의 손에서 떠나, 지상의 옷인 육체를 벗어버리고 하늘로 올라간다. 이 때 천사들이 장미꽃을 뿌려준다. 장미꽃은 자연의 사랑과 신의 은총의 상징으로 악마의 힘을 약화시키면서 파우스트를 구원해 간다. 파우스트는 죽었고, 그의 영혼의 구원은 법열의 교부(Pater Ecataticus)의 열성적인 기도로 파우스트에게 사랑의 인연, 육신 등 모든 허망한 것을 날려 보내고 구원의 빛을 기원해 준다. 하나의 영지주의 문학의 총체인 것이다.[41]

3. 포스트모던 시대의 사이버 스페이스와 소비사회

이러한 영지주의 사상이 오늘날 한국교회에 일고 있는 영성운동의 모습으로 사이버 스페이스의 기술적 도움으로 부활하고 있는 것이다. 근래에 한국교회에서 일어나고 있는 영성운동은 가톨릭 수도원 운동 및 포스트모더니즘 시대에 나온 뉴에이지 운동과 어느 정도 연관을 맺고 있다고 보는 이들이 있는데[42], 학문적 엄정성은 부족하지만, 관심을 둘 문화 분석이라 할 수 있다.

사실 현대인의 정신문화는 양극적이고, 이중적이기까지 하다. 한편으로 끝없는 물질문명의 편리함을 극한까지 추구하면서도, 다른 한편으로 물질 문명으로 채울 수 없는 정신적 허기에 시달리고 있다. 눈부신 과학기술의 발전이 생산해 내는 온갖 문명의 이기들이 역설적으로 그 무엇으로도 충족할 수 없는 정신적이고 영적인 공허를 더욱 선명하게 확인시켜 준다.

계몽주의와 과학혁명 이후 눈부시게 발전하는 물질문명의 속도에 현대 인들은 그 피로감을 감당하지 못하고 있는 실정이다. 그럼에도 기성 종교, 특히 과학 발전과 궤를 같이 했던 서양 종교의 대명사인 기독교는 대안으로 자리매김하지 못하고 있을 뿐만 아니라 비판의 표적이 되고 있는 실정이다.

기존의 종교가 스스로의 거대한 조직 속에서 안주하고 있는 동안 사회 적, 문화적 변혁 속에 여러 가지 신비, 종교적인 사상들이 현대인들을 매혹 시키고 있다. 이러한 사상들의 출현은 무신론과 물질주의가 만연한 현대에 반작용으로 나타난 현상이기도 하다. 그 예로 일반서점에 초능력, 기(氣), 단 (丹), 초월명상, 마인드 콘트롤, 요가 UFO, 점성술 등 수많은 종류의 책들이 진열되어 사람들의 관심을 끌고 있다는 점을 들 수 있다.

최근의 사이버 스페이스 문화는 기술의 초절정이며 인류에 지금까지와 다른 새로운 인식론과 존재론을 보여주었다. 이 장에서는 사이버 스페이스 의 특성을 앞서 언급한 보드리야르의 시뮬라시옹을 기초로 해서 살펴보고 자 한다.

보드리야르는 소비 사회에서 모더니즘 이데올로기의 두 축을 자본주의 와 사회주의로 보고 있다. 그리고 그 근간의 이념을 생산으로 규정하고 있 다. 자본주의는 경제적인 인간이 생산의 주체가 된다는 가설 위에 성립되며

테오-시네마

사회주의는 자가 생산자로서 인간에 기초한 이데올로기였다.

따라서 이 두 개의 서로 적대되는 이데올로기의 피상적인 차이점을 파고 들어가 보면 이 둘의 심층 구조에는 인간을 노동과 동일시하는 공통점이 있다. 이렇게 보면 자본주의와 사회주의는 근본적으로 생산이라는 하나의 뿌리에서 자란 서로 다른 두 그루의 나무인 셈이다.[43] 그러므로 두 주의는 서로가 서로의 존재를 위해 타자를 필요로 한다는 측면에서 둘 다 자신의 거울에 비친 타자의 모습을 경쟁상대로 했다고 할 수 있다.

그러나 현대 사회는 생산을 기초로 한 이러한 이데올로기를 뛰어 넘는 사회이다. 따라서 포스트모던 사회는 이 두 이데올로기와는 근본적으로 다른 가정에 기초한 사회이다. 즉 소비의 사회인 것이다. 이 사회는 '소비와 성적 욕망의 충족 사회'이며 '기호와 약호의 법칙에 기초한 사회'이다. 모더니티는 시장과 테크놀로지, 기계화와 상품화의 폭발로 특징 지워진다. 반면 포스트모던 사회는 고급문화와 대중문화, 진리/허위, 실재/모사, 자연/문화는 물론 전통적으로 당연시해 온 모든 유형의 2차원적인 대립 체계가 근본적으로 무너지는 내파(Implosion)가 그 특징이다.

이와 함께 전통 철학과 사회이론이 그 정당화 근거로 상징해 온 궁극적 근원, 초월적 기의 또는 지시 대상, 본질적 의미, 해방을 위한 혁명, 보편적인 역사 법칙과 같은 근원어의 호소력이 상실된 무의미성과 허무주의의 시대이다. 따라서 내파현상은 실재가 사라지고 그것이 변별되지 않는 모사물로 전환되는 것이고, 이어서 모사의 가장 대표적인 기호만이 남아 실재를 대체하는 현상이다.[44]

오늘 우리는 영화나 음반의 오리지널 없이 복제물만 보고 듣는다. 영화는 다른 시간, 다른 순서로 촬영된 필름을 편집해 만든 구성물이고, 음반 또한 똑같이 다른 시간, 다른 순서로 녹음된 소리들을 편집해서 만든 구성물이다. 이러한 모조의 시대에는 이미지의 끊임없는 생산만이 있을 뿐이다.

그래서 자본주의의 꽃은 광고이며, 이러한 광고는 이미지의 생산으로 실재에 기초하지 않는다. 단지 실재의 이미지를 생산함으로써 실제 속에 산다는 착각을 일으키게 할뿐이다. 이것이 보드리야르가 말하는 과잉 실재의 세계이다.

이는 "실재 그 자체보다 더 실재 같으려고 노력한다." 그래서 정치인들은 점점 더 이를 이용한다. 전통적인 광고에서 나타나는 형식의 존중, 합리적 설득, 서술 구조의 일관성 언어 중심적이며 단순 구성적인 남성 지배적 시선이 포스트모던 광고에서는 형식의 파괴와 비합리적 설득, 서술 구조의 해체와 이미지 중심의 복합적 구성에 여성 중심적 시선으로 바뀌게 된다.

보드리야르는 확실성의 붕괴나 진리라는 대서사의 해체에 관한 리오타르(J. P. Lyotard)의 핵심 주장을 지지한다. 신, 자연, 과학, 노동계급 등은 인간이 의지할 수 있는 진실과 참된 것들의 중심으로서의 권위를 상실했다는 것이다. 그 결과는 실재로부터의 후퇴가 아니라, 실재의 과잉 현실 속으로의 붕괴이다. 그의 의하면 포스트모던 문화는 과거의 파편으로 구성된 현재의 문화이며 역사의 폐허와 장난질치는 것이다. 따라서 우리 할 수 있는 일은 오직 이 파편들을 가지고 장난하는 것뿐인데, 그것이 바로 포스트모던 사회인 것이다.

이러한 대대적이고 극적인 현대사회의 변화에 대응하기 위해서 그는 지금까지의 통념을 버리고, 새롭게 생각하라고 제안한다. 즉 현대사회를 보는 눈과 이를 분석하는 틀을 바꾸라는 것이다. 그래서 그는 마르크스 이론의 수정에서 시작하여, 비판하는 과정을 거쳐 '소비사회'를 제시한다.

서양철학 전통에서 플라톤은 주창된 reality 또는 Idea라고 하는 순수 실체의 영역과 이에 반대되는 형이하학의 두 영역의 구분에 기초해 왔다. 그러나 보드리야르가 말하는 모조품의 체계에는 이데아/현상이라는 이분법적 구분이 설자리를 잃는다. 이제 현전으로서의 실재는 더 이상 고유의 영역을 지키지 못할 뿐더러 상상과의 차별성마저도 상실한다. 따라서 역사의 현실을 떠나 모사의 현실을 향해감에 따라 질적으로 새로운 경험의 장으로 우리는 들어가게 되는 것이다.

하이데거(M. Heidegger)나 니체(F. W. Nietzsche)가 서구 철학에 의문을 품고 소크라테스 이전으로 돌아가자는 존재론적 주장을 펼쳤음에도 불구하고, 그 자체가 서구 형이상학의 전통에 내재된 계몽의 논리에 따르는 것이기 때문에 서구 존재론의 전통 안에 머물게 되었다. 그러나 보드리야르는 현대 서구 사회를 근본적으로 비판하면서도 극복하기 위한 대안은 없다. 그것은 니체와 하이데거의 견해에 동의하기 때문이다. 즉, 어떤 종류의 근원에 대한 동경, 궁극적인 의미 추구, 총체적 인식의 가능성 등을 배격한다. 따라서 위계적인 가치나 역사의 발전이나 진보를 믿지 않는다.[45]

『아메리카』(1987)에서 미국의 사막을 질주하면서[46] 단지 표류하는 기호만을 보고 있다. 그래서 남부 캘리포니아에 가서 미국을 '실현된 유토피아'라고 결론짓는다. 그러나 그는 다른 한구석에 있는 집 없는 사람들, 즉 민중을 보지 못한다. 그래서 현재의 보드리야르의 입장은 피상적이며, 부주의한 일반화, 극단적인 추상, 기호학적 이상주의로 특정 지워질 수 있는데, 역사의 종말이라는 개념을 제안하면서도 현존하는 사회질서에 대해 어떤 대안도 생각하지 못하는 수동적이고 변명조의 보수주의와 제휴하는 것처럼 보인다.[47]

4. 결론

"육체 혐오는 기독교 교리에 고유한 것이며, 기독교는 지난 세기까지 서구철학의 기초 구실을 해왔다. 르네 데카르트의 이중성과 같은 철학사상은 기독교 교리에 바탕하고 있다. 윌리엄 깁슨의 사이버 펑크들은 '육체는 고기'라고 선언하지만, 자신들의 위치가 성 어거스틴의 위치와 얼마나 비슷한가를 알아채지 못했다 ⋯ 가상현실이 기독교 교리에 뿌리를 두고 있는 철학적 전제를 전달한다는 주장을 강화한다."[48]

페니(S. Penny)의 위의 말은 육체혐오, 데카르트의 이원론, 그리고 사이버 스페이스가 기독교에 뿌리를 두고 있다고 확신하고 있는 말이다. 오늘날 얼마나 많이 기독교의 본질이 왜곡되어 있는지를 잘 보여주는 말이다. 영지주의 연구가 매우 조심스러운 접근으로 이루어져야 함을 잘 보여주는데, 서구학자들은 영지주의를 연구함으로 그들의 문화인 기독교를 더 정확히 이해할 수 있다고 믿는다. 최근의 연구들은 이러한 영지주의를 새롭게 조명하고 있다. 기독교 최초의 이단으로 취급되던 영지주의 문서들이 이제는 신약성서를 재해석하는 도구로 새롭게 탈바꿈되고 있다.

그들은 신약성서와 영지주의 문서들을 해석함으로 그 시대의 초대 기독교인들이 가지고 있던 종교적, 철학적 체계들을 연구하고자 시도한다. 왜냐하면 초대 기독교인들이나, 영지주의자들이나 같은 시대에 함께 살고 있었기 때문이다. 그들은 함께 희랍철학과 종교의 영향을 받았으며, 때로 논쟁을 했으며, 때로 서로 영향을 주고받았다는 것이다.

그렇다면 동양 기독교인들, 특히 한국 기독교인들에게 영지주의 연구는 왜 중요한가? 한국 기독교인들에게 있어서 문제는 '이단' 이라는 단어를 쉽게 사용한다는 것이다. '영지주의' 라는 단어를 너무 쉽게 남용하고 있다는 것이다. 영지주의 운동이 가지고 있는 심오한 철학적, 신학적 이해에 대해 무지하며, 무조건 서로 의견이 다르면 영지주의라는 단어를 붙여 단죄하는 경향을 가지고 있다.

그러나 그럼에도 불구하고 영지주의가 간과한 몸에 대한 이해는 '몸'만도 아니고, 보이지 않는 '몸'만도 아닐, 몸과 몸이 한 인격으로 통일적인 '속성의 교류'(communicatio idiomatum)를 이루는 '몸몸/몸 몸'이어야 할 것이다. 왜냐하면 사이버 스페이스는 물론이고 영지주의는 '두뇌의 확장/영지의 체화'를 통해 몸이 아닌 정신적 활동을 위한 실재의 공간을 제공함으로써 몸이 지니는 공간적 제약성을 해결하기 때문이다. 그러나 기독교는 탈신체화(disembodiment)가 아닌 성육신(incarnation)m이 신앙고백이 그 근거로 되어 있다.

나아가 해체주의 신학자 테일러가 서구 종교 사상사의 궤적을 '시간-하나-유한한-진리-어둠-마음-탈중심성-정직성-놀이'로 살펴본 것처럼[49] 이제 사이버 스페이스는 종교사를 새로이 써야 될 시·공간이 되었다. 그리고 기독교의 정체성은 사이버 스페이스 시대 영지주의의 부활로 새로운 발전, 혹은 도전에 직면한 것이다.

기술과 타인존중의 성품, 영과 육, 하늘과 땅의 이원적 대립이 아니라, 예수의 화육처럼 하나로 어울릴 때 초기 교회가 영지주의를 극복하였던 것처럼 오늘 포스트모던 사이버 스페이스 시대에도 새롭게 부각되는 영지주의를 극복할 수 있을 것이다. 이것은 일찍이 하이데거가 말한바,

> "비은폐 된 것이 더 이상 대상으로서도 아니고, 오직 순전히 부품
> 으로서만 인간의 관심거리가 되고, 인간은 대상 없는 속에서 그저
> 부품의 주문자로서 존재하게 되자마자, 인간은 추락의 낭떠러지의
> 마지막 끝에까지 와 있어 그런 곳에서는 그 자신마저도 그저 한낱
> 부품으로서 받아들여질 수밖에 없다"[50]

고기 덩어리로서 부품이 아니라, 살아있는 몸몸의 존재로서 인간이 되

어야 할 것이다. 사실 오늘날의 세계는 영지주의가 꽃피던 2,000년 전의 헬레니즘 말기와 여러모로 비슷한 세계화의 물결 속에서 해체와 변혁의 바람이 날로 거세지고 있다. 의식 만능을 외치는 사이버 문명의 확산 속에 '상상/현실', '정신/물질', '서/동', '성/속', '정통/이단', '정신/육체'의 구분도 급격히 무의미해지고 있는 것이다. 나아가 후자에 대한 전자의 우월성이 도가 넘칠 정도로 팽배해지고 있다. 곧 포스트모던 시대에 사이버 스페이스와 영지주의가 역설적으로 함께 부활하고 있는 것이다.

따라서 우리는 포스트모던 사이버 스페이스 시대에 영지주의의 도전에 직면하여 '몸인가? 몸 인가?'의 선택지가 아닌, 몸과 몸의 포섭의 문제로 받아들여야 할 것이다. 아니, 차라리 몸을 몸 보다 우위로 놓자! 그것이야말로 저 찬란한 사이버 스페이스 문화 속에서 헤매는 한낱 부품에 불과한 인간 존재의 '하나님의 형상'(Imago Dei)을 부활시키는 일이다.

테오─시네마

03.

자살? 살자! : 기독교 시각에서
본 자살과 생명윤리

1. 자살

"주님, 저로 하여금 죽는 날까지 물고기를 잡을 수 있게 하시고,
마지막 날이 찾아와 당신이 던진 그물에 내가 걸렸을 때 바라옵건대
쓸모없는 물고기라 여겨 내던져짐을 당하지 않게 하소서."

― 17세기 어느 '어부의 기도'[1]

1) 자살의 원인

2003년 정몽헌 현대 아산 회장의 자살 이래, 2004년 안상영 부산시장,
박태영 전남지사, 2009년 노무현 전 대통령의 자살 등 최근 우리 사회는

'자살'문제로 인해 사회적인 경각심이 일고 있다. 더욱이 청소년들은 자신들의 우상을 따라 자살을 선택하는 위험한 결과를 초래하기도 하는데, 이를 '동조자살'(copycat suicide) 또는 모방자살이라고 한다.[2] 또한 우리나라는 군부대 사망 사고의 절반이 자살이라고 한다.[3]

이처럼 현대인들이 쉽게 자살의 충동을 느끼는 것은 무엇 때문인가? 한마디로 '생명경시 풍조에 의한 물질만능주의'의 세계관이 그 원인일 것이다. 한승진에 따르면, 우리사회가 종교에서는 신의 실재를 인정하지 않는 무신론이, 철학에서는 가시적인 결과를 중시하는 공리주의가, 경제학에서는 보다 많은 경제적 이익을 가져다주는 행위를 정당화하는 효율성이, 생물학과 의학에서는 인간의 모든 정신현상을 단지 유전자 결정론으로 취급해 버리기 때문이라고 한다.[4]

이러한 물질만능주의 세계관에 빠진 사람들은 현세 안에서 얻을 수 있는 물질적인 것들이 인생에서 얻을 수 있는 것의 전부로 인식한다. 그러므로 이러한 물질적인 것을 상실하면 아무것도 남는 것이 없다고 생각하고, 나아가 살아야 할 이유조차 없어지고 자살의 충동을 느끼게 된다는 것이다. 또한 도시 중심으로 가속화된 산업화를 넘어서 급격하게 보급된 정보통신 세계의 물결은 인간과 인간 사이에 더욱 큰 장벽을 쌓고 개인주의적이고 이기적인 문화를 보편화시키고 있다. 그리고 이로 인해 허물어져가는 정서적 연결고리는 무력한 현대인에게 자살과 같은 '무기력한 자기도피'를 허용하고 있는 것이다.

물론 자살의 원인을 생물학적인 것으로 보는 의견도 있다. 곧, 자살은 뇌 호르몬의 하나인 '세로토닌'(serotonin)과 밀접하게 연관되어 있다고 보고되고 있으며 이는 유전적인 소인을 가지고 있어서 가족 중에 자살한 사람이 있으면 자살확률이 더 높다고 보고된다.[5]

테오-시네마

사실 자살(suicide)이라는 말은 라틴어 '자기 자신'(sui)이라는 말과 '잘라내다(cut off)라는 말인 'cide'의 결합이다. 따라서 자살은 '자신이 결단하여 자신의 생명을 잘라내는 것'이다. 한자어 자살(自殺) 역시 '스스로를 죽이는 것'이다. 세계보건기구(WHO)에 따르면[6] "자살이란 치명적인 결과를 초래하는 자해 행위"라고 규정하며 자살행위란 "어느 정도의 자살의도를 가지고 그 동기를 인지하면서 자기 자신에게 가한 상태"라고 설명한다. 또한 자살의 동기가 989가지에 이른다고 한다. 그러나 크게 보면 두 가지로 나눌 수 있다. '명예나 위신, 명분에 집착해 삶을 포기하는 경우'와 '지칠 대로 지쳐 목숨을 버리는 경우'로 나눌 수 있다.

또한 WHO 〈자살예방지침서〉 등에 따르면 한 사람이 자살했을 경우 그 충격이 평균 6명의 사람에게 영향을 미치는 것으로 나타났다. 그리고 자살 사망자는 연간 100만 명으로 40초에 1명꼴로 나타났으며, 자살 시도자는 이보다 20배가량 많아, 전 세계 인구의 5%가 생애 1번 이상 자살을 시도한 것으로 조사됐다.

심리적으로 살펴보면, 애착이론의 창시자인 존 볼비(John Bowlby)는 모든 자살행위의 심리적 배경에는 애착대상(직업이나 사람)의 상실이 가장 큰 이유를 차지한다고 주장한다. 즉 직업이나 재산을 잃었다거나, 감정적으로 의지하던 사람을 상실했을 때의 충격이 '상실감'으로 발전하며 삶에 대한 희망을 앗아 가게 되고 이것이 자살의 동기를 이룬다고 한다.[7] 그러나 인지치료자인 아론 벡(Aron T. Beck)은 상실감이라는 정서적 문제에 더하여 앞으로의 삶은 더 나아질 것이 없다는 '부정적 신념'과 '인지 왜곡'이 자살을 결심하게 되는 핵심 원인이 된다고 한다.[8]

2) 자살의 사상사

사상사를 살펴보면, 플라톤(Platon), 아리스토텔레스(Aristoteles), 어거스틴(St. Augustine), 토마스 아퀴나스(T. Aquinas), 칸트(I. Kant), 헤겔(G. W. F. Hegel) 등은 자살을 금지한다. 반면 에피쿠로스(Epikouros) 학파와 몽테뉴(Michel de Montaigne), 몽테스키외(Montesquieu), 디드로(Denis Diderot), 루소(Jean Jacques Rousseau), 볼테르(Voltaire)와 같은 불란서 계몽주의자들이나 흄(D. Hume), 쇼펜하우어(Arthur Schopenhauer), 니체(F. W. Nietzsche) 등은 자살을 인간의 권리로 주장한다.[9] 사실 자살을 포함한 죽음의 문제는 종교와 철학의 오랜 물음이다. 플라톤은 소크라테스의 입을 빌어 '죽음을 맞이할 준비는 지혜를 사랑하는 사람들의 과제'(*Phaedo*, 64a)[10]라고 말한다.[11]

그리스와 로마 문학에서 자살은 영웅적으로 간주된다. 플루타르코스(Plutarchos)는 '자살은 명예를 빛내기 위하여 할 일이지, 회피의 수단이 돼서는 안 된다'고 했다. 그리스 비극이지만 이오카스테(Iocaste)의 이야기도 있다. 이오카스테는 호메로스의 서사시에서는 에피카스테(Epicaste)라고 한다. 메노이케우스의 딸이며 크레온의 여동생이다. 테베의 왕 라이오스의 아내가 되어 오이디푸스(Oedipus)를 낳았으나, 미래에 "아비를 죽이고 어미를 범할 것"이라는 예언 때문에 산속에 버려졌다. 성장한 오이디푸스는 우발적으로 라이오스를 죽였으며 이오카스테는 아들인 줄 모르고 오이디푸스와 결혼하였다. 오이디푸스와의 사이에서 에테오클레스와 폴리네이케스 형제, 안티고네와 이스메네 자매를 낳았으며, 뒤늦게 오이디푸스가 자신의 아들임을 알고 나서 목매달아 죽었다. 이 사실을 알게 된 오이디푸스는 자신의 두 눈을 찔러 장님이 되고 말았다.

로마 시대에는 스토아(Stoa) 철학자들이 자살을 시도하였는데, 세네카(Lucius Annaeus Seneca)는 자살을 운명에 대한 개인의 위대한 승리로 칭송했

462

다. 그는 자살을 '자유를 향한 통로'라고 말하며 모든 사람의 죽을 권리를 강조했다. "현자는 자신의 운명이 지속될 수 있다고 판단되는 가능한 시간이 아니라, 자기가 생존하려고 할 때까지만 생존할 것이다"고 말하며 자살을 방해하는 철학자들을 강하게 비판한다.[12]

2세기의 수사학자인 사모사타의 루시안(Lucian of Samosata)은 견유철학자(Cynicism) 프로테우스 페레그리누스(Proteus Peregrinus)가 자신을 신격화하려는 수단으로 올림피아 대회 때 수 많은 대중이 보는 앞에서 불붙은 장작더미 속에서 자기 자신을 불살라 투신자살했다고 기록한다.[13] 만약 페레그리누스가 자살하지 않았더라면 그의 존재는 까맣게 잊혀졌을 것이고, 그의 이름 역시 역사에 언급되지 않았을 것이다. 이처럼 고대 그리스와 로마인들은 철학적인 이유로 인해서 자살을 대체로 긍정적인 것으로 이해했으며 나아가 자발적으로 죽음을 선택한 사람들에게 찬사를 보낸 것을 알 수 있다. 그러나 로마가 기독교를 국교로 인정하고 중세로 진입하면서 순교의 측면이 아닌 자살에 관해 부정적으로 보는 교부(Godfather)들이 나타난다. 어거스틴이 대표적인데, 그는 다음과 같이 말하며 자살을 나쁜 것으로 보고 있다.

> "누구든지 범죄자조차 개인적으로 죽일 권리를 가지고 있지 않다면(어떠한 법도 이를 허용하고 있지 않다), 자기를 죽이는 사람은 누구나 명백한 살인자이며, 자신을 죽음으로 내모는 비난에 대하여 스스로 결백할수록 자살을 통하여 죄를 더한다는 사실이 분명하기 때문이다. … (유다는) 하나님의 자비를 멸시하고 자기 파괴적인 죄책감에 사로잡혀서 구원을 얻게 하는 회개의 기회를 남겨놓지 않았기 때문이다. … 그는 비록 죄 때문에 자살했다고 할지라도 자신을 죽임으로써 또 다른 범죄행위를 저질렀다."[14]

어거스틴에게 있어서 자살이란 화개의 기회를 스스로 박탈함으로써 삶의 괴로움을 회피하는 비겁한 행동이다. 따라서 어거스틴은 첫째, '자신을 죽인 것'으로 '살인하지 말라'는 계명을 어기는 것과 둘째, 그가 죄인이라 하더라고 자살은 하나님의 은총에 대한 분명한 거부이며 불신이기에 자살을 금해야 한다고 말한다.

자연법의 대표자인 아퀴나스는 어거스틴의 자살에 대한 입장을 강화하며 『신학대전』(Summa Theologia)에서 자살 문제를 다루고 있다.[15] 그는 자살이 허용될 수 있는 것처럼 보이는 몇 가지 사례를 제시하면서 자살의 논의를 시작한다. 가령, "어떤 사람이 썩은 사지를 절단하여 몸 전체를 구할 수 있는 것처럼, 자살함으로써 보다 큰 악이라 할 수 있는 불행한 삶 또는 수치스러운 죄를 피할 수 있는 것"으로 보인다.[16] 그러나 아무리 현실이 불행하다고 해서 혹은 수치스러운 죄를 지었다고 해서 자살하는 것은 합법적이지 않다. 따라서 자살이 불법인 이유를 다음과 같이 말한다.

> 첫째, 만물은 본래 자신을 사랑하고(natural self-love), 자신의 생명을 유지하고자 하는 자연적 성향을 지니고 있는데, 자살은 이러한 자연적 성향을 거스르기 때문에 불법이다.
>
> 둘째, 아리스토텔레스의 언급처럼(Nicomachean Ethics, 1138a), 모든 사람은 공동체의 부분이므로 자살을 하는 것은 자신이 속한 공동체를 손상시키기 때문에 자살은 불법이다.
>
> 셋째, 생명을 주관하는 것은 신의 권능에 속하기 때문에, 자살하는 사람은 신의 권리를 위반하는 것이므로 불법이다.[17]

어거스틴과 아퀴나스의 가르침은 오랫동안 기독교가 표명한 자살에 대한 가르침을 대표하는 것이 되었다. 그러나 어거스틴은 자살은 어떠한 경우

테오-시네마

에도 금지되나 살해인 경우, 특별히 하나님의 거룩한 명령을 실천하는 경우에는 예외로 인정하고 있다. 이러한 살인에 대한 부분적 허용이 '정당한 전쟁론'(just war theory)으로 발전하기도 했다.[18] 다만 어거스틴이나 아퀴나스 모두 신앙의 절개를 위해 스스로 목숨을 끊는 순교에 대한 논의는 자살과는 전혀 다른 차원의 죽음임을 언급하고 있다.

개신교 종교개혁자들의 자살에 관한 입장 역시 큰 틀에서는 중세와 마찬가지의 입장이다. 그러나 마르틴 루터(M. Luther)와 존 칼빈(J. Calvin)의 경우 자살을 매우 혐오하였지만 그것을 어거스틴과 아퀴나스와는 달리 '용서받지 못할 죄'로 제시하지는 않았다. 칼빈은 '성령을 훼방하는 죄만이 유일하게 용서받지 못할 죄'이며(마태복음 12장 31절 참조) 자살은 신성모독(blasphemy)으로 볼 수 없다고 한다.

특이하게도 교회 역사 가운데 자살을 찬성하는 그룹(pro - suicide group)이 있는데, 이들이 바로 도나티스트파(Donatists)[19]이다. 그들은 자살을 함으로써 순교자가 가는 나라(martyrdom), 곧 하늘나라에 갈 수 있다고 믿었다. 그래서 절벽에서 뛰어 내리기도 했고, 수많은 사람들이 한꺼번에 불 속에 뛰어들기도 했다.

그럼에도 불구하고 이후 453년에 있었던 '아를르 교회회의'(Council of Arles)에서 '자살은 마귀의 짓'이라 비난받았고, 533년 '오를레앙 교회회의'(Council of Orléans)는 '자살에 대한 어떠한 도움을 제공하는 행위도 거부되어야 한다'고 결정했다. 563년 '브라가 교회회의'(Council of Braga)에서는 '자살로 죽은 사람에 대해서는 교회 장례를 치르지 않기로' 했다. 693년 '톨레도 교회회의'(Council of Toledo)에서는 '자살기도를 한 자는 2개월 동안 교회의 교적에서 제적하고 성찬식에 참여하지 못하게' 했다.

이후 계속해서 중세에는 시민법이 교회의 가르침을 따르기 시작하여 자살을 금지시켰다. 만약 자살한 사람이 있다면 그의 시체를 거리로 끌고나가 심장을 막대기로 찌르고 교차로 등지에서 동물들이나 새들의 먹이로 남겨두거나 교수대에 걸어놓고 그 위에서 썩게 했다.

근대에 들어서며 자연법 윤리학과 칸트의 의무론 역시 자살이 도덕적으로 정당화될 수 없다[20]고 주장하였다. 그러나 공리주의(Utilitarianism)는 자살이 도덕적으로 정당화될 수 있으며 인간은 자살할 권리가 있다고 주장한다.[21] 특히 자살의 권리를 공리주의적 관점에 입각하여 옹호하는 흄은 자살을 금지하는 기독교적 관점을 폐기하거나 극복함으로써[22] 인간의 자유의 영역을 자살에까지 확장하였다. 곧 고통과 불행이 나의 인내력을 넘어서거나 삶의 염증을 견디지 못할 때 인간은 자살을 하나의 권리로 행사할 수 있다고 한다. "내가 사회에 하나의 짐이 된다면 삶을 포기하는 것은 무죄할 뿐 아니라, 찬양할만한 것"[23]이다.

그러나 무엇보다도 자살 논의에서 빠뜨릴 수 없는 인물이 있다.『자살론』(Le Suicide)으로 유명한 뒤르켐(E. Durkheim)인데, 『자살론』에서 대표적인 자살의 개념적 정의를 내린 뒤르켐은 다음과 같이 말한다. "자살이란 말은, 그 결과로 자신의 죽음을 초래하리라는 것을 알면서도 희생자 자신의 적극적이거나 소극적인 행위로부터 직접적이거나 간접적으로 유발된 모든 종류의 죽음을 일컫는다."[24] 또한 어떠한 형태든지 한 개인이 자신이 속한 사회에 적응을 실패할 때 발생하는 사회현상이라 규정하며 자살은 피해자 자신에 의해서 행해지는 적극적 또는 소극적 행위의 결과로서 직접 또는 간접적으로 발생하는 모든 죽음을 의미한다고 정의하며 자살을 네 종류로 유형화하고 있다. 이를 쉽게 정리해 보면 〈표 1〉과 같다.

이기적 자살 (Egoistic Suicide)	-개인이 사회에서 절연되고 고립된 상태에서 발생하는 자살 -개인이 자신의 삶을 스스로 단절시킬 수 있다고 믿는데서 생기는 극도의 개인주의적 이기적 발상에서 발생 -지나친 개인주의 또는 사회에 대한 불충분한 통합과 결속 결과에 속함 -사업의 실패, 실연이나 가족의 죽음 등에 기인한 상실감 등에서 초래된 고독, 소외감, 삶의 무의미, 우울증 등 개인적 삶의 위기가 원인이 됨

이타적 자살 (Altruistic Suicide)	-과도한 사회화(over-socialization)에서 발생 -개인은 자신이 속한 그룹이나 사회에 과도한 헌신감과 의무감으로 자살을 결행 -개인이 자신이 속한 집단을 더 중요하게 생각한 결과로 희생적 자살을 하게 된 경우나 종교, 이데올로기, 집단에 대한 무거운 책임감을 다하지 못하여 결행하는 자살
아노미적 자살 (Anomic Suicide)	-사회적 혼돈 상황에서 개인이 자신의 '삶의 자리'를 찾지 못하고 극단적 좌절감을 자살로 탈출하려는 형태 -사회와 개인 간의 통합 상태의 평형이 깨짐으로 그 개인이 가치관의 혼란을 겪으며 통상적인 규준의 행동을 할 수 없을 때 일어나는 자살의 형태 -현대 산업사회의 급변하는 모습 속에서 많이 발생
숙명론적 자살 (fatalistic Suicide)	-개인이 자신의 주변 환경의 고통과 억압을 자신의 의지와 능력으로 통제할 수 없다고 판단하여 자포자기적으로 삶의 의지를 스스로 박탈하는 경우

〈표 1〉 뒤르켐의 자살의 종류

중요한 것은 뒤리켐 이전에는 자살의 원인을 단지 개인의 심리적인 면에서 찾았지만 뒤리켐은 자살을 엄연히 사회현상이라고 생각하여 자살의 원인을 다양한 각도로 분석할 수 있게 되었다. 특히 뒤르켐은 자살이 사회적 현상이라는 것을 증명하기 위해 여러 가지 통계 자료를 제시하였다.[25]

프로이드(G. Freud)는 자살이 자시 자신 속에 있는 죽음 본능(Thanatos)의 활동요소가 극적으로 표현되는 것[26]이라고 한다. 곧 프로이드는 자살이란 '왜곡된 살인'이며, 자살은 자신을 살해하는 행위라기보다는 자신 안에 내재 되어 있는 내재된 타인을 살해하는 행위로서 이 경우 내재된 타인은 자살자의 가장 가까운 필수적 타인이며 대상인 부모를 가리킨다고 한다.[27]

실존주의 문학가 알베르 카뮈(Albert Camus)는 자살을 철학의 문제로 간주하며 이렇게 말한다. "참으로 진정한 철학적 문제는 오직 하나뿐이다. 그것은 바로 자살이다. 인생이 살 만한 가치가 있느냐 없느냐를 판단하는 것이야말로 철학의 근본문제에 답하는 것이다"[28] 같은 실존주의 철학자 하이데거(M. Heidegger) 역시, 인간이 '죽음에 이르는 존재(das Sein zum Tode)'

임을 자각할 때, 본래적인 자기 자신에 이를 수 있다[29]고 한다. 따라서 근대 이후 이성에 기초한 개인의 주체성이 절대적 권위를 획득한 이후로 인간이 신으로부터 부여받은 생명을 향유하며 살 권리뿐만 아니라, 죽을 권리 또한 주장하게 되었다. 따라서 자살문제는 동시에 '생명의 주인은 누구인가?' 라는 철학적 신학 물음과 연계 된다. 그렇다면 구체적으로 기독교 신학적 입장에서 자살문제를 살펴보도록 하자.

3) 성서와 기독교 신학의 자살이해

코네티컷 대학의 파버(Maurice L. Farber) 교수는 자살이란 '희망의 질병' (the disease of hope)이라고 말한다. 곧 자살이란 개인이 자신의 삶 속에서 희망과 미래를 상실했을 때 삶의 절망을 체험하며 이 절망의 에너지가 자살을 결행하게 되는 궁극적 이유가 된다고 한다. 이러한 개인의 좌절감과 희망 상실에는 개인차가 있기 마련인데, 그 개인차를 파버는 그 개인의 성격의 차이와 사회-환경의 차이에서 원인을 찾는다. 그리고 개인의 성격차이의 중요 변수를 사회에 대한 적응력(degree of competence)으로 본다. 이것은 한 개인이 자신의 변화되는 삶의 환경을 어떻게 적응하는가의 내적 차원인 것이다.[30]

따라서 파버는 개인의 성격적 문제와 사회 환경적 요인을 종합하여 다음과 같은 자살 예상 공식을 도출해 냈다. $S = f(PIC, DEC, DIG, TS \div Su, HFT)$ 여기서 S는 자살 예상률을, PIC는 개인의 성격 안에 자리한 자아의 결집력, DIG는 개인이 당면한 인간관계의 적응력, TS는 자살에 대한 저항력과 인내력, Su는 개인의 환경 의존력 즉 지원 그룹의 유무, HFT는 개인이 속한 사회의 미래에 대한 희망의 정도를 뜻한다.[31]

이제 기독교의 경전인 성서의 자살을 살펴보자. 성서에는 자살에 대한

테오-시네마

분명한 교훈은 없다. 다만 자살한 사람들의 이야기가 나올 뿐이다. 먼저 구약성서를 살펴보면 첫째, 사사기 9장 53-54절에 아비멜렉의 자살이야기가 있다.[32] 둘째 사울이 있다. 사무엘상 31장 4-5절에 보면 사울도 아비멜렉과 같이 전쟁에 패하면서 적군의 손에 죽게 됐을 때, 자신의 목숨을 칼로 끊었다'고 한다. 셋째, 압살롬의 모사로 그 아들을 도와 다윗 왕에게 반란을 일으켰다 실패한 후, 스스로 목을 매어 죽은 아히도벨의 이야기도 있다(사무엘하 17장 23절). 넷째, 이스라엘 왕 엘라를 죽이고 자신이 왕이 되었던 시므리가 역 쿠데타를 일으킨 오므리 장군에게 포위되자, 왕이 된 지 7일 만에 궁궐에 불을 지르고 그 불 속에서 스스로 타 죽은 이야기가 있다(열왕기상 16장 18절).

이러한 구약에 나오는 자살 사건의 경우 대개 자살의 형태가 '존엄성을 고수하기 위한, 왕을 비롯한 통치자들의 자살 형태'를 보여준다. 그러나 또 다른 자살의 형태인 삼손의 경우는 좀 다르다. 사사기 16장 21절에 블레셋 사람들에 의해 장님이 된 이후 삼손은 가사에 있는 블레셋의 신전에서 두 기둥을 붙잡고 무너뜨리자, 삼손과 그곳에 있는 많은 블레셋 사람들이 죽게 된다(사사기 16장 29-30절). 고대 교회 이후 주석학자들은 삼손의 이러한 행동을 '그리스도의 자기희생'에 대한 상징적인 유형으로 해석하게 된다.

신약에는 자신의 스승 예수를 은 30냥에 판 가룟 유다가 목매달아 자살한 이야기가 유명하다(마태복음 27장 1-10절). 그러나 이 경우는 구약성서처럼 죽음의 의미에 대해 아무런 설명이 없다. 따라서 후대 신학자들은 유다가 자살을 했다는 이유로 그를 더 부정적으로 평가하게 된다. 또한 사도행전 16장 27-28절에 바울이 빌립보 간수의 자살 시도를 저지하는 장면을 보여주는데, 이 경우는 바울이 복음을 증거 하려는 의도를 강조한 사건으로 볼 수 있다.

그러나 이러한 성서를 기초로 한 기독교 신학의 측면에서 기독교가 자살을 죄로 간주하며 반대하는 이유를 정리하여 본다면, 첫째, 십계명의 제6계명인 "살인하지 말찌니라"라는 명시, 둘째, 모든 생명의 소유권이 하나님께 있다는 근거 (생명은 하나님의 선물), 셋째, 인간의 몸은 하나님의 거룩한 성전이기 때문에, 넷째, 인간은 하나님의 형상대로 창조된 존재이기 때문에, 그리고 기타의 이유로 자살이 부당하다는 것이다.

이를 좀 더 부연 설명하자면 첫째, 출애굽기 20장 13절에 나오는 십계명의 제6계명은 자살을 금지한다. 다른 삶을 죽이는 살인처럼 자신을 죽이는 자살은 사실상 살인이라고 보는 것이다. 초대교회는 순교를 장려했지만, 자살을 살인과 동일하게 취급하였다. 앞에서 살펴 본 것처럼, 어거스틴도 이것을 강조하여 자살이 죄라고 주장한다. 즉, 하나님께서 선물로 주신 생명을 버리는 것은 곧 하나님을 버리는 것과 같다고 말한다.

둘째, 모든 인간의 생명은 하나님으로부터 받은 선물이며, 따라서 그 생명의 소유권은 하나님께 있기 때문에 자살은 하나님의 주권을 침해하는 범죄 행위가 된다. 이러한 견해는 하나님과 인간 사이의 재산 관계라고 볼 수 있다. 그리고 이것은 하나님께서 창조주이시고 인간은 피조물이라는 신학에 근거한 것이다.

셋째, 예수께서 자신의 몸을 성전이라고 부른 것처럼, 바울도 고린도 전서 3장 16-17절에서 인간의 몸이 하나님의 성전이라고 명했다. 따라서 성전인 인간의 육체는 신성하며 흠집을 내거나 파괴 한다면 그것은 하나님을 모독할 뿐만 아니라 하나님을 전면 거부하는 처사가 되는 것이다.

넷째, 창세기 1장 27절은 인간이 하나님의 형상대로 창조되었다는 것을 말해 준다. 하나님의 형상대로 창조된 인간이 자살을 함으로서 자신의 육체와 생명을 파괴하는 것은 곧 하나님의 형상을 파괴하는 것과 같은 것임을 말한다.

결론적으로 성서의 자살은 6계명의 '살인하지 말라'는 계명 외에는 구

테오-시네마

체적인 자살에 대한 언급이 없이 생명에 대한 그 소유성, 생명과 몸의 중요성, 또한 하나님과의 관계적인 측면에서 생명의 고귀함을 보여주는 것으로 정리될 수 있다.

2. 생명 = 영혼 = 뱀 = DNA

1) 생명: 자아의 존재론적, 관계론적 근거

과학자들은 본능적으로 존재의 의미(what it is)보다는 현상이 어떤 기능을 가지느냐(what it does)에 관심을 가진다. 왜냐하면 존재의 의미는 과학의 영역을 벗어나기 때문이다. 따라서 과학자들은 생명의 기능적 측면을 관찰하면서 생명의 기능을 번식(reproduction)과 성장(growth), 반응(reaction)과 신진 대사(metabolism)로 파악한다. 이러한 측면에서 유전자의 정체성을 생명의 가장 기본적인 단위체로 보는 것은 당연하다.[33] 그러나 기독교 생명의 의미는 과학적인 기능의 의미보다 존재론적인 측면이 강하다. 이를 기본적으로 다섯 가지로 나눌 수 있다.[34]

그렇다면 생명이란 그 자체로 가치가 있는 것일까? 존 해리스는 인간을 '가치 있다고 받아들이는 것을 가지고 있는 존재'[35]로 규정한바 있다. 나아가 생명의 시작은 임신(conception)의 순간이라고 한다.[36] 임신의 순간은 난자(egg)가 성숙(maturity)을 향하여 가는 계속적인 과정을 시작하는 점이다. 따라서 생명은 계속되는 과정(continuous process)인 것이다. 곧 임신이 일어날 때에 하나의 새로운 개체(the new individual)로서의 인간이 일어난 것이다. 그러므로 생명은 연속(a continuum)이고, 개체가 점진적으로 출현함으로써 인격체로 불리게 된다는 것이다.[37] 여기서 문제가 되는 것이 잠정성(potentiality)이다. 단지 난자와 정자의 결합인 수정(fertilization)이 아닌 자아(self)의 문제가 필요하다.

의　　미	내　　용
정체성의 힘 (the power of identity)	변화하는 조건의 유동성 속에서 정체성을 보존할 수 있는 개인이나 집단의 모든 자발적 활동과 경험, 호흡하는 것이며 인간의 구체적인 실존
다른 개인들과의 공존 (co-existence)	협동(co-operation)과 상호의존(mutual dependence)
신령적인 것(numinous)	물질적 존재를 초월해 잇는 것
하나님의 소유(property)	자신의 것이 아니기에 파괴할 수 없고, 동시에 다른 사람의 생명을 살해할 수 없다
인간에게 주어진 은혜이자 인간의 책임을 요구하는 것	생명은 인간이 스스로 즐기도록 주어진 것이 아니고 과제 이행을 위하여 하나님으로부터 주어진 것

〈표 2〉 생명의 존재론적 측면

인격체란 기계적 결합을 넘어서는 존재론, 관계론적 근거를 그 기본으로 가져야하기 때문이다. 그렇다면 그 근거는 무엇인가? 여기서 우리는 생명의 문제가 영혼의 문제와 다르지 않음을 깨닫게 된다. 사실 기독교에서는 생명과 영혼을 동일시하는 측면이 있다. 생명을 추상적으로 이해하는 것이 아니라. 영혼의 문제로 상정하고 구체적으로 들어가게 되면 인간의 존재론적 근거와 관계론적 의미를 알 수 있을 것이다. 그리고 이러한 영혼의 문제는 철학의 역사 그 여명기에 이미 있었다. 플라톤의 『파이돈』(Phaedo)이 바로 그것이다.

2) 영혼, 불멸과 철학적(도덕적) 삶의 이유

『파이돈』은 소크라테스와 두 적대자들이 논쟁하고 있는 것을 보여준다.

심미아스(Simmias)는 영혼이 이 세상에 오기 전에 이미 존재하지도 않았으며, 인간이 죽을 때 육과 함께 즉시 사라진다고 믿었고, 케베스(Cebes)는 영혼의 선 존재에 대해 믿지만 죽고 난 후에 영혼은 여러 육을 입고 난후 사라진다는 것을 믿었다. 따라서 소크라테스는 영혼의 여행(the Journey of the Soul)을 통해 '영혼의 불멸'(the immortality of the soul)을 이야기 한다. 소크라테스에 따르면 영혼은 사라지지 않고, 이 땅에 육을 입고 태어나기 전에 존재했으며, 육을 벗을 때도 변하지 않고 영원히 존재한다는 것이다. 그리고 영혼은 변하지 않고, 지성(intelligence)을 소유하고 있다고 말한다.

　　소크라테스는 이 세상에서의 삶을 '영혼의 훈련'으로 보았다. 이 훈련은 지혜를 사랑하는 '철학적 삶'(Philos+Sophia), 혹은 도덕적 삶을 의미한다. 소크라테스에 의하면 영혼은 원래 존재해 있었다. 이 영혼이 육을 입으면서 이 땅에 살게 되었다. 그리고 영혼은 자신이 존재한 '신적인 장소'(Elysion)[38]로 돌아가고자 욕구한다. "극단적으로 경건한 삶을 사는 사람들은 마치 감옥으로부터 풀려나듯이, 땅의 영역들로부터 풀려나 자유롭게 된다. 그들은 순수한 거주지를 향해서 가며, 땅의 지면 위에서 살게 된다. 철학으로 충분히 자신들을 깨끗하게 만들어왔던 사람들은 미래에 육 없이 살게 될 것이다. 명확하게 설명할 수 없지만은, 그들은 틀림없이 훨씬 아름다운 거주지로 가게 될 것"(Phaedo, 114c)이라고 소크라테스는 말한다.

　　따라서 이 세상에서 철학적으로 훈련받으며 자신을 깨끗하게 하며 살았던 경건한 자들은 이 땅을 떠날 때, 아름다운 곳에 가게 될 것이다. 그곳은 바로 신의 장소인 엘리시온이다. 그렇다면 이러한 철학적 훈련을 받지 못하고, 경건하게 살지 못하는 자들은 어떻게 되는가? 그들은 땅 밑의 강들은 작고 큰 지역을 흘러 흘러 다니다가 마지막에 타르타로스(Tartarus)[39]로 흘러간다(Phaedo, 112d)고 말한다(《그림 1》참조).[40]

　　소크라테스는 이러한 영혼의 여행의 본질을 알고 있고, 깨달았기 때문에 죽음이 눈앞에 왔을 때조차 기뻐한다. 그리고 독약을 마시기 직전에 소크라테스의 제자인 크리도(Crito)가 그에게 탈출을 권고 할 때(*Phaedo*, 116e) 소크라테스는 이 생에서 계속 사는 것이 오히려 바보 같은 일이며, 어리석은 일이라고 크리도를 책망한다(*Phaedo*, 117a). 결국 그는 독약을 마시고, 그의 적대자들(심미아스와 케베스), 그리고 제자들 앞에서 숨을 거둔다. 그에게 있어서 죽음은 영혼과 육을 분리시키는 '약'과 같은 것이었다.[41]

3. 뱀의 문화사: 심판과 구원의 역설

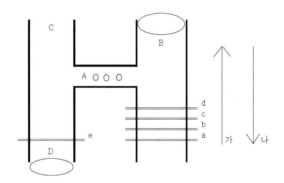

〈그림 1〉 플라톤 철학에 나타난 생명관과 인생관, 철학과 종교의 내용

2013년은 뱀(巳)의 해이다. 검은 뱀의 해라 흑사년이라고도 한다. 뱀은 12지의 여섯 번째로 육십갑자에서 을사(乙巳), 기사(己巳), 계사(癸巳), 정사(丁巳), 신사(辛巳) 등 5번 돌아오는데, 시각으로는 9시에서 11시, 방향으로는 남남동, 달로는 음력 4월에 해당한다. 뱀은 냉혈동물이고, 독을 품고 있으며 그 모습 때문에 인간에게 공포의 대상이 되거나 흉물로 배척당한다. 징그럽게 꿈틀거리는 기다란 몸, 발밑을 소리 없이 스쳐 지나가는 두려움, 미끈하

지만 축축할 것 같은 피부의 느낌, 독을 품은 채 허공을 향해 날름거리는 갈라진 혀, 사람을 노려 보는듯한 차가운 눈동자, 그 누가 뱀을 무서워하지 않으랴! 재미있는 것은 영혼과 생명을 상징하는 것이 동서양의 문화 속에 뱀이라는 것이다.[42]

　　뱀은 민간신앙에서는 신적 존재로 이해되면서 다양한 풍속이 전래되어 오고 있다. 뱀은 자라면 구렁이가 되고, 구렁이는 이무기가 되고, 이무기가 여의주를 얻게 되면 용으로 승격한다는 민간신앙이 있다(심형래 감독의 영화 〈디워〉가 그것을 보여준다). 특히 뱀은 겨울잠을 자기 때문에 일시적으로 나타났다가 사라지고, 성장할 때 허물을 벗기 때문에 인간은 뱀을 죽음으로부터 매번 재생하는 영원한 생명을 누리는 동물로 이해하였다. '불사(不死)→재생(再生)→영생(永生)'의 상징으로 무덤의 수호신, 지신(地神), 죽은 이를 부활시키며 영생을 주는 존재로 인식했다. 게다가 많은 알과 새끼를 낳기 때문에 풍요와 재물의 신이며 가정에 복을 준다고 생각하였다. 정리하자면, 뱀은 생명 탄생과 치유의 힘, 지혜와 예언의 능력, 끈질긴 생명력과 짝사랑의 화신으로 문화적으로 이해되어 왔던 것이다.

　　사실 뱀은 최초의 문명부터 등장한다. 고대 수메르의 인장에는 교접하는 쌍두사의 형상이 있다. 구데아 왕이 그의 신 닌기쉬지다에게 바친 주석(tin)으로 만든 병을 보면, 용의 가면을 쓴 사람이 긴 작대기를 잡고 있고, 뱀 두 마리가 지팡이를 사이에 두고 서로 꼬고 서 있는 모습을 볼 수 있다. 사실 뱀 두 마리가 꼬고 있는 모습은 DNA의 이중나선 구조와 비슷한데, 실제로 수메르 신화에서 이런 구조의 모양은 병

〈그림 2〉 구데아가 닌기쉬지다에게 바친 주석병

의 치유와 관련된 신화에서 많이 나온다(《그림2》 참조).

　아즈텍(Aztec) 문명의 창조의 신인 케찰코아틀(Quetzalcoatl)도 흰색 깃털을 가진 날개 달린 뱀이다. 뱀은 땅의 권력을 뜻하고, 날개는 하늘의 권위를 나타내는데, 그는 위대한 쌍둥이로도 불렸고, 죽음을 통해 부활하는 힘의 기원이었다. 아스텍 사람들은 켓찰코아틀이 세상 사람이 살아가는데 필요한 기술, 가령 옥수수 키우는 법이나 베 짜는 법, 시간을 알아내는 법 등을 가르쳤다고 믿는다. 풍요와 평화의 신으로 알려져 있으나, 전쟁의 신의 음모로 인해 쫓겨났다. 하지만 그가 돌아온다는 전설이 있었고, 아즈텍인들은 켓찰코아틀이 다시 온다고 믿었다. 케찰코아틀의 재림은 아스텍 제국을 멸망시키고 멕시코를 스페인 왕의 영토로 만들었던 코르테스(Hernán Cortés, 1485~1547)에 의해 역설적으로 이뤄진다. 코르테스가 1520년, 처음 아즈텍에 왔을 때 아즈텍인들은 코르테스를 켓찰코아틀로 생각했다. 켓찰코아틀은 흰색 깃털을 가진 신이었는데, 흰 턱수염을 기른 백인 코르테스를 아즈텍인들은 케찰코아틀의 분신으로 여긴 것이다. 또한 우연하게도 당시 십자가 모양은 켓찰코아틀의 상징이었으며 마침 그 해가 케찰코아틀이 돌아온

〈그림 3〉 켓찰코아틀

다는 해였다. 따라서 아즈텍의 황제 몬테수마 2세(Montezuma II)는 코르테스 일행을 극진히 모셨으나, 결국 그들에 의해 멸망하고 말았다 (《그림3》 참조).

　탄드라(tantrism) 행자인 요기 (yogi, 요가 수행자)들은 호흡으로 미저골(尾底骨, 꼬리뼈) 아래 잠자는 뱀의 기운인 쿤달리니(Kundalini)를 일깨워 머리를 들게 하고 있다. 우

테오–시네마

리의 몸에는 7개의 차크라(chakras, 산스크리트어로 원형, 또는 바퀴)가 있는데, 맨 아래의 것은 척추의 기부(회음부)에 있어서 물라다라(근기)라고 하는데, 여기에 여신이 뱀 모양으로 잠들어 있다. 이 모양을 쿤달리니라 하며 명상에 의해 쿤달리니를 상층의 차크라로 오르게 한다. 차크라는 호흡과 소화와 같은 다양한 신체 기능과 연결되어 있는데, 각 차크라는 4원소(흙, 불, 물, 공기)와 소리, 빛, 생각을 상징한다. 그리고 차크라는 7가지(빨강, 주황, 노랑, 녹색, 파랑, 남색, 보라) 고유색을 가지고 있다. 태양과 달의 기운으로 일곱 개의 차크라를 각성시킨 쿤달리니는 요기의 정수리에서 '천 개의 꽃잎으로 피어난 연꽃'을 각성시켜 요기의 영혼을 불사에 이르게 한다. 비슷한 예로 '불의 요가'와 '꿈의 요가'와 '빛의 요가'도 '생명의 나무'인 척추를 거꾸로 올라가는 기술이다(그림4 참조). 아마존에서는 지금도 샤먼들(shaman)은 엑스터시에 젖은 채 환상 속의 뱀으로부터 식물과 약초의 지혜를 전수받고 있다.

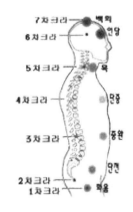

〈그림 4〉 7개의 차크라

그리스 신화에서 뱀은 헤르메스(Hermes)가 사용하는 전령의 지팡이인 카두케우스(caduceus)에 나타난다. 여기서 지팡이를 감고 있는 두 마리의 뱀은 대립되는 양극의 균형을 통해 단일한 이해를 만들어내는 것을 상징한다. 재미있는 것은 밀교(密敎, Esotericism)에서 지팡이는 남근을 상징하고, 연금술(alchemy)에서 뱀은 각각 유황(남성)과 수은(여성)을 상징한다. 따라서 타로를 읽을 때, 뱀에게 어떤 성을 부여하든지 관계없이, 위를 향해 지팡이를 휘감는 뱀의 모습은 공동의 비전을 위해 둘의 시각을 합하고 협동하라는 메시지를 전하고 있다. 따라서 헤르메스의 지팡이인 카두케우스가 타로카드에서 지니는 상징적인 의미는 '통합, 융합, 균형, 조화, 통일, 단일화' 등을

〈그림 5〉 헤르메스의 카두케우스 　　 〈그림 6〉 의술의 신 아스클레피오스

뜻한다(《그림5》 참조).

　그리스 신화에 따르면, 뱀은 치료의 신이다. 아폴론의 아들 아스클레피오스(Asklepios)는 '의술의 신'인데(《그림6》 참조), 그의 단장에는 언제나 한 마리의 뱀이 둘둘 말려 있다. 아스클레피오스는 의과 대학생들이 의사가 될 때 선서하는 〈히포크라테스 선서〉의 주인공 히포크라테스(Hippocrates)의 스승이다. 히포크라테스는 '의학의 아버지'로 불리기도 하고, '의술의 성인'으로 불리기도 한다. 플라톤의 『파이돈』(Phaedo)에 보면, 소크라테스가 독배를 마시고 제자들에게 유언을 남긴다. "크리톤이여! 우리가 아스클레피오스(Asclepius)에게 닭 한 마리를 빚졌느니라. 그에게 이 제물을 바쳐라. 절대로 잊지 말아라(Phaedo, 118a)." 소크라테스는 '육신의 감옥(soma sema)'에서 벗어나 영혼을 구원받으니 의술의 신에게 답례가 필요하다고 생각한 것이다.

　아무튼 그리스인들은 뱀이 껍질을 벗는 특성을 가졌기 때문에 '재생, 부활'을 상징한다고 생각했다. 특히 고대의 자연주의자들은 갓 껍질을 벗은 뱀의 깨끗하고 빛나는 모습에서 뱀이 '변형, 정화, 새로운 것을 포용하기 위해 오래된 것을 벗어버림'의 의미를 지닌다고 보았다. 아스클레피오스는 그

478　　　　　　　　　　　　　　　　　　　　　　　　테오−시네마

가 세운 의과 대학(신전)에 흙뱀을 길렀다고 한다. 아마도 아스클레피오스의 뛰어난 의술은 뱀의 능력을 이용한 것 같다. 따라서 생명을 다루는 의료 관련 기관들의 휘장에 공통적으로 그려진 뱀은 바로 아스클레피오스 신전을 지키는 흙뱀이라 할 수 있다. 지금도 군의관의 뺏지는 십자가 나무에 뱀 두 마리가 감긴 모습이고, 유럽의 병원과 약국의 문장은 의술의 신을 상징하는 뱀이다. 뱀과 생명의 관계는 인류의 오래된 믿음이었다고 볼 수 있다.

이러한 뱀은 기독교에 있어서는 '심판과 구원'의 이중적 의미를 지닌다. 성서의 무대가 된 숲과 초원에는 많은 야생동물들이 등장한다. 토끼와 사슴, 비둘기 같은 온순한 동물부터, 사자와 늑대, 독수리 등 강력한 동물들이 있다. 그 중에 뱀은 창세기에서 하와를 죄에 빠뜨리는 유혹자로 등장한다(창세기 3장 1-24절). "하나님이 정말로 동산 안에 있는 모든 나무의 열매를 먹지 말라고 했니?" 인간의 심리를 이용한 교묘한 질문이다. 그리고 "너희는 절대로 죽지 않는다. 죽지 않고 오히려 눈이 밝아진다. 하나님처럼 된다"고 달콤한 말로 여자의 마음을 흔들어 놓는다. 이렇듯 성서에서 뱀은 유혹의 상징이 된다. 그러나 신약에서는 예수께서 "뱀같이 슬기롭고, 비둘기같이 양순하라"고 가르치신다(마태복음 10장 16절). 예수는 뱀을 지혜의 상징으로 소개하고 있는 것이다. 따라서 성서는 뱀이 교활한 존재인 동시에 신중과 지혜의 상징으로 이중적으로 설명하고 있다.

또한 모세의 이야기에 등장하는 뱀(불뱀과 놋뱀)은 심판과 구원의 이중적 상징으로 쓰인다(민수기 21장 4-9절). 출애굽 당시 이스라엘 사람들은 사막에서 야훼 하나님과 모세에게 경솔하게 불평을 했다. "우리들을 이렇게 사막에서 굶겨 죽이려고 이집트 밖으로 내몰았느냐? 먹을 것도, 마실 물도 없잖아. 차라리 옛날이 낫지 이게 도대체 뭐냐!" 그러자 야훼는 불뱀들(ne-hashim seraphim)을 보내어 불평하는 이스라엘 사람들을 물려 죽게 했다. 불뱀은 당시 아라바 지역에 많이 서식하던 독사 가운데 한 종류인데, 등에 '불타는 듯한 붉은 반점'이 있었다.

그러자 백성들은 모세에게 찾아와 용서를 빌며 야훼께 기도해 주기를 청했다. 모세는 야훼께서 일러주신 대로 불뱀과 동일한 모형 놋(bronze)뱀을 만들어 깃발을 단 긴 장대(nes, '빛나다', '눈에 띄다'라는 뜻의 nasas에서 유래) 위에 매달았다. 그리고 그 뱀을 바라보는 자들은 소생할 수 있게 했다. 기독론적 해석에 따르면, 놋뱀은 불로 상징되는 심판과 그 심판의 고통을 견디어 내신 예수 그리스도의 인내를 상징하며, 죽음의 권세를 물리치시기 위해 인류의 죄를 대신 짊어지고 하늘과 땅으로부터 버림받아 허공에 높이 들리우신 예수 그리스도의 십자가 사건을 생생히 예표한다: "하늘에서 내려온 자 곧 인자 외에는 하늘에 올라간 자가 없느니라. 모세가 광야에서 뱀을 든 것 같이 인자도 들려야 하리니 이는 그를 믿는 자마다 영생을 얻게 하려 하심이니라(요한복음 3장 13-15절)."[43]

그러나 이러한 뱀에 대해 토템은 가나안 정착 이후에도 계속 보존되었다. 히스기야 왕 때까지 어리석은 이스라엘 백성들은 모세가 든 구리 뱀을 숭배하였는데, 히스기야가 그것을 깨뜨린다. "히스기야가 그의 조상 다윗의 모든 행위와 같이 여호와께서 보시기에 정직하게 행하여 그가 여러 산당들을 제거하며 주상을 깨뜨리며 아세라 목상을 찍으며 모세가 만들었던 놋뱀을 이스라엘 자손이 이때까지 향하여 분향하므로 그것을 부수고 느후스단(놋조각)이라 일컬었더라(왕하18:3-4)." 형상타파, 우상타파의 성서의 맥이 이어지는 것이다.

4. DNA: 이중나선, 생명의 비밀

고대로부터 생명의 상징이었던 뱀이 과학 시대에 부활한다. 유전자

　　　　　　　　　　　　　　　　　테오-시네마

(Gene)와 염색체(Chromosome)의 합성어인 게놈(Genom)은 뱀 두 마리가 서로 몸을 꼬아서 올라간 쌍두사의 모습을 하고 있는 것이다(〈그림7〉 참조). 20세기에 들어 생화학이 본격적으로 발전하면서 1953년 미국의 생화학자인 제임스 왓슨과 영국의 물리학자 출신인 프랜시스 크릭에 의해서 유전 암호가 소장된 핵산(DNA)의 이중 나선 구조가 밝혀지게 되었다.[44]

〈그림 7〉 DNA 나선구조 개념도

우리 몸은 머리털에서 발톱까지 단백질로 구성되어 있다. 그리고 단백질은 생명을 연출하는 주역이다. 20가지의 아미노산들의 종합으로 이루어진 단백질은 아미노산의 종류, 숫자 그리고 배열 순서의 차이에 의해 각기 성질과 기능이 상이한 것이 된다. 따라서 생명의 비밀은 생명 현상을 연출하는 각종 단백질을 합성하는 정보를 가지고 있는 DNA에 있다고 볼 수 있다.

DNA는 탄소원자 5개로 이루어진 단당류인 5탄당의 하나인 데옥시리보스(deoxyribose)와 인산이 에스테르 결합으로 연결된 고분자 물질인데, 리보스(ribose)의 1번 탄소에 아데닌(A), 티민(T), 구아닌(G), 시토신(C) 등 네 가지 핵산 염기 가운데 하나가 결합되어 있다. 따라서 DNA는 A, T, G, C 등 4개의 화학 알파벳으로 쓰인 일종의 기호 논리 체계가 되는 것이다. 쉽게 말하면 DNA는 A, T, G, C가 3개씩 한 조가 되어 만들어지는 64개의 3-letter 단어들인 AAA, GGC, ACG, TGA 등으로 쓰인 책이라 볼 수 있다.

사람 세포 한 개 속에 있는 DNA는 각각 30억 개의 화학 알파벳으로 된 이중 나선으로 그 길이는 약 2미터 정도가 된다. 그런데 이러한 생명의 비밀한 힘들이 왜 뱀의 형상을 하고 있을까? 또 어떻게 고대인들은 이러한 생명의 비밀스런 힘을 뱀을 통해 깨달았을까? 아마도 그들은 환각 식물이나 엑스터시(Ecstasy), 기도와 고행의 힘으로 유전자에 숨어 있는 생명의 프로그램을 엿보았기 때문이 아닐까? 기독교인들이 성령의 능력으로 생명의 기를 느끼듯이!

5. 살자

이 글은 자살 논의를 통해 생명의 가치를 영혼의 문제로 연결하여 우선 자살의 원인과 자살의 사상사를 살펴보았다. 이후 성서의 자살 문제 등을 분석하였으며 '자살'은 '생명'이라는 화두를 통해(또한 생명은 영혼, 및 DNA, 그리고 뱀을 통해 이해되는데) '살자'와 연결된다는 것을 형식으로 보여주려고 한다. 따라서 결론 부분에 해당되는 이 장에서는 다시 자살 문제로 돌아가 그 대안으로 기독교 생명윤리, 혹은 기독교 생명운동의 가능성을 살펴보고자 한다.

기독교에서는 자살에 관해 첫째, 자살은 신의 주권에 대한 중대한 도전이기 때문에 반대한다. 오직 신만이 사람의 육체에서 영혼을 분리시킬 권리를 가졌다. 성서는 모든 생명의 주인이 신임을 분명히 하고 있기 때문이다(신명기 32장 39절, 시편 24편 1절, 시편 36편 9절, 예레미야 2장 13절, 예레미야 17장 13절 등). 둘째, 자살은 살인죄이다. 신이 부여한 법인 십계명에 의하면, 분명하게 '살인하지 말라'는 선언을 찾을 수 있다. 자살은 제 6계명을 어기는 중대한 범죄이다. 타인의 생명을 죽이든, 자신의 생명을 끊든 그것은 동일한 살인 행위라는 것이다.[45] 셋째, 자살자에게는 회개의 기회가 없다. 회개는 구원의 필수조건이다. 성서는 구원이 단지 믿음으로만 주어지는 것이 아니라, 믿고 회개함으로 얻는 것이라 한다(마가복음 1장 15절, 누가복음 13장 3절 등).

테오—시네마

목회상담 쪽으로 범위를 좁혀보자. 기독교 목회신학자 앤드류 레스터 (A. D. Laster)는 자살을 결행하는 사람들의 공통적 심리 상태인 절망감의 상태를 우울증적인 요소를 포함하여 설명할 수 있겠지만 기본적으로 삶의 미래 시점에 대한 부정적 인식으로부터 생겨나는 철학적 영성적 문제에 대한 인식적 감정적 반응과 관련이 있다고 한다. 따라서 절망은 '미래가 닫혀 있으며 변할 수 없고 무의미한 것이라고 확신할 때' 생기는 것이며[46] 이러한 '죽음에 이르는 질병'인 절망이 가져오는 8가지 특성을 목회신학적 입장에서 서술한다.[47] 〈표 3〉으로 요약해 보자.

1. 절망은 미래이야기의 상실	–결별, 실직, 이별, 실패 등의 상실감을 통해 희망 찬 미래를 예측할 수 없고 미래 이야기를 건설할 수 없게 되며 희망을 잃고 절망
2. 절망은 미래이야기의 단절	–모든 것을 투자했던 하나의 미래 이야기가 끝나고 그것을 대체할 만한 다른 미래 이야기를 찾아내지 못할 때 절망
3. 절망 가운데 있는 인간은 자기가 되기를 거부	–다른 대안들을 상상하거나 실현시킬 의지와 자유를 스스로 져버리며 운명론에 빠져들게 됨
4. 절망 가운데 있는 인간은 과거와 미래를 주장하는 데 실패	–'무조건적인 항복'을 통해 자신이 자신의 이야기의 주인공임을 스스로 포기
5. 절망에 빠진 사람들은 시간의 어느 곳으로도 향해 나아가지 않으려 하는 '닫힌 현재에만 머무르려는' 속성을 지님	–폐쇄되고 밀폐된 이야기 특성을 지님
6. 절망에 빠진 이야기는 그릇된 희망, 하나뿐인 미래 이야기(우상의 이야기)에 빠져드는 속성을 지님	–폐쇄된 시간 인식 가운데 그릇된 희망의 이야기와 하나 뿐인 미래 이야기를 만들고 그것을 개인의 삶의 이야기의 중심에 놓는 우상의 이야기로 만들고 자신의 삶을 그 우상의 제단에 바쳐야 하는 희생의 제물로 인식하는 경향을 지님
7. 절망에 빠진 사람들은 자신의 이야기가 특별히 공허하다고 느낌	–자신의 삶을 구제할 수 없는 실패한 작품으로 인식
8. 절망의 이야기는 부정적인 하나님의 이미지를 통하여 병든 신앙의 이야기를 만듦	–하나님이 책망과 징벌의 하나님이며 변덕스러운 이미지를 가지고 그 이미지의 억압 안에서 스스로를 무가치하게 느낌

〈표 3〉 절망의 8가지 특성

이러한 분석 하에 정석환은 자살에 관한 대안을 목회상담의 측면에서 세 가지로 제시한다.[48] '첫째, '주의와 집중을 통한 함께함(Ministry of Presence)의 목회상담' 둘째, '외부화[49]와 내담자들의 현실 인식 능력을 구체적으로 탐문해 보는 질문' 셋째, '절망의 상황에서 구출하여 희망의 이야기를 만들어 가기'이다. 함께 동행하며 자살 기도자를 그들의 문제와 정체성을 일치시키지 않고, 희망의 이야기를 만들어야 한다는 것이다. 사실 자살을 결심한 사람들이 모두 자살을 결행하는 것은 아니다. 그러나 언젠가는 자살 할 수 있기에 그들을 삶에 대한 인지왜곡으로부터 구출해야 한다. 즉 삶에 대한 '절망의 해석학'(hermeneutics of hopelessness)으로부터 '희망의 해석학'(hermeneutics of hope)으로, '부정의 해석학'(hermeneutics of negative)으로 일관해온 자살 담론을 생명을 향한 '긍정의 해석학'(hermeneutics of positive)으로 전환해야 한다. 이를위해 자신이 '자신의 이야기의 주인공'이 될 수 있도록 '이야기의 힘'을 북돋아 주는 노력이 필수적이다. 코자드 뉴거(Cozard C. Neuger)에 따르면 이야기의 틀을 바꿔 새로운 이야기를 창출하는 5단계(5R)가 있다고 한다.[50] 〈표4〉로 요약해보자.

1단계: 기억함(Remembering)	잃어버린 자기(Lost Self)를 회복하는 단계
2단계: 재구조화(Reframing)	기존의 인식의 틀을 깨고 새롭게 자신의 삶을 들여다보는 과정, 자신의 삶에 대한 새로운 해석의 단계
3단계: 번복하기(Reversing)	새로운 인식의 틀을 통해 자신의 삶의 과정과 현실 이해를 자신의 언어로 다시 이야기해 보는 단계
4단계: 재상상하기(Re-imagination)	자기 안에 깃들인 상상의 힘을 북돋아 미래의 이야기를 만들어 가도록 도와주는 단계
5단계: 다시 이야기하기(Retelling)	자신의 삶의 경험들을 '새로운 틀' 안에서 자신의 감정과 자신의 언어를 가지고 다시금 이야기 하는 단계

〈표 4〉 새로운 이야기를 창출하는 5단계

더욱이 제도적으로 현재 한국 사회의 자살률 급증의 심각한 현상에 비

테오-시네마

추어 자살 예방센터는 부족하다. 따라서 교회의 상담실화와 목회자들과 열심 있고 훈련된 평신도들이 적절한 상담교육을 받은 후 각 지역교회가 그 지역 사회를 위한 상담실로서 개방되고 활용된다면 기독교적인 형식적이고 제도적인 대안이 될 수 있을 것이다.

또한 생명이야말로 기독교, 나아가 모든 종교가 다뤄야 하는 가장 귀중한 문제이다. 따라서 그 생명을 해치는 자살에 대한 생명운동의 전개가 필요하다. 「종교와 생명, 그리고 환경」[51]에서 김진은 생명운동의 지향점을 다섯 가지(〈표 5〉 참조)로 이야기 한다.

의미	내용
생명운동은 종교적 구원활동의 하나이다	종교에서 말하는 생명은 생물학적 현상으로서의 생명 이해가 아니라 전 존재의 구원(해탈)의 다른 표현이다
생명의 가치는 내재적이면서 동시에 초월적이다	생명이 가치가 있는 것은 인간의 판단여부에 따라 가치평가될 수 없고 그 생명 자체에서 가치를 찾아야 한다
인간의 영성은 생명체 사이의 교감에 의존한다	인간이 영성적 존재인 이상 인간은 다른 생명체와의 끊임없는 영성적 교류를 통해 자신의 영성을 깊이 있게 형성한다
자연환경의 생태학적 감수성과 영성적 감수성은 상호 침투한다	생태학적 감수성 없이 영성적 감수성은 형성될 수 없고, 생태학적 감수성은 영성적 감수성으로 더욱 풍요로울 수 있다
영성적 환경운동은 생명의 거룩함(성스러움, Holiness)을 인지한다	생명체에서 거룩함을 느낀다는 것은 생명경외사상으로 발전하고, 이것은 인간관계조차 변화시키는 혁명적인 사상으로 발전한다

〈표 5〉 생명운동의 지향점

이러한 생명운동과 더불어 구체적인 내용적 대안으로 미연합감리교회의 도움을 받을 수 있을 것이다. 〈미 연합감리교회 결의문〉은 "교회는 위험에 노출되어 있는 사람들과 그들의 가족의 요구에 교회 공동체(교인들이)가 적극 참여하도록 독려해야 한다. 연회와 개체 교회는 자살 예방 및 유가족을 지지해 주는 서비스와 관련된 이슈들에 관심을 가지고 응답해야 한다."

고 말하며 다음 7가지를 행하도록 권고하고 있다.[52]

1. 교회는 자살과 그와 관련된 정신건강, 환경적인 건강 문제에 대한 성서적이고 신학적인 공부를 시키기 위한 커리큘럼, 그리고 미국 목회상담협회와 국립조건연구원 등이 추천한 프로그램들을 발전시키기 위한 커리큘럼을 개발해야 한다.

2. 교회는 자살(즉 우울증)과 관련된 정신질환에 관한 교회 내 전문가를 신학대학에서 양성해야 하며, 치료를 위해 언제 어떻게 전문가에게 보내야 하는지를 알 수 있도록 교육해야 한다. 모든 목회상담 프로그램에는 자살한 사람의 유가족과 자살 시도를 하는 사람들을 돕기 위한 훈련과 대책이 포함돼야 한다. 또 목회적인 돌봄은 물론 성경, 기독교 윤리, 설교와 기독교 교육 관련 분야의 코스를 설치할 때 자살에 관심을 두고 설치해야 한다.

3. 교회는
   1) 나이에 관계없이 모든 사람들의 정신 건강을 증진하고
   2) 정신 질환과 관련된 낙인(stigma)을 제거하고
   3) 도움을 찾는 행동을 결려해야 한다.

4. 교회는 자살로 인해 고통을 받는 모든 사람(어린이들을 포함하여)을 지지 그룹과 책임 있는 사회 기관을 통한 사랑의 공동체 안에서 얼싸안아야 한다. 또 인간의 생명의 중요성을 미디어를 통해 사회에 알리고 모든 사람의 복지를 포함한 공공 정책을 지지하고 또 인간의 생명을 깎아 내리고 위기를 가져오는 것을 영구화하는 행위(예: 핵무장, 전쟁, 인종적 편견)에 반대해야 한다.

5. 교회는 인간은 다른 사람과 관계를 맺고 살아가되 더욱 더 공감하고, 돌보아 주고, 자살하는 사람들(특히 젊은이들)의 죽음을 낭만적

테오-시네마

으로 다루지 말아야 한다. 모든 사람의 손실은 공동체의 손실이 다(The loss of every person is a loss in community).

6. 교회는 자살률이 매우 높은, 정서적으로 고통을 당하는 어린이들, 청소년들 그리고 그들의 가족들, 양로원 노인들의 치료를 도와야 한다.

7. 개체 교회는 청소년 목회를 강화해야하고, 젊은이들이 예수 그리스도의 구원의 은총을 경험하고 교회의 돌보는 친교에 참여하도록 해야 한다.

이러한 형식적(제도적), 내용적 대안 아래 학교와 교회교육 현장에서 '세계자살예방의 날'인 9월 10일을 즈음 해, 매년 9월 둘째 주를 '생명존중의 주간'으로 정하고 생명존중에 대하여 가르치는 교육적 대안도 필요하다. 생명존중을 구체화하는 내용으로 자살에 대한 예방조치와 생명의 소중함을 일깨워줘야 한다. 또한 자살의 징후를 미리 알아차려서 적절하게 위탁할 수 있는 '게이트키퍼'(Gatekeeper)[53]를 양성해야 한다. 자살 가능성 있는 사람이나 학생을 민감하게 알아차리는 생명감각을 통해 자살 징후를 감지하여 적극적인 도움을 주면 지금의 자살률을 현저히 줄일 수 있을 것이다.

뒤르켐은 자살이 개인적 행위로 보이지만 사실은 사회의 특정한 상태를 반영하는 것이라고 보았다. 사회가 심한 아노미현상을 겪으면 사회적 결속력이 약해져 자살률이 높아지고, 반대로 가족, 종교 단체 혹은 여타의 사회그룹과 강한 유대는 자살률을 낮추는데 기여한다. 나아가 뒤르켐은 진정한 친구 한 사람만이라도 곁에 있으면 그 사람은 자살을 감행하지 않는다고 하였다. 따라서 자살은 인간관계의 단절을 의미한다. 그럼으로 자살을 예방하는 길은 우리가 서로 진정한 이웃이 되어주는 것이다. 마르틴 부버의 말대로 나(I)는 너(thou) 속에 존재한다.[54] 우리가 만들어갈 공동체는 나와 너가 하나 되는 것을 말한다. 따라서 "네 이웃을 네 몸과 같이 사랑하라 (Love your neighbor as yourself)"는 예수의 말은 바로 자살예방의 시금석이 되는 것이다.

끝으로 서두에 인용했듯 마지막 날에 쓸모없는 존재가 아닌 이 세상에서 가치 있는 일을 해왔음을 고백하는 어부의 심정을 이해한다면 자살 기도자는 자신의 이야기를 긍정의 해석학과 희망의 해석학을 통해 새롭게 써나갈 수 있을 것이다. 사실 '자살'을 뒤집어 읽으면 '살자'가 아닌가!

테오-시네마

신학이 영화와 만난다면…

1. Ludwig Wittgenstein, *Remarks on the Foundations of Mathematics* vol.2, trans. G. E. M. Anscombe(Blackwell, 1978), 23.

2. Ludwig Wittgenstein, *Philosophical Investigations*, trans. G. E. M. Anscombe (Blackwell, 1958), 223.

3. Ludwig Wittgenstein, *Culture and Value*, revised 2nd edition, ed. G. H. von Wright, trans. P. Winch(Blackwell, 1998), 24

4. Friedrich Nietzsche, Philosophy During the Tragic Age of the Greeks, in *Early Greek Philosophy and Other Essays*, trans. Maximilian A. Mügge(New York: Russell and Russell. 1964), 79.

5. Friedrich Nietzsche, The Anti–Christ, Section 62 (1888), in *The Viking Portable Nietzsche,* 1954, 656.

1부 영화관에 간 현대 신학자

01. 크리스마스 이브, 달의 마력: 쉴라이에르마허와 영화 〈동감〉

1. Richard R. Niebuhr, "Friedrich Schleiermacher", *A Handbook of Christian Theologians*(Nashville: Abingdon Press, 1965) 리차드 니버, 맹용길 편 역, 「쉴라이에르마허」, 『현대신학사상 I 』(서울: 성광문화사, 1980), 18–19.

2. Ibid., 19.

3. Ibid., 9.

4. Ibid., 9–10.

5. Ibid., 19.

6. Ibid., 19.

7. Ibid., 20.

8. J. C. Dannhauer, *Hermeneutica: sacra sive methodus exponendarum sacrarum litterarum,* 1654.

9. 이 둘 모두는 (1) 말로 크게 '표현하다' 즉 '말하다'(to say) (2) 하나의 상황을 설명할 때와 같이 '설명하다'(to explain) (3) 외국어를 번역할 경우에서처럼 '번역하다'(to translate)로 이해되나, 하나는 입으로 소리 내는 것이고, 다른 하나는 합리적인 설명을 하는 것이며, 나머지 하나는 다른 언어로부터 번역해 내는 것이다.

10. Richard E. Palmer, *Hermeneutics*(Evanston: Northwestern University Press, 1969) 이 한우 역, 『해석학이란 무엇인가』(서울: 문예출판사, 1988), 33-34.

11. Ibid., 97.

12. 목창균, 「쉴라이에르마허의 해석학」, 『쉴라이에르마허의 신학사상』(천안: 한국신학연구소, 1991), 251.

13. 팔머(국역), Op. cit., 132-133.

14. 해석학 연구회, 『현대철학과 해석1』(서울: 지평문화사, 1994), 11.

15. Ibid., 11-12.

16. 목창균에 의하면 쉴라이에르마허 해석학의 문제점은 두 가지 정도이다. 첫째, 쉴라이에르마허의 해석학은 성경이 성령의 영감에 의해 저술되었다는 특수 사실을 전혀 고려하지 않고 저자와 해석자의 공통성에 근거하여 그것을 해석하는 것이 가능하다고 본 결과 성경을 다른 서적과 동일한 방법으로 해석하려는 경향이 대두되었으며 둘째, 대화의 심리학적 조건에 관심을 집중한 나머지 해석에서의 역사적 요소를 소홀히 했다. 따라서 이해의 대상이 전제하고 있는 역사적인 특수성을 고려하지 않은 문제점을 내포하고 있는 것이다. (목창균, Op. cit., 32 참조.)

17. 해석학 연구회, Op. cit., 13.

18. 딜타이의 해석학의 궁극적 목적은 역사학을 비롯한 모든 정신과학의 방법론을 정초하는 것이었다. 그는 당시의 정신과학계를 주도했던 사변적인 관념론적 경향이나 실증주의적 경향 모두를 비판하면서 양자를 극복하려 했다. 정신과학적 대상에도 자연과학의 엄격한 설명방법을 그대로 적용하자는 실증주의에 대해서는 대상의 이질성을 강조하여 거부했으며 정신적 대상뿐만 아니라 자연적 현상까지도 사변적인 형이상학적 원리로써 설명하려는 사변적 관념론에 대해서도 그 이론적 기초가 구체적인 경험이 아니라 사변이라는 이유로 거부했다. 따라서 정신과학에 있어서 구체적인 경험에 기초하면서도 엄격한 타당성을 갖는 방법론을 추구한 것이다. 이를 위해 '경험'과는 구별되는 '체험'(Erlebnis)을 말하고 있다. 즉 인간의 삶을 대상화하거나 객관화하여 인식하려는 자연과학적인 범주를 택하지 않고 삶 자체에 내재하는 '체험'이라는 범주로써 이해하려고 하였다.

19. Ibid., 14.

20. Ibid., 14.

21. Ibid., 15.

22. 딜타이의 공식은 '체험-표현-이해'이다.

23. Gadamer, *Wahrheit und Methode*, S.497, S.261.

24. 김경재, 「기독교와 문화들- 동아시아 문화 속에서 종교간의 지평융합에 대한 해석학적, 성령론적 선교신학 모색」(한국, 브라질, 독일 삼국 학술대회 주제발표문, 1998. 6. 29, 한신대 신학대학원) 참조.

25. 1799년에 초판, 그리고 1806, 1821, 1831년에 수정판이 나왔다. 이 글에서는 Rudolf Otto가 편찬한 책 (Goettingen, 1967)에서 인용하고, 이하 Reden이라 약칭한다.

26. F. Schleiermacher, D*ie Weihnachtsfeier : Ein Gespraech*, 2판(Berlin, 1826), 영역: *Christmas Eve : Dialogue on the Incarnation*, trans., Terrence N. Tice(Richmond: John Knox Press, 1967). 이하 영역본 CE로 약호 표기함.

27. Reden., 18.

28. Reden., 20-21.

29. Reden., 49.

30. Reden., 51.

31. Reden., 49.

32. Reden., 60.

33. Reden., 86-87.

34. 목창균, Op., cit., 77.

35. 딜타이는 이 책을 쉴라이에르마허의 "교의학 연구에 대한 최고의 입문서"로 이야기하며 베히든은 "예수의 생애에 대한 강의를 비롯하여 쉴라이에르마허의 그리스도론적인 사고에 대한 훌륭한 입문서"로 평가하고 있다.

36. CE., 15.

37. CE., 69.

38. 변호사 레온하르트는 계몽주의적 입장에서 역사 비평을 통해 크리스마스의 의미를 해석한다. 합리적인 분석과 검토에 의해 전통적인 기독교의 입장에 도전한다. 가령 크리스마스 축제가 성서에 근거한 것이 아니라, 크리스마스와 관련된 관습에 근거한 것이라고 주장하는 것이다(CE., 72).

39. 쉴라이에르마허의 그리스도론을 대변한 것으로 알려진 인물로 에른스트는 크리스마스의 현상으로부터 출발하여 그 본질에 접근한다. 이것은 현재의 종교적인 경험으로부터 기독교의 역사적 창건자인 그리스도의 존재를 논증하려는 쉴라이에르마허의 계획을 반영한다.

40. '플라톤적이며 요한적인 정신'에 근거하여 사변적인 신학과 쉘링의 종교철학을 대변한 인물로 에두아르트는 사변적이며 신비적인 측면에서 크리스마스의 의미를 설명하려 한다.

41. CE., 85-86.

42. 실제로 쉴라이에르마허는 이 세 가지 관점을 자신의 또 다른 저서 『예수의 생애』(The Life of Jesus)에 구현하였다.

43. K. Barth, Evangelishe Theologie im 19 Jahrhundert, *Theol. Studien Heft*, 49(Zollik, 1957), S.6f.

44. 최종호, 『칼 바르트의 복음주의 신학』(부산: 신지서원, 1999), 60.

02. 논리의 언덕에 오른 신학자, 계시의 산에서 내려오다: 바르트와 영화 〈잉글리쉬맨〉

1. 최종호, 『칼 바르트의 복음주의 신학』(부산: 신지서원, 1999), 64.

2. Ibid., 64.

3. Ibid., 64.

4. 후기 바르트의 성령론에 근거한 성화, 즉 중생, 갱신, 회심, 회개, 뒤따름(Nachfolge)을 말하는 윤리 속에 이들 신학은 근거를 두고 있다. Karl Barth, *Die Kirchliche Dogmatik*(Evangelischer Verlag. A. G., Zollikon Zurich, 1932–1965), Ⅲ/2, S.578(이하 KD로 표기함).

5. Op. cit., 57.

6. Ibid., 66–67.

7. 반면 앤슨은 '지방', 혹은 '타지'라고 말한다.

8. 박순경, 『칼 바르트 신론 연구』(서울: 이화여대출판부, 1973), 2.

9. 이현복, 「리오타르: 차이의 철학과 해방의 미학」, 『철학과 현실』(1996년 가을호), 127.

10. J. F. 리요타르·이현복 역, 『지식인의 종언』(서울: 문예출판사, 1993), 43.

11. 최종호, Op. cit., 67.

12. 로마 카톨릭 신학자 칼 라너는 바르트의 『로마서 주석』을 '자유주의 신학자들의 놀이터에 떨어진 폭탄'이라고 평한다.

13. 최종호, Op. cit., 9.

14. http://honam.chris.co.kr/363/preach/preach_4.htm/황승룡, 신학강좌, 「인간론–하나님의 형상으로서의 인간」에서 인용.

15. KD Ⅲ/3, S.402.

16. 김영한, 『바르트에서 몰트만까지』(서울: 대한기독교서회, 1986 4판), 69.

17. KD Ⅲ/3, S.408.

18. KD Ⅲ/3, S.335.

19. 최종호, Op. cit., 49

20. Ibid., 50.

21. 성은 형이상학적 관념의 형태보다 삶의 현실로 구체화된다. 관념이 삶을 경직된 질서 속에 가두어 놓은 권위주의적 인식 체계라면 성은 경직된 질서를 깨뜨리고 권위주의적 인식 체계에 저항하는 인식 체계로 작동한다. 성은 바로 예로부터 지배계층이 중시하는 노동에 대립되는 개념으로서, 즉 형이상학이 억압한 대상에 해당하는 것으로서 관념화된 질서를 전복한다. 성은 구체적 현실의 장에서 자발성에 입각한 표현인 만큼 개성, 본능, 자유로움을 통해 통제되고 완결된 질서를 해체하고자 한다는 뜻이다.〔김경복, "현대시의 성적 표현과 이데올로기" 『풍경의 시학』(부산: 전망사, 1996), 85.〕

22. 랄프 에이브러햄·김중순 역, 『카오스·가이아·에로스』(서울: 두산동아, 1997), 362.

23. Ibid., 363에서 재인용.

24. Ibid., 362.

25. Ibid., 219에서 재인용.

26. 김용정, 『과학과 철학』(서울: 범양사, 1996), 273 참조.

27. Heinz Westman, *The Structure of Biblical Myths*(Dallas: Spring Publication Inc., 1983), 25.

28. 존 브리그스·데이비드 피트 공저, 김광태·조혁 역 『혼돈의 과학』(서울: 범양사, 1991, 20 참조)이 바빌로니아의 창조설화는 기원전 6-4세기경에 구약성서 기자들에게 그대로 전해졌다. 즉 창세기의 혼돈은 티아마트였으며, 야훼신은 빛으로 이 혼돈을 정복했다.

29. 김흥호, 『노장사상과 무문관 해설』(서울: 풍만, 1987), 42.

30. 숙과 홀을 합치면 '갑자기' 라든지 '잠깐 사이'를 의미한다.

31. 김상일, 『카오스와 문명』(서울: 동아출판사, 1994), 25.

32. K. Barth, *Die Menschlichkeit Gottes,* Theologische Studien, 4 (Zürich, 1956), S.48.

33. Ibid., S.16.

34. 최종호, Op. cit., 37.

35. K. Barth, *Die Menschlichkeit Gottes*, S.46f.

36. E. Brunner, "Der Neue Barth", *ZTHK*, 1951, S.89ff.

37. R. T. Osborn, "A New Barth", *Interpretation*, January 1964, 62-75.

38. 최종호, 『칼 바르트의 그리스도론』, Op. cit., 47-53.

39. 사무엘 E. 스텀프, 이광래 역, 『西洋哲學史』(서울: 종로서적, 1991), 129-130 참조.

40. 아퀴나스는 우주가 마치 존재의 거대한 질서가 존재하는 것처럼 여러 가지 사물들의 위계질서를 구성하였다. 또한 이 여러 단계의 존재들 간에는 아무런 간격이 없다고 한다. 그것들은 고리의 연결 부분처럼 상호간에 맞물려 있는 것이다. (사무엘 E. 스텀프, 이광래 역, 『西洋哲學史』 249 참조.)

41. 환원주의, 혹은 귀속주의란 부분을 전체에 환원 혹은 귀속시켜 버리는 것을 두고 하는 말이다. 서양의 질서개념은 바로 환원주의적이다. 부분과 전체는 이원화되고 양자 사이에 우열의 차이를 둔다. 즉 전체는 부분보다 우월하게 되고 양자 사이에 아무런 유기적 관계가 없다.

42. 17세기 뉴턴이 공식화한 역학법칙 이후로 과학자들은 우주를 하나의 거대한 기계장치로 생각하는데 익숙해 졌다. 따라서 19세기에 라플라스는 가장 극단적으로 이런 생각을 섬세하게 설명하였다. 그는 모든 물질 입자들이 정확한 수학적 운동 법칙에 어긋남이 없이 움직인다고 보았고, 이 법칙들이 가장 작은 원자의 아주 상세한 부분의 행동까지도 지배한다고 여겼다. 따라서 라플라스는 어떤 한 순간에 우주 상태가 주어진다면, 뉴턴의 운동 법칙들에 의해 전체 우주의 미래를 놀랄만큼 정확하게 결

정할 수 있다고 한다. 〔폴 데이비스, 존그리빈·안성청 외 번역,『과학혁명의 뉴 패러다임』(서울: 세종대학교출판부, 1995), 33 참조.〕

43. 김상일,『카오스와 문명』, 35.

44. Ibid., 36-37 참조. 우주의 두 물체 사이에 제3자가 간섭하는 현상을 섭동현상이라고 하는데, 푸앵카레는 행성과 같이 완전히 예정된 계라 할지라도 결정지어질 수 없는 복잡한 계가 있음을 발견하였던 것이다.

45. 20세기 물리학의 두 가지 발견은 첫 번째로 양자역학(quantum mechanics)이며 그 심장부를 이루는 것이 하이젠베르그의 불확정성의 원리(Heisenberg's Uncertainty Principle)로 우리가 측정하는 모든 것은 무 작위적으로 요동하기 쉽다는 것을 말하고 있다. 또한 두 번째로 혼돈의 등장인데, 이 혼돈 이론의 중요성이 완전히 인식된 것은 최근의 일로 중요한 계산들을 할 수 있는 아주 빠른 컴퓨터가 등장하면서부터이다. (폴 데이비스, 존 그리빈,『과학혁명의 뉴패러다임』, 35-36 참조)

46. 김상일은 질서를 '밝'음이고 무질서는 '검(감)'음이라고 한다. 그래서 우주는 '깜빡깜빡(감밝)'하는 리듬이라고 한다. 한번 무질서가 질서로, 다시 질서가 무질서로 숨바꼭질하는 것이 우주라고 하며, 이런 우주를 '유니버스'(Universe)라고 하지 않고 '한버스'(Hanverse)라고 한다. 서양의 유니버스는 밝음만 있는- 즉 질서만 있는- 하나(Uni)의 세계이기 때문이다. 그러나 한버스는 '깜빡깜빡'하는 세계이다. 왜냐하면 '한'의 어휘적 의미 속에는 '밝음'과 '어둠'이 모두 포함되어 있기 때문이다. 이 말은 질서와 무질서가 번갈아 생겨나며 창조 질서를 만드는 것을 의미한다. 김상일,『카오스와 문명』(서울: 동아출판사, 1994), 39.

47. 가령, 나뭇가지의 어느 부분을 선택해서 확대를 해도 전체의 나무 모양과 같은 모양을 얻을 수 있는 것을 말하며, 우리를 경탄하게 하는 아름다운 눈송이도 역시 자기 유사성을 가진 모양이다.

48. 'fractal'이란 용어는 만델브로트가 만든 말이며 부서진 상태를 뜻하는 라틴어 프락투스(fractus)에서 유래한다. 우리말로는 쪽거리라고 번역되기도 한다. 곽영직,『과학 이야기』(서울: 다정원, 1998), 281 참조.

49. 질 들뢰즈, 이정우 역,『의미의 논리』(서울: 한길사, 1999), 299. 카오스모스에 대해서 더 자세한 내용은 이정우,『접힘과 펼쳐짐』(서울: 거름, 2000), 221-260 참조. 이러한 카오스모스의 미적, 윤리적 함의는 가타리의『카오스모스』를 참조. 가타리는 이 책에서 미적, 윤리적 패러다임으로서 카오스모스를 제시하고 있다.

50. 김지하,『예감에 가득 찬 숲 그늘』(서울: 실천문학, 1999), 28.

51. Ibid., 37.

52. 김영민,『진리·일리·무리』(서울: 철학과 현실사, 1998), 170.

53. Ibid., 171.

54. 최종호,『칼 바르트의 복음주의 신학』, 75.

55.　박봉랑, 『신학의 해방』(서울: 대한 기독교서회, 1991), 419.

56.　성서의 하나님은 피조물의 세계에 속한 분이 아니라, 피조물의 세계 '위에', 이 세계 '밖에' 있는 분이다. 그는 결코 이 세계에 속한 사물들과 '유비'(analogia)를 갖지 않는다. 만약 존재의 유비가 가능하다면 부룬너처럼 접촉점을 인정하는 것이 되고, 중세의 자연신학으로 돌아가는 것이다. 그리고 이것은 히틀러에게 전쟁의 당연한 이유가 되는 것이다.

57.　K. Barth, *Der Römerbrief* (Vorwort, 1922), S.13.

58.　최종호, 『칼 바르트의 복음주의 신학』, 35-36 참조.

59.　최종호, 『칼 바르트의 그리스도론』(오산: 한신대학교 출판부, 1978), 53. 바르트 신학 사상의 변천을 전기, 중기, 후기로 표시하면 전기 바르트는 『로마서 주석』에서 출발한 그의 첫 번째 신학적 변혁에서 『그리스도 교의학』까지 10여 년간, 중기 바르트는 안셀무스의 연구가 적용된 『교회 교의학』 제1권의 「하나님 말씀론」, 제2부와 제2권의 「신론」, 제3권의 「창조론」까지 약 15년간, 후기 바르트는 『교회 교의학』 중 제 4권의 「화해론」(1951-1965)과 「하나님의 인간성」(1956)의 시기를 말한다. (최종호, 『칼 바르트의 복음주의 신학』 Op. cit., 40 참조.)

60.　필자는 이러한 '십자가의 신학'의 유비를 '떠남과 남아있음, 그리고 둘다'라는 화두로 설명한 바 있다.

61.　W. Dilthey, *Gesammelte Schriften* vol. Ⅶ(Stuttgart: Teubner), S.281.

62.　Wittgenstein, *Philosophical Investigations*, 김보현, 「자크 데리다 형이상학의 해체와 해체주의」, 김욱동 편, 『포스트모더니즘과 포스트구조주의』(서울: 현암사, 1991), 169-170에서 재인용.

03. 우주, 실존의 만남에서: 불트만과 영화 〈헨리의 이야기〉

1.　하랄드 프리쯔쉬, 이희건·김승연 공역, 『재미있는 우주역사 이야기』(서울: 가서원, 1991), 10.

2.　Ibid., 11.

3.　칼 세이건, 김명자 역, 『에덴의 龍』(서울: 정음사, 1990), 22-23.

4.　Ibid., 24.

5.　프리쯔쉬, Op. cit., 13.

6.　바울 신학으로 유비하자면, "영적 인간"과 "육적 인간"으로 구분할 수 있을 것이다.

7.　'신학은 인간학'이라는 포이에르바하의 명제는 역시 불트만에게 있어서도 유효하지만, 신학이 계속되는 한 유효할 것이다.

8.　119 보헨스키는 『유럽철학』이라는 그의 저서에서 실존주의자들에게서 공통적으로 찾아볼 수 있는 여섯 가지 주제를 열거한 바 있다. 그것은 "하나. 실존은 본질에 앞선다. 둘. 인간의 실존을 가장 중심이 되는 연구 대상으로 삼는다 셋. 실존적 경험을 매

우 중요시한다. 넷. 인간을 보편자로서 아니라 순순한 주체성을 가지 단독자로서 파
악한다. 다섯. 인간과 그가 속해 있는 주변 세계와의 상호 의존성을 중요시한다. 여
섯. 이지적 지식을 그다지 중요시하지 않는다." 등이다.

9. 김광식, 『기독교 사상』(서울: 종로서적, 1988), 134.

10. Ibid., 134.

11. Ibid., 134.

12. 헤겔에 의하면 세계는 절대정신의 나타남이며, 그의 변증법은 이 절대 정신이 가능
    성으로부터 현실성으로 나가는 끊임없는 운동을 필연적인 전개로 파악하는 체계적
    논리였다. 그 논리에 따르면 "이성적인 것은 현실적인 것이고, 현실적인 것은 이성적
    인 것"(법철학 강요)으로서 이 세계의 모든 것은 변증법적인 필연성에 따라서 체계화
    되고 개체는 전체의 개념 속에 포괄되며 따라서 "진리는 전체"(정신현상학)이다. 그럼
    으로 헤겔에게 있어서 중요한 것은 전체, 보편, 일반, 체계적 원리이고 개별적인 낱낱
    의 우연적인 것은 비 진리의 문제이다.

13. 표재명, 『키에르케고어 연구』(서울: 지성의 샘, 1995), 18.

14. Ibid., 19에서 재인용.

15. 사무엘 E. 스텀프, 이광래 역, 『西洋哲學史』(서울: 종로서적, 1991), 604.

16. Ibid., 607.

17. 김흥호, 『실존들의 모습』(서울: 도서출판 풍만, 1984), 86-91.

18. 그러나 키에르케고르에 의하면 기독교도가 된다는 것은 박해를 당한다는 것, 신 앞
    에서 '단독자'가 되고 인간들 속에서 고독해진다는 것을 의미한다. 윌리엄 후벤, 윤지
    관 역, 『도스토예프스키, 키에르케고르, 니체, 카프카』(서울: 도서출판 까치, 1985), 25
    참조.

19. 물론 영화는 이 도약의 가능성을 브래들리와 가족의 사랑으로 설명한다. 그리고 하
    이데거는 이 도약을 인간의 실존 안에 있는 가능성으로 본다. 그러나 신약성서와 불
    트만은 비 본래적 실존에서 본래적 실존으로 도약하는 것은 인간의 실존 안에 있는
    가능성이 아니라, 예수 그리스도를 믿는 신앙으로 말미암아서만 가능하다고 한다.
    즉 불트만은 신학자로서 철학자인 하이데거의 실존 분석에는 동의하나 인간 실존의
    구원에 대하여는 동의하지 않는 것이다. 아무리 인간이 자신의 타락을 깨달을지라도
    자기의 과거에 의해서 규정된 옛 사람으로 그대로 남아 있을 뿐이라는 것이다. 인간
    의 참된 삶은 하나님의 사랑, 즉 그 은혜로만이 줄 수 있는 것이다.

20. R. Bultmann, Neues Testament und Mytholopie. Das Problem der Entmytholo-
    gisierung der neutestamentlichen Verkändigung, in Hans Werner Bartsch(Hrsg.),
    Kerygma und Mythos Ⅰ. 1948. S.5.

21. Ibid., S.44.

22. 강성두, 「신약성서와 신화론」, 『선구자의 신학과 사상』(서울: 대한기독교서회, 1995),

81-82.

23. Ibid., 82.

24. R. 불트만, 「예수 그리스도와 神話」, 『세계기독교사상전집』(서울: 신태양사, 1978), 196.

25. 김광식, Op. cit., 135.

26. Ibid., 135.

27. Ibid., 136.

28. R. 불트만, 「예수 그리스도와 神話」, 163.

29. 김광식, Op. cit., 139.

30. Ibid., 139.

31. Ibid., 139-140.

32. 에른스트 케제만(Ernst Käsemann)은 산상수훈에서 예수 전승의 진정성을 추구했으며, 에른스트 푹스(Ernst Fuchs)는 예수의 행태와 말씀(사랑의 행태와 사랑의 말씀)에 중점을 둔다. 게르하르트 에벨링(Gehard Ebeling)은 언어의 현실성을 문제 삼고, 역사적 예수의 문제는 예수 안에서 말로 되는 것, 즉 신앙에 대한 질문임을 강조하고, 예수의 언행은 예수가 신앙의 증인이었음을 지시해 준다고 한다. 귄터 보른캄은(Günther Bornkamm)은 "케리그마 속에서 역사를 찾아야 한다" 고 하며 헤르베르트 브라운(Herbert Braun)은 신약성서의 기독론은 계속 변하는 변수이고 인간학만은 변하지 않는 상수라고 함으로써 불트만의 인간학적 집중을 다시 한번 더 극단화시킨다. 따라서 하나님을 '이웃 사람됨'(Mitmenschlichkeit)이라고 말한다. 프리츠 부리(Fritz Buri)는 불트만의 비신화화 작업을 "비케리그마화"(dekergmatizing) 하는 데까지 끌고 가야 한다고 주장한다.

33. 존 로빈슨, 현영학 역, 『신에게 솔직히』(서울: 대한기독교서회, 2001), 45에서 재인용.

34. 이는 선지자 이사야로 하신 말씀에 '우리 연약한 것을 친히 담당하시고 병을 짊어 지셨도다' 함을 이루려 하심이더라.

35. 존 로빈슨, Op. cit., 98에서 재인용.

36. Ibid., 98.

04. 절대를 찾은 영원한 현재: 틸리히와 영화 〈사랑의 블랙홀〉

1. 2월 2일을 말하며, 이 날 두더지가 굴에서 나와 자기 그림자를 보며 겨울잠으로 되돌아간다는 전설에서 유래. 미국에서는 성촉절(Candlemas)의 날이다. 즉 성모 마리아의 순결을 기념하는 축제일로 촛불행렬을 한다.

2. 조지 린드벡은 20세기 세계 최고의 신학자 셋을 칼 바르트, 칼 라너, 폴 틸리히로 들고 있다.

3. Water Leibrecht, *Paul Tillich*, 맹용길 편, 『현대신학사상 I』(서울: 성광문화사, 1990),

177.

4. Paul Tillich, *Systematic Theology*, vol. 1(1951), vol. 2(1957), vol. 3(1963), *Combined volume*(Chicago: The Chicago University Press, 1967), 3. 이하 본문에 ST.로 약호표시하고, 권수와 페이지수를 기재함.

5. 김경재,『解釋學과 宗敎神學』(천안: 한국신학연구소, 1997 재판), 26.

6. Ibid., 26.

7. 폴 틸리히 · 김천배 역,『흔들리는 터전』(서울: 대한기독교서회, 2001 15쇄), 1.

8. 이것은 기독교 교리에 대한 불신앙이 아니라, 하나님의 명령에 대한 거부로서의 불신앙이다.

9. 이것은 신의 자리에 인간이 차지하는 경우이다.

10. 인간이 하나님을 버리고 자신의 욕구를 추종하여 일어나는 소외이다.

11. 강성두 편저,『선구자의 신학과 사상』(서울: 대한기독교서회, 1995), 93.

12. Ibid., 94.

13. 김경재, Op. cit., 32.

14. 폴 틸리히, 솔스타인버그 그림, 이찬수 · 장성현 역,『절대를 찾아서』(서울: 전망1993), 5-6.

15. 강성두, Op. cit., 95.

16. Paul Tillich, *The Courage to Be*, 강성두, Op. cit., 95-96에서 재인용.

17. 틸리히에 의하면 원래 인간은 존재와 결합되어 '천국적 상태', 즉 '몽환적 순진의 상태'이었는데, 인간이 자신의 자유를 행사하였기 때문에 신에게서 자신을 분리시켰다고 한다. 일단 분리가 일어나면 '인간이 존재의 근거와 재결합'(다른 말로, 소외의 극복)하는 것은 불가능하다. 존재 자체가 인간 속에 들어와서 소외와 절망의 저항을 극복하고 정복할 때에만 가능하다고 말한다. (월터 라이프렉트, Op. cit., 187-188.)

18. Ibid., 191-192.

19. 케리그마란 처음 교회가 이 세상을 향해 선포한 그리스도교의 핵심적 구원 메시지이며 베드로의 첫 설교인 사도행전 2장 14-36절에 압축되어 있다. 이러한 케리그마의 핵은 예수 그리스도의 생애와 삶, 특히 십자가 사건과 부활 사건 그리고 성령강림 사건을 통하여 계시된 인간과 세계 구원의 진리이다.

20. 극단적인 사람들은 그 '영원한 진리'를 쉽게 성서 말씀 또는 일정한 신학 교리체계와 동일시한다. '하나님의 말씀'으로서의 성서는 예언자와 사도들과 예수 그리스도의 입을 통해 전달된, 하늘로부터 떨어져 내려온 계시된 말씀이라고 문자적으로 절대 신성시되는 것이다. 그러나 틸리히에 의하면 성서의 문자와 교리 신학 내용이 곧바로 '하나님의 말씀'이 아니라, 성서를 창출하고 성서를 성서이게 하는 '궁극적 관심', 성서가 증언하는 '새로운 존재, 새로운 실재'가 영원한 진리이다. 즉 그리스도이신 예수에 나타난 새로운 존재(The new Being revealed in Jesus Christ)가 그리스도인들에게

는 '궁극적 계시'(The final revelation)이고, 바로 그것이 케리그마의 내용이 된다는 것
이다(김경재, Op. cit., 32 참조).

21. 변증(apologetics)이란 진리를 세상 속에서 변호하고, 그 진리 됨을 강력히 주장하여
상대방을 설득하려는 노력을 말한다. 틸리히의 주저 『조직신학』(Systematic Theology)
은 바르트식의 케리그마 신학에 의식적으로 반대하면서 쓴 일종의 변증 신학적 작품
이다. "변증신학은 '대답하는 신학'이다. 그것은 영원한 메시지의 힘 속에서 '상황'이
제공하는 수단들을 가지고 상황 속에 내포된 물음들에 답변한다"(ST.I, 6)

22. 월터 라이프렉트, Op. cit., 179.

23. "실존은 소외이다."는 말로 인간 실존을 분석함으로 틸리히는 자신의 기독론을 『조직
신학』 2권에서 시작한다. 사람이 실존하는 만큼 그는 그 자신의 본질에 있어 본래 되
어있고 있어야 할 것이 되지 못한다. 소외는 단순히 참된 존재로부터 분리되어 있음
을 의미하지는 않는다. 소외되어진 자는 그가 소외되어진 근원에 본질적으로 속하여
있다. 인간은 그 근원으로부터 벗어날 수도 없고 합해질 수도 없다. 즉 소외의 상황
으로부터 소외를 극복하려는 모든 시도는 실패와 파괴와 자기 파멸에 이르고 마는
것이다. 따라서 이러한 소외의 상황을 새로운 존재의 담지자인 예수는 실존적 조건
아래서 본질적 인간으로 생각되는 것을 실현시켰다(김광식, 129 참조).

24. 성령에 대해서도 틸리히는 그의 『조직신학』 3권에서 다루고 있는데, 영은 생명이라는
철학적 개념에 대한 상관 개념이다. 현실적인 생명은 파라다이스의 무죄 상태와 본
질적 존재의 생명이 아니다. 역시 죄와 실존적 소외 속의 생명도 아니다. 오히려 양자
의 혼합이다. 살아있는 것은 아무것도 단적으로 선하거나 단적으로 악하지 않다. 모
든 것은 애매모호하다. 그것은 명확성을 열망한다. 즉 애매 모호성을 뛰어넘어 가고
자 한다. 그래서 생명의 애매성에 대한 답으로 '신적인 영'이 나타나는 것이다. 이 영
은 선과 악의 풀리지 않는 연쇄를 풀어놓는다. 즉 신적인 인간은 인간을 애매모호한
생명의 초월적 통일 속으로 올려놓는 것이다. 신적인 영은 본질과 실존의 틈 너머에
서 그리고 이에 따라 생명의 애매 모호성 너머에서 새로운 존재를 만드는 것이다.
(Ibid., 129-130)

25. 틸리히는 생명의 애매 모호성을 역사의 차원에서 분석하여 역사의 흥망성쇠 속에서
그 역사의 최종적 의미와 목표에 대한 질문을 제기하고 이러한 역사적 과정의 애매
모호성의 질문에 대한 답으로 '하나님의 나라'를 상관시킨다. 하나님의 나라라는 상
징은 역사 내적이고 정치적인 요소와 함께 초월적인 요소를 포함하고 있다. 하나님
의 나라는 유한한 제도의 수단을 통하여 역사 안에서 현현된다. 역사 안에 있는 하
나님의 나라의 승리는 권력남용과 그러한 남용의 파괴적이고 자기 파멸적 결과에 대
한 승리이다. 정치적 자세와 제도의 민주화는 정치권력의 파괴적 결과에 대응하는
데 도움이 된다. 민주화는 역사 안에 하나님의 나라가 나타나는 현현이다. 물론 역사
내의 하나님 나라의 모든 승리는 단편적이다. 신적인 것이 잠정적 방식으로 역사적

실존의 애매 모호성을 민주주의와 교회 제도 속에서 극복하지만, 민주주의와 교회 제도를 하나님의 나라와 동일시하면 안 된다. 역사의 문제에 대한 최종적 대답은 역사 자체 안에서는 주어질 수 없기 때문이다. (Ibid., 130-131.)

26. 김광식, 『기독교 사상』(서울: 종로서적, 1988. 4쇄), 128-129.

27. 김경재, Op. cit., 42.

28. Ibid., 48.

29. Paul Tillich, *Christian and the Encounter of the World Religions*(New York & London: Columbia University Press, 1966, first print 1963), 57.

30. 폴 틸리히, 김경수 역, 『영원한 지금』(서울: 대한기독교서회, 1987), 139-140.

31. 월터 라이프렉트, 193.

05. 예수께서 지금 오신다면: 본회퍼와 영화 〈몬트리올 예수〉

1. 정혁현·이신정, 『영화가 재밌다, 말씀이 새롭다』(서울: 뜨인돌, 1998), 24.

2. 이 입장은 후의 『기독교인의 세속성』의 주제와 대조를 이룬다. 물론 두 주제가 모순되는 것은 아니다.

3. 사실, 군사정보국은 저항의 중심지였다.

4. 그리스·로마 신화에 나오는 탄탈로스는 신의 전지전능함을 시험했기 때문에, 지옥에서 엉덩이까지 차 오른 물속에 있지만 갈증에 시달리고, 맛있는 과일이 머리 위 나뭇가지에 주렁주렁 매달려 있지만 먹으려고 손을 뻗으면 바람이 불어와 가지를 옆으로 치워버리는 고통, 즉 '탄탈로스의 고통'에 시달리고 있다.

5. Dietrich Bonhoeffer, *Nachfolge*, 허 혁 역, 『나를 따르라』(서울: 대한기독교서회, 2001. 초판 32쇄), 4. 이하 본문에 NA.로 약호하고 면을 기재함.

6. 이상, 정혁현·이신정, Op. cit., 23-24에서 발췌.

7. 이러한 이원론적 사고는 어거스틴의 『신국론』(De civitate Dei)에서 시작된다. 어거스틴은 인류의 역사를 '하늘의 나라'(civitas Dei)와 '지상의 나라'(civitas terrena)의 투쟁 관계로 파악하였다. 물론 이것은 당시 로마의 정복사업으로 인한 침략행위를 종교적으로 정당화해주는 것을 막기 위한 정치권력과 기독교의 상관관계를 분리시키는 것이었으며 이로써 피정복민들에게 기독교를 변호할 수 있었으며 지상의 정치권력으로부터 기독교를 보호하였다. 그러나 루터에게 있어서는 역으로 교황의 절대권이 갖는 신정(神政)의 성격으로부터 탈피하여 세속 권력의 독자적 성격을 강조하는 것으로 나타난다. 즉 '세상의 나라'와 '그리스도의 나라'를 엄격히 구별하여 세상의 질서로부터 복음의 자유를 설정하고자 했다. 이는 종교개혁이 중세기 교회에 대한 반발이었기 때문이다. 아무튼 이러한 루터의 주장은 루터과 교회 전통 속에서 결국은 형이상학적 이원론으로 빠지게 되었다. 그러나 본회퍼는 성스럽고 초자연적인 종교적 영역에서만 그리스도가 주가 되는 것이 아니라, 이 현실 세계의 전 영역에서 주가 됨을 인

정하는 삶이 기독교인의 삶이라는 것이다.

8. Dietrich Bonhoeffer, *Ethick*, 손규태 역, 『기독교 윤리』(서울: 대한기독교서회, 1984), 169-170 참조. 이하 본문에 ET.로 약호하고 페이지 면을 기재함.

9. 심순실, 「D. Bonhoeffer의 基督教 社會倫理思想에 관한 研究」(부산대학교 교육대학원 석사논문, 1994), 5.

10. 이것은 지난 200년간 서구 기독교가 '궁극적인 것'과 '궁극이전의 것'을 상호 파괴적 관계로 보았던 것에 대한 본회퍼의 비판인 동시에 새로운 시대에 합당한 기독교적 삶에 대한 방향 제시이다.

11. 김영한, 「본훼퍼의 비종교적 기독교의 해석학(Ⅱ)」, 『기독교 사상』(1985.10), 131.

12. Ibid., 132.

13. 존 로빈슨, 현영학 역, 『신에게 솔직히』(서울: 대한기독교서회, 2001. 2판 3쇄), 30.

14. Dietrich Bonhoeffer, *Widerstand und Ergebung*, 고범서 역, 『옥중서간』(서울: 대한기독교서회, 1989), 167. 이하 본문에 WE.로 약호하고 페이지 면을 기재함.

15. 심순실, Op. cit., 28-38 참조. 이 논문은 이러한 본회퍼의 비종교적 해석을 잘 정리해 놓았다.

16. 본회퍼는 다음과 같이 말한다. "우리의 관심대상은 내세가 아니라 이 세상이다. 복음에서 세상에 초출(超出)해 있는 것은 이 세상을 위해서 존재하도록 의도되어 있다"(WE, 172.)

17. 본회퍼는 그리스도는 인간 삶의 부분적 영역에서가 아니라, 인간 삶의 한가운데서 인간과 만난다고 말한다.

18. 현영학은 『신에게 솔직히』에서 '임기응변의 신'으로 번역하는데 이 말은 그리스의 연극 무대에 장치된 기계에서 신이 갑자기 튀어나와 연극에 감추어져 있던 수수께끼를 기적적으로 풀어준 데서 나온 말로, 기적적으로 인간의 문제를 해결해 준다는 신앙을 풍자하는데 많이 쓰인다. (존 로빈슨, 48 참조)

19. 본회퍼는 성서는 인간을 신의 약함과 고난으로 인도한다. 다만 고통 하는 신만이 인간을 도와줄 수 있다고 말함으로 이러한 문제해결책으로서의 종교를 비판한다.

20. 본회퍼는 다음과 같이 말한다. "기독인은 그릇된 종교적 속박이나 장애에서부터 해방되어 세속적으로 살아야 한다." (WE, 226).

21. 심순실, Op. cit., 33에서 재인용.

22. 박봉랑, 『기독교의 비종교화』(서울: 범문사, 1980), 433.

23. Ibid., 435.

24. 심순실, Op. cit., 37-38.

25. Dietrich Bonhoeffer, *Sanctorum Communio*(Munich: Chr. Kaiser Verlag, 1954), S.28. 이하 본문에 SC.로 약호하고 페이지면을 기재함.

26. 심순실, Op. cit., 44.

27. 따라서 본회퍼에게 있어서 예수는 '구주'보다는 '책임적 인간', '타자를 위한 존재' 등
    비종교적 언어로 불린다. 그래서 히틀러를 미친 트럭 운전수로 비유하고 진정한 기독
    교인은 이웃의 아픔에 책임성 있으려면 이 트럭 운전수를 끌어내려야 한다고 말하는
    것이다.

06. 세속적인 거룩함: 웨인 왕의 영화 〈스모크〉로 존 로빈슨의 『신에게 솔직히』읽기

1. John A. T. Robinson, *Honest to God* (1963) 현영학 역, 『신에게 솔직히』(서울: 대한기
    독교서회, 2001, 2판 3쇄), 15. 이하 본문에 HG.로 약호하고 번역서의 면수를 기재.

2. 켄 가이어, 윤종석 역, 「스모크 묵상」, 『영화묵상』(서울: 두란노, 2001), 210.

07. 샘 킨 목사님, Shall we dance?: '내장 신학'과 영화 〈쉘위댄스〉

1. 황원권 엮음, 『현대철학산책』(서울: 백산서당, 1996), 33.

2. Ibid., 33.

3. 타케다 세이지 『현대사상의 모험』(서울: 우석출판사, 1996), 64.

4. 강대석, 『니체와 현대철학』(서울: 한길사, 1986), 93에서 재인용.

5. 이왕주, 『철학풀이, 철학살이』(서울: 민음사, 1994), 243.

6. Ibid., 243.

7. Ibid., 244.

8. 니체, 『반 그리스도』, 이왕주, Ibid., 243에서 재인용.

9. 이왕주·김영민, 『그림자 던지기』(전주: 장미와 주판, 2002), 25-26.

10. Ibid., 26.

11. 그래서 공동번역은 肉 대신 '사람'으로 번역하고 있다.

12. 강원돈, 『물의 신학』, 122.

13. Ibid., 122-123.

14. Ibid., 151.

15. Ibid., 151.

16. 강원돈, Op. cit., 152-153.

17. 이이는 『栗谷全書』 卷十0, 「答成浩原」에서 "理가 아니면 氣는 근거할 데가 없고, 氣가
    아니면 理는 의지할 곳이 없다. 때문에 理와 氣는 두 개의 물건도 아니며, 또 하나의
    물건도 아니다. 하나의 物이 아니기 때문에 하나이면서 둘이라고 하고 두 개의 物이
    아니기 때문에 둘이면서 하나라 한다."고 하면서 理一元論과는 달리 理氣二元論을
    주장하였다. 즉 퇴계가 주장한 理의 선차성과 절대성의 일원적 객관관념론을 반대하
    고 리와 기는 서로 불가분리의 관계이기 때문에 똑같이 시초가 없으니 어느 것이 먼
    저이고, 어느 것이 나중인가 하는 것을 말할 수 없다고 봄으로써 理와 氣는 다같이
    천지의 부모로 간주하였다. 그러나 '答成浩原' 10권의 같은 글, 理通氣局説'에서는

"理와 氣는 시초가 없다. 사실대로 말하면 선후가 없다고 하는 것이 옳다. 그러나 그 근본을 따져보면 理, 이것은 모든 것의 근본이다. 때문에 부득이 理를 선차적인 것으로 보지 않을 수 없다."고 하면서 氣멸망론과 理의 절대적 성격을 주장함으로써 그의 이기이원론 입장과는 모순되는 관념론으로 기울었다. 그것은 그 시대의 봉건주의 정치경제와 면밀히 연관된 점에서 어쩔 수 없는 한계였다. 따라서 철학적인 논리를 추구하는 데서는 절대적 추상의 理를 부정하는 대담한 시도를 하였으나, 봉건제도를 떠나서는 자신의 신분 계급적 지위를 보존할 수 없었기에 현실적으로는 理의 우선성을 주장하였던 것이다.

18. Ibid., 154-155.
19. 샘 킨, 이현주 역, 『춤추는 神』(서울: 대한기독교서회, 1977), 7.
20. Ibid., 8.
21. Ibid., 186.
22. Ibid., 186.
23. Ibid., 187.
24. Ibid., 187.
25. Ibid., 191.
26. Ibid., 201.
27. 강성두 편, 「디오니소스 신학의 춤추는 신」, 『선구자의 신학과 사상』(서울: 대한기독교서회, 1994), 173. 이하 본문의 내용은 이 글의 소개를 참조하며 킨의 저서를 인용하고자 한다.
28. 오늘 한국에 '열린 예배'라는 이름으로 미국에서 수입된 예배가 바로 그러하다.
29. 샘 킨, 『춤추는 신』, 206-207.
30. Ibid., 207.
31. Ibid., 207-208.
32. Ibid., 196.
33. Ibid., 199-200.
34. 프리드리히 니체, 강대석 역, 『차라투스트라는 이렇게 말했다』(서울: 이문 출판사, 1994), 116.
35. Ibid, 328.
36. Sam Keen, *Learning to Fly*(New York: Broadway, 1999),

• 하와여, 갓숙이 되라!

01. 한(恨)과 해한(解恨), 떠남과 돌아옴: 영화 〈귀향〉

1. 베트남 전쟁 중인 1968년 3월 16일 남베트남 미라이에서 발생한 미군에 의해 벌어진 민간인 대량 학살이다. 347명에서 504명으로 추정되는 희생자는 모두 비무장 민간 인이었으며 상당수는 여성과 아동이었다. 더욱이 몇몇 희생자는 성폭력이나 고문을 당하기도 하였으며 시체 중 일부는 절단된 채 발견되었다. 이 사건에는 미군 26명이 가담하였으나, 입대한 지 4개월 2주밖에 되지 않은 윌리엄 켈리 중위만이 유죄 판결 을 받았다.

2. 김수남, '몰랐으니까, 해방될 줄 몰랐으니까!', 『기독교사상』 2016년 3월호, 8.

04. 갓숙과 영화 〈아가씨〉: 동정녀 마리아와 여성 연대

1. 심혜경, '개그/우먼/미디어: 김숙이라는 현상', 여성문화이론연구소, 『여성이론』 여름 호, 2016 참조.

2. Ibid.

3. 손희정, '전데전과 퓨리오-숙들의 탄생: 2016년, 파퓰러 페미니즘에 대한 소고', 여 성문화이론연구소, 『여성이론』 여름호, 2016 참조.

4. 이하 리 배지트, 김현경, 한빛나 역, 『동성 결혼은 사회를 어떻게 바꾸는가』(민음사, 2016) 참조.

5. 김수남, '몰랐으니까, 해방될 줄 몰랐으니까!', 『기독교사상』 2016년 3월호, 8.

6. 자크 데리다, 김다은·이혜지 역, 『다른곶』(동문선, 1997), 18.

06. 무기력한 신?: 영화 〈곡성〉의 통곡소리

1. 지그문트 바우만, 『부수적 피해: 지구화 시대의 사회 불평등』(민음사, 2013), 12-13.

2. Ibid., 13.

07. 〈옥자〉, 동물신학의 세례요한?

1. 들뢰즈/가타리(G. Deleuze/F. Guattari)는 『천개의 고원』에서 '동물-되기(devenir-animal)'의 다양한 사례들을 소개한다(윌라드의 쥐-되기, 한스의 말-되기, 에이허브 선장의 고래-되기, 카프카의 쥐-되기, 로렌스의 거북이-되기, 한 문인화가의 물고기-되 기 등). 되기, 곧 생성은 우리 삶의 현실성, 즉 고정되어 있는 어떤 본질이나 상태가 아니라 변화하는 것을 통해 삶을 전개시키는 것을 말한다. 곧, 다른 삶으로, 바깥으 로의 이행인 것이다. 동물-되기는 나의 신체를 변용시켜 새로운 활동을 생성시키는 것이며, 새로운 감응을 향해 나의 신체에 다른(바깥의) 속도와 힘을 부여하는 것이

다. 따라서 '되기'란 '신화적 질서의 퇴락(등급하락)'이 아니라, 탈주선을 그리는 역동적 흐름'이라 할 수 있다. 이것은 레벨업이나 레벨다운이 아닌, 신체 본연의 기능에서 탈주선을 그리며 아예 다른 라벨이 붙는 것이다. 들뢰즈/가타리에 따르면 동물 – 되기에서 드러나는 주체들의 의식 상태는 단순하고 기괴하며 악마적이기까지도 하며, 반대로 '무'의 체험을 경험하기도 하거나, 아주 고차적인 자연과의 합일 상태에 이르기까지 다양한 차이를 드러낸다. 중요한 것은 '되기'란 나 이외의 다른 것이 생성되는 것이며, 생성은 기존의 대지화 된 영토를 탈주하는 것이다. 그리고 이러한 '되기'는 소수적이며, 모든 되기는 소수화(devenir – minoritaire)일 수 밖에 없다(따라서, '남성-되기', '백인-되기'는 없다). 들뢰즈/가타리, 김재인 역, 『천개의 고원』(새물결, 2003) 참조.

2. 프리드리히 니체, 김기선 역, 「플라톤 이전의 철학자들」, 『니체전집1』(책세상, 2014), 341.

3. 한완상, 『사자가 소처럼 여물을 먹고』(후마니타스, 2017), 336.

4. 지그문트 바우만, 정일준 역, 『쓰레기가 되는 삶들: 모더니티와 그 추방자들』(새물결, 2008), 22.

5. Ibid., 24.

6. 앤드류 린지, 장윤재 역, 『동물신학의 탐구』(대장간, 2014), 69.

08. 김기덕 영화의 폭력의 미학, 밟혀서 밝혀주다: 영화 〈나쁜남자〉와 〈사마리아〉

1. 김기덕 감독의 영화는 폭력성이 돋보이는 작품이다. 그러나 그 폭력성의 이면에 잠재되어 있는 종교성을 발견한다면 매우 종교적인 영화라 할 수 있다. 그의 종교성은 '밟혀서 밝혀주는' 그런 의미가 깃들어 있다.

2. 제우스와 헤라의 아들로 갑옷을 입고 투구를 쓰고 방패를 갖고 창과 칼을 지니고 있다. 매우 호전적이었지만, 아름다운 모습의 청년인 아레스는 전투를 위한 전투와 유혈을 좋아했고, 옳고 그름은 중요시 여기지 않았다. 전쟁터에 쌍둥이 아들과 싸움의 여신 에니오를 거느리고 나타나 병사들의 전투의식을 고취시켰다. 아테나가 평화를 수호하는 전쟁의 신으로 지적인 전술의 측면을 나타낸다면 아레스는 전투의 난폭한 면을 드러낸다. 영어의 3월을 의미하는 March는 Mars에서 유래하였는데, 당시 3월에 전쟁을 시작하는 관습이 있었기 때문이다. 역시 화성도 '전쟁의 신' 이름을 따서 Mars로 부르고 있다. 그것은 지구 궤도의 바로 바깥쪽을 도는 밤하늘에 붉게 빛나는 화성의 모습이 피의 색깔을 연상시켜 고대 사람들이 불길하게 여겼기 때문이다.

3. 로마인들이 왜 남성적인 용맹함을 숭배하였을까? 그 이유는 지리적 특성이라고 할 수 있다. 이탈리아 반도의 토지는 비옥한 편이라서 농사가 잘 되었기 때문에 원주민과 이주민은 땅을 놓고 뺏고 뺏기는 싸움을 할 수밖에 없었다. 더군다나 이탈리아의 낮은 해안은 바다로부터의 침입이 용이하기에 싸움은 격렬해질 수밖에 없었다. 이렇

게 전쟁에 숙달된 라틴족 계열의 로마인들은 자체 평정 후 정복의 길을 걷는다. 좀 더 많은 땅, 곧 생산물에 대한 욕심과 급속히 늘어나는 인구 때문에 더 많은 영토가 필요했기 때문이다. 따라서 로마는 자연스럽게 힘에 대한 숭배, 즉 폭력에 대한 숭배가 일어날 수밖에 없었고 그것은 로마 말기의 퇴폐적인 사회 분위기와 맞물려 잔인함을 즐기는 수준에까지 이른다. 당시 여자와 어린이들까지도 피투성이의 검투 경기를 좋아했다고 전해질만큼 폭력은 숭배의 대상이 되었다.

4. 삐에르 끌라스트르, 변지현 외 역, 『폭력의 고고학』(울력, 2002), 251.

5. Ibid., 270.

6. Ibid.

7. 하퍼(Ralph Harper)는 지라르의 이론을 다음과 같이 요약한다. "① 인간이 대면해야 하는 중심문제는 폭력이다. ② 폭력은 어떤 사람을 모방하려는 경쟁상태에서 생겨난다. ③ 오래 전부터 인간은 폭력이 모방 욕망처럼 끝이 없다는 것을 보아왔다. ④ 희생양이 발견되어 바쳐지면 폭력은 일시적으로 끝이 난다. ⑤ 이 희생양이 성화 된다. ⑥ 그것이 종교적 제의의 시작이다. ⑦ 재판은 그것의 연장이다. 폭력만이 폭력에 끝장을 낼 수 있다" 김현문학전집 10, 『폭력의 구조/시칠리아의 암소』(서울: 문학과지성사, 1999), 57-58에서 재인용.

8. 지라르에 따르면 폭력을 속이는 것은 폭력의 배출구를 막지 않으면서 간간이 먹이를 던져줄 때에만 가능하다고 한다. 성서의 가인과 아벨의 이야기가 바로 그러한데, 형제를 죽이는 자는 바로 동물을 제물로 바치는 폭력 속임(trompe-violence)을 할 수 없었던 자이다. 이처럼 희생대체(substitution sacrificielle)의 목적은 폭력을 속이는 것이다. 르네 지라르, 박무호, 김진식 역, 『폭력과 성스러움』(민음사, 2000), 14-15.

9. 이 이론에 관해서는 '폭력하위문화이론'(Wolfgang & Ferracuti)과 '상호작용론적 관점'(Felson & Tedeschi) 등이 있다.

10. 미학(Ästhetik)이라는 말은 감각, 즉 감성(Empfinden)에 관한 학문이다. 독일의 문학가인 바움가르텐(Alexander Baumgarten)이 1750년에 출판한 『미학』(Aesthetica)이라는 글에서 인식, 지각에 해당하는 그리스어 aisthanesthai에서 Aesthetica라는 용어를 유추해 감성학(Wahrnehmungslehre)이라는 뜻으로 사용하였다. 이후 Ästhetik으로 변했다.

11. 가령, 다이너마이트로 빌딩을 철거할 때 빌딩이 고음과 함께 힘있게 무너지는 모습(이는 〈화씨911〉에서 무어 감독이 WTC 건물이 9·11 테러로 붕괴될 때 팝송 'What a wonderful world'를 효과음으로 넣었듯이), 혹은 값비싼 고급 그랜드 피아노를 망치로 내려 칠 때의 그 쾌감과 파괴의 힘 등이 폭력의 미학이라고 할 수 있을 것이다. 예술지상주의를 표방하는 김동인의 「광염소나타」, 「동화사」가 그러한 측면을 잘 말해 주고 있다.

12. 헤겔(G.W.F. Hegel)은 그의 『미학 강의』(Vorlesungen uber die Asthetik) 1부에서는 미학

을 철학적으로 고찰하고 그 이론을 정립한다. 2부에서는 예술은 이념과 형상이 서로 일치할 때 이상적으로 드러난다고 보며 예술도 역시 인간 역사와 마찬가지로 역사적인 변증법적 발전단계, 곧 상징적 예술(symbolishe Kunst)의 단계, 고전적 예술형식(klassishe Kunst)의 단계, 낭만적 예술(romantische Kunst)의 단계로 나눈다. 물론 낭만적 예술을 예술의 최후 단계로 보고 있다. 마지막 3부에서는 이러한 각 단계의 예술 형식에 해당하는 주요 장르와 그에 따르는 특성들을 다시금 자세히 규명하고 있다. 상징적 예술형식에 해당되는 예술로는 건축을, 고전적 예술형식에 해당되는 예술로는 조각을, 낭만적인 예술형식에 해당되는 것으로는 회화, 음악, 시문학을 들고 있다. 그 가운데서도 결국 예술이 도달할 수 있는 최상의 단계를 헤겔은 시문학으로 보고 있다. 왜냐하면 시문학이야말로 정신이 그 진리성을 가장 심오하게 드러내기 때문이다.

13. 2004년 노벨 문학상을 수상한 여성 작가 엘프리데 엘리니크의 작품, 원제는 『피아노 치는 여자』(The Piano Teacher)이다.

14. 최병학 외, 『직업윤리와 교육』(부산: 부산대출판부, 2005), 486-487에서 재인용. 프로이드도 인간의 공격성은 본능적 욕구에 의해 생산된다고 보고 있다. 내적 에너지는 에로스(eros)와 타나토스(thanatos)가 있는데, 자기 파괴를 산출하는 타나토스는 외부적으로 폭력과 사디즘으로 드러나고 내부적으로 자살이나 알콜 중독 혹은 자기 파괴적인 습관으로 표출된다고 본다.

15. 김기덕의 영화에 나타나는 에곤 실레(Egon Schiele)의 그림들, 이것은 시대의 불안과 실레 자신의 내면적인 고독, 욕망, 혼란이 뒤섞인 작품들을 통하여 무엇인가를 드러내려고 하는 것은 아닐까? 물론 감독의 말처럼 '어떻게든 이 세상에 질기게 존재하는' 그런 것으로 자신에게 철학적 고민을 던져주는 실레의 작품이야말로 미학적 폭력의 서막을 회화로 잘 구현해준다. 이후 그의 미학은 철저히 밟히는 여성을 통해 짓밟는 남성을 구원한다. 폭력이 미학으로 승화되는 것이다.

16. 물론 이것은 다시금 사랑의 역설을 깨닫게 되는 부분이며 더 나아가 이 사랑은 남녀 간의 사랑을 뛰어 넘어 종교적인 사랑으로 승화된 기분이다. 이것을 잘 보여주는 작품이 제2회 부산국제영화제에 출품된 쿠마이 케이 감독의 〈사랑하기〉이다. 이 영화의 원작은 일본의 카톨릭 작가 엔도 슈사꾸(遠藤周作)의 『내가 버린 여자』이다. 소설의 주인공 미쯔(ミツ)는 사랑하는 청년을 위해서 자신의 모든 것을 내어주고 마는 '모자란' 여성이다. 그 남자가 외로워하는 것을 보고 견딜 수 없기 때문이다. 그에게 모든 것을 내어주고서 미쯔가 위로하듯이 묻는 말은 "이제는 외롭지 않아?"이다. 이런 미쯔가 문둥병에 걸렸다는 진단을 받고 요양소에 들어간다. 그곳은 살아서는 걸어나올 수 없는 절망의 땅이다. 그러나 중요한 것은 절망은 '육체적인 것'만이 아니다. "이 문둥병이 괴로운 것은 사랑하는 모든 사람으로부터 버림을 받는데 있다"는 어떤 환자의 말은 '사랑'의 반대말은 '버림받는 것'임을 말해준다. 이후 미쯔가 문둥

병에 걸렸다는 것이 오진이었다는 사실이 밝혀진다. 요양소를 떠나려고 짐을 꾸리는 미쯔는 축하해주는 문둥병자들의 눈에서 한없는 절망을 보게된다. 그래서 '모자란' 미쯔는 요양소에서 잡일을 자청하게 되고, 문둥병자들과 살게 된다. 그 모자람으로 인해서 미쯔는 어느 날 불의의 사고를 당하고 세상을 떠나게 된다. 이런 모자란 미쯔가, 내가 버린 여자가 나를 구원한다고 엔도는 말하고 있는 것이다. '미쯔'는 거꾸로 읽으면 '쯔미'(つみ)가 된다. 쯔미란 죄(罪)의 일본식 발음이다. 사랑하던 청년으로부터 버림을 받고, 세상으로부터 버림을 받은 미쯔는 그녀를 버린 사람들에게 죄를 깨닫도록 해준다는 말이다. 버림을 받은 그녀는 그래서 그녀를 버린 사람들을 신에게로 인도하는 신의 흔적인 것이다.

17. 이는 페미니즘 적인 시각을 반영한다. 김기덕 감독의 작품에는 '여성성'만 있고 '여성' 은 없다는 비판의 시각을 인정한다면 '여성敵'이라는 것은 '여성에게 적'으로 존재하는 것이다.

18. 반면 '여성的'인 것은 여성스러움을 말한다. 신체적 특징으로써 여성적인 것을 의미하는 것이 아니라, 여성성 일반을 의미한다.

19. '사마리아'라는 지명은 과거의 북이스라엘이 아시리아에게 멸망을 당한 후, 생겨난 혼혈민족이다. 따라서 전통적인 남쪽 유다 사람들은 북쪽 사마리아 사람들을 무시하였다. 이방민족과 혼합된, 순수 혈통이 아니라고 생각했기 때문이다. 『성경』, 「누가복음」 10장 25-37절에 선한 사마리아인의 비유가 나오는데, 한 율법사가 '사람은 먼저 무엇을 해야 영생을 얻을 수 있는가?'라고 질문을 한다. 이때 예수는 '하나님을 사랑하고 이웃을 사랑하라'고 말한다. 그러자 '누가 내 이웃이냐?'고 율법사가 묻는다. 예수는 그 때에 사마리아인의 예를 들면서 사마리아인처럼 하라고 말한다. 사마리아인은 강도 만난 이를 제사장이나 레위인 처럼 내버려두고 가지 않고 극진히 대접하였다.

20. 그러나 여진의 학교는 '성락고등학교!' 화면 뒤로 '성락고등학교 가을축제'라는 현수막이 보인다. '性의 낙원', 마지막 엔딩 화면에 나오는 실제 그 고등학교의 이름은 달랐다. 감독이 학교명을 성락으로 지은 이유는 무엇일까? 여진이 그 가을부터 재영을 이해할 것이라는 암시가 아닐까!

21. 바수밀다의 의미는 재영이 여진에게 말하는 것에 잘 나타나 있다. "인도에 바수밀다라는 창녀가 있었어. 그런데 그 창녀랑 잠만 자고 나면 남자들이 모두 독실한 불교 신자가 된데. 날 바수밀다라고 불러줄래?"

22. 이 장면에서 자살한 남자의 초등학생 아들의 눈빛이 예사롭지 않았다. 어린 시절 이러한 충격을 받은 사람이 자라면 어떤 인물이 될까? 필자는 아이의 피부도 그렇지만, 머리 스타일이나 눈빛으로 봐서, 감독이 〈나쁜 남자〉의 한기를 생각하지 않았나 유추해 본다. 물론 딸은 여진과 같은 여고 2년생이다.

23. 물론 너무 자주 나오는 이러한 장면은 김기덕 영화의 특성이다. 처음 〈악어〉에서 나

타난 이러한 물의 이미지는 〈섬〉에서 최고조로 나타난다.

24. 소나타 형식이란 화성적 단선음악(Homophony)에 있어서 가장 규모가 큰 형식으로서, 두 개의 주제를 가진 3부 구성의 곡을 말한다. 곧, 서로 성격이 다른 2개의 주제가 제시되는 제시부(Exposition), 이 주제가 부분적으로 발전되는 발전부(Development), 제시부가 다시 나오는 재현부(Recapitulation)로 구성되어 있다.

25. 어머니 산소가 위치한 시골 농가의 모습 중 눈여겨볼 만한 것이 하나 있다. 조각배 하나가 약수터의 식수대 역할을 하고 있는 미장센이 바로 그것인데, 배 역할을 하고 싶어 강으로, 혹은 멀리 바다로 가고 싶은데, 시골 산골 작은 마을에 약수터 식수대 역할을 하는 것은 무엇을 뜻할까? 이 미장센을 조용히 그리고 차분히 비춰주는 감독의 의도는 무엇일까? '영원히 여성적인 것!', 영원히 여성적인 것의 형상화(육화)가 아닌가! 자신의 정체성인 배의 역할 대신 많은 이들의 목마름을 해결하는 식수대의 역할을 하는 것, 그래서 목마른 이들에게 끊임없이 물을 주며, 자신은 날마다 낡아 가는 모습, 영원히 여성적인 것의 진정한 형상화이다. 따라서 목마른 이들은 나뿐임을 아는 나쁜 이들이고, 여성성은 우리를 구원하는 것이다.

26. "나는 생각한다, 고로 존재한다"(I think, therefore, I exist)는 데카르트식 명제가 깨어지는 장면이다. 인간은 몸으로 생각해야한다. 곧, "나는 몸으로 생각한다. 고로 존재한다"(I think, within the body, therefore, I exist)는 포스트모던적 패러다임인 것이다. 인간은 몸으로 살아야 하며, 몸은 훈련되어야 하는 것이다. 폭력의 미학이 그 숙주로 몸을 택했기 때문이다.

27. 1999년 10월 2일부터 시작해 2000년 1월 9일까지 뉴욕 브루클린에서 열렸던《센세이션전》(sensation)에 크리스 오필리(Chris Ofili)는 'The Holy Virgin Mary'(거룩한 동정녀 마리아)라는 제목으로 그림을 전시하였다. 이 그림에는 화면의 곳곳에 넓게 벌어지고 발기된 생식기들이 포르노적 이미지를 나타내고 있으며 그 사이사이에는 배설물, 정확하게 말하자면 코끼리의 똥으로 장식되어 있다. 김기덕을 이해하는 또 다른 키가 바로 이 그림에 있지 않을까?

〈성모마리아〉

28. 엔도 슈사꾸, 공문혜 역, 『침묵』(홍성사, 2003), 212-213. 김지하의 「장일담」에서 장일담의 깨달음(得道)이 엔도가 차문다를 보고 깨달은 것과 유비 될 것이다. 장일담은 복음서의 예수 이야기를 판소리 형식으로 담아 한국의 민중전통과 기독교의 전통을 융화시키고자 한 작품이다. 감옥에서 탈옥한 백정 장일담이 수배되고 쫓겨서 뒷골목 창녀촌에서 성병으로 신체가 썩어가고 폐결핵까지 겹들인데다가 정신마저 이상인 창녀가 아이를 낳는 것을 보고 "아 썩은 신체에서 새 생명이 탄생한다. 하나님이 탄생하는 것이다." 하며 득도하게 된다. 장일담은 "하나님은 바로 당신들의 자궁

속에 있다. 하나님은 밑바닥에 있다. 오 나의 어머니!"하며 그녀의 발에 입을 맞춘다.

29. 괴테, 이인웅 역, 『파우스트』(문학동네, 2006), 428.

09. **봉준호 감독의 사실·인식, 망각: 영화 〈살인의 추억〉, 〈괴물〉, 〈마더〉에 나타난 비도덕적 사회의 우발성의 유물론**

1. 이 글은 봉준호의 영화 세편을 비도덕적 사회의 우발성의 유물론이라는 '배치(agence-ment)'로 정리하고, 그 배치의 틈들을 다시 각각 3가지씩의 '계열(serie)'로 나누어 본 것이다. 각각의 영화들은 들뢰즈&가타리의 용어인 '기계(machine)'로 표현이 될 것이며, 그 기계들은 루이 알튀세르의 저서 『미래는 오래 계속된다』의 흐름 속에 배치되어, 우리 사회를 비판하고 분석하는 특정한 방향을 갖게 될 것이다. 들뢰즈 & 가타리(G Deleuze & F. Guttari)에 따르면 배치란 다양한 기계장치가 결합되어 일체를 이룬 상태를 말한다. 이것은 구조, 체계, 형식, 과정 등 보다 더 넓은 개념이다. 배치는 생물학적, 사회학적, 기계적, 영적, 상상적인 구성요소 뿐만 아니라, 이질발생적인 구성요소를 포함한다. 배치는 힘의 흐름 및 이 흐름에 부과된 코드 및 영토성과 관련되지만, 배치라는 개념에서 이 흐름은 코드와 영토성에 의해 고정되지 않고 끊임없이 새로운 흐름을 생산한다는 점이 강조된다. 모든 배치는 영토화하는 성분을 갖지만, 동시에 이처럼 탈영토화의 첨점을 포함하고 있으며, 탈영토화의 양상에 따라 배치는 하나의 고정된 기계이길 멈추고 분해되어 다른 기계로 변형된다. 그래서 배치는, 그것의 영토성 이전에 그것의 탈영토성에 의해, 탈주선에 의해 정의된다고 말한다. 무의식에 대한 분열분석이론에서 볼 때, 배치는 구조주의적인 프로이트 해석에서 라캉(J. Lacan)이 말하는, 모든 것을 설명하는 준거가 되고 환원의 고정점인 '컴플렉스'를 대치하는 것이다. (들뢰즈&가타리의 사상은 다음을 참조. 고이즈미 유시유키, 이정우 역, 『들뢰즈의 생명철학』(동녘, 2003); 로널드 보그, 이정우 역, 『들뢰즈와 가타리』(새길, 1995); 정정호 편, 『들뢰즈 철학과 영미문학 읽기』(동인, 2003); Deleuze, Gilles, Trans. Paul Patton, *Difference and Repetition*(Columbia UP, 1994); 들뢰즈, 이정우 역, 『의미의 논리』(한길사, 1999); 들뢰즈&가타리, 김재인 역, 『천개의 고원』(새물결, 2002)) 쉽게 이야기 하자면, 배치란 큰 그림을 갖고 하나의 방향으로 접속되어 기계로 작동하는 것을 의미하는데, 곧 네트워크 안에서 플러그를 꽂아 어떤 흐름을 잇고 끊는 기계들이 특정한 방향을 갖는 상황이다. 따라서 기계들은 배치 안에 포함되어 있다. 이왕주, 『철학, 영화를 캐스팅하다』(효형, 2006), 216.

2. 니체는 신을 죽였고, 초인을 탄생시켰지만, 푸코는 그러한 인간이 없어졌다고 하여 휴머니즘을 의미 없는 것으로 만들었다. 그러나 들뢰즈에 오면 주체가 사라지고, 이 사라진 주체의 허망한 그림자 위에 남아 있는 것은 타자의 생성이며 그 타자의 생성을 들뢰즈는 '여자되기', '동물되기', '물건되기'라는 '되기'(becoming)라는 말로 사용하는데, 이것은 결국 타자화를 말한다고 볼 수 있다. 김지하, 『사이버 시대와 시의 운

명』(북하우스. 2003), 29. 필자는 여기 사실되기를 우발성을 직시하는 것과 제국의 현실, 양자적 의미로 쓰고 있다. 곧 사실의 타자화는 우발성과 사실을 왜곡하는 제국의 현실이기 때문이다. 이는 이후 봉준호의 영화에서 사실의 왜곡(《괴물》), 우발성(《마더》)으로 확장된다. 그러나 〈살인의 추억〉에서는 일단 사실에 대한 인식과 망각의 구조로 배치되어 있다.

3. 루이 알튀세르, 권은미 역, 『미래는 오래 지속된다』(이매진, 2008).

4. 고명섭, 아내 살해한 천재 철학자의 자기 정신분석, 《한겨레신문》 2009. 1. 16 참조.

5. 이것은 알튀세르가 스피노자에게서 발견한 것이다. 알튀세르는 『미래는 오래 지속된다』에서 다음과 같이 말한다. "나는 스피노자에서 많은 영향을 받았다. (……) 기원도 종말도 없는 이 사상보다 더 유물론적인 것은 없다. 나는 훗날 바로 이 사상에서, 역사와 진리를 목적도 없고 (……) 주체도 없는 (……) 과정이라고 한 나의 명제를 끌어내게 됐다. 왜냐하면 목적을 근원적 원인으로(근원과 목적이 거울에 의해 반사되는 것으로) 파악하기를 거부하는 것, 그것이 바로 유물론적으로 사고하는 것이기 때문이다." (『미래는 오래 지속된다』, 247.) 따라서 알튀세르에게 있어서 스피노자는 엄밀한 의미의 유물론적 사상의 원천이기 때문에 중요하다.

6. 루이 알튀세르, 서관모·백승욱 역, 『철학에 대하여』(동문선, 1997), 40.

7. 이 글에서 계열들은 각기 살인의 사실, 인식의 추억, 사실의 인식(《살인의 추억》)으로, 괴물되기, 망각된 괴물, 망각의 망각(《괴물》)으로, 마더되기, 망각의 춤, 우발성의 놀이(《마더》)의 '계열체(paradigme)'가 되어 새로운 의미와 기능을 창출할 것이다. 그것은 비도덕적인 사회 속에 사실을 망각하는 괴물이 출현하는 우발성의 유물론을 제시하는 것이며, 봉준호의 영화는 그러한 영화적 상상력을 알튀세르의 사상의 궤적을 따라 보여주고 있기 때문이다. 여기서 계열이란 들뢰즈&가타리에 따르면, 각각의 항이나 요소, 부품들이 다른 것과 접속하여 만들어지는 것이다. 각각의 항이나 요소는 그 자체로는 아무런 의미도 지니지 않으며, 오직 어떤 계열에 들어감으로써(계열화됨으로써), 이웃한 항들과 관계를 통해 의미가 만들어진다. 반대로 동일한 부품이나 요소도 접속되는 항, 이웃하는 항이 달라지고 다른 계열에 들어가면, 다른 의미를 지니게 된다. 계열체란 소쉬르(F. de Saussure)에 따르면 '어떤 공통성을 지닌 기호 요소들의 집합'인데, 기호 요소들의 선택을 가능하게 해주는 기호 요소의 명세서인데, 예를 들면 한글 자모는 하나의 계열체이다. 여기에는 자음 계열체(ㄱ, ㄴ, ㄷ, ㄹ …… ㅎ)와 모음 계열체(ㅏ, ㅑ, ㅓ, ㅕ ……ㅣ)가 있다. 이 계열체로부터 ㄱ, ㅏ, ㅌ, ㅏ, ㄹ, ㅣ라는 기호 요소를 선택하여 '가타리'라는 낱말을 만들 수 있다. 어떤 공통성을 지닌 한 벌의 기호를 가리킨다. 집안의 옷장에는 양복의 계열체, 팬티의 계열체, 양말의 계열체, 넥타이의 계열체 등이 있다. 하나의 계열체는 공통적 속성을 지니며 그 계열체 안에 있는 각 단위기호는 다른 것과 구별되는 고유성을 지니고 있다. 쉽게 이야기 하자면, 숱한 배치들의 성긴 틈들을 채우는 것이 계열이며 계열에 따라 의미나 기능이 달라진

다. 이왕주, 『철학, 영화를 캐스팅하다』(효형, 2006), 217.

8.   Gilles Deleuze,"Body, Meat, and Spirit: Becoming Animal", *Francis Bacon: the Logic of Sensation* (1981), Translated from the French by Daniel W. Smith(Minneapolis: University of Minneapolis Press, 2003), 196-198 참조.

9.   Ibid., 199-200 참조.

10.   혹자는 괴물에 대한 평을'역사에 대한 희망이 사라졌으나 새로운 희망은 보이지 않는 21세기 초엽, 대한민국 사회와 지식인의 영혼에 대한 어쩐지 서글프고 쓸쓸한 풍경화'라고 말한다. 곧 영화를 꿰뚫는 핵심을 한 문장으로 요약한다면 '현실 권력에 대한 풍자'라는 것이다. 따라서 영화 〈괴물〉은 권력시스템에 대한 그 같은 조롱과 풍자를 (바이러스 조작을 지휘하는 미군 최종 책임자는 심지어 사팔뜨기이다) 보다 넓은 정치적 맥락 아래, 보다 큰 영상적 스케일 아래, 보다 첨단화된 영상으로 최대한 확장시킨 영화라는 것이다. 따라서 박강두(송강호 분)의 노랗게 물들인 머리를 정상으로 되돌려 놓고, 여전히 굶주림에 민감한, 자다가 "밥 먹자"라는 한마디에 자동적으로 일어나는 아이와의 새로운 가족관계를 제시할 뿐, 변한 듯하면서도 본질적으로는 전혀 변할 가능성이 없는 현실에 대한 적나라할 만큼 섬뜩한 예측이라고 결론짓는다. 필자가 괴물의 흥행에 놀라 영화를 보고 느끼는 감정 역시 그와 다르지 않지만, '왜 솔직하게 영화에 선명하게 드러나는 코드를 언급하지 않는가'하는 의문을 던지게 된다. 아마도 결론이 다르기 때문이 아닐까? 영화 〈괴물〉을 솔직한 반미 코드로 읽으면 어떻게 될까?

11.   영화 〈괴물〉이 나왔을 때 미국의 대통령은 공화당의 부시였다. 민주당 오바마 정부 들어 완화되기는 했지만(그 결과 2009년 노벨평화상이 오바마에게 주어져 향후의 평화적 성과를 예측하고 주어진 웃기는 해프닝이 있었지만) 큰 흐름에서 미국의 대외 정책은 변함이 없다. (참조: 김진웅, 『반미』(살림, 2003)은 반미주의의 다양한 얼굴들을 맥도널드에서 악마론 까지를 보여주며 천차만별인 반미주의의 유형을 소개하고 있다. 미국은 두 얼굴의 거인으로 증오와 선망의 대상이 되는 결코 태양이 지지 않는 나라이다. 하워드 진, 유강은 역, 『전쟁에 반대한다』(이후, 2003)의 책은 전쟁, 특히 미국의 전쟁에 포커스를 맞추고 있는데, 제2차 세계대전부터 리비아, 베트남, 코소보와 유고슬라비아, 그리고 이라크 전쟁까지 미국이 개입하고 일으킨 전쟁들을 성찰하면서 새 세기의 평화를 위해 우리가 무엇을 할 수 있는지, 또한 무엇을 해야 하는지 묻고 있다. 이상호, 『변화하는 미국의 공공외교 전략과 한미관계』(시대의 창, 2009)는 미국이 한국인의 인식전환을 위해 동맹수립 이전부터 오늘날에 이르기까지 과연 어떻게 한반도에 영향력을 행사해왔는지를 미국 정부의 기밀서류를 포함한 각종 자료를 분석해 구체적으로 보여준다. 이른바 '공공외교'라는 이름으로 이뤄지는 미국의 대한(對韓) 외교정책의 어제와 오늘을 살펴보며 인식의 제조공정과 유통 과정을 재조명함과 동시에, 우리 안에 있는 대미인식의 생성, 변화 과정을 사회과학적으로 접근해본 결

과이다.)

12. 물론 도준의 살인을 어머니의 학습으로 보는 이들도 있고 고물상 노인이 진범이라 생각하는 이들도 있다. 설혹 그렇다고 하더라도 그것은 그 날의 모든 정황들로 보아, 우발적인 사건이었다.

13. 이것은 역설적으로 '우발적인 괴물'과 '계산적인 마더' 사이의 불균형이다. 그러나 그 계산이라는 것도 디오니소스적인 도취에서 계산된 것, 우발성의 세련된 일면이라 할 수 있지 않을까? 따라서 근원이 되는 모성을 목적도 없고 주체도 없는 과정 가운데 설정하고, 역사와 진리의 진정한 의미를 주체 없는 과정의 유물론으로 인식한 알튀세르가 도착한 지점은 봉준호가 선포한 지점과 동일하다.

14. G. Deleuze & F. Guattari, *What is philosophy?* Trans, Hugh Tomlinson & Graham Burchell(New York: Colombia University Press, 1994), 167.

15. 최병학, 『영상시대의 종교와 윤리-타락을 통한 구원받기』(인간사랑, 2002), 96-103 참조.

16. 니체는 그리스 비극의 연구를 통해 그리스 문화에는 그 때까지 생각되어 온 아폴론적인 측면-밝음, 합리성, 질서-뿐 아니라, 디오니소스적 측면-혼돈적인 힘, 사람들을 맹목적으로 움직이게 하는 것-이 있다는 것을 밝혔으며, 후기에 가면 이 디오니소스적 열정만을 강조하게 된다. 따라서 샤를로테가 가정에, 집에 붙어 있지 못하고 연주하러 다니며 많은 예술가들과 사랑을 나누게 되는 것은 디오니소스의 열정 때문에 아폴론적인 합리성과 질서를 견디지 못하는 것이다. 최병학, 『영상시대의 종교와 윤리-타락을 통한 구원받기』(인간사랑, 2002), 99.

17. G. W. F. 헤겔, 서정혁 역, 『헤겔 예나 시기 정신철학』(이제이북스, 2006) 참조.

18. 라캉에 관해서는 다음을 참조. Lacan, J.,·Tr. A. Sheridan, *Ecrits: A Selection*(Norton, 1977); 권택영, 『라캉·장자·태극기』(민음사, 2003); 권택영, 『잉여쾌락의 시대』(문예출판사, 2003); 김석, 『에크리: 라캉으로 이끄는 마법의 문자들』(살림출판사, 2007); 홍준기, 『라캉과 현대 철학』(문학과 지성사, 2002); 라캉과 영화를 연결한 것으로는 김서영, 『영화로 읽는 정신분석』(은행나무, 2007)을 참조.

19. 루이 알튀세르, 이종영 역, 『마르크스를 위하여』(백의, 1997).

20. 루이 알튀세르, 에티엔 발리바르, 김진엽 역, 『자본론을 읽는다』(두레, 1991).

21. 고명섭, 아내 살해한 천재 철학자의 자기 정신분석, 《한겨레신문》 2009. 1. 16.

22. 다니엘 벤사이드, 김은주 역, 『저항』(이후, 2003), 270-271 참조.

23. 우리 사회의 이러한 초라한 신세의 '비굴'함을 비(rain)와 굴(동굴)을 통해 봉준호는 그의 로즈버드(rosebud)를 보여준다. 〈살인의 추억〉에서 빗속의 살인, 〈괴물〉에서 마지막 혈전인 빗속의 사투, 〈마더〉에서의 또한 비의 이미지는 전작들의 연속적인 이미지의 최종판이다. 물론 동굴은 〈살인의 추억〉에서 실제 동굴과 터널로, 〈괴물〉에서 괴물이 사는 곳과 주인공이 사는 곳(물론 동굴은 아니지만, 입구를 통해서 교류한다는 측

면에서 동굴의 이미지이다), 〈마더〉에서는 어머니가 사는 약재 써는 부엌으로 동굴의
이미지를 보여준다. 그리고 동굴은 타자와의 단절을 이야기 하며 비는 그러한 단절을
봉준호의 미장센에선 극대화된다.

24. 아렌트는 『전체주의의 기원』과 『인간의 조건』에서 정치를 인간의 복수성 개념과 연
관하여 설명한다. 즉 인간은 복수로 존재하기 때문에 정치가 발생하게 되며, 또 정치
를 통해서만 인간의 복수성의 조건이 충족될 수 있다고 한다. 정치적 행위는 행위자
가 정치 활동을 통해 드러내는 서로 다름 자체를 중심으로 평가되어야 하며, 이를 어
떤 기준이나 준거에 의거하여 일괄적으로 옳고 그름을 구분할 수는 없다. 이는 전체
주의 체제에서 나타나는 자유의 억압과 정치의 부재는 인간 복수성의 억압으로 말미
암은 것이고, 이는 인간적 삶의 조건에 대한 억압을 의미한다는 것으로 설명되기도
한다. 이런 의미에서 아렌트는 정치적인 것을 진리와 구별되는 의견(doxa)을 중심으
로, 또 어떤 준거를 중심으로 평가하는 '사회적'인 것과 구별하여 설명한다. (김선욱,
「한나 아렌트 정치사상의 해석상의 문제」, 『정치사상연구』, 2000 참조).

25. 최병학, 『현대사상과 영화이야기 - 지식인의 자기발견』(브레인코리아, 2003).

26. 비근한 예로 박두만은 피의자 백광호의 사건에 대한 '기억'을 바탕으로 관념을 결합
하거나, 비교, 혹은 구별함으로써 자신의 경험을 '지식'으로 탈바꿈시킨다. 경험을 '언
어'로 표현하면 더 이상 개별적인 성격의 것이 아니라, 언어를 공유하는 모든이에게
보편성으로 다가가며 그 언어 사용자에게 공유될 수 있다. 역설적으로 서태윤의 경
우, 경험의 기록인 '서류'가 사건을 해결하지 못하고 있다. 오히려 서류는 심증이 가는
범인 박현규를 무죄로 선언하는 경험의 배신자가 된다.

27. 우리가 칸트에 대해서 처음 듣게 되는 유명한 구절이 2가지 있는데, 먼저 『실천이성비
판』의 마지막 문구이자 그의 묘비명인 '오랫동안, 그리고 거듭해서 생각하면 생각할
수록 더욱 새롭고 더욱 커다란 감탄과 경외로 내 마음을 가득 채우는 것 두 가지, 별
이 빛나는 내 머리 위의 하늘과 내 마음속의 도덕률'과 『순수이성비판』의 선험적 논
리학에 나오는 "내용(직관)이 없는 사고는 공허하고, 개념이 없는 직관은 맹목적이
다."는 말이다. 선험적 감성론에서 직관의 두 형식을 설명한 후 칸트는 선험적 논리학
에서 오성의 형식에 대해 설명하기 전에 이 두 번째 구절을 언급한다. 이것은 감성과
오성이 인식을 위해 서로의 존재를 반드시 필요로 한다는 것을 보여주는 것이다. 임
마누엘 칸트, 백종현 역, 『실천이성비판』(아카넷, 2002); 『순수이성비판』(아카넷,
2006) 참조.

28. 진은영, 『순수이성비판, 이성을 법정에 세우다』(그린비, 2004).

29. 김연숙, 「레비나스의 타자윤리학에 관한 연구」(서울대 박사학위 논문, 1999)를 참조하
고, 그 외 임마누엘 레비나스의 사상은 임마누엘 레비나스, 양명수 역, 『윤리와 무
한』, (다산글방, 2000); 강영안 역, 『시간과 타자』, (문예출판사, 1996); 서동욱 역, 『존
재에서 존재자로』, (민음사, 2003)와 Emmanuel Levinas, *En Découvrant l'existence*

avec Husserl et Heidegger(J. Vrin, Paris 1982); *Au-trement qu'être au-delàde l'essence,
Otherwise than Being or Beyond Essence*, trans. by Alphonso Lingis(Kluwer Academic
press, Dordrecht 1974), *Totalité et Infini, Totality and Infinity*, trans. by Alphonso
Lingis(Martinus Nijhoff, la Haye 1961)를 참조.

30. 이것은 어쩌면 '비굴'한 우리 사회의 비도덕성을 나타내려는 감독의 정치적 의도로
도 읽힌다.

31. 실재로 영화는 약초를 썰고 있는 부엌을 동굴처럼 묘사해 보여준다.

32. 라인홀드 니버, 남정우 역, 『도덕적 인간과 비도덕적 사회』(대한기독교서회, 2003) 참
조. 이 책은 19세기에 미국을 지배하고 있던 낙관주의적 사상에 강렬한 비판을 가하
였는데, 특히 미국의 기독교계에 인간성의 부정적 측면을 강조함으로써 이제까지 무
시되어 온 인간의 죄성(罪性)을 재인식하게 만들었으며, 다른 한편으로는 기독교적
완전주의의 비판으로서 힘의 사용을 불가피한 것으로 보는 기독교 현실주의의 방향
으로 기독교 윤리를 전개시켰다.

33. 카메라는 환경 속 인간을 작게 비춰준다. 사실 〈마더〉는 촬영 또한 남다른 선택을 했
다. 한국 최초로 아나모픽 렌즈를 사용한 것인데, 2.35:1의 와이드한 화면 비율이 바
로 그것이다. 렌즈에 잡히는 정보량이 탁월하게 많아 주로 〈아라비아의 로렌스〉 같은
고전 영화의 스케일 큰 화면에 주로 사용되었던 아나모픽 렌즈의 선택 이유에 대해
봉준호 감독은 다음과 같이 말한 바 있다. "〈괴물〉은 오히려 1.85:1로 갔다. 〈마더〉에
2.35:1이 더 맞는 선택이라고 느낀 이유는 인물이 화면 안으로 들어왔을 때 인물 뒤
로 걸리는 배경이 넓고 주변 인물들 등 화면의 구성 요소가 더 디테일 하게 보일 수
있다는 점. 그래서 캐릭터의 상황이 더 쉽게 관객의 눈에 들어올 수 있다는 것이다.
역으로 인물의 표정에 집중하는 클로즈업에서는 불안이나 히스테리 등 혼자 세상과
동떨어진 엄마의 감정을 섬세하고 호소력 있게 보여줄 수 있는 장점이 있다'. 참조:
http://www.mother2009.co.kr/.

34. 더 이해할 수 없는 것은'아들의 복수극'으로 영화를 읽는 이들의 시선인데, 이 또한
스릴러에 중독된 지나친 상상력, 그렇다면 필자는 여기에 이러한 상상력이 놓치고 있
는 것이 무엇인가를 묻는다. 그것은 바로 소녀가 죽었다는 사실이다. 먹을 것이 없어
쌀을 받고 몸을 팔던 소녀, 그 소녀의 관점에서 영화를 보자. 전작 〈살인의 추억〉과
〈괴물〉에서도 피해자의 관점에서 영화를 보자. 빗나간 모성과 아들의 복수극 논의가
얼마나 부질없는 상상력인지 잘 이해될 것이다.

10. 이창동 영화의 비밀스러운 빛이 비추이는 〈오아시스〉에서 〈초록물고기〉가 물고 있는 〈박하사탕〉을 찾아서

1. 이하의 내용을 살펴보면, 둘째 창의성을 길러라. 기업 경영에서 경쟁자보다 앞서 차
별화된 가치로 시장을 선점하는 역량이 중요해지는 만큼 창의성이 중요하다. 업무영

역 외에 철학·예술·스포츠 등 다양한 활동을 해 풍부한 상상력을 기르려는 노력을 해야 한다. 셋째 나만의 개성과 끼를 발휘하라. 조직에 활력을 불어넣어 조직의 성과 향상에 기여하는 '끼' 있는 '꾼'이 되라. 넷째 자신만의 블루오션을 찾아라. 다른 동료들이 치열하게 경쟁하는 인기 분야에 집착하기보다는 자신이 할 수 있는 새로운 영역, '블루오션'(blue ocean)을 찾아야 한다. 다섯째 인적 네트워크를 쌓아라. 성공한 CEO들은 평균적으로 자기 시간의 50%를 새로운 사람 만나는데 투자한다. 자신이 맡고 있지 않는 분야에서도 내·외부 전문가를 잘 활용해야 훌륭하게 업무 완수를 할 수 있다는 것이다.

2. 다른 방법은 법전읽기, 지루한 클래식 듣기 등이다.

3. 필자는 전통적 서당식 교육의 장점을 이 시대에 다시 살려야 한다고 본다. 열린 교육을 주장하는 이들은 암기식이라 비판할 수도 있지만, 기본적인 원리와 덕목들은 반복 학습을 통해 암기되어야 한다. 그 이후에 창의성이 나타날 수 있지 않을까?

4. 이 중심축인 로즈버드가 있는 영화는 잘 만든 영화이고, 로드버드가 없는 영화는 부족하며, 2개 이상인 영화는 산만하다. 로드버드는 오손 웰즈 감독의 〈시민케인〉(1941)에 나오는 썰매의 이름이다. 영화는 신문 재벌인 케인이 '로즈버드'라는 말을 남긴 채 세상을 떠나는 장면으로 시작되는데, 기자들이 이 로즈버드의 의미를 찾기 위해 케인 주변의 인물들을 인터뷰하게 된다. 그리고 영화의 말미에 로즈버드가 새겨진 썰매를 보여준다. 그것은 케인이 재벌 후견인에게 맡겨지기 전 고향집에서 타고 놀던 것이었다. 썰매는 풍족하지는 않지만 행복했던 어린 시절을 뜻한다. 그리고 그 행복한 기억의 중심에 어머니의 모습이 자리 잡고 있는 것이다. 즉 로즈버드란 그가 잃어버린 모든 것을 뜻하는 상징이다. 김서영, 『영화로 읽는 정신분석』(서울: 은행나무, 2007), 206 참조.

5. 마크 트웨인, 김인구 역, 『코네티컷 양키』(서울: 교육출판공사, 2005) 참조.

6. 트웨인은 원래 이 소설을 미국의 실용주의와 대중문화를 비웃은 영국의 대표적 지성 매튜 아놀드에 대한 비판으로 쓰기 시작했다. 그래서 그의 원래 의도는 낭만주의로 아름답게 포장된 영국의 중세 기사도와 군주제와 귀족주의의 위선과 기만을 폭로하는 것이었다. 그러나 작품을 쓰다가 결국 그는 자신의 시대였던 19세기 미국 사회에 대한 비판으로 회귀하고 만다. 따라서 이 작품에서 행크의 실용주의와 테크놀로지의 문제점만 비판한 것이 아니라, 중세기사로 대변된 당시 영국의 귀족주의자들과 군주제 지지자들에 대해서도 신랄한 비판을 시도하고 있다. 행크가 시도했던 것은 바로 귀족주의와 명분주의와 형식주의의 타파였으며 대중주의와 실용주의와 공화주의의 정착이었다. 그러나 그는 진보와 개혁에 대해 너무 낙관적이었고, 테크놀로지와 무한 경쟁과 실용주의의 초래하는 문제점들에 대한 성찰이 없었기에 결국 실패하고 만다.

7. 이하의 내용은 최병학 외, 『인생교육론』(서울: 서현사, 2007), 17-19 참조.

8. 이하 영화 관련 내용은 최병학, 『현대사상과 영화이야기 - 지식인의 자기발견』(서울:

브레인코리아, 2003), 89-96 참조.

9. Gilles Deleuze & Felix Guattari, *A Thousand Plateaus: Capitalism and Schizophrenia* (Minnesota University Press, 1987[1980]), 김재인 역, 『천개의 고원』(서울: 새물결, 2002) 참조.

10. 《중앙일보》 2007년 5월 29일자 참조.

11. 본래 도교의 팔우도(八牛圖)에서 유래된 것으로 12세기 중엽 중국 송나라 때 곽암선사(廓庵禪師)가 2장면을 추가하여 십우도로 그렸다. 도교의 팔우도는 무(無)에서 그림이 끝나므로 진정한 진리라고 보기 어렵다고 생각하고 이 그림을 그렸다고 한다.

12. M. Taylor, *Altarity* (Chicago: The University of Chicago Press, 1987) 참조. 타자본위는 데리다의 차연(différance)과 차이(différence)의 관계처럼 타자성(alterity)과 유비되는 신조어이다. 제단(altar)이라는 말이 라틴어 높은 장소(altāre)에서 파생되었듯이 독특한 주체인 타인을 우선시하는 '타자성과 제단'의 겹쳐짐인 것이다.

13. 루이스 캐럴, 임경민 역, 『이상한 나라의 앨리스』(서울: 꿈꾸는 아이들, 2005), 36-50.

- **아담아, 네 인생에 가을이 오면?**

03. 영화 〈명량〉과 누가복음 9장 예수의 수난예고

1. 일본에서는 '일한합방(日韓合邦)'으로 부르고, 한국학계에서도 '한일합방'으로 불려지지만, 이는 대한제국이 자유의사로 나라를 합친 것 같은 뉘앙스를 풍기기에 적합하지 않다), 100여 년을 더 지나 현재는 '집단자위권'(집단자위권이란 현재 일본 헌법 해석에 따르면 자국이 공격받았을 경우에만 군사적 반격을 가할 수 있으나, 이를 수정 해석하여 자국의 동맹국이 공격받았을 경우에도 군사적 반격을 가할 수 있다는 것이다. 이렇게 되면 평화헌법 제9조에 나오는 '전쟁, 교전권, 군대보유를 부정 한다'는 조항은 무의미해진다. 지금 평화헌법은 일본이 전후 제국에서 보통국가로 탈바꿈하면서 일체의 무력사용을 사실상 봉쇄당한 것인데, 집단자위권의 재해석으로 향후 일본의 군국주의 부활의 신호탄이 될 수 있을 것이다. 그러나 중국의 남중국해 영토분쟁에 해당되는 베트남, 필리핀, 태국, 인도네시아 등 동남아 국가들은 일본 재무장에 찬성하고 있다.

04. 자본주의 좀비서사: 〈부산행〉과 〈이웃집 좀비〉를 중심으로

1. 가령, 영화의 마지막 장면을 보면 이성적이고 지적이며 리더십이 있는 데다 잘 생기기까지 한 주인공 벤(드웨인 존스 분)만이 가까스로 살아남았지만 안도의 기쁨을 누리기도 전에 민병대원들에게 사살된다. 그들은 벤이 사람인지 좀비인지 구분하려는 시도조차 하지 않고, 벤을 좀비로 간주하여 사살한다. 왜냐하면 벤이 흑인이었기 때문이다. 〈부산행〉은 아이와 임산부를 살려줌으로 복잡한 사회적 갈등과 정치적 현실을 순수성과 모성으로 봉합한다.

2. 잭 스나이더 감독의 2004년 작 〈새벽의 저주〉는 이 영화의 리메이크이며, 같은 해 에
    드거 라이트 감독의 〈새벽의 황당한 저주〉도 이 작품의 오마주 영화이다.

3. 반면 좀비 영화에 〈로미오와 줄리엣〉의 모티브를 담아낸 영화로 1993년 브라이언 유
    즈나 감독의 〈리빙 데드 3〉가 있다. 공포와 멜로 장르를 결합한 혁신적인 작품으로 여
    성 좀비와 인간 남성의 사랑을 다룬 영화로 고어 영화의 잔혹함에 슬픈 로맨스를 결
    합하였다. 잔혹하고 노골적인 고어 취향 때문에 대중적인 인기 대신 컬트 팬들의 환
    호를 받았다. 그리고 최근에는 〈웜 바디스〉(2012)가 있다.

4. 〈부산행〉이 재미있는 3가지 이유에 관해 김세윤 부천영화제 프로그래머는 '첫째 마
    동석, 둘째 기차, 셋째 우리가 부산행 KTX를 타고 있기 때문'이라고 말한다. 특히 마
    동석은 관객의 한 줄 평, "〈부산행〉은 좀비가 마동석을 피해 부산으로 도망가는 영
    화"라는 말처럼 '정의로운 근육'이었다.

5. 조에는 우리가 일반적으로 이해하고 있는 생명을 뜻한다. 곧 생체활동을 통해 발현
    되는 생명이며 비오스는 한 사회 내에서 자신이 가진 정치적인 위치 혹은 태도를 통
    해 발현되는 생명을 말한다. 사실 그리스 아테네에서 중요하게 여겨지던 생명은 비오
    스로서 생명이었다.

08. 사극 드라마 속의 왕의 모습

1. 쿰란 문서의 발굴자인 도미니카 교단의 롤랑드 드 보(Roland de Vaux)는 이스라엘의
    '객관적 역사'와 '구원의 역사'와의 관계를 '보편사, 종교사, 구원사'를 구분함으로 설
    명한다. 즉 보편사는 일어난 객관적 사실의 역사 기록이고 종교사는 고대 유대교의
    종교적 행위와 절차 등을 중심으로 살펴 본 것이며 구원사는 그리스도인의 입장에
    서 신약의 예수 그리스도와 구약의 하나님의 활동을 일직선 상에 놓고 보는 해석이
    라는 것이다. 이러한 측면에서 신명기사가와 역대기사가의 역사이해는 종교사로 볼
    수 있다.

2. 움베르토 에코. 이윤기 역,『장미의 이름』(서울: 열린책들, 1986), 552-554.

09. 탈경계적 '장소'로서 욕망의 윤리 〈새는 폐곡선을 그린다〉

1. 박청륭,『불의 문신』, 98-99.

2. 실재계(The Real), 상징계(The Symbolic), 상상계(The Imaginary)의 약자.

3. 구조주의가 자아라는 근대의 신화를 해체했으나 다른 한편으로는 상실한 질서를 회
    복하려는 시도로 내세운 통일성의 측면이 바로 '주체'이다.

4. 사회의 정치적 제약으로부터 탈주하는 주체를 일컬음.

5. 사상사적으로 욕망에 관한 탐구는 국외에서는 프랑크푸르트 학파에서 찾아볼 수 있
    는데, 1920-30년대에 '도구적 이성' 비판을 통해 욕망과 육체의 중요성을 강조하였
    다. 이후 마르쿠제는『에로스와 문명』,『일차원적 인간』 등에서 욕망문제를 인간해방

테오-시네마

의 중요한 주제의 하나로 설정해놓고 있다. 이후 욕망 자체에 대한 관심은 덜하지만 하버마스와 롤즈가 이성을 중시하면서 사회제도적 맥락을 고려하는 윤리를 추구한 다면, 기든스는 이성의 뒷면, 곧 감정의 세계, 사적인 생활세계, 친밀성의 영역과 연관된 사회제도적 맥락을 고려한다. 대신에 라이히나 마르쿠제는 욕망과 관련된 사회제도적 맥락을 다루었다. 프랑스에서도 바타이유(G. Bataille)를 시작으로 『리비도의 경제』(1974)를 쓴 리오타르(J-F. Lyotard)와 들뢰즈/가타리의 저서들이 '욕망의 철학'을 등장시켰으며 『텍스트의 즐거움』(1973)의 바르트(R. Barthes), 『기호의 정치경제학 비판』(1972)의 보드리야르(J. Baudrillard), 『시적 언어의 혁명』(1974)의 크리스테바, 『성의 역사』(1976-1984)의 푸코 등을 욕망 이론가로 들 수 있다. 더욱이 68년 이후 많은 이론가들이 대거 욕망문제를 정면으로 다루었다. 이때는 기존의 역사발전 패러다임에 대한 근본적인 회의가 생겼고, 욕망은 여기서 체제문제와 결부된 쟁점이 되었다. 가령 체제는 억압을 의미하였으며 체제가 가하는 억압은 이제 서구 사회의 핵심문제가 되었고 저항적인 의미를 지닌 것으로 이해되었기 때문이다. 국내의 욕망 연구는 프랑크푸르트 학파와 프랑스의 사상사의 영향으로 맑스주의를 폐기하려는 의미에서보다는 더욱 철저히 사고하라는 의미에서의 도전으로 받아들여졌다. 특히 1990년대 초 『문학과학』과 『문학동네』, 『문학과 사회』, 『세계의 문학』 등을 통해 강내희, 도정일, 홍준기, 김진석, 정장진, 임진수, 정재곤, 이정우, 조한경, 이진경, 신현준 등 욕망에 관한 라캉과 프로이트, 들뢰즈의 이론들을 소개하고 나름대로의 이론을 전개하였다. 정신분석 상담은 이러한 욕망의 창조성과 해방성을 기초로 개인뿐만 아니라, 사회의 억압적 내용들까지 분석해 내야 할 것이다.

6. 해체주의적 관점으로 읽어내는 영화의 묘미가 바로 여기에 있다. 그러나 영화적인 측면에서는 이러한 일탈이 카타르시스를 주지만, 사상적으로는 떠남과 남아있음의, 머물지도 않지만 머무는 그런 미학이 필요할 것이다.

7. 은유(隱喩 metaphor)란 숨겨서 비유하는 수사이다. 가령 키 큰 사람을 '전봇대'라고 하는 것인데, 직유는 'A는 B와 같다' 또는 'B같은 A'와 같은 형식으로 표현하려는 대상 A를 다른 대상 B에 동등하게 비유하는 것이라면 은유는 'A는 B이다' 또는 'B인 A'와 같이 A를 B로 대치해 버리는 비유법이다. 즉 원관념과 보조관념을 동일시하는 기법이다. 이러한 은유로 말미암아 원래 지니고 있던 관념끼리 상호작용을 일으켜 지금까지의 관념과는 다른 새로운 관념을 생성시키기도 한다. 라캉식으로 공식화하면 $f(S'/S)S \cong S(+)s$; f는 은유의 기능, $\cong$는 '~와 합동한다', (+)는 의미가 새롭게 출현됨을 뜻함.

8. 비유법의 일종으로 한 낱말 대신에 다른 낱말을 사용하는 표현법이다. 가령 '백의(白衣)의 천사', '요람에서 무덤까지', '백의민족' 등의 표현을 들 수 있다. 라캉식으로 공식화하면 $f(S\cdots S')S \cong S(-)s$; f는 환유의 기능, $\cdots$은 하나의 시니피앙이 연쇄적인 사슬 속에서 또 다른 시니피앙에 연결된다는 뜻, (-)는 의미화 창출에 실패하였음을 뜻함.

곧 연결을 통해서는 의미화를 가로지르는 장벽을 넘을 수 없다.

9. 구조주의가 자아라는 근대의 신화를 해체했으나 다른 한편으로는 상실한 질서를 회복하려는 시도로 내세운 통일성의 측면을 일컬음.

10. 사회의 정치적 제약으로부터 탈주하는 주체를 일컬음.

10. 영화 〈그 후〉: 권해효는 '아버지'의 이름을 찾았으나, 홍상수는 '김민희'로 이름을 찾았나?

1. 나쓰메 소세키의 『그 후』 전체를 지배하고 있는 화두는 '결혼'과 '안정'이다. 그러나 영화는 외도 이후 결혼의 안정, '그 후'인지(따라서 영화의 마지막 장면 일상성으로의 복귀는 새로운 이탈로도 볼 수 있으나, 동시에 안정으로도 읽을 수 있는 것이다.) 아니면 감독의 외도, '그 후'인지를 묻게 만든다.

2. 이동희, 『법철학요해』(피데스, 2006), 56-57 참조.

3. 개념론은 "보편은 개념 속에 존재한다(Universalia in rebus)"는 아벨라르(Abelard)의 주장인데, 엄격하게는 유명론의 일종으로 볼 수 있다.

4. 중세 스콜라철학의 제1기는 실재론이 채택되었다. "알기 위해 믿는다(credo ut intelligam)"고 하였던 안셀무스(Anselmus)가 그 대표자이며, 토마스 아퀴나스도 이 입장에 서있다. 실재론은 '가톨릭 자연법'의 주류를 형성하였으며 주지(主知)주의적 경향을 띤다.

5. 스콜라철학 전기(11~12세기)에 베랑가르(Berangar de Tour)와 로스켈리누스(Roselin Rosecelinus)가, 후기(14세기 이후)에는 스코투스(Scotus), 오캄(Occam) 등이 주장하였으며 종교개혁의 바탕이 되었다. 이들은 신앙과 이성의 분리를 주장하였으며 주의(主意)주의적 경향을 띤다.

6. 그러나 역설적으로 봉완은 자신을 '사장님'이라 불러달라며 자신의 실체를 규정한다. 물론 아름이에게는 이름을 부르는 것으로 그 실체를 규정한다.

7. 루이지 조야, 이은정 역, 『아버지란 무엇인가』(르네상스, 2009). 이하 이 책의 내용을 요약 정리함.

8. 가부장제의 승리를 보여주는 것이 아이스퀼로스의 비극 『자비로운 여신들』이다. 미케네의 왕 아가멤논이 트로이 원정을 떠난 틈을 타, 아이기스토스와 정을 나누고 아버지를 배신한 어머니 클뤼타임네스트라(Clytemnestra)를 죽인 아들 오레스테스(Orestes)가 존속살해 혐의로 재판을 받는데(물론 이때 공범은 누나이자, '엘렉트라 콤플렉스'로 유명한 엘렉트라이다), 판관은 아버지의 원수를 갚은 오레스테스의 손을 들어준다. 이때 판관은 "어머니는 자식의 생산자가 아니라, 아버지 씨의 양육자일 뿐이다."라고 말한다. 이 판결은 이후 서구 문명사에서 어머니의 패배를 상징하는 사건이 된다. 이후 철학자 아리스토텔레스는 이 신화적 판결을 과학과 철학의 이름으로 합리화하였다. 그리스를 이어받은 로마는 법률로 가부장제를 확정하여 오늘에 이르렀다.

부성이 모성을 처단한 역사의 시작이었던 것이다.

11. 〈군함도〉: '사회적 복종'과 '기계적 예속' 속 헤게모니와 반병증법 전략

1. 이탈리아에서 68운동은 대학생들의 참여가 두드러졌던 프랑스나 미국, 독일 등지의 운동과는 달리 처음부터 젊은 노동자들의 운동이었다. 68~69년 당시의 노동자 대투쟁에서 '아우토노미아 오페라이아'(노동자의 자율)라고 스스로를 지칭한 노동자주의적 사회운동은 큰 역할을 담당했다. 아우토노미아 오페라이아 그룹은 데모에서 경찰에 폭력적으로 맞섰으며, 공장에서 사보타주를 주도했다. 이 운동에 노동자와 학생 뿐 아니라, 노숙자와 실업자들도 함께 했다. 이들은 '노동자주의 (오페라이스모)'라고 불리는 자신들의 이론을 발전시켰는데, 이 이론의 핵심적 요소가 '자율'이다.

2. 마우리치오 랏자라또, 신병현 역, 『기호와 기계: 기계적 예속 시대의 자본주의와 비기표적 기호계 주체성의 생산』(갈무리, 2017), 116

3. Ibid., 117

4. Ibid., 42.

5. Ibid., 199.

6. 알랭 바디우, 이종영 역, 『윤리학(L'ÉTHIQUE): 악에 대한 의식에 관한 에세이』(동문선, 2001), 29.

7. Ibid., 41.

8. Ibid., 108.

9. 이하 알랭 바디우, 박정태 역, 『세기』(이학사, 2014) 참조.

10. 이택광에 의하면 '우리'가 그 야만의 공모자일 수 있다는 사실, 그리고 야만에 적대적인 줄 알고 있는 민주주의가 사실 그것을 배양하는 조건일 수 있다는 불편한 진실을 직시하지 못한다면, 전체주의는 여전히 '우리'의 미래를 위협할 것이라고 말한다. 실제로 나치즘은 1890년과 1920년 사이에 발생한 여러 전쟁의 경험으로 인해 정부에 대한 확신을 잃어버린 인민이 선택한 '극단적인 해결책'이었다. 이택광, '부르키니와 극단주의', 《경향신문》, 2016년 9월 4일 참조.

11. 조반유리는 '모든 반항과 반란에는 나름대로 정당한 도리와 이유가 있다'는 뜻으로 중국의 문화대혁명 당시 마오쩌둥이 홍위병과 학생들을 부추기기 위하여 내세운 구호이다. 문화대혁명이 일어나기 몇 달 전에 마오쩌둥은 "중앙 기관이 옳지 않은 일을 하고 있다면, 우리들은 지방이 조반(造反:반항, 반란)해서 중앙으로 진공하도록 호소해야 한다. 각지에서 많은 손오공(孫悟空)을 보내어 천궁(天宮)을 소란하게 해야 한다."라고 말했다. 여기서 천궁은 당시 실용주의 노선을 추구한 류사오치(劉少奇), 덩샤오핑(鄧小平) 등이 실권을 잡았던 당 중앙회를 말하고, 손오공은 전국의 중학, 대학에서 나와 전국을 휩쓸었던 홍위병을 뜻한다. 이 문화대혁명의 결과 류사오치는 지하 감방에서 죽었고 덩샤오핑은 실각했으며 약 300만 명의 당원이 숙청되었을 뿐

아니라, 경제는 피폐해지고 혼란과 부정부패가 만연하였다. 이러한 조반유리의 정신에는 피비린내 나는 살육과 광란의 이미지로 연결되며, 대부분의 중국인들은 지금도 이 말 자체를 두려워하고 있다고 한다.

12. 〈택시운전사〉: 창조적 욕망과 불편함을 주는 친구

1. 이하 니체에 관한 통찰과 니체 작품 인용은 이미라, 「나에게 좋은 것이 무엇인지 알아내는 방법이 있을까?」, 수유너머N, 『욕망: 고전으로 생각하다』(너머학교, 2016)를 참조.

2. 김강기명, "신적 폭력에 대하여: 발터 벤야민, 「폭력 비판을 위하여」(1920) 후반부에 대한 한 메모", 〈CAIROS: 비평루트Root/Route〉(http://cairos.tistory.com/69) 참조.

3. 형제를 뜻하는 브라더(brother)와 로맨스(romance)를 조합한 신조어이다. 남자와 남자 간의 애정을 뜻하는 단어로 우정에 가까운 사랑을 의미 한다.

4. 사실 장훈 감독은 김기덕 감독 덕에 영화계에서 자리 잡았다. 서울대 재학 시절 학교에 특강을 온 김기덕 감독에 반해 그의 조연출이 됐고, 능력을 인정받아 2008년 김기덕 감독이 시나리오를 쓴 〈영화는 영화다〉로 데뷔했다. 저예산 영화임에도 130만명의 관객을 끌어들이며 성공했다. 특히 관객의 호응이 적었던 '김기덕표' 영화의 상업적 성공이라는 측면에서 호평이 많았다. 하지만 이후 두 사람은 결별했다. 장훈 감독이 김기덕 감독을 떠나 투자배급사 쇼박스와 손잡고 2010년 〈의형제〉를 연출하면서 둘은 '돌아올 수 없는 강'을 건넜다. 매해 영화를 만들던 김기덕 감독은 충격으로 한 동안 영화 연출을 중단하기 까지 했다. 하지만 2012년 베네치아 국제 영화제에서 〈피에타〉로 작품상을 수상하며 화려하게 부활했다. 어쩌면 장훈 감독의 영화에 등장하는 '두 남자'는 김기덕 감독과 장훈 자신이 아닐까? 길항하며 하나가 되는, 두 사람의 화해를 〈택시운전사〉 영화처럼 기대해본다. 그러나 영화처럼 다시 만나지 못하는 것은 아닐까?

5. 광주민주화 운동 이후 하나의 근원적인 물음을 제기됐다. "이 땅의 민주화를 가로막는 가장 커다란 장애물은 무엇인가?", "과연 누가 민주주의, 민족 통일을 향한 우리의 발목에 족쇄를 채우고 있는가?", "우리 민중은 투쟁을 통해 이승만을 몰아냈고 박정희를 몰아냈다. 그럼에도 불구하고 이 땅의 민주주의는 실현되지 않고 있다. 그 이유는 과연 무엇인가?" 한국전쟁을 거치면서 우리에게 미국은 아름다운 나라, 은혜로운 나라로만 알려져 있었다. 그러나 5·18을 계기로 대학생들과 지식인들에게 '미국은 과연 우리에게 무엇인가?' 라는 질문이 던져졌다. 충격적인 사건은 이렇게 시작되었다. "지금 미국의 항공모함이 부산항에 들어왔습니다. 시민 여러분 안심하십시오. 미국이 전두환의 학살을 막고 광주시민을 도와주러 왔습니다." 1980년 5월25일 부산에 미국의 항공모함 코럴시호가 들어왔다는 소식이 도청 궐기대회에서 발표되자, 순진한 시민들은 드디어 미국이 군부를 몰아내고 민주주의와 시민들을 구하기

테오—시네마

위해 온 줄로 알고 함성을 질렀으며 기쁨의 눈물을 흘렸다. 그러나 그것은 시민들만의 순진한 환상이었다는 것을 이틀 뒤에 알았다. 항공모함은 왜 왔을까? 미국은 신군부가 진압에 실패해 무장 항쟁이 전국적으로 번질 경우 주한미군을 직접 동원하려는 생각이었고, 아직 광주에서 대피하지 못한 자기 국민 130명을 안전한 곳으로 이동시키기 위해 항공모함을 파견한 것이었다. 시민들은 믿는 도끼에 뒤통수를 얻어맞았다. 광주시민들은 죽어가면서 깨달았다. 전두환 뒤에는 미국이 있다는 것을. 2000년 4월 22일 미국에서 '20년 뒤 광주'라는 5.18 국제학술대회가 열렸다. 광주민주화운동 당시의 주한미국대사인 글라이스틴(William H. Gleysteen Jr.) 전 대사는 "당시 한미연합사의 미군사령관은 특전사에 대한 지휘권을 가지고 있지 않았다. 당시 이 병력이 야만적으로 행동하도록 명령을 받으리라고 생각지 않았다. 군 이동은 전두환이 결정했고 최규하가 형식적으로 승인했다."고 회고했다. 1996년 한국 관련 극비 문서 1,749건을 공개해 미국이 광주학살에 어떻게 개입했는가를 세상에 널리 알린 팀 셔록(Tim Shorrock) 기자는 「미국과 광주-20년 뒤」라는 논문에서 "미국이 광주항쟁 진압 과정을 알고 있었고, 87년 민중항쟁 때 전두환 정권의 군대 동원을 막은 점으로 볼 때 광주학살에 대한 책임을 벗기 어려울 것이다. 미국이 아직 5.18 항쟁 관련 중요 문건 20여 개를 공개하지 않고 있다. 이들 자료가 공개되면 미국의 개입 사실이 좀 더 명확하게 드러날 것이다." 아마 여기에는 신군부가 진압에 실패했을 때 직접 미군을 동원하려 했던 22일 백악관 회의 문건도 있을 것이다. 5.18유족 청년봉사단 카페(http://cafe.daum.net/koko6495930/) 참조.

3부 신학 2.0: 자아의 소멸에서 화쟁의 미학으로

01. M. Taylor의 자아의 소멸과 흔적의 종교성

1. Mark Taylor, *Erring: A Postmodern A/theology*(Chicago: The University Chicago, 1984), 34(이하 ER로 약호 표시함).
2. 어거스틴, 김정준 역, 『어거스틴 참회록』(대한기독교서회, 1989) 참조.
3. ER., 46.
4. 이정우, 『접힘과 펼쳐짐』(거름, 2000), 369. 그러나 사람들은 그러한 '자리-이름'의 체계가 어떻게 생겨났는지, 그 체계가 과연 정당한지, 내가 왜 그 체계에 따라 살아야 하는지, 요컨대 그 '자리-이름'이 정말 자신과 본질적인 관계가 있는지를 심각하게 반성하지는 않는다. 흔히 말하듯이 사회 구조에 의해 길들여지는 것이기 때문에 … 이러한 위를 무위, 대위로 연결 윤리적 관점으로 풀어 쓴 글은 다음을 참조. 최병학, 「對位倫理의 모색(Point·Nonpoint·Counterpoint)」, 『倫理敎育硏究』 제2輯, 한국윤리교육학회, 2002, 271-296.

5. 고병권, '문턱에 좌절하는 사람들', 《한겨레 신문》 2004년 4월 19일.

6. ER., 47.

7. ER., 51.

8. ER., 156.

9. ER., 157.

10. ER., 158.

11. ER., 160.

12. ER., 160.

13. ER., 167.

14. ER., 168

15. ER., 184.

16. 김승철, 「非·반·타의 해체로서의 지구화와 동양사상」, 『기독교사상』 3월호, 대한기독교서회, 서울, 1994, 54-65 참조.

17. ER., 13.

18. ER., 109.

19. ER., 110.; T. Altizer, *The Self-Embodiment of God*(New York: Harper& Row, 1977), 19.

20. J. Derrida, *Positions*, trans. by Alan Bass(Chicago: The University of Chicago, 1981), 11.

21. ER., 112.

22. ER., 113.

23. ER., 113.

24. ER., 115.

25. ER., 116.

26. ER., 116.

27. ER., 118. 물론 이것은 플라톤을 읽으며 데리다가 부각시킨 말이다. 데리다는 플라톤의 「파이드로스」 대화편에서 파이드로스가 가져온 '기록된 텍스트'를 소크라테스가 '파르마콘'(pharmakon)에 비유한다는 것을 발견한다. 이것은 의학적 묘약인데, 치료제이기도 하고, 동시에 독이기도 한 그런 뜻을 가지고 있다. 즉 파르마콘은 약이자 독이며, 축복이자 동시에 저주인 것이다. 이러한 파르마콘은 문자와 같이 자기 고유성과 자기 정체성이 뚜렷하지 않다. 즉 그림자나 환영과 같다는 것이다. 테일러는 파르마콘이 관념적 동일성을 가지지 않고 양자적이기에 '신의 길'이라고 말하는 것이다.

28. ER., 118.

29. 데리다는 *La Dissemination*(Paris: Seuil, 1972), 특히 13, 31-33, 50, 245, 294, 299-

300에서 산종이론을 발전시키고 있다. cf. J. Kristeva, *Semeiotiké: Recherches pour une sémanalyse*(Paris: Seuil, 1969)에 있는 의미(signifiance)의 개념에서, 줄리아 크리스테바의 산종 개념은 "주체의 해체"라는 현상에 수반되고 있다. 즉 어떤 텍스트를 가로질러 발생하는 의미의 폭발이 독자의 자아의 와해, 또는 상실과 결합하는 것이다. V. B. Leitch, *Deconstructive criticism: A Advanced Introduction*, 권택영 역, 『해체비평이란 무엇인가』(문예출판사, 1993), 139-141에서 텍스트의 산종을 다음과 같이 해석한다. "텍스트는 모두 이전 텍스트들로부터 침투당해 있다. … 이전 텍스트들이 현재의 텍스트들의 기표들 속에 거주하기 때문에 어떠한 텍스트도 그 자체로 완전히 자기 현존적이거나, 독립적이거나, 자족적이지 않다. … 주의 깊은 해석을 통해 발견되거나 재구축될 수 있는 통일성이나 의미를 텍스트는 숨기거나 감추고 있지 않다. … 간텍스트성으로 텍스트성이 주는 교훈은 문학의 진리가 미망이라는 것-언제나 무수한 차이들의 파괴적 놀이만이 있을 뿐이다. 무한한 의미가 텍스트의 표면을 가로질러 퍼져 나간다. 해체이론에서는 이러한 산종(散種)이 진리에 대신한다."

30. ER., 118.
31. ER., 118.
32. ER., 118.
33. ER., 119. 이를 니시다기타로는 장소(場所)로, 야기 세이이찌는 장(場)으로 설명한다.
34. ER., 119.
35. ER., 119.
36. ER., 120.
37. ER., 120.
38. 원효의 일심(一心)이 법신 또는 여래장(如來藏)사상-중생은 그 태(胎)에 여래를 간직하고 있다는 사상-과 동의어이다. 원효는 일심을 궁극적 실재로 파악하고 있다. 따라서 비록 모든 삼라만상이 비록 상이한 相과 用을 가지고 있지만 본질에 있어서는 하나이며 그 하나의 의미를 깨닫고 그 하나의 원류를 회복하는 일이야말로 원효불교의 궁극인 것이다. 즉 원효의 体-相-用, 풍류도의 한-삶-멋, 성부-성자-성령의 삼위일체가 법신-보신-응신에 유비될 수 있을 것이다. 이에 대해서는 김경재, 『해석학과 종교신학』(한국신학연구소, 1994), 141-142 참조.
39. 오해가 없기 위해 에크하르트의 용어를 빌어 설명하면, "존재는 하나님이다. 우리들의 삶이 존재인한 그것은 하나님 안에 있다. 하나님 안의 가장 보잘 것 없는 것, 예컨대 하나님 안에서 발견된 꽃은 우주보다도 더 완전할 것이다. 존재로서 하나님 안에 현재하는 가장 천한 것도 천사의 지식보다 더 훌륭하다."(스즈끼 다이세쯔, 강영계 역, 『에크하르트와 禪』(主流一念, 1982), 20-21.)
40. 요한복음 10장 33절.
41. 왜냐하면 보신적 신관에 숙달된 사람에게 법신적 신관을 말한다는 것은 배척을 받

을 것이 당연하기 때문이다.

42. 클레멘트는 '이스라엘의 하나님은 하늘과 땅의 주권자로 지배하시는 주인이시오, 심판자이다. 땅 위의 누가 하나님의 이 권한을 위임받았는가? 바로 교황과 사제와 부제들'이라고 말한바 있다.

43. 그러나 현재 세계 종교학자들과 신학자들이 기독교의 '인격신'과 불교의 무(無)의 대화를 시도하는 것은 다행스러운 일이다. 이는 흔적의 의미를 재발견하는 것과 같은데, 사실 인격신과 무는 서구 기독교사에서 영지주의자와 신비주의자들을 제외하고는 물과 기름같이 조화를 이루지 못했다. 기독교가 대화를 통해 보신적 종교에서 법신적 종교에로 도약하려는 것은 중대한 발돋음이라 할 수 있다. 이는 흔적에 대한 깊이 있는 사유를 통해서 가능한데, 양쪽 종교가 잘못된 것이 아니라 진리를 반편밖에 이해하지 못했던 것이다. 한 가지 아쉬운 점이 있다면 너무 형이상학적 대화에만 오랜 세월을 보낸 것이다. 이제부터는 두 세계종교 특히 불교의 앞날을 위해서도 민중의 시각이라는 낮은 단계에서 부터의 대화를 시도하며 그 새로운 대화를 상호변혁의 누룩으로 사용하여야 할 것이다. 엘리트 종교로서의 기독교와 불교의 대화만이 아니라 민중종교로서의 두 세계종교의 열려진 대화가 앞으로 새로운 과제가 될 것이다. 왜냐하면 아세아의 종교신학은 결코 아세아의 해방신학과 무관할 수 없기 때문이다. (변선환, 「야기 세이이찌의 聖書解釋學과 禪仏敎 II」, 「신학과 세계」 제15호 감신대출판부, 1987, 455-456.)

44. 100년 이상의 역사를 지닌 교또학파는 불교적 기독교, 곧 空의 신학적 해석을 통하여 유신론 이후 시대에 새로운 하나님 사유 가능성을 제시하는데 이는 서구 기독교 신학자들에게 신선한 충격을 안겨 주었다. 니시다 기따로(西田幾多郎, 1870-1945), 하지메 다나베(田邊元, 1885-1962), 히사마찌 신이찌(久松眞一, 1889-1980), 니시다니 게이이찌(西谷啓治, 1900-1990), 아베 마사오(阿部正雄) 등이 있다.

45. 상대적인 모든 개체는 철저하게 자기죽음을 통해서만 하나님과 전체 속에서 유기적인 하나가 된다.

46. 니시다의 장소적 논리가 여기에 유비될 것이다.

47. 니시타니 게이이치, 정병조 역, 「종교란 무엇인가」, 대원정사, 서울, 1993, 410 참조. 또한 카프라도 현대 물리학과 동양사상의 신비주의를 비교하면서 현대 물리학의 장이론과 동양 신비주의 허(虛), 공이론과의 유사성을 지적한다. 틸리히도 하나님을 '존재 자체', '존재의 힘', '존재의 지반'으로 설명했는데 이것은 현대물리학의 통일장과 유비될 수 있을 것이다. 그러나 니시다의 장소의 논리를 신학적으로 가장 잘 이해한 이는 야기 세이이찌이다. 신에 대한 야기의 언설은 삼위일체론적인 구조를 띤다. 신에 대해 야기가 애용하는 상징은 장(場, Place, Field, Topos, 장소-'절대무'와 동일시되는 것으로 전적으로 대상화 될 수 없는 모든 것을 포괄하는 궁극적 실재, 즉 유와 무의 이원성을 완전히 초월한 절대무의 장소이다. 또한 장소 안에서 각 개체 존재들이 통합에의 능

력을 받게 되고 거기서 통합이 이루어지는 공간 내지 마당과 같은 것으로 신은 바로 이 마당과 같은 존재이다.)이다. 야기에 의하면 삼위일체의 신은 유(Being), 무(Nothing), 생성(Becoming)과 상관하여 설명된다. "장 자체인 신은 有이고 장속에 있는 것을 통합에로 규정하는 로고스-그리스도는 無이며, 통합에로의 규정의 성취자인 성령은 생성이다."고 한다. 달리 표현하여 성부는 "통합의 궁극적 주체", 성자는 "통합의 규정", 성령은 "통합 행위의 전달"인 것이다. 변선환은 야기의 신학에서 '통합'이라는 개념을 '장소'라는 개념으로 대치할 수 있는 것처럼 이야기 하고 있지만 사실상 단순히 동일시될 수 없다. 야기의 통합이란 개체들 사이의 상호 관계, 또는 그러한 상호관계를 통해서 이루어진 공동체 내지 시스템- 김지하가 말하는 '화엄 통신망과 유비'가 가능할 것이다- 을 말한다. 야기는 통합이 연기(緣起)와 다르지 않다고 본다. 연기는 선과 악같은 대립적 가치들에 대하여 중립적이다. 존재 따로 연기 따로 있는 것이 아니라 존재 즉(卽)연기요, 연기 즉 존재이다.

48. M. Taylor, *Nots*(Chicago: The University of Chicago, 1993), 3, 5, 58, 61-70 참조. 이하 NT로 약호 표시함.

49. NT., 29-30.

50. M. Blanchot, *L'Entretien infini*(Paris: Gallimard, 1969).

51. 데카르트적인 코기토의 사유를 교란시키는 '만약 내가 생각한다면, 나는 더 이상 존재하지 않는다'(Si je pense, je ne suis plus)는 블랑쇼의 죽음 앞에서의 사유를 푸코는 '바깥의 사유'(la pensée du dehors)라고 부른다. 윤종범, 「모리스 블랑쇼의 문학비평 연구」, 『어문학연구』, 상명여자대학교, 1995, 385, 390 참조.

52. M. Taylor, *Altarity*(Chicago: The University of Chicago, 1987), 246-247. 이하 AT로 약호 표시함.

53. 이것은 성서의 이스마엘의 자손으로 유비할 수 있다. 이스마엘은 아브라함의 아들로 세상에서 버림받은 자, 혹은 사회의 적으로 유비된다. 테일러는 이스마엘의 후손들을 다음과 같이 표현한다. "북아라비아 사막 지역을 방황하는 유목민이며 그들은 거주할 장소가 없다" (AT., 221) 바로 이스마엘의 후손들이 저자로서 예술을 하는 것이다.

54. AT., 253.

55. 윤종범, 「모리스 블랑쇼의 문학비평 연구」, 409.

56. M. Blanchot, *Celui qui ne m'accompagnait pas*(Paris: Gallimard, 1953).

57. 앨런 메길, 정일준, 조형준 역, 『극단의 예언자들: 니체, 하이데거, 푸코, 데리다』(새물결, 1996), 88.

58. Kim, Sang-Ill, *Korean Transformation of Buddhism in the Seventh Century Claremont Graduate School*, Claremont, 1982, 104; 김상일, 「퍼지논리와 불교의 因明論理」, 『한신논문집』 제11집, 한신대학교, 1994, 136 참조.

59. 시간의 만남, 공간의 접촉을 합쳐서 이렇게 부르기로 한다.

60. 라틴어로 alteritatem이 타자(otherness), 상이점(diversity)을 뜻하기에 테일러는 alterity를 타자성으로 사용한다. (AT., x x ix.)

61. AT. x x viii- x x ix. 최병학, 「타자본위(Altarity)윤리의 새로운 지평」, 『倫理敎育硏究』 제4輯, 한국윤리교육학회, 2003 참조.

62. 모리아산 사건을 바라보는 키에르케고르(S. Kierkegaard)의 실존적인 시각은 다르다. 그는 이 사건을 윤리와 종교적인 차원으로 구분하여 설명하고 있는데, 사실 아브라함이 이삭을 제단에 받치는 일은 윤리적으로는 살인행위이나 종교적으로는 하나님께 제물을 바치려는 행위이다. 바로 이 모순 속에 사람을 불면에 빠뜨릴 수 있는 불안이 있다. 그리고 이 불안이 없다면 아브라함은 이미 성서 속의 아브라함이 아닐 것이다. 아브라함의 불안은 윤리적인 것과 종교적이 것 곧, 보편자와 단독자가 서로 모순 대립되는 갈등에서 비롯되는 것이다. 표재명, 『키에르케고르의 단독자 개념』(서광사, 1992), 95 참조. 아브라함은 개별자로서 사회나 국가의 이념보다 높이 있다고 믿는 하나님과의 절대적인 관계를 위해 윤리적인 보편과 충돌하고 종교적 신앙을 선택한 것이다. 이는 '윤리적인 것의 목적론적 정지'를 뜻한다. (Ibid., 95-100) 그리고 이것은 윤리적인 불안도 궁극적으로는 해결해준다. 그러나 생각해보자. 이삭에게 신의 흔적이 육화되었다면 이삭마저 타자본위로 비대칭적 관계의 대상이 되는 것이다. 이는 고대 근동의 자녀 살해라는 제도를 없애기 위한 성서의 이야기로 신학적으로 풀이하면 간단한 문제지만, 아무튼 실존을 고민하는 키에르케고르와 관계성을 고민하는 이 글이 갈라지는 점은 바로 이 점이다.

63. 테일러는 주체(subject)와 자아(self)를 동일한 의미로 사용한다.

64. ER., 133.

65. ER., 134.

66. ER., 135.

67. ER., 135.

68. ER., 137.

69. ER., 138.

70. ER., 155.

71. ER., 155.

02. 포스트모던 시대의 사이버스 페이스와 영지주의의 부활

1. 댄 브라운, 양선아 역, 『다빈치 코드 1, 2』(대교베텔스만, 2004).

2. 어윈 루처, 이용복 역, 『다빈치 코드 깨기』(규장작, 2004), 11-12.

3. 사실 베드로의 교황권을 승계한 가톨릭의 성모 마리아 숭배는 이러한 막달라 마리아의 영향을 반대하여 시작되었다.

4. http://www9.nationalgeographic.com/lostgospel/document.html 이 싸이트에 메세나 재단측은 미국의 내셔널 지오그래픽 재단과 협력해 이를 번역, 콥트어 원본 텍스트와 영역본 텍스트의 두 종류로 공개하였다.

5. 《한겨레 신문》 2006. 4. 7.

6. Ibid.

7. 사이버 스페이스는 공상과학소설의 상상력으로 만들어졌다. 윌리엄 깁슨의 『뉴로맨서』(*Newromancer*)에서 처음 등장하는데, 깁슨은 어느날 거리를 거닐다가 비디오 게임에 몰두해 있는 아이들의 모습을 보고, 그들이 마치 스크린 뒤에 실제적인 물리적 공간이 있다고 믿고 있는 사실에 충격을 받고 눈으로 볼 수는 없지만 틀림없이 존재하는 그 상상의 영역에 대해 '사이버 스페이스'("합의된 환각으로 진정한 의미의 장소가 아니며 공간도 아니며 관념적 공간(notional space)이다")라고 이름짓고 이 영역을 작품의 주요배경으로 삼았다.

8. 원래 시뮬라크르는 헬라어로 신의 화상(畵像)을 의미하며 라틴어로는 상(像)을 의미하는 표현이다. 19세기 이후 시뮬라크르는 표상과 이미지 일반을 가리키는 말이 되었는데, 보드리야르는 시뮬라크르를 기호와 거의 같은 의미로 쓰고 있다. 기호가 단지 현실의 지시대상을 함축하고 있는데 반해 시뮬라크르는 대응하는 지시대상이 존재하지 않는 순수한 기호이다.

9. 레비스트로스(C. Lévi-Strauss)는 『슬픈 열대』(1955)를 마르크스와 불교의 융합으로 끝맺고 있는데 그는 자신의 처지를 규정하기를 신비스런 조화의 구조를 지니 원시사회, 그 원시사회가 남아 있는 최후의 지역인 열대가 현대 문명에 의해 훼손되고 파괴되고 있다고 지적한다. 그래서 열대는 슬픈 것이며, 이 사라지는 열대를 탐구하도록 재촉 받는 인류학자는 슬픈 것이라고 한다. 세계는 인간 없이 시작되었고, 또 인간 없이 끝날 것이다. 문명과 함께 시작한 인류역사는 문명으로 인해 막을 내린다는 레비스트로스의 메시지는 '인간성의 회복'이라는 휴머니즘이다. 현대 사회의 '역사적 진보'라는 환상에 사로잡혀 노예적 구속을 감수하는 비인간적으로부터 해방되어야 한다. 그래서 그는 한 실체를 구성하는 기초 원소로부터 추적하여 공통점을 통하여 결론을 유도하는 구조주의로써 禪불교와 그 맥을 같이한다. 즉, 인간의 첫 번째 사슬인 계급 해방과 두 번째 사슬인 개인적 소유욕을 선불교에 의지해서 풀어 보려고 한 것이다. 레비스트로스, 박옥줄 역, 『슬픈열대』(한길사, 1998).

10. 이러한 영지주의의 도전에 직면하여 교회는 다음과 같은 다섯 가지의 결과를 낳게 되었다. 첫째 영지주의가 스스로 보편적 종교임을 주장한 것은 기존 교회로 하여금 자신의 보편성(Catholicity)을 주장하게 만든 계기가 되었다. 둘째 영지주의는 구약 성경과 사도들의 저작에 대하여 큰 관심을 가지고 있었기 때문에 구약의 영감과 신약 정경의 내용을 영구적으로 확정해 놓는 일이 교회의 긴급한 과제가 되었다. 대부분의 경우 영지주의에 대항해서 행동하는 것은 신학자들이 아니라 '교회'였다. 교회

는 받아들일 수 있는 책들의 권위 있는 목록을 발전시켰다. 곧 정경의 편성이다. 셋째 기독교를 근본적으로 하나의 교리적 체계로 볼 수 있다고 하는 영지주의의 논란에 대하여 교회는 그러한 교리가 실제로 어떠한 것인가를 진술함으로써 답변을 주었다. 넷째 교회의 교리를 통일하기 위해서는 '신앙의 표준'(regula fidei)이 요구되었다. 지역에 따라서 상당히 다양한 것이기는 했지만 이러한 신앙의 표준으로부터 고대의 기독교적 신조들이 생겨나게 되었다. 마지막으로 영지주의가 말할 수 없을 정도로 극대되기 시작하자, 교회는 유능한 수호자를 요구하지 않을 수 없게 되었다. 그리하여 감독이 선두에 나서서 이단 전체를 대항하여 싸우게 되었다. 그 결과로 감독의 우위성이 확보되었으며, 감독직의 발전을 촉진시키는 자극이 주어졌다.

11. 함세웅, 「영지주의 사상의 계보」, 『사목』 제 100집, 1985, 52.

12. A. D. 144년 영지주의자 마르시온이 누가복음과 10개의 바울서신을 최초로 정경이라 말한 이후, 이레니우스, 터툴리안, 오리겐 등 교부들은 제각기 자신들이 선택한 것을 정경이라고 말하였으나, 4세기 중엽에는 거의 같은 견해를 갖게 되었다. 따라서 현재 우리의 신약대로 4복음서와 13개의 바울서신을 포함하는 27개의 책들이 신약 정경으로 된 것은 A. D. 367년 교부 아타나시우스가 자신의 39번째 부활절 메시지에서 발표한 이후 부터이다.

13. 근광현, 『기독교 이단 갈라잡이』(도서출판 누가, 2003), 108–115 참조.

14. 나그함마디 문서는 총 13권, 1,153페이지에 53가지 텍스트로 구성되어 있다. 53개의 텍스트들 가운데, 41개는 이전에는 그리 알려지지 않았던 것들이며 나머지 6개는 이전에 현존하였던 작품들의 사본들 가운데 일부이거나, 알려져 있었던 것들이다. 약 30개는 좋은 상태로 우리들에게 전해졌으며, 단지 10개만이 단편적으로 존재할 뿐이다. 이 문서의 내용들은 모두 영지주의적인 것은 아니다. 플라톤의 Republic(588b–589b in NHC Ⅵ. 5)의 문구와 2세기 기독교 금욕주의적 기원에 관한 텍스트로 전문가들에게 한때 알려진 Sentence of Sextus(NHC ?. 1)의 곱트어 번역본은 그렇다고 치더라도, 기독교의 지혜문학의 또 다른 실례인 Teaching of Silvanus(NHC. Ⅶ. 4) 역시 그러하다. 이 문서는 아마도 대부분 금욕적인 기원을 가지고 있으며 주석학적으로 반대하고자 하는 시도가 많이 있었음에도 불구하고, 독특한 영지주의적 내용을 담고 있지 않다. 또한 3개의 Hermetic 기도문, 그리고 영적인 신생에 관한 On the Oddoad and Ennead(NHC Ⅵ. 6)이다.

15. 교부들에 의하면 기원 후 1세기 영지주의를 유포시켰던 장본인은 사마리아인 시몬 마구스(Simon Magus)라는 인물이었다(사도행전 8장 9–13절 참조). 이에 대한 참고문헌과 자세한 내용은 장춘식, 「사마리아인 영지주의자들」, 『神學論壇』 26집, 배제대학교, 1999 참조.

16. F. C. Baur, Die christliche Gnosis oder die christliche Religionsphilosophie in ihrer geschichtlicen Entwicklung(Tübingen, 1835).

17. 사실 바우어의 역사분석이나 이해는 헤겔과 같이 객관적인 것을 발견하려는 의도, 곧 절대정신을 역사 속에서 발견하려는 역사관이라 할 수 있다. 가령 "절대정신은 하나님 곧 절대적인 신으로, 그는 사고의 과정에서 스스로를 중개하는 정신이다. 그러므로 기독교는 본질적으로 이런 과정 자체이며 그 과정은 사고 안에서 스스로를 삶의 과정의 신으로 드러내는 정신의 본성이다"와 "기독교적 인식은 전적으로 주체 자신과 특정한 절대정신의 중재적 과정에 있어서 순전한 주체적인 면이다. 그러므로 기독교는 한마디로 단지 자각이나 감정이 아니라, 정신의 자율 곧 개념의 자활인 영원한 사고이다" F. C. Baur, *Lehrbuch der christlichen Dogmengeschichte*(Darmstadt, 1979), S. 355를 보면 알 수 있다.

18. F. C. Baur, *Die christliche Gnosis oder die christliche Religionsphilosophie in ihrer geschichtlicen Entwicklung*, S. 687.

19. A. von. Harnack, *History of Dogma 1 vols. Trans. from 3rd German* ed.(New York: Dover Publiscation, 1961), 1.

20. A. von. Harnack, *History of Dogma 4 vols. Trans. from 3rd German* ed.(New York: Dover Publiscation, 1961), 166.

21. 김성욱, 「영지주의에 대한 F. C. Baur와 Adolf von Harnack의 입장 비교」, 『개혁신학』 2003, 10월, 238-239.

22. A. von. Harnack, *What is Christianity?*(New York: Harper Torchbooks, 1957), 178.

23. A. von. Harnack, *The Rise of Christian Theology and of Church Dogma*, Trans. Neill Buchanan, Russell and Russell(New York: Harper Torchbooks, 1958), 98. 하르낙은 이러한 경향이 결국 초대 기독교의 이단자 마르시온과 정통 교부들과의 신 관념 논쟁에서 비롯됐다고 주장한다. 이 주장은 후대 서구 기독교 학자들 사이에서 끊임없는 논쟁을 불러일으켰으며, 마르시온을 재조명하는 계기가 되었다: A. von. Harnack, *Marcion: the Gospel of the Alien God,* (N.C.: The Labyrinth Press, 1990).

24. 3세기에 페르시아 왕국에서 '빛의 사도' 또는 최고의 '빛을 비추는 자'로 알려진 예언자 마니(Mani : 210?-276)가 창시한 이원론적 종교운동에서 시작했다. 마니는 자신이 아담에서 시작하여, 아브라함, 붓다, 예수, 조로아스터로 이어져 내려온 예언자들의 마지막 계승자라고 생각했다. 이러한 마니교는 그리스도교 혹은 조로아스터교의 이단으로 여겨지기도 했으나, 일관된 교리, 엄격한 제도, 조직을 갖춘 하나의 종교로 자리잡았다. 어거스틴에게 많은 영향을 미친바 있다.

25. R. Bultmann, *The Gospel of John: A Commentary*(Penn.: Westminster Press, 1971, 13.

26. R. Bultmann, *Theology of the New Testament Vol. 1*(New York: Charles Scribner's, 1955), 164-183. 이 책에서 그는 영지주의 모티브들을 찾고자 한다. 다양한 모티브들을 찾으며 신약성서의 영지주의 모티브들과 비교 분석하고자 한다. 그의 소논문

"Points of Contacts and Conflicts," in *Philosophical and Theological*(London: SCM Press, 1955)에서 그는 이러한 신약성서의 영지주의와 다양한 영지주의 문서들과의 접촉점들을 찾고자 노력한다.

27. H. Jonas, *The Gnsotic Religion: The Message of the Alien God and the Beginnings of Christianity*(Mass.: Beacon Press, 1958), 54.

28. H. Jonas, "Myth and Mysticism", in *Philosophical Essays: From Ancient Creed to Technological Man*(N. J.: Prentice Hall, 1974), 291-304.

29. W. Barnstone and M. Meyer, *the Gnostic Bible: Gnostic Texts of Mystical Wisdom from the Ancient and Medieval Worlds—Pagan, Jewish, Christian, Mandean, Manichaean, Islamic, and Cathar*(Mass.: Shambhala Pub., 2003), 1-20.

30. 여성신학적 관점에서 영지주의 연구는 Pagels, E., *The Gnostic Gospels*, Random House, New York, 1979(최의원, 권호덕, 김경신 공역으로 『영지주의신학』(한국로고스연구원, 1998)와 K. King, ed., *Images of the Feminine in gnosticism*(Harrisburg: Trinity Press International, 2000) 참조. 국내에는 박경미의 「빌립복음서에 나타나는 여성형상들에 대한 연구」, 『신학논단』 43집, 「영지주의 이원론과 관련해서 본 여성 형상의 의의」, 『종교연구』 25집 등을 참조.

31. 영지주의 주요사상은 페이걸스의 『영지주의신학』에 잘 소개되고 있다. 이 책은 발굴된 사본에 근거하여 영지주의의 핵심개념을 잘 분석하고 있다. 본문에서는 두 가지만 사이버 스페이스와 관련하여 살펴보고자 한다.

32. G. Filoramo, *A History of Gnosticism*(Cambridge: Blackwell, 1990), 39.

33. 요한복음 3장 13-14절 참고.

34. H. W. Attridge and G. W. MacRae, "the Gospel of Truth (I, 3 And XII, 2)", in *The Nag Hammadi Library*, ed. J. M. Robinson(San Francisco: Harper SanFrancisco, 1990), 38-51.

35. MUD(multi-user dungeons, 다중익명공간)

36. 윌리엄 미첼, 이희재 역, 『비트의 도시』(김영사, 1999), 213-215.

37. H. Jonas, , *the Gnostic Religion*(Boston: Beacon Press, 1958), 43.

38. K. Rudolph, *Gnosis: the Nature & History of Gnosticism*(New York: T&T Clark, 1977), 60.

39. 대명사 "그들"은 단순히 작은 아이들 자신들을 일컫는 말이 아니라, 땅의 주인들을 말한다. 여기서 땅의 주인들은 세계를 둘러싸는 악한 영들이다. 고대 영지주의에서는 이 영들이 끊임없이 인간들을 시험하며, 타락의 길로 인도하기를 시도한다. 이 영들은 세상의 주인들이며, 이 세상은 그들에게 속해있다.

40. 초기 기독교 교부들이 영지주의에 가한 비판이 바로 이러한 악마적인 힘과 결탁한 혼음의 모습이었다. 그것은 희랍의 디오니소스(박카스) 축제와 같은 데서 나타나는

테오-시네마

현상이다.

41. 이러한 착상은 동아대 독문과의 이영수 교수의 아이디어이다. 그의 학위논문『파우스트에 나타난 괴테의 종교관 연구』부산대학교, 1984와『괴테와 낭만주의』,『독일학연구』제 6집, 동아대 독일학 연구소 등을 참조.

42. 대표적인 이가 라은성인데, 그는 한국의 영성운동이 영지주의적이라는 가정 하에 신비적이고 심리학적인 관상신학을 비판하고 있다. 라은성, 「한국교회 영성신학의 비판: 관상신학을 중심으로」, 『조직신학연구』 5집, 2004, 213-249.

43. 마르크스의 가치론에 사물은 사용가치와 교환가치의 두 가지 측면이 존재하는데, 사용가치는 사물의 유용성의 측면이고 교환가치는 상품성이다. 루카치(G. Lukács)에 의하면 상품의 등장으로 교환가치가 사용가치 보다 우위에 서게 됨으로 물화(reification) 현상이 발생한다. 쉬운 예로 1억원짜리 아파트는 팔리지 않는 한, 많은 사람들이 겨우내 추운 곳에서 떨고 있을 때도 비워 둘 수밖에 없다. 판매되지 않으면-교환되지 않으면-그것의 가치는 없는 것이다. 그리고 이러한 물화가 사회에 대한 구체적이고 역사적이면서 총체적인 인식을 가로막는다고 한다.

44. 보드리야르는 사물의 카테고리에 새로운 카테고리를 덧붙이는 것을 통해 현대사회를 분석했는데, 도표로 만들면 아래와 같다.

제1카테고리(사용가치)	사물은 유용성 충족의 도구	유용성의 논리
제2카테고리(교환가치)	사물은 상품	시장의 논리
제3카테고리	사물은 상징	증여(贈與)의 논리
제4카테고리	사물은 기호	신분의 논리

곧 현대 소비사회에서는 욕구를 만족시키기 위해 사물을 소비하는 것이 아니라, 신분을 상징하기 위해 사물을 소비 한다는 것이다.

45. 필자의 견해에 따르면 이들은 사이버 스페이스로 개막될 새로운 존재론의 입구에서 기존 존재론과 인식론을 펼쳤기 때문이었다. 그러나 이제 포스트모던 사이버 스페이스 시대에 이데사/현상 구분이 해체되고, 현상인 몸이 와해되는, 존재론의 새로운 발상 전환, 혹은 존재론 폐기라는 위기의 시대가 도래 했다.

46. 사막, 그것은 욕망 없는 고요함이다. 인간의 욕망의 산물로서의 지도 그리기가 불가능한 곳으로 길이 없다. 따라서 사막에서는 추상화된 지도 위에서 영토가 썩는 것과는 달리 사막에서는 일체가 썩지 않는다. 지도가 없기 때문이다. 장 보드리야르, 주은우 역, 『아메리카』(문예마당, 1994) 참조.

47. 월가의 붕괴에 따르는 신자유주의의 종말은 집 없는 사람들을 보지 못한 집있는 사람들의 유토피아였기 때문이다. 이데아/현상의 구분이 이데아 강조만으로 플라톤적 도식에 빠져서도 안되지만, 보드리야르식으로도 가서도 안됨을, 현상을 강조하는, 아니 신체성과 몸을 강조하는 기독교 사유의 정확한 이해로 시대적 위기에 응답할 수 있을 것이다. 이는 사이버 스페이스를 입고 부활한 영지주의의 영/육 해체와 '영'

강조에 대한 '육'의 강조로 이루어낼 수 있을 것이다.

48. 사이먼 페니, 「계몽기획의 완성으로서 가상현실」, 홍성태, 『사이보그, 사이버컬처』 (문화, 1997), 74.

49. M. Taylor, *Erring: A Postmodern A/theology*(Chicago: The University of Chicago Press, 1984), 8-9.

50. 마틴 하이데거, 이기상 역, 『기술과 전향』(서광사, 1993), 73.

03. 자살? 살자!: 기독교 시각에서 본 자살과 생명윤리

1. 류시화 엮음, 『사랑하라 한번도 상처받지 않은 것처럼』(서울: 오래된미래, 2008), 56.

2. 미국의 사회학자 데이빗 필립스(D. Phillips)는 이를 '베르테르 효과'(Werther effect)라고 명명한다. 독일의 문호 괴테의 『젊은 베르테르의 슬픔』(*Die Leiden des jungen Werthers*, 1774)의 주인공 베르테르가 여자 주인공 로테를 사랑하지만 그녀에게 약혼자가 있다는 것을 알고 실의와 고독감에 빠져 끝내 권총 자살로 삶을 마감한다는 내용인데, 당시 시대와의 단절로 고민하는 베르테르의 모습에 공감한 젊은 세대의 자살이 급증하는 사태가 벌어졌다.

3. http://www.hani.co.kr/arti/society/society_general/379817.html 《한겨레 신문》, "군대 내 사망사고, 절반이 자살", 2009.10.1.

4. 한승진, 「자살을 부추기는 사회와 기독교 생명윤리」, 경희대학교 인문학연구원, 『인문학연구』 제18호, 2010, 214-215 참조.

5. 특히 난폭한 방법으로 자살한 사람의 뇌연구 결과 5-HIAA(5-Hydroxyindoleacetic acid, 세로토닌의 대사물인 초산 5-히드록시인돌)의 감소가 밝혀졌고, 자살성 뇌척수액 검사에서도 5-HIAA가 감소되어 있었다고 한다.

6. 이하 http://www.who.int/mental_health/prevention/suicide/suicideprevent/en/참조.

7. John Bowlby, *Loss: Sadness and Depression*(New York: Basic Books, 1980) 참조.

8. Aron T. Beck, *Cognitive Therapy and the Emotional Disorders*(New York: Penguin Group, 1979) 참조.

9. John Cooper, "Ethics of Suicide", *Routledge Encyclopedia of Philosophy*, Vol. 9, 1998, 224.

10. 이하 플라톤의 저서 인용은 스테파누스(Stephanus)가 플라톤의 저서를 정리 할 때 사용한 넘버(Stephanus numbers)로 본문에 인용과 함께 병기함. (플라톤의 대화편들은 중세 기독교 시대가 시작될 무렵 『편지들』을 한 묶음으로 해서 9개의 4부작, 총 36편으로 정리되었다. 플라톤의 대화편들을 인용할 경우 인용의 표시를 예를 들면 '327a', '621d'와 같이 하는 것은 스테파노스 넘버이다. 1578년 프랑스 파리에서 앙리 에스티엔 (Henri Estienne)라는 사람이 편집, 출간한 『플라톤 전집』의 페이지 수를 의미한다.

스테파누스는 에스티엔의 라틴어식 표기이다. 그는 한 페이지를 다섯 단락으로 나누어 a, b, c, d, e로 표시하였는데, 그가 편집한 전집의 페이지 수와 단락 표기를 현재 플라톤의 대화편을 인용하는 표준으로 삼는다.

11. 플라톤의 『파이돈』은 고대의 자살 논의의 출발점이다. 여기서 사형 선고를 받은 소크라테스는 "철학자는 다른 세계에 대한 위대한 축복을 얻기를 기대할 수 있기에 죽음을 기꺼이 받아들여야만 한다"고 말한다. 그러나 소크라테스는 동시에 생명은 신에게 속한 것이므로 자살을 하는 것은 신의 특권을 박탈하는 것이라고 해서 반대하는 입장도 취한다.

12. 세네카, 김천운 역, 『세네카 인생론』(서울: 동서문화사, 2007), 462 참조.

13. 프로테우스 페레그리누스는 부모를 죽이고 간음까지 한 후 예수를 믿고 성직자가 되었다고 한다. 풀 카루스, 이지헌 역, 『악마의 역사』(서울: 까지, 2003), 254 참조.

14. 어거스틴, 조호연·김종휴 역, 『신국론』제1권 (서울: 현대지성사, 1997), 17, 105.

15. T. Aquinas, *Summa Theologia* vol. 38 (New York: McGraw-Hill Book Company, 1975), 31-39 참조.

16. Raziel Abelson & Marie-Louis Friquegnon(eds), *Ethics for modern life*(New York: St. Martin's 6th edition, 2002), 24-26.

17. Ibid., 25.

18. 어거스틴은 그 당시 기독교 세계인 로마를 지키기 위한 방편으로서 정당한 전쟁을 주장하였다. 이러한 전쟁을 정당화하는 8개의 기본원칙은 다음과 같다. "첫째, 하나님의 공의를 침해하는 경우 둘째, 전쟁의 악함이 현저하다고 도덕적으로 판단될 때 셋째, 폭력의 사용을 위한 정당성이 인정될 때 넷째, 국가의 영적인 상태가 심각히 위협을 받을 때 다섯째, 신앙생활에서 복음적 기준의 해석들이 위협을 받을 때 여섯째, 불의한 사회적 변화에 더 이상 수동적 태도만으로 일관할 수 없을 때 일곱째, 전쟁에 참여하는 것이 성서에 비추어보았을 때도 적절했을 때 여덟째, 평화가 더 이상 지속될 수 없을 때"이다. 성 어거스틴, 심이석 역, 『신국론 요약 신앙핸드북(세계기독교고전 10)』(서울: 크리스찬다이제스트사, 1990), 154-156 참조.

19. 311년 경 도나투스((Donatus)라는 인물에 의해 시작된 종파로 로마 제국의 기독교 박해가 끝날 무렵 생긴 분파이다. 이들은 죽을지언정 신앙을 충성스럽게 지켜야 한다고 주장하면서 박해 때에는 옥에 갇히고, 재산을 약탈당할 뿐만 아니라, 자진하여 순교를 당하는 일도 있었다. 이들의 주요 교리는 첫째, 진정한 교회는 오직 충성된 그리스도인으로만 구성된다. 둘째, 박해시기 중에 성경을 부인한 자들은 다시 세례를 받아야 한다. 셋째, 교회와 국가는 절대적으로 분리되어야 한다. 넷째, 의심스러운 성격의 소유자인 교직자로부터 받은 세례와 안수는 무효라고 주장한다. E. S. 모이어, 곽안전·심재원 역, 『인물 중심의 교회사』(서울: 대한기독교서회, 1971), 151-152 참조. 그러나 어거스틴에 의해 이단(heretic)으로 정죄되었다.

20. 『윤리학 강의』의 '자살에 관하여'에서 칸트는 자연의 만물은 자신을 보존하고자 하기 때문에 자살하는 것은 자연을 거스르는 것으로 간주한다. I. Kant, trans. by P. Heath, *Lectures on Ethics*(Cambridge: Cambridge University Press, 1997), 146.

21. 자연법 윤리학과 칸트 의무론, 공리주의의 자살에 관한 관점은 다음을 참조. 윤영돈, 「자살의 윤리적 논쟁과 고통의 문제」, 한국윤리학회, 『윤리연구』 66호. 2007.9.

22. 이러한 흄의 자살에 관한 기독교의 관점의 요약은 다음과 같다. "특별한 구역에 있는 보초와 같이 당신은 신의 섭리에 의하여 위치가 정해졌다. 그래서 당신이 부름을 받지 않고 그 위치를 져버린다면 당신은 전능한 통치자를 반역하고, 그의 분노를 사는 죄를 짓는 것이다" D. Hume, "The Right of Suicide: 'Of Suiside'", Raziel Abelson & Marie-Louis Friquegnon(eds), *Ethics for modern life*(New York: St. Martin's 6th edition, 2002), 31 참조. 따라서 이러한 기독교의 관점을 흄은 조목조목 비판하며 자살을 옹호하고 있다.

23. Ibid, 32-33.

24. E. Durkheim, *Suicide: A Study in Sociology*, trans. by J. A. Spauding & G. Simpson(London: Routledge & Kegan Paul, 1952), 44.

25. 특히 정신병이나 신경쇠약증 같은 것이 자살과 관계없다는 것을 밝혔다. 나아가 뒤르켐은 개신교 지역과 가톨릭 지역을 비교하여 상대적으로 '개인주의적인 성향이 강한 개신교 지역'이 '전통적인 규범 및 가치가 비교적 온전하게 보전되어 있는 가톨릭 지역'보다 자살률이 높다는 것을 밝혔다.

26. S. Freud, Mourning and Melancholia, in *General Psychological Theory*, Edited by Philip Riff(New York: Simon & Schuster, 1991), 164. 반면 현대윤리학자들은 '생명 경외'를 중시하여 "나는 살려고 하는 생명의 한가운데에 존재하는 생명"(알버트 슈바이처)이라는 말처럼 모든 생명은 살려고 하는 본능을 지닌다고 생각한다.

27. 지그문트 프로이드, 김명희 역, 『늑대인간』(서울: 열린책들, 1996), 50-99. 쉽게 이야기하면 자살자는 자신의 부모와의 애증관계의 심리 역동의 갈등 속에서 대상 상실에 대한 분노를 자신 안에 내재화시킨 그 대상을 파괴함으로써 복수 하려는 강렬한 충동에 이끌려 자살을 결행하게 된다는 것이다. 따라서 프로이드는 자살은 자기 자신에게 향하는 분노의 표출이 아니라, 자신 안에 내재되어 있는 내재화된 대상을 향한 분노의 표출이기 때문에 '왜곡된 살인'이라는 것이다.

28. 알베르 카뮈, 김화영 역, 『시지프 신화』(서울: 책세상, 1997), 11.

29. 마르틴 하이데거, 소광희 역, 『존재와 시간』(서울: 경문사, 1998), 337-380 참조.

30. Maurice L. Farber, *Theory of suicide*(New York: Funk & Wagnalls, 1968), 87f 참조.

31. Ibid., 92-97. 즉, 자살 예상률은 자아의 결집력, 자아가 환경에 적응하도록 요청 받는 상황, 자아가 다른 사람과의 교류에 적극 참여하도록 요청되는 상황, 자살에 대한 인내심과 저항력이라는 변수에 개인의 환경 의존력과 지원 그룹의 유무, 개인이 속한

사회의 미래 희망의 정도와 중요한 연관성을 가진다. 이러한 파버의 연구를 통해 우리는 자살의 원인으로 사회-환경적 요인도 중요함을 알 수 있다. 물론 그 선구자는 뒤르켐이다.

32. "한 여인이 맷돌 윗짝을 아비멜렉의 머리 위에 내려던져 그 두골을 깨뜨리니 아비멜렉이 자기의 병기 잡은 소년을 급히 불러 그에게 이르되 너는 칼을 빼어 나를 죽이라. 사람들이 나를 가리켜 이르기를 그가 여인에게 죽었다 할까 하노라. 소년이 찌르매 그가 곧 죽은지라."(사사기 9장 53-54절).

33. Richard Dawkins, *The Selfish Gene*(Oxford: Oxford University Press, 1976) 참조.

34. George Arther Buttrick (ed.), *The Interpreter's Dictionary of the Bible*(New York and Nashville: Abingdon Press, 1962), 125f.

35. John Harris, *The Values of Life: An Introduction to Medical Ethics*(London: Routledge and Kegan paul, 1985), 9.

36. Ibid., 10.

37. Ibid., 10-11.

38. 엘리시온(Elysium이라고도 한다)은 '행복한 자의 섬'으로 서양의 서방정토라 할 수 있다. 이곳 기후는 온난하고 아름다운 향기로 가득 차 있으며 신들에게 축복받은 영웅들이 들어갈 수 있는 장소라고 생각했다. 후대에는 올바른 행동을 한 인간이 사후에 들어가 사는 저승세계라고 생각되었다. 프랑스 대통령 관저인 엘리제궁(Elysee Palace)이나 파리의 샹젤리제(Champs-Élysées, 곧, 엘리시온 거리)도 이 엘리시온에서 파생된 단어이다.

39. 플라톤은 이 지하세계의 그리스 신을 이용하여 철학적으로 훈련받지 못한 영혼들이 가야 할 곳으로 묘사하고 있다. 그리스 신화에 보면 제우스가 악한 신들인 타이탄들(Titans)과의 전쟁에서 승리하여, 이 타르타로스에 쇠줄로 묶어둔다. 이곳은 불이 물처럼 흐르는 강으로 싸여져 있으며 고통스러운 지하세계이다. 타르타로스는 후에 그리스 신화에 자주 등장하는 하데스(Hades)와 같은 의미로 쓰인다. 이것은 초대 기독교, 특히 초대교회교부들이 영지주의와의 논쟁에서 예수의 구원을 비하하며 거부하는 영지주의자들이 가야 할 곳으로 이 타르타로스를 언급한다: Jeffrey Burton Russell, *The Devil: Perceptions of Evil from Antiquity to Primitive Christianity*(New York: Cornell University Press, 1977), 136-137.

40. 플라톤 철학에 나타난 생명관과 인생관, 철학과 종교의 내용을『국가』 10권의 에르(Er) 신화와『파이돈』,『향연』,『파이드로스』를 참고하여 〈그림 1〉로 그릴 수 있는데, 이것은 인간의 존재론적 근거와 관계론적 의미를 잘 나타내준다. 먼저 우리 인간이 죽게 되면 몸을 떠난 우리의 영혼은 긴 통로를 빠져나간다. 그리고 4개의 강을 건너는데, a는 비통강, b는 시름강, c는 불의 강, d는 그 유명한 망각(lethe)의 강이다. 이후 우리의 영혼은 신비스러운 벌판에서 3명의 심판관을 만나게 된다(A). 이곳에서

철학적 삶과 도덕적 삶을 살았던 사람은 오른편쪽 엘리시온(B)으로 가게 되고, 그렇지 못한 사람은 그 정도에 따라 다시 윤회하거나(C는 인간의 영혼이 이 땅에 돌아오는 통로이다), 영원한 형벌을 받기 위해 스틱스 강(e)을 건너 타르타로스(D)로 가게 된다. 플라톤의 『파이드로스』에 의하면 엘리시온으로 가는 두 가지 방법이 있는데, '인간의 노력이 필요한 에로스(eros, 가)'와 '신이 주는 광기(theia mania, 나)'가 바로 그것이다. 그리고 이러한 에로스에는 '명지적 에로스(zeus, 철학자)', '투쟁적 에로스(Ares, 군인)', '왕적 에로스(Hera, 군주)', '봉헌적 에로스(Apollon, 종교적 헌신)'이 있으며 신적 광기에는 '아폴론의 예언과 점복적 광기', '디오니소스의 제의적, 정화적 광기', '뮤즈 여신의 음악, 시적 광기'가 있고, 마지막으로 가장 고귀한 '아프로디테의 사랑의 광기'가 있다(Phaidros, 243e-245d). 이러한 에로스와 신적인 광기를 통해 인간은 엘리시온으로 갈 수 있는 것이다. 이것은 불교의 자력구원과 기독교의 타력구원을 뜻한다고 볼 수 있다. 화이트헤드의 말대로 '서양철학사가 플라톤의 각주'라면, '서양 기독교신학(혹은 서양 종교철학)의 본문은 플라톤(또 다른 본문은 니체)'이라 할 수 있다. 이에 관한 논의는 별도의 분량이 필요함으로 여기서는 생략한다.

41. '플라톤 철학의 상기설과 영혼론'은 최병수, 최병학, 「요한복음 1장 13절의 '철학적 본문비평': 플라톤 철학의 상기설과 영혼론을 중심으로」, 『인문학논총』 제29집, 경성대학교 인문과학연구소, 2012. 6. '소크라테스의 영혼의 여행과 철학적 삶'에 관해서는 다음을 참고하라. 최병수, 최병학, 「무의지적 기억과 의지적 상기: 영혼의 여행과 철학적 삶」, 『인문과학연구』 제17집 대구가톨릭대학교 인문과학연구소, 2012. 6.

42. 이하 뱀의 문화사 및 신학적 내용은 다음을 참조. 이어령 편집, 『문화로 읽는 십이지신 이야기: 뱀』(서울: 열림원, 2011); 일레인 페이걸스, 류점석·장혜경 역, 『아담, 이브, 뱀』(고양: 아우라, 2009).

43. 그러나 기독론적 해석 없이 문화사적으로 살펴본다면(수메르에서 그리스 신화 속 뱀의 의미를 수용하여) 이것은 뱀을 높이 받듦으로써 뱀의 노여움을 풀고자 한 고대의 토템(Totem) 신앙으로 살펴 볼 수 있으며, 나아가 강력한 구리뱀을 만들고 그 위력으로 불뱀을 쫓아내고자 한 고대의 귀신 축출 신앙의 한 영향이라 할 수 있다(곧, 모세의 지팡이에서 아스클레피오스의 지팡이를 찾아 볼 수 있는 것이다. 혹은 아스클레피오스의 지팡이에서 모세의 지팡이를 발견할 수 있는 것이다). 그러나 모세는 토템적 뱀의 의미를 넘어 야훼의 말씀, 그 말씀에 대한 순종을 강조한다. 이것은 "여호와께서 모세에게 이르시되 불뱀을 만들어 장대 위에 매달아라. 물린 자마다 그것을 보면 살리라(민수기 21장 8절)"에 잘 나타나 있다. 이스라엘 백성들은 놋뱀 그 자체에 신통력이 있는 것이 아니라, 놋뱀을 통해서 당신의 구원 역사를 이루신 야훼의 주권이 중요하며 또한 그것을 믿고 순종하며 따르는 성숙한 신앙의 선민이 되어야 하는 것이다.

44. 제임스 D. 왓슨, 최돈찬 역, 『이중나선-생명에 대한 호기심으로 DNA구조를 발견한 이야기』(서울: 궁리, 2006); 제임스 D. 왓슨, 이한음 역, 『DNA-생명의 비밀』(서울:

까치글방, 2003) 참조.

45. Robertson McQuilkin, *An Introduction to Biblical Ethics*(Wheaton: Tyndale, 1995), 328.

46. Andrew D. Lester, Hope in Pastoral Care and Counseling, 『희망의 목회상담』 신현복 역 (서울: 한국심리치료연수소, 1997), 133.

47. Ibid., 134-151 참조.

48. 정석환, 「자살의 문제와 목회상담」, 『한국기독교상담학회지』 2004. 7., 273-282.

49. '외부화'란 자살기도자의 문제와 그의 정체성을 분리시키는 것을 말한다. 다른 말로는 '표출시키는 대화'(externalizing conversation)라 한다. 즉 내담자가 어떤 문제를 가지고 삶과 죽음의 문제를 시름하고 있던지 간에 그 문제는 그 사람이 아니라는 확신을 상담가는 가질 뿐만 아니라 상담의 과정을 통해 내담자로 하여금 문제와 자신을 동일시하여 쉽게 절망에 빠지는 인식의 오류에 빠지지 않도록 유도하는 이야기식 대화이다. 정석환, Ibid., 275.

50. Cozard C. Neuger, *Counseling Women: A Narrative, Pastoral Approach*, 정석환 역, 『여성들을 위한 목회상담』(서울: 한들사, 2003), 106-120 참조.

51. 김진, 「종교와 생명, 그리고 환경」, 변선환아키브·동서종교신학연구소 편, 『생태신학강의』(서울: 크리스천헤럴드, 2006), 274-278.

52. United Methodist Publishing House, *The Book of Resolutions of The United Methodist Church(2004)*(United Methodist Publishing House/Abingdon Press, 2005) 참조.

53. 마르틴 부버, 김천배 역, 『나와 너』(서울: 대한기독교서회, 2000) 참조.

54. 한스 큉, 안명옥 역, 『세계윤리구상』(왜관: 분도출판사, 1992), 15.

신학과 영화의 만남

테오-시네마

－영화관에 간 신학자, 영화신학 2.0

발행일 1쇄 2017년 9월 20일
지은이 최병학
펴낸이 여국동

펴낸곳 도서출판 인간사랑
출판등록 1983. 1. 26. 제일－3호
주소 경기도 고양시 일산동구 백석로 108번길 60－5 2층
물류센타 경기도 고양시 일산동구 문원길 13－34(문봉동)
전화 031)901－8144(대표) | 031)907－2003(영업부)
팩스 031)905－5815
전자우편 igsr@naver.com
페이스북 http://www.facebook.com/igsrpub
블로그 http://blog.naver.com/igsr
인쇄 인성인쇄 **출력** 현대미디어 **종이** 세원지업사

ISBN 978－89－7418－369－1 93210

이 도서의 국립중앙도서관 출판시도서목록(CIP)은 서지정보유통지원시스템 홈페이지(http://seoji.nl.go.kr)와
국가자료공동목록시스템(http://www.nl.go.kr/kolisnet)에서 이용하실 수 있습니다.(CIP제어번호: CIP2017022533)